株主有限責任制度の弊害と過少資本による株主の責任

自己資本の水準から株主のインセンティブへ

後藤　元

商事法務

はしがき

本書は、筆者が二〇〇六年二月に東京大学大学院法学政治学研究科に提出した同名の助手論文に、補充・修正を加えたものである（このうちの一部を、法学協会雑誌一二四巻二号（二〇〇七年）に公表した）。いまだ不十分なものではあるが、師である山下友信先生のお勧めもあり、研究に一つの区切りをつけるべく、出版させていただくこととした。今後は、積み残した課題に注力したい。

本書の執筆にあたっては、東京大学大学院法学政治学研究科のスタッフをはじめとする多くの先生方、そして多くの先輩・友人・後輩から、貴重な御指導・コメントを受けることができた。ここでは、特に江頭憲治郎先生と山下友信先生のお名前を掲げておきたい。また、学習院大学法学部では、この上ない研究環境を享受させていただいている。江頭・山下両先生をはじめ、ここまで公私にわたりお世話になってきた方々に、心から御礼申し上げる。そして、本書の出版をお引受けくださり編集の労をお取りくださった株式会社商事法務の方々にも、心から御礼申し上げる。最後に、私事ながら、学生時代から筆者の勉学を支えてくれた父母と弟にも、この場を借りて、感謝したい。そして、妻の路子は、研究者の道を志した時から今日に至るまで、常に傍らにあって筆者を励まし続けてくれている。日ごろの感謝をこめて、本書を彼女に捧げたい。

なお、本書は、平成一九年度科学研究費補助金（若手研究（B））による成果の一部である。

平成一九年八月三〇日

後藤　元

目次

結　章……587

序章　問題の設定

第一節　株主有限責任制度と過少資本による株主の責任

第一款　有限責任制度の拡大とその条件

一　有限責任制度の拡大

株式会社の株主の責任はその有する株式の引受価額を限度とし（会社法一〇四条）、株主が会社の債務について弁済義務を負うことはない。この株主有限責任の制度は、従来株式会社の特徴であるとされてきたが、[1] 平成一七年改正における合同会社（いわゆる日本版ＬＬＣ：会社法五七六条四項・五八〇条二項）[2]や有限責任事業組合（いわゆる日本版ＬＬＰ：有限責任事業組合契約に関する法律）[3]の創設などに見られるように、近年その対象が広がっている。[4]

このような有限責任制度の拡大の動きは、団体の構成員に有限責任を認めるための条件は何であるのかという問題関心を引き起こす。[5] この問題は、理論的に重要であるのみならず、構成員が例外的に有限責任の利益を享受できなくなる場合を明確にするという実際的意義をも持つものである。

二　有限責任制度の条件

この問題に関して、江頭憲治郎は「事業の開始にあたりリスクに応じた合理的な出資の引受が構成員によってなされ、以後維持され、かつ財務状況に関して合理的な方法で第三者に対する開示がなされることが、共同企業の構成員に対して有限責任を認めることの必要・十分条件である」と述べている。(6) この江頭の見解はしばしば引用されており、一定の影響力を有しているものと思われる。(7)

このうち、構成員によって引き受けられた出資の維持については剰余金の配当等の会社財産分配に対する規制（会社法四六一条以下、六二八条以下）が、財務状況の第三者に対する開示については計算書類等の作成・公告・備置閲覧義務（会社法四三五条以下、六一七条、六二五条）が定められており、株式会社・合同会社の構成員の有限責任制度を支えている。

これに対し、江頭のいう「事業の開始にあたりリスクに応じた合理的な出資」がなされることという条件については、会社法上の手当ては置かれていない。平成一七年改正以前に定められていた株式会社・有限会社についての最低資本金（旧商法一六八条ノ四、旧有限会社法九条）は、構成員の出資額に対する規制として類似の発想に基づくものであるとも考えられるが、すべての株式会社・有限会社に一律の金額を要求するものであり、個々の会社の「リスクに応じた」(8) ものではなかった。しかし、制定法上の手当てが存在しないとしても、構成員の有限責任が訴訟において法人格否認の法理等により争われた場合に、「リスクに応じた合理的な出資がなされていない」として構成員に団体債務についての責任を負わせることによって、解釈論上この考え方を有限責任制度の条件とする余地は残されている。(9) 平成一七年改正による最低資本金制度の廃止（会社法二七条四号参照）に関連して、(10) 有限責任制度の弊害からの会社債権者の保護は取締役の対第三者責任（会社法四二九条）や法人格否認の法理等による事後的救済に委ねられると述べられることが多い[11]ことを踏まえると、前記のような解釈論が主張される可能性は決して低くはないと思われる[12]。

三　「適切な自己資本」と過少資本による株主の責任

本稿は、このような状況に鑑み、構成員による「リスクに応じた合理的な出資」、言い換えれば適切な水準の自己資本[13]（以下、単に「適切な自己資本」（adequate capital（米）、angemessenes Kapital（独））という）の具備を解釈論上有限責任の条件とすべきかという問題を考察するものである。具体的には、自己資本が適切な水準に達していない場合、すなわち過少資本（inadequate/under/thin capitalization（米）、Unterkapitalisierung（独））による／おける株主の責任の有無とそのあり方を検討する[14]。

（1）　大塚久雄『株式会社発生史論　大塚久雄著作集第一巻』二五頁（岩波書店、一九六九年）。
（2）　これについては、宍戸善一「持分会社」ジュリスト一二九五号一一〇頁（二〇〇五年）を参照。
（3）　これについては、篠原倫太郎「有限責任事業組合契約に関する法律の概要」商事法務一七三五号六頁（二〇〇五年）を参照。
（4）　もっとも、本稿の考察の対象は、簡便のため、最も基本的な類型であると思われる株式会社における株主有限責任制度に限定する。
（5）　前記の日本版ＬＬＣ・ＬＬＰは会社の内部関係を社員間の広範な自治に委ねつつ、社員の有限責任を認めるものである（江頭憲治郎「『会社法制の現代化に関する要綱案』の解説〔Ⅷ・完〕」商事法務一七二九号四頁（二〇〇五年）参照）。これは、会社の内部関係に関する規律の厳格さと社員の対外的責任との間には相関関係があるという従来の漠然とした考え方（「『組織形態と法に関する研究会』座談会の模様」金融研究二三巻法律特集号一九九頁、二〇四頁〔神田発言〕（二〇〇四年）参照）を否定するものであり、理論的にも大きな影響があると予想されるが、本稿ではこの点には立ち入らない。

（6）江頭憲治郎「企業の法人格」『現代企業法講座第二巻　企業組織』五五頁、七六頁（東京大学出版会、一九八五年）。このほか、古くは会社経営に対する影響力の不保持（いわゆる支配と責任の一致原則）が条件として挙げられることもあったが（たとえば、田中耕太郎「商法に於ける分業と責任」『商法学　一般理論』三六九頁、三八四―三八五頁（復刻版、新青出版、一九九八年（初出は一九三五年））など）、今日ではあまり見られない。この点については、江頭憲治郎『会社法人格否認の法理――小規模会社と親子会社に関する基礎理論――』一四九頁、一五五頁以下（東京大学出版会、一九八〇年（初出は、法学協会雑誌八九巻一二号―九〇巻五号（一九七二―一九七三年））。以下、「江頭・法人格否認」として引用する）を参照。

（7）たとえば、松下淳一「結合企業の倒産法的規律（三）」法学協会雑誌一一〇巻三号二九五頁、三二〇頁、三二九頁注15（一九九三年）、弥永真生「会社法と資本制度」商事法務一七七五号四八頁、五〇頁、五四頁注13（二〇〇六年）など。

（8）「個々の会社のリスク」が何を意味するかは大きな問題であるが、ここでは置いておこう。

（9）結局立法されるには至らなかったが、昭和六一年に公表された法務省民事局参事官室「商法・有限会社法改正試案」（商事法務一〇七六号一一頁以下（一九八六年））に掲載されている）における支配株主等の責任（三14）や株主等の債権の倒産手続における劣後化（三15）の提案はこの考え方に基づくものといえよう（木内宜彦＝丸山秀平『会社法改正と中小企業』三八頁（三嶺書房、一九八七年）参照）。これらの提案の解説としては、大谷禎男「商法・有限会社法改正試案の解説（七）」商事法務一〇八四号一四頁、一九頁以下（一九八六年）がある。

（10）最低資本金制度に対する批判の多くが業績悪化等による財産減少を防止できない会社の設立時点のみを対象とする業種の違いを無視した一律的規制であることに向けられたものであり（吉原和志「会社の責任財産の維持と債権者の

利益保護――より実効的な規制への展望――（二）」法学協会雑誌一〇二巻三号四二三頁、四三〇頁（一九八五年）、森本滋「商法・有限会社法改正試案の検討（一）――中小株式会社に係る改正提案事項を中心に――」金融法務事情一一三一号六頁、七―八頁（一九八六年）、増田政章「有限会社の最低資本金の引上げに関する若干の問題点――西ドイツ法を中心に――」近畿大学比較法・政治研究二号一頁、四一頁（一九八九年）、藤田友敬「Law & Economics会社法　第五回　株主の有限責任と債権者保護（二）」法学教室二六三号一二二頁、一二七頁（二〇〇二年）、法務省民事局参事官室「会社法制の現代化に関する要綱試案補足説明」第四部第二1（二〇〇三年）（以下、「補足説明」として引用する）などを参照）、また廃止の主要な目的が創業の促進という政策的なものであったこと（「補足説明」第四部第二1）からは、会社の自己資本の水準に対する規制という発想を一切放棄する趣旨ではなく、基本的に事後的規制への転換が想定されているものと思われる。

(11)　相澤哲『一問一答　新・会社法』三三頁（商事法務、二〇〇五年）、吉原和志「株式会社の設立」ジュリスト一二九五号一七頁、一九頁（二〇〇五年）、郡谷大輔＝岩崎友彦「会社法における債権者保護（上）」商事法務一七四六号四二頁、四九頁（二〇〇五年）、小柿徳武「最低資本金制度の改正」『最新倒産法・会社法をめぐる実務上の諸問題今中利昭先生古稀記念』一〇一七頁、一〇三二頁（民事法研究会、二〇〇五年）など。

(12)　たとえば、弥永・前掲（注7）五三頁は、「最低資本金制度が廃止されたことを受けて、取締役や執行役には、自己の判断によって、会社の事業にふさわしいリスク対応資本・バッファー（銀行法上の自己資本比率規制上の自己資本などに相当するもの）を確保して事業を行うことが求められるという考え方も出てくるかもしれない」としている（ただし、弥永が直接的に問題としているのは、会社法四六一条の分配可能額の範囲内の配当であってもこのバッファーを欠くことになる場合の責任である）。

(13)　従来の議論には、構成員の出資として資本金の額を念頭に置いているものも存在するが、今日においては、資本金は構成員の出資額とは切り離されており（郡谷＝岩崎・前掲（注11）四七頁）、構成員の出資の多寡の基準としては適切ではないと思われる（もっとも、ドイツの一部の学説に見られるように過少資本による責任を資本金による会社財産維持制度等と関連させて捉える場合には（詳しくは、第三章第三節を参照）、資本金を基準とすることも考えられないわけではない）。そこで、本稿では、資本金ではなく、自己資本（貸借対照表上の資産の部から負債の部を引いた純資産の部（会社計算規則一〇八条）、いわゆる株主持分（equity）を指すものとする）を基準とする。なお、江頭の定式は、文言上、事業開始時の構成員による出資額のみを問題とするように見えるが、従来の議論においては自己資本が事後的に少なくなった場合も論じられているため、以下では事業開始時の出資額に限定せずに検討を行う。

(14)「適切な自己資本」の具備が有限責任の条件であるとすると、その欠如自体を問題として株主に責任を課すことになると思われる。これは、過少資本「による」責任といいうる。もっとも、「適切な自己資本」の具備を有限責任の条件とはしなくても、会社の自己資本が少ないという状況において何らかの問題があるために株主に責任を課すという考え方も観念しうる。これは、過少資本「における」責任とでもいうべきであろう。本稿はこの区別が重要であると考えているが（詳しくは本論（特に第一章第三節）を参照）、記述の簡略化のため、以下では単に「過少資本による責任」と表記する。

第二款　従来の議論の問題点と本稿の目的

一　原則としての有限責任とその弊害

(1)　有限責任制度に対する評価

株主の会社債務についての責任のあり方を考える際には、株主有限責任制度に対する論者の基本的な評価が問題となると思われる。

まず、有限責任制度は特定の者のみに与えられる特権であり、債権者に迷惑をかける基本的に望ましくない制度であるという評価を前提とした場合には、株主に責任を課す方向にバイアスがかかるものと思われる。このような立場からは、有限責任制度の利点を批判的に検討し[15]、その利点が認められない場合にはあえて特権を与える必要もなく、有限責任を否定すべきであると主張されることとなろう[16]。たとえば、有限責任制度の利点は所有と経営が分離している大規模な上場企業にのみ当てはまるものであるとして、閉鎖的会社、特に親子会社についての有限責任の正当性を疑問視する見解にはこのような傾向があるといえよう[17]。

他方で、有限責任制度は基本的に有用な一般的に認められている制度であるという評価を前提に、その弊害が生じる場合に限って株主に責任を課すということも考えられる。これも一つのバイアスがかかった立場ではあるが[18]、本稿は以下のような理由によりこちらの考え方を前提としている。

(2)　本稿の立場

まず、有限責任制度の利点に関しては、確かに従来指摘されてきたものは、社会に散在する少額資本の糾合[19]、会社経営状況や他の株主の資産状況に対する株主のモニタリングコストの低減[20]、単一価格による株式取引市場の成立[21]、株式市場を通した企業買収の可能性による経営者の規律[22]、分散投資の促進など[23]、大規模な上場企業によく当てはまるものが多かったといいうる[24]。しかし、最近では責任財産の分離による契約債権者のモニタリングコストの低減に着目する議論も有力であり[25]、これによれば、完全親子会社や閉鎖会社（同族会社からベンチャー事業まで）の有限責任を社会的効率性の観点から基礎づけることができる[26]。また、この議論の主唱者は不法行為債権者については株主に無限責任を課すことを提唱しているが[27]、不法行為賠償責任からの切断による社会的に有益な事業への参入の促進という利点も一概に否定すべきものではないと考えられる[28]。

さらに、沿革的にはともかく、今日では、法人設立に関する準則主義によって誰でも有限責任制度の利益を享受して事業を営むことができる。(29) 冒頭に述べたように、いわゆるＬＬＣやＬＬＰなど有限責任形態の事業体の範囲が拡張されていることも考えると、(30) 事実認識の問題として、有限責任を限定的にのみ与えられる特権と捉えることは不適切だと思われる。(31)

このような状況を前提とした場合、有限責任制度が原則であるということを肯定したうえで、(32) それが例外的に否定される場合を厳密に検討するというアプローチの方が堅実であり、また現実的でもあると思われるのである。(33)

二　従来の議論の問題点

(1)　過少資本による責任の要件

過少資本による責任について厳密に検討すべき点としては、まず責任の要件をどのように構成するかという問題がある。平成一七年改正における最低資本金制度廃止の主要な目的は創業の促進にあったといえるが、不幸にして事業が失敗した場合に事後的に自己資本が過少であったとして会社債務についての責任を課せられるリスクがあるのであれば、有限責任形態の事業体を利用した起業を萎縮させてしまう可能性が存在する。他方で、この萎縮効果を避けるために株主への責任賦課に過度に抑止的な態度を取ることも、過少資本という状況に本当に問題があるのであれば不当である。このため、株主に責任賦課の予測可能性を確保しつつ、会社債権者を適切に保護できるような要件の明確化が必要となるのである。(34)

過少資本による責任に関する先行研究(35)においても、外国（主にアメリカとドイツ）の判例・学説の分析を通じて、自己資本の適切性・過少性の判断基準やその基準時、責任主体の限定、債権者の性質による区分などの要件の検討が行われてきたところである。

(2) 過少資本による責任の根拠

もっとも、これらの先行研究によって過少資本による責任の望ましいあり方が呈示されたとはいいがたいと思われる。筆者の見るところ、その原因は、会社が過少資本である場合に株主に責任を課す根拠についての共通理解が形成されていなかったことにある。もちろん、論者は各々の問題意識を簡単に述べてはいるが、過少資本という状態がなぜ会社債権者にとって問題であるのかということを詳細に論じている先行研究は見当たらないのである(36)。これは、おそらく、資本制度等を背景に、会社の資本が少ないのであれば会社債権者にとって問題であると漠然と考えられていたためではないかと思われる。しかし、会社債権者が会社の過少資本によりどのような不利益を受け、「適切な自己資本」の具備によりどのように保護されるのかということについて踏み込んだ分析をすることなしに株主の責任を論じても、正当性にも実効性にも乏しい議論とならざるをえない。

三　本稿の目的

(1) 過少資本という状況の問題点の析出

本稿は、以上のような観点から、まず過少資本という状況にどのような問題があるのかということにスポットを当てることを第一の目的とする。

そのためには、従来のわが国の議論やそれらが参照してきた外国の議論において、過少資本による責任という表題の下にどのような問題が論じられてきたのか、換言すれば、「適切な自己資本」具備の要求や過少資本による責任を主張する論者がこれらの手法にどのような機能を期待していたのかを明らかにする必要がある。これと関連して、会社の自己資本が少ない場合に会社債権者にどのような不利益が生じる可能性があるのかということを理論的に検討することも必要であろう。これには、法と経済学による有限責任制度の弊害に関する機能的分析が有益な示唆を与えてくれると思われる。[37][38][39]

(2)　過少資本による責任の必要性

もっとも、以上の作業により析出された問題点に対し、過少資本による株主の責任という形での対処をする必要があるとは限らない。たとえば、それが会社財産の移転や株主による不実表示・信頼惹起行為など[40]、実定法上もしくは一般私法理論上の意義の明確な観点により対処できる問題である場合には、その意義すら曖昧な過少資本という類型において論じることは問題点を不明瞭にするものであり望ましくないというべきである。また、実定法や一般私法理論によって手がかりが与えられていない状況への対処が問題とされている場合であっても、それが会社の自己資本の水準以外の要素を本質とするものであるならば、これも過少資本という問題の捉え方ではなく、その本質的要素自体に着目して論じるべきではないかと思われる。

このように、過少資本という会社の自己資本の水準という要素に着目した構成を採る必要性がどこまであるのかを検討することが第二の目的である。[41]

(3)　問題点への対処

以上のように整理された問題点のうち、実定法・一般私法理論によって適切な解決が与えられうるものについては、その枠組みでの検討がなされるべきである。これらについては、本稿では、そのような枠組みが存在することを指摘するにとどめざるをえない。これに対し、既存の実定法・一般私法理論による取扱いが困難な問題点については、それが自己資本の水準自体を問題とするものであれ、その他の要素を問題とするものであれ、それに対する一定の解決を示しておくことが必要となろう。

そこで、会社債権者に対してどのような形式でどのような範囲の保護を与えるかという点に対する解釈論を呈示することが第三の目的となる。もっとも、これについては、交渉力等の問題により自衛できない契約債権者に対する保護のあり方や不法行為による損害の分担のあり方を初めとする政策的判断を要する問題も関連するが、本稿でこれらすべてについて十分な検討を加えられるわけではない。そのため、「これこれの場合には株主は会社債務について責任を負うべきである」という形での規範的主張を行うためには、一定の価値判断を前提とせざるをえない面もあることを、あらかじめ断っておく。

(15) 有限責任制度の利点としてどのようなものを認めるかという点にもバイアスはかかりうる。

(16) このような立場の例としては、久保欣哉「株主有限責任原則の限界――責任制限の競争阻止・独占助長機能をかえりみて――」青山法学論集一四巻一号二五頁（一九七二年）などがある。

(17) Paul Halpern, Michael Trebilcock and Stuart Turnbull, *An Economic Analysis of Limited Liability in Corporation Law*, 30 U. TORONTO L. REV. 117, 147-149 (1980). 特に親子会社について、Jonathan M. Landers, *A Unified Approach to Parent, Subsidiary and Affiliate Questions in Bankruptcy*, 42 U. CHI. L. REV. 589, 617-619 (1975), Phillip I. Blumberg, *Limited Liability and Corporate Groups*, 11 J. CORP. L. 573, 623-626 (1986). 日本でも、たとえば関俊彦「株主有限責任制度の未来像」商事法務一四〇二号二二―二三頁（一九九五年）は、遊休資本の集中を有限責任原則の利点とし、新規の資本を集中するのではなく、一〇〇％子会社のように現在ある資本を二つの組織に分割する効果を生じさせるにすぎない場合には、社会的には肯定される理由がないとする。また、柿崎栄治「閉鎖的小規模株式会社の有限責任の論理と政策――その構造的特質から――」山形大学紀要（社会科学）一九巻二号一頁、一四―一五頁（一九八九年）は、閉鎖的小規模会社の場合には公開株式会社における有限責任の基礎的前提条件が欠如しているので、その有限責任は当然に制約・修正されるべきであるとする。このほか、向井貴子「株主有限責任のモラル・ハザード問題と非任意債権者の保護」九大法学九一号二六七頁、二八〇頁（二〇〇五年）も参照。

(18) 特に、何を有限責任制度の弊害と認めるか、その弊害に対する債権者の自衛の可能性をどのように評価するかという点にバイアスがかかりうる。

(19) Henry G. Manne, *Our Two Corporation Systems : Law and Economics*, 53 Va. L. Rev. 259, 262 (1967).

(20) Halpern et al., supra note 17 at 136, Frank H. Easterbrook & Daniel R. Fischel, *Limited Liability and the Corporation*, 52 U. Chi. L. Rev. 89, 94-95 (1985).

(21) Halpern et al., supra note 17 at 136-137, Easterbrook & Fischel, supra note 20 at 96.

(22) Easterbrook & Fischel, supra note 20 at 95-96.

(23) Ibid at 96-97.

(24) なお、Easterbrook & Fischelは、株主がリスクを分散できるため、正の現在価値を有するがリスクのある事業をも実施できるという利点もあるとする（ibid at 97）。しかし、このことは、リスクが過度に高いために現在価値は負であっても株主にとっては利益のあるような事業も実施されるおそれがあるということと表裏の関係にあるため、本文では取り上げなかった。この問題について、詳しくは第一章第三節第二款を参照。

(25) Richard Posner, *The Rights of Creditors of Affiliated Corporations*, 43 U. Chi. L. Rev. 499, 516-517 (1976), Halpern et al., supra note 17 at 134-135, Henry Hansmann & Reinier Kraakman, *The Essential Role of Organizational Law*, 110 Yale L. J. 387, 399-401, 424 (2000)（この論文の邦語による紹介として、森田果「組織法の中の信託」信託法研究二九号四一頁（二〇〇四年）がある）。株主の債権者が得意とする事業分野と会社債権者が得意とする事業分野とが異なる場合には、株主と会社の責任財産を分離することにより、株主の債権者は株主の生活・事業の、会社債権者は会社の事業のモニタリングに集中することができ、不得手な分野のモニタリングをする必要がなくなるため、モニタリングコストが低下するとされる。なお、Hansmannらは、基本的に社員の債権者からの会社財産の隔離について論じているが、債権者のモニタリングコストに関する議論は会社債権者からの社員財産の隔離（すなわち有限責任制度）にも当てはまるといえる。

(26) Henry Hansmann & Reinier Kraakman, *What is Corporate Law?* in THE ANATOMY OF CORPORATE LAW (REINIER R. KRAAKMAN ET AL.) 1, 9 (Oxford University Press, 2004). 浜田道代『アメリカ閉鎖会社法——その展開と現状および日本法への提言』三一八—三一九頁（商事法務研究会、一九七四年）も参照。

(27) Halpern et al., supra note 17 at 145, Henry Hansmann & Reinier Kraakman, *Toward Unlimited Shareholder Liability for Corporate Torts*, 100 YALE L. J. 1879 (1991).

(28) たとえば、Posner, supra note 25 at 520は、事故の被害者への賠償責任を限定するためにタクシー一台ごとに別の会社を設立することによる社会的非効率性を認識しつつも、その場合に有限責任を否定すると、タクシー事業への投資を萎縮させてしまうという問題があると指摘している。また、向井・前掲（注17）二八七頁、三一四頁注84は、リスクが高いが社会的に利益がある事業の例として製薬業を挙げている。

　不法行為債権に対する有限責任については、当該事業活動による社会的便益と社会的費用をどのように測定・比較するかという難問が存在する。事業者に被害のコストをすべて内部化させたうえで市場の判断に委ねればよいという主張も考えられるが、市場が事業活動による社会的便益を織り込んで評価を行うとは限らない。そのため、不法行為債権についての有限責任制度を廃止し、無限責任制度を導入した場合には、事業者がその活動による社会的便益についての十分なリターンを受けられない結果、コストをすべて内部化させると社会的に有益な活動が抑止されてしまう可能性があるのである（See, Stephen M. Bainbridge, *Abolishing Veil Piercing*, 26 J. CORP. L. 479, 499, 504, 515 (2001)）。

　これに対しては、有益な活動の促進は、被害者から事業者への補助金的な性格を持つ有限責任制度の一律的な実施ではなく、国家からの個別の助成（特例的な有限責任の付与を含む）によるべきであるという主張も考えられるが (David W. Leebron, *Limited Liability, Tort Victims, and Creditors*, 91 COLUM. L. REV. 1565, 1577–1578, 1586–1587

(1991), Nina A. Mendelson. *A Control-Based Approach to Shareholder Liability for Corporate Torts*, 102 COLUM. L. REV. 1203, 1212 note 26, 1298 (2002))、他方で、有限責任制度を一律に認めたうえで国家が被害者に社会保障給付を行うという方策も存在する。これらの方策の優劣を考える場合には、政治・行政システムとしての優劣という観点も意識する必要があろう（前者の方策では一種の裁量的な許認可行政が必要になる可能性がある一方で、後者の方策では行政事務負担が増加する可能性がある）。

さらに、事故の費用の負担のあり方を考える際には、事業者・被害者のリスク負担能力やリスク分散能力を考慮する必要もある（その例として、Leebron, supra at 1627-1630, Mendelson, supra at 1223-1227, 1229-1230 を参照）。有限責任制度を否定した場合、事業者側のリスク分散手段としては責任保険への加入が考えられるが、適切な責任保険商品が常に存在するとは限らないことに注意する必要があろう（アメリカの環境法上の責任についての付保可能性に関して、George W. Dent, Jr., *Limited Liability in Environmental Law*, 26 WAKE FOREST L. REV. 151, 172 (1991) を参照）。他方で、被害者側の損害保険加入の可能性にも、もちろん限界はある。

以上のように、不法行為債権に対する有限責任制度のあり方については、検討すべき要素が多く、また理論のみでは決しがたい面がある。本稿は、この点を自覚したうえで、分析を進めるための前提として本文のような立場を採用するものである。

(29)　さらには、自然人も破産免責制度の下では厳密には有限責任を享受しているといえる。藤田友敬「Law & Economics 会社法　第四回　株主の有限責任と債権者保護（一）」法学教室二六二号八一頁、八八頁（二〇〇二年）参照。もっとも、株主有限責任制度は、責任財産の限界を自分で画することができるという点で、なお違いがある。

(30)　もっとも、有限責任制度の拡大により最も影響を受けるであろう潜在的な不法行為被害者の利害は立法過程において代表されにくいものであり、これらの被害者の保護は事後的な訴訟において図る必要があること（Jonathan R. Macey, *The Limited Liability Company: Lessons for Corporate Law*, 73 WASH. U. L. Q. 433, 452, 453 (1995)）に注意しなければならない。

(31)　Douglas C. Michael, *To Know a Veil*, 26 J. CORP. L. 41, 58-59 (2000). なお、本文の指摘は、有限責任制度についてしばしば用いられる「特権」という言葉を、事業活動を企図する者のうち特定の者のみが当該制度を利用することができるという意味に解したうえでのものである。これに対し、株主が会社債権者に対して弁済責任を負わないこと自体を「特権」と考える向きもあるかもしれないが、これは有限責任制度に対する否定的評価そのものの言換えにすぎないと思われる。このような否定的評価に対しては、本文の前段落で述べたような反論が考えられる。

(32)　有限責任制度の廃止と無限責任制度の導入が政治的に受け入れられがたいと思われることについて、Bainbridge, supra note 28 at 531, Timothy P. Glynn, *Beyond "Unlimiting" Shareholder Liability: Vicarious Tort Liability for Corporate Officers*, 57 VAND. L. REV. 329, 332-330, 391 (2004) を参照。

(33)　もちろん、そのような検討の結果として、たとえば不法行為債権に対しては有限責任を否定するという結論が導かれる可能性を排除するものではない。あくまで基本的な方向性の話と理解してもらえればよい（ただし、第四章第三節第二款三では、不法行為債権に対しても原則として有限責任が妥当するという前提の下での解釈論を検討している)。

(34)　異なる観点からの記述であるが、稲葉威雄「新しい会社法制を求めて（Ⅱ）――会社法現代化要綱試案に関連して――」民事法情報二一二号六頁、七頁（二〇〇四年）も参照。

(35)　過少資本を主要な題材とする論文として、青木英夫「過少資本と社員の有限責任――アメリカ法およびドイツ法を中心として――」『現代会社法・証券取引法の展開　堀口亘先生退官記念』三頁（経済法令研究会、一九九三年)、泉田栄一「過少資本に基づく社員の責任（一）（二）（三・完)」富山大学経済論集二二巻二号九二頁（一九七六年)、三号六三頁、二三巻一号一頁（以上一九七七年)、片木晴彦「過少資本会社とその規制（一）（二・完)」法学論叢一一一巻五号三六頁、一一二巻二号七七頁（一九八二年)、加美和照「過小資本の法理」『現代商事法の重要問題　田中誠二先生米寿記念論文』二七五頁（経済法令研究会、一九八四年)、神作裕之「過少資本について」法学教室七二号一四三頁（一九八六年)、篠田四郎「過少資本における社員の責任（一）（二）（三）（未完)」名城法学三三巻三号一頁

（一九八四年）、三四巻三号四三頁（一九八五年）、三九巻三号一頁（一九九〇年）、清水忠之「子会社の過少資本に対する親会社の責任について」明治学院論叢五三五号（法学研究五四号）五三頁（一九九四年）、長畑周史「最低資本金制度の撤廃と過少資本に関する一考察」駒澤大学大学院私法学研究二九号一頁（二〇〇五年）、並木和夫「株主有限責任の原則の検討――過少資本の問題を中心として」慶應法学研究六〇巻一二号九九頁（一九八七年）、並木俊守「資本金と株主有限責任――アメリカの過少資本の判例を中心に――」日本法学五二巻二号一頁（一九八六年）、松山三和子「小規模会社における資本の確保と支配株主の責任――名目的過少資本の場合について――」北見大学論集一三号三三頁（一九八五年）などがある。

さらに、倒産法的観点から取り扱うものとしては、上原敏夫「会社の倒産と内部債権の劣後的処遇――西ドイツにおける資本代替的社員貸付の法理――（上）（中）（下）」判例時報一二七七号三頁、一二八〇号三頁、一二八三号三頁（一九八八年）、松下淳一「結合企業の倒産法的規律（一）――（四・完）」法学協会雑誌一〇七巻一一号一七六一頁、一二号二〇二二頁（以上、一九九〇年）、一一〇巻三号二九五頁、四号四一九頁（以上、一九九三年）などがある。

(36)　たとえば、平成一七年改正による最低資本金制度の撤廃を受けて過少資本規制の必要性を説く長畑・前掲（注35）も、過少資本がなぜ問題であるかという点にはほとんど紙幅を割いていない。

(37)　有限責任制度についての機能的分析は、その利点・正当化根拠に関するものとその弊害に関するものに分けることができる。両者は互いに排斥しあうものではなく、弊害と利点が程度の問題であることもあるが（前注24参照）、異なる局面に関する分析を安易に結びつけてしまうと、無用な議論の混乱を招くことになりかねない。

なお、先に結論を述べておくと、本稿が着目する有限責任制度の弊害は、事業の失敗の結果がすべて自己に帰属するわけではないことにより、株主のリスク選択についてのインセンティブがゆがむという問題である（藤田・前掲（注29）八八頁参照）。そして、自己資本の水準が低い場合には、そのようなゆがみが生じやすくなる。このような理解からは、問題の本質は自己資本の水準ではなく株主のインセンティブのゆがみにあり、株主の責任もその点に着目して解釈すべきではないかと思われる。これが副題の趣旨である。

(38) 有限責任制度に関する機能的・経済学的分析は、主にアメリカにおいて進んでいる。その邦語による紹介としては、吉原和志「株主有限責任の原則」法学教室一九四号一四頁（一九九六年）、藤田友敬「株主の有限責任と債権者保護」法学教室二二三号二一頁（一九九九年）、同・前掲（注29）、同・前掲（注10）などがある。

先行研究にもこれらの議論に注意を払っているものは存在するが（並木和夫・前掲（注35）一一六頁、一二〇頁注38、松下・前掲（注35）一〇七巻一一号一七九一―一七九二頁、一八〇二頁注48）、後で見るように十分とはいいがたい（第一章第一節第三款六、同九参照）。

(39) 仮に従来の議論が想定していた問題点がこの機能的分析によっても問題とされるものであれば、何らかの対処の必要性を示唆するものといえよう（ただし、あくまで理論上の問題にすぎないという可能性や、債権者の自衛等により十分対応できるという可能性も存在する）。

(40) 過少資本以外の会社債権者の保護が問題となる類型としては、過剰な利益配当、隠れた資本奪取を中心とする会社搾取・不当経営、財産・業務の混同、信頼惹起などがあるとされる（江頭・法人格否認一五三頁、斉藤真紀「子会社の管理と親会社の責任――子会社の債権者保護に関する基礎的考察――（一）」法学論叢一四九巻一号一頁、六―九頁（二〇〇一年））。

(41) 江頭による過少資本の問題視は、法人格否認の法理について、同法理は「結論の妥当性のみを求めて噴出した、理論としては再構成を要する『仮想理由』である」との理解をもとに、「判例が法人格否認の法律構成のもとに処理しているもろもろの法現象を、社会関係・利益対立にそくして機能類型的に整序する」という作業を通じて析出されたものであった（江頭・法人格否認一二九―一三〇頁、一五三頁）。本稿は、この江頭の法人格否認の法理に関する理解を基盤に、過少資本による責任という構成についても法人格否認の法理と同様の問題があるのではないかという問題意識から検討を行うものである。

第二節　検討対象の限定と論述の順序

第一款　検討対象の限定

本稿は過少資本による株主の責任を検討対象とするものであるが、類似・関連する問題領域がいくつか存在する。混乱を防ぐため、本稿との関係を説明しておこう。

一　責任主体

本稿は、表題の示すとおり、株主が会社債務についての責任を課せられる場合を検討するものである。過少資本が問題となる会社は、個人経営の中小企業や企業グループ内の子会社が多いと考えられる。詳細は第四章に譲るが、本稿が責任主体として主に想定しているのはこれらの閉鎖的な会社における支配株主である。これらの者に責任を課すための日本法上の法律構成としては法人格否認の法理の適用が中心となろう。

もっとも、これらの閉鎖会社においては株主と経営者が同一人物であることが多く、支配株主ではなく経営者を責任主体とすることも考えられる。現に、取締役の対第三者責任を定めていた旧商法二六六条の三（会社法四二九条）が法人格否認の法理を代替する機能を有することはつとに指摘されているところである。(42)また、結論を先取りしておくと、本稿は過少資本による責任として論じられてきた問題の一定部分は事業上の判断についての責任と捉えることが適切であると考えており、法人格否認の法理により会社のいわば所有者としての責任を課すよりも経営者としての責任と構成した方が実体にかなっているともいいうる。(43) しかし、取締役の対第三者責任については、包含する類型も多く、理論的分析もなされ始めているが、(44) その全体像は今なお茫漠としている。そのため、本稿では、双方の責任を同時に検討することによる議論の混乱を防ぐべく、取締役の対第三者責任に関する判例・学説は検討対象から除外する。

二　問題となる局面

(1)　最低資本金

平成一七年改正により廃止された最低資本金制度は、会社の資本の額を規制する点で過少資本による株主の責任と類似するものであり、過少資本による責任の議論において最低資本金制度への言及がなされることも稀ではない。そのため、最低資本金制度にどのような機能が期待されてきたかを分析することは、過少資本による責任によって対処が図られてきた問題状況の理解に資すると思われる。その限りで最低資本金制度に関する議論をも参照するが、本稿はあくまで最低資本金制度の是非を論じるものではないということを確認しておく。

(2)　会社財産移転規制

次に関連する制度として、会社から株主への財産移転行為に対する規制が挙げられる。剰余金配当・自己株式取得等を制限する資本維持規制(45)や、会社への支配力の行使による剰余金配当という形式を採らない資産の流出から少数株主や会社債権者を保護するために発展させられてきたドイツの隠れた利益配当の法理・コンツェルン規制、アメリカの詐害譲渡規制や支配株主の誠実義務の法理など、この問題が従来の会社法における債権者保護の議論の中心であったともいっても過言ではないであろう。これらの規制自体の問題点の分析（たとえば資本に代わる実効的な配当制限基準のあり方など）は、本稿の検討対象ではない。また、すでに述べたように、仮に過少資本による責任によって対処すべき問題とされてきたのが会社からの財産移転行為である場合には、これらの財産移転規制による解決を考えるべきであり[46]、過少資本による責任という構成に依拠する必要性はないといえよう[47]。

もっとも、会社の自己資本が少ないという状態が債権者に不利益である半面で株主にとって利益となるとすると、会社が事業活動により収益を上げた場合に、その状態を保つために会社財産が株主へと移転される可能性がある。この事案に関しては、会社財産の移転自体ではなく、会社の自己資本を低水準に保つという財産移転行為の目的・結果に着目することも可能であろう[48]。その限りで、本稿でも会社財産移転行為を問題とすることがあることを付言しておく。

(3)　株主の対会社債権の取扱い

最後に、株主が会社に対して有する債権（以下、「株主債権」・「社員債権」と呼ぶことがある）の取扱いに関する規制が問題となる。株主が事業用資金の大部分を貸付けという形式で提供している場合、資本として提供される額が少なくなるため、株主が会社に対して多額の債権を有している状況も過少資本と称されることがある。ドイツでは株主が対会社債権を有していない実質的過少資本（materielle Unterkapitalisierung）に対して、対会社債権を有している状況は名目的過少資本（nominelle Unterkapitalisierung）として論じられており[49]、アメリカでも株主債権の衡平法的劣後化（equitable subordination）の構成要件の一つに過少資本が挙げられるのが通常である。先行研究にも二つの類型を同等に扱うものが多く[50]、また株主債権の取扱いを中心に据えるものすらある[51]。

しかし、過少資本という観点から株主債権の取扱い[52]に関する議論を参照する際には、いくつか注意を要する点がある。まず、株主債権についてはその返済や利子の支払という会社からの財産移転行為が存在しうるため、名目的過少資本の問題として論じられている場合にも財産移転規制的な問題意識が混在している可能性があると思われる。また、株主からの拠出はすべて資本としてなされねばならないという観点や、事業成功の場合の利益を取得しうる株主が事業失敗の場合に債権者と同順位以上で投資を回収することを不当とする考え方から劣後化が主張されることもありうる。この議論を、株主からの拠出はすべて資本としてなされているがその額が不十分であるという場合にそのまま適用できないことは明らかであろう。さらに、株主債権の否定・劣後化は、何らかの理由によって株主が会社・会社債権者全体に対して責任を負う場合の簡易な救済として用いられることもある。(53) この場合の株主債権の劣後化は、法人格否認の法理と同じ次元のものであり、過少資本への対処としてなされているとは限らないことに注意を要する。

株主債権の取扱いに関する議論をすべて検討の対象とすると、これらの観点(54)が混入し、議論をいたずらに複雑化させるおそれがあると思われる。他方で、以上の株主債権に関する問題意識が過少資本による責任をめぐる議論に与えてきた影響も無視することはできない。そのため、本稿では、株主債権が存在する場合と存在しない場合とでは問題状況が完全に一致するわけではないことを意識しつつ、過少資本による責任に関する議論において取り上げられている限度で、株主債権の取扱いに関する議論も参照することとする。(55)

三　会社の種類

また、本稿が対象とするのは一般の事業会社である。そのため、銀行・保険などの特定の業種の会社に対する規制（業種別の最低資本金や自己資本比率規制など）に関する議論は検討の対象とはしない。(56)

(42)　江頭・法人格否認四〇五頁。
(43)　結章第一節第二款二参照。
(44)　黒沼悦郎「取締役の債権者に対する責任」法曹時報五二巻一〇号二九〇一頁（二〇〇〇年）など。
(45)　なお、平成一七年改正により成立した会社法における資本制度の意義については、郡谷＝岩崎・前掲（注11）四七頁以下を参照。
(46)　会社財産移転規制と過少資本による責任を区別すべきであるという命題は、本稿の検討の出発点であると同時に、結論の一つでもある。この点については特に第一章および第三章における検討を参照されたい。ここでは、財産移転規制と自己資本の水準に対する規制との違いという意識を持つことによって、過少資本規制の目的・機能は何であるのかという問題がよりクリアになると思われるということを指摘するにとどめておく。
(47)　法人格否認の法理を利用する場合であっても、その際に重視されるべき要素は会社からの財産移転行為であって、会社の自己資本の水準ではない。
(48)　もちろん、この事案における財産移転行為について財産移転規制を適用することは可能である。問題は、会社の自己資本を低水準に保つために財産移転が行われた場合に、財産移転規制を超える保護を会社債権者に与える必要があるかということである。
(49)　Hachenburg/Ulmer, GmbHG, 8.Aufl., Anhang nach §30, Rdn. 21 (1992). 本稿でも便宜的にこの呼称を用いることがある。
(50)　江頭・法人格否認、片木・前掲（注35）など。
(51)　篠田・前掲（注35）、松山・前掲（注35）など。ドイツにおいても、名目的過少資本の問題が過少資本の議論の中核であるとする論者が存在する（Günther Wüst, Unterkapitalisierung und Überschuldung bei Beschränkthaftern, JZ 1985, 817, 820）。
(52)　株主が会社に対し金銭を貸し付けるのではなく、金銭以外の資産（不動産・事業設備等）を賃貸借・使用貸借等の形式で提供しているという状況についての議論に関しても、本文と同様の問題が存在しうる。なお、ドイツでは、株主が会社に対して事業設備等を貸与している場合を実質的過少資本と名目的過少資本のいずれに分類するかという点が争われているが（詳しくは第三章第六節を参照）、これは株主債権の取扱いに関するドイツ有限会社法の規律を前提としたドイツに特殊なものであり、本注の指摘はドイツ学説の一方に与するという趣旨によるものではない。

(53)　江頭・法人格否認三一七頁、四一一頁参照。恒常的な子会社の搾取により親会社が取得した利益の額についての明白な立証が困難である場合に用いられることが多い。

(54)　以上のほか、株主による拠出は資本とみなすという議論には、租税法上の議論（支払利子と配当の扱いの違いや過少資本税制）が影響している可能性もある。

(55)　そのため、株主債権の劣後化・否定自体を主題とする判例・論文（特に外国におけるもの）を網羅的に検討しているわけではない。株主債権の取扱いに関する議論をそれ以外の過少資本による責任についての議論とあわせて論じることの影響については限定的ながら検討を行うが、株主が出資以外の形式で金銭その他の財産を拠出していること自体の問題点については、他日を期したい。

(56)　これらの規制は当該事業の特殊性を考慮して定められている可能性が強く、そのためこれらの規制の存在により一般事業会社についての「適切な自己資本」具備の要求を正当化すること（森本滋「いわゆる『法人格否認の法理』の再検討（四）」法学論叢八九巻六号八二頁、一〇七頁（一九七一年）参照）も、逆に一種の反対解釈により一概に否定することも妥当ではないと思われる。他方で、一般事業会社についての本稿の結論からこれらの特定の業種に対する規制について何らかの示唆が得られる可能性はあろう。この点については、結章第二節第二款二、同三で再述する。

第二款　論述の順序

最後に、本稿の検討の順序と、そこで取り上げる素材を説明しておこう。

第一章では、まずわが国の従来の議論が「適切な自己資本」の具備もしくは過少資本による責任という考え方にどのような機能を期待してきたのかを検討する。ここでは過少資本規制に関する議論（第一節）のほかに、最低資本金制度に関する議論も一部取り上げる（第二節）。次いで、このようにして抽出された「適切な自己資本」に期待されてきた機能を、有限責任制度の弊害に関する機能的分析との関係で位置づけることを試みる（第三節）。

第二章および第三章では、第一章での検討により得られた枠組みをもとに、従来の学説が参照してきたアメリカ法およびドイツ法における議論を検討する。(57) 米・独両国の判例・学説については豊富な先行研究が存在する。しかし、これらは、アメリカ法に関しては判例の文言、ドイツ法に関しては学説の表面的な法律構成にのみ着目している嫌いがあるように思われる。そこで、本稿では、アメリカ・ドイツの議論がどのような問題に対処することを目的として展開されてきたものであるのかという点に着目して分析を行うこととする。

第四章では、それまでの検討により抽出された問題点のうち、実定法もしくは一般私法理論により解決が与えられていない問題点について、株主に責任を課すとした場合に考慮すべき要素の整理と解釈論の呈示を試みる。

(57) 本稿は、会社の自己資本の水準への着目という過少資本規制におけるこれまでの学説のパラダイムを転換することを目指したため、これまでの日本の学説に与えた影響が大きい米独の二カ国を取り上げるにとどまった。このほかにも、参照すべき外国法としては、会社設立後三年以内に倒産した場合には「適切な資本」と現実の出資額の差額について株主が責任を負うという規定（株式会社については会社法四五六条四号、有限会社については同法二二九条五号）を有するベルギーなどが挙げられるが（この規定の立法経緯や実際の運用、評価などが興味深い）、今後の課題としたい（ベルギー法の概説として、Karen Vandekerckhove, Piercing the Corporate Veil, 113-124（Kluwer Law International, 2007）を参照）。

第一章 「適切な自己資本」に期待されてきた機能とその評価

序

本章では、まず、これまでのわが国の学説が過少資本による責任の議論を通じて「適切な自己資本」の具備という考え方にどのような機能を期待してきたのかを検討する（第一節）。従来の研究にはその着眼点を端的に示してはいないものが多いため、若干くどくなるが、原文を引用しつつ分析することにしたい。

次いで、最低資本金制度に期待されてきた機能も簡単に参照する（第二節）。本稿は同制度の是非を問題とするものではないが、日本の一般事業会社に対する自己資本の水準に関する法規制としてはこれが唯一のものであり、過少資本による責任に期待されてきた機能の理解への示唆が得られる可能性もあると思われるからである。また、最低資本金制度に様々な機能が期待されてきた結果としての混乱を除去しておくことは、「適切な自己資本」の具備という考え方を検討する際の混乱の予防にも役立つであろう。なお、最低資本金制度が日本で初めて一般の会社について導入されたのは、昭和一三年（一九三八年）に制定された有限会社法においてであるが、その機能についての議論が活発となったのは、大小会社区分立法の立法作業が行われた一九七〇年代から八〇年代にかけてである。本章では、この時期以降の議論を取り上げることとする。

以上の作業により抽出された機能には、実定法の規定や一般私法理論による解決を図りうることが明白なものも存在すると思われる。これらについては随時その旨を指摘していくことになる。第三節では、これら以外の機能について、その意義・内容を明確化し、それが自己資本の水準に着目することにより適切に解決されうるものであるのかを検討する。これに際しては、外国における議論や法と経済学による有限責任制度の弊害に関する機能的分析を手がかりとして用いることになろう。

最後に、以上の分析から比較法的検討に際しての着眼点を整理する（第四節）。

第一節　過少資本による責任に期待されてきた機能

本節では、従来の日本の学説(58)が、過少資本による責任を株主に課すことによってどのような問題を解決することを期待してきたのかを分析していく。便宜的に、過少資本問題についての議論が盛んとなる契機となった森本滋と江頭憲治郎の論文(59)とその前後の三つの時期に分け、時系列に従って検討する。

第一款　森本・江頭以前

森本・江頭による法人格否認の法理の分析がなされるまでは、過少資本という問題自体が論文の主題となることはなかった。もっとも、過少資本は法人格否認を導く一要素となりうるという指摘は、アメリカやドイツの判例・学説を紹介する形で比較的早い段階からなされてきた。

一　大隅健一郎

まず、法人格否認の法理の導入を最も早く主張した論者の一人である大隅は、アメリカ法を参照した最初の論文(60)においては過少資本という問題類型にはまったく言及していないものの、その七年後に公表された論文では、単独株主が会社の資本を「本来企図する事業に比して著しく小額」とし、「会社事業が失敗した場合に他の債権者と並んで会社財産から弁済を受けるために、事業に必要な資金を消費貸借により会社に貸し付ける場合」に関して、株主の債権を出資とみなして返還請求を否定したドイツ大審院判決を紹介している。大隅は、この判決を「正当な解釈といわなければならない」としているが[61]、その理由は述べられていない。

二　蓮井　良憲

次に、蓮井は、アメリカ法の紹介として、親会社が従属会社の債務につき責任を負わされるためには親会社・従属会社関係に加えて他の要素の存在が必要であり、その一つとして「親会社によりそれに同意されたる事業と機能の通常の必要性と危険により計量されたるものとしての従属会社にまつわる不適当・不十分なる資本」があるとしている[62]。また、その後もドイツの Reinhardt の影響を受けて、「単独社員は……責任資本を相当の高さまで充す責任があると考えることも、場合によっては首肯しうる」、「一人会社における資本が、本来企図する事業の性質に照して著しく過少である場合にも……債権者の詐害がみられる」としているが[63]、その理由としては、この場合の「会社の財産的基礎は、通常予想される場合に比して著しく薄弱」となるため「債権者の利益を害することは明らかであり、結果において不公正となる」というにとどまっている[64]。

さらに、「単独社員が会社債権者を害する意図をもって」活動資本を会社に貸し付け、有限責任を享受する一方でその債権を他の債権者と同順位に置こうとすることについても、理由を述べることなく「結果において不合理といわざるをえない」とされているのである[65]。

三　岩崎　稜

また、岩崎は、過少資本に関するアメリカの判例には、「発足当初より資産皆無に近く、……操業のために資金的支持を要する……『最小限の信用ないし緩和材』さえも欠く」場合、資本が名目だけではないが会社の「規模・性質の事業に見込まれる緊迫に対処するに不十分」な場合、前記のいずれかに属し、かつ親会社が子会社を搾取する場合の三つがあるとしている。(66)

まず、一つ目の場合については、「最小限の信用ないし緩和材」の具体的な意義が不明瞭であるという問題がある。また、一つ目と程度の差にすぎないともいいうる二つ目の場合についても、会社がその債務を弁済しきれないということを過少資本として問題としているのであれば、会社による弁済不能はそれ自体として不当なことではないという有限責任制度の帰結を正面から否定することにほかならないという批判が可能である。(67)これに対し、最後の場合が意味するところは明確であるが、(68)子会社搾取行為自体を過少資本として問題とする必要があるのかは疑問である。

四　須藤　茂

さらに、アメリカの学説、特にLattyの見解を過少資本の法理と名づけて詳しく紹介した須藤は、(69)その後、過少資本を親会社支配が子会社債権者に不公正な損失をもたらすものとして親会社の責任事由になるとするに至っている。(70)具体的には、過少資本を「親会社が自己の営業部門または関連事業について、その事業の規模、性質等からみて過少の資本を投下して子会社を設立し、事業施設（土地、建物、機械等）や運営資金をこれに貸与するという財政的仕組みをとった場合」であると位置づけ、その場合の問題点として、「子会社事業から生ずる収益を、親会社が、高額の賃貸料、利益配当等の名目で収奪し、一旦子会社破産の事態においては、親会社は実質的投下財産を確保するが、子会社債権者の引当財産は、無に等しい状態となり、(71)当該規模の事業活動から生じた債権者の利益侵害は、甚だしいものといわなければならない」としている。

ここでは、賃料等を通じた子会社の搾取や子会社破産時の親会社による投資回収という具体的な問題意識が指摘されているが、いずれも自己資本の水準と直接結びつくものではなく、その位置づけを整理する必要があると思われる。

五　加美　和照

次に、加美は、米独仏の判例を多数紹介しているが、これは「不十分な資本設備と隠蔽された資本引出」という表題の下に両者は「殆んど関連を有するものである」としてなされており、その結果として何を問題としているのかが非常に理解しにくくなっている。(72) 現に、加美自身も、過少資本による法人格否認の共通の原因は親会社の支配下にある子会社が親会社の経営手段として使用される利用関係にあるとしている。(73) しかし、この利用関係がより頻繁に言及されている親会社による「支配」という要素(74)とどのように区別されるのかは定かではない。結局、この利用関係の問題点としては、高額な賃料設定等による間接的な資本の引出しの原因が潜在しているということのみが強調されているのである。(75)

この見解では、過少資本による責任と財産移転規制を区別しないことにより、過少資本という状況の問題点が不明瞭にされているといえよう。(76)

六　喜多川篤典

また、喜多川は、過少資本が問題となったものとしてアメリカの判例を紹介している。(77) しかし、その内容は、親会社が子会社に多額の貸付けをしていたものの貸付債権の出資的取扱いではなく親会社への直接請求が問題となった事案、(78)親会社の子会社に対する債権の資本的出資としての取扱いと返還請求の否定が問題となった事案、(79)子会社製品の市場価格を下回る価格での買取りという子会社搾取が存在した事案と様々である。(80)喜多川がこれらの事案のいかなる点を問題としているのか、またその違いを認識しているのかは不明である。

七　田代　有嗣

また、田代は、株主が会社に提供する資金の一部のみを出資とし、残りの大部分を債権として会社に貸し付けるという状況を「資本過小な場合」とし、この場合に「事業経営について責任を負担すべき出資者自らが、……他の債権者と並んで会社財産の配分を要求するのは……厚顔な行為といわねばならない」として問題視している。(81)また、会社財産移転行為について配当規制以外にも広く出資返還規制を課すというドイツ法的な立場を前提に、(82)出資者の会社に対する債権を「実質的には出資の内容をなしている」ものと評価し、その弁済はあるべき出資の返還として規制されるべきだとする。(83)これは、自己資本の水準を問題とするものというよりも、株主が有する債権の取扱いを特にその返還という側面から問題にするものと見るべきであろう。

このように田代においては出資返還と過少資本の類似性という視点が強いが、(84)次の議論はやや異なる視点に基づくものと思われる。すなわち、当初から債権者詐害の目的をもって過少資本の会社を設立して第三者に損害を加えた場合には民法上の不法行為が成立するとし、株主が形式上の出資額のほかに多額の事業資金を融資していることは、その要件である第三者詐害の意図を推知させる資料となるとしている。(85)この状況は、見せ金・預合いによる設立と比較しつつ論じられているため、貸付けによる資金を利用した事業規模を見て会社に十分な資力があると誤信した第三者の保護が念頭に置かれているものと思われる。(86)

さらに、会社の従業員による交通事故についての自動車損害賠償保障法三条・民法七一五条による株主等の責任に関する研究において、親会社が運送部門を子会社として設立し、所有する業務用車両等をこれに貸与していた事案に関し、子会社の過少資本性を問題として、貸与財産の子会社財産としての取扱いと親会社への直接責任追及を論じている。(87) ここでも貸与した財産の取戻しによる責任負担の回避が問題とされているが、親会社に対する直接責任を実質上の出資の返還規制という発想のみによって基礎づけられるのかという点には疑問も残る。また、ここでは第三者の会社の資力に対する信頼も問題となっていない。田代自身は明言していないが、交通事故・不法行為という紛争類型に影響された第三の問題意識があるのかもしれない。(88)

八　奥山　恒朗

さらに、奥山は、株主の会社債権者としての地位取得による債権者詐害を問題としており、その要件である株主の「害意」として事業失敗の場合の損害を他の債権者に分担させあるいはその全部を負担させることの企図を要求する。そして、この企図は「営業のために必要な資金は専ら社員からの貸付けでまかなわれている場合、ことにその債権について会社財産に担保権が設定されている場合」には認められやすいとするのである。(89)

これは田代の二つ目の問題意識と類似しているともいいうるが、単なる第三者の信頼よりも株主が会社財産への担保権設定により事業失敗時に外部債権者に優先して投下資本を回収しようとすることが問題とされているようにも思われる。

九　小　括

この時期の議論においては、まず会社搾取、資本の引出し、出資の返還という財産移転行為が過少資本の議論においても問題とされていることに気がつく。岩崎・須藤・加美（さらに喜多川）らが着目する子会社製品の安価購入や高額な賃料設定などの株主による会社搾取行為は、本稿の観点からは会社から株主への財産移転行為の規制として論ずべきことになる。この点、株主債権の弁済の禁止を出資返還規制として論ずる田代の見解が示唆的であるといえよう。(90)

また、株主の会社に対する貸付けについては、出資の返還という観点以外にも第三者詐害行為という観点が示されている。田代の見解から示唆されるように、これを、貸付資金を利用した事業規模から生じる会社の資力に対する第三者の信頼保護という観点から捉えるのであれば、見せ金の場合とは異なり登記簿上の資本額は低くなる点を踏まえたうえで、民法上の外観信頼法理などを意識しつつ第三者の保護の必要性を検討する必要があると思われる。(91)

もっとも、奥山のように第三者の信頼保護ではなく株主が対会社債権について会社財産を担保として取得することにより債権者に優先して回収すること自体を問題とするのであれば、既存の実定法・一般私法理論による解決は困難であると思われる。子会社に貸与した事業施設の親会社による確保という須藤の問題意識や、大隅・蓮井・田代が指摘する株主債権の他の債権者と同順位での回収という問題にも、同様の指摘が可能である。株主も別の法主体である会社に対する債権を取得しうるというのが原則であり、これを修正する理由についての検討が必要となろう。

また、田代の研究が示すように、過少資本による責任が機能する場面の一つとして、交通事故等による不法行為責任を負担した会社が親会社等から資産の貸与を受けていたという状況があり、これをどのように位置づけるかということも考えるべきだと思われる。

このほか、岩崎の「最小限の信用ないし緩和材」や「見込まれる緊迫に対処する」のに十分な資本の確保という観点は自己資本の水準を問題とするものといいうるが、その確保が必要となる理由は詳しく論じられていなかった。この点も検討する必要があろう。

(58) 日本においては、過少資本による責任はもっぱら学説において議論されている。法人格否認の法理に関する判決の中には会社の資本金額や資金額の低さに言及しているものもあるが（東京地判昭和四四年一一月二七日判例タイムズ二四四号二六〇頁、東京地判昭和四九年六月一〇日判例時報七五三号八三頁、名古屋地判昭和五七年九月二〇日判例タイムズ四八七号一一〇頁等）、いずれもこの要素にどれだけ重きを置いているのか明らかではなく、これらの判決自身が「過少資本による責任」という考え方に対して自覚的に一定の立場を示したものと解することは困難であると思われる。これらの判決は、これらを過少資本による責任を認めた判決と位置づける学説の検討に際して取り上げれば足りよう。

(59) 森本滋「いわゆる『法人格否認の法理』の再検討（一）―（四）」法学論叢八九巻三号一頁、四号二八頁、五号一頁、六号八二頁（一九七一年）、江頭・法人格否認。

(60) 大隅健一郎「法人格否認の法理」『会社法の諸問題（新版）』一頁（有信堂高文社、一九八三年（初出は法曹時報二巻八号（一九五〇年）））。

(61) 大隅健一郎「会社の法形態の濫用」『会社法の諸問題（増補版）』一九頁、三三頁（有信堂、一九六四年（初出は一九五七年））。西原寛一「会社制度の濫用」『権利の濫用（中） 末川先生古稀記念』一一一頁、一二三頁（有斐閣、一九六二年））も、「過小資本の一人会社に対し単独社員が融資し、その会社が破産した場合、その社員を他の破産債権者と同視すべきではなかろう」と述べているが、その理由は記されていない。

(62) 蓮井良憲「米国会社法に於ける法人被衣の剥奪の法理（二）」近畿大学法商学部論叢二巻二号一〇九頁、一一九頁（一九五一年）。

(63) 蓮井良憲「会社の独立性の限界——一人会社を中心として（二）（四・完）」広島大学政経論叢七巻四号七七頁、八八頁注1、八巻三号九三頁、一一五頁（一九五八年）。

(64) 蓮井・前掲（注63）八巻三号一一五頁。

(65) 蓮井・前掲（注63）八巻三号一一五—一一六頁。

(66) 岩崎稜「会社の独立性とアメリカ法——閉鎖会社の独立性に対する一考証——」香川大学経済学部研究年報一号一六七頁、一九六頁（一九六一年）。

(67) 反論としては、会社による弁済不能を常に問題とするのではなく、適切な資本を欠いた結果として弁済不能になった場合に限定するのであるというものが予想されるが、その意味するところははなはだ不明確であり、少なくとも過少資本がなぜ問題であるのかということを疑問視する立場からは、到底満足のいく説明とはいえない。

「事業上予想される債務の支払にたえうるだけの財政的基礎」の不具備を問題とする大濱信泉「従属会社の独立性とその限界」早稲田大学創立七十周年記念法学論文集四五頁、五五頁以下（有斐閣、一九五三年）についても同じことが指摘できる（同「一人会社の濫用とその法人格否定の理論」『法政の諸問題　藤井先生還暦記念』三四七頁、三六二頁以下（有斐閣、一九五三年）もほぼ同旨である）。

(68) 具体例としては、子会社の製品を市場価格以下で親会社が購入していた事案（Henderson et al. v. Rounds & Porter Lumber Co., 99 F. Supp. 376 (W. D. Ark. 1951)、詳しくは後注502を参照）を紹介している。

なお、大濱は後発的過少資本の例として配当や製品の安価購入による子会社の搾取が行われていた事案（William C. Atwater & Co., Inc. v. Fall River Pocahontas Collieries Company et al., 119 W. Va. 549, 195 S. E. 99 (1937)）を紹介しているが、子会社に有利な価格での事業用資産の賃貸が行われていた事案（Luckenbach S. S. Co., Inc., et al. v.

W. R. Grace & Co., Inc. 267 F. 676 (4th Cir. 1920)、詳しくは後注364とそれに対応する本文を参照）との違いにはまったく注意を払っておらず（大濱・前掲（注67）早稲田大学創立七十周年記念法学論文集五五—五六頁）、子会社の搾取という問題意識を有していないように思われる。

(69) 須藤茂「米国会社法における子会社の行為と親会社の責任」國學院大學政経論叢一〇巻四号一六一頁、一八六—一九三頁（一九六二年）。Latty の見解自体の検討は第二章第二節第一款に譲る。

(70) 須藤茂「親会社責任の諸問題」國學院法学九巻一号五三頁、七六—七七頁（一九七一年）。

(71) なお、須藤には株主・親会社の会社に対する金銭債権の劣後化に関するアメリカ法の論文もあるが（須藤茂「子会社の破産と親会社債権——"Deep Rock" Doctrine を中心として——（一）（二）」國學院法学二巻一号九七頁（一九六四年）、四巻三号四五頁（一九六六年））、そこでは劣後化の要件としての過少資本にどのような問題があるのかということは述べられていない。

(72) 加美和照「責任把握の理論」青山学院創立九十周年記念法学論文集一一五頁、一七一頁—一七九頁（青山学院大学法学会、一九六四年）。たとえば、一七五—一七六頁において引用されているフランスの判決は子会社の事業に資金を利用したため破産した親会社の債権者が子会社への破産手続拡張を求めた事案であるが、それ以外の親会社の責任が問題となった事案とはまったく区別されていないように思われる。

(73) 加美・前掲（注72）一七八—一七九頁。

(74) 加美・前掲（注72）一五九—一七〇頁。

(75) 加美・前掲（注72）一七九頁。

(76) その後の論文においては、株主による会社財産の私的流用と過少資本とが一応区別されているが（加美和照「アメリカ法における法人格否認の法理」法学新報七七巻四・五・六号一頁、一〇—一一頁（一九七〇年））、過少資本の場合にどのような問題があるのかという点についての説明は、依然としてなされていない。

(77) 喜多川篤典「法人格の否認——一人会社・親子会社に注目しつつ——」『株式会社の法理』三五頁、五四—五五頁

（中央経済社、一九六六年（初出は企業会計一七巻一号一一四頁（一九六五年）））。

(78) 紹介されているのは、Herman v. Mobile Homes Corporation, 317 Mich. 233, 26 N. W. 2d. 757 (1947) である。この判決は、過少資本と親会社の貸付け以外の事情も認定しているが、詳しくは後注500を参照。

(79) 具体的な判決の引用はない。なお、喜多川・前掲（注77）五〇―五一頁で、株主債権の出資としての取扱いの理由として、「法人事業として間接有限責任の利益を享受したいならば、その会社の取引に相当するだけの資本的出資をなすのが当然である」とのみ述べられている。

(80) 紹介されているのは Henderson et al. v. Rounds & Porter Lumber Co., 99 F. Supp. 376 (W. D. Ark. 1951)（詳しくは、後注502を参照）である。

(81) 田代有嗣『新版　親子会社の法律』一〇〇頁、四二一頁（商事法務研究会、一九七九年（初版は一九六八年））。

(82) 田代・前掲（注81）三八一、三八五頁。

(83) 田代・前掲（注81）四二一―四二二頁。

(84) 田代・前掲（注81）一〇四頁は、「過小資本会社は、出資者株主が、その出資すべき資本を一たん拠出した後に会社から返還を受けたのと類似するから、出資返還に類似するものとして規制することが考えられる」として、資本過少部分に相当する金額の払込義務を株主に課している。

(85) 田代・前掲（注81）一〇七―一〇八頁。

(86) 田代・前掲（注81）一〇一頁も参照。

(87) 田代有嗣「裁判例に現われた自動車事故損害賠償責任と親子会社規制〔II〕」商事法務四八四号二六―二八頁、三一―三二頁（一九六九年）。言及されているのは、東京地判昭和四二年五月二四日判例時報四八六号五九頁と大阪高判昭和四三年六月五日判例時報五二八号四一頁である。

(88) 同様に、交通事故を起こした子会社が営業財産を親会社から提供されていたという事実を過少資本と位置づける文献として、宇野稔「判例上現われた親会社の不法行為責任――法人格否認の法理と関連して――」九大法学二九号三五頁、六八頁（一九七四年）がある。

(89)　奥山恒朗「いわゆる法人格否認の法理と実際」鈴木忠一＝三ヶ月章監修『実務民事訴訟講座第五巻　会社訴訟・特許訴訟』一五七頁、一七五―一七六頁（日本評論社、一九六九年）。ほとんど同じことを述べるものとして、足立武雄「会社法人格の否認」拓殖大学経営経理研究四号一〇五頁、一二〇―一二一頁（一九七〇年）がある。

(90)　ただし、この考え方が、株主債権を出資とみなすことにより他の債権者に優先して回収することを防止するという問題意識に基づくものだとすると、高額賃料等による会社搾取とは異質の行為を問題とするものということもできよう。

(91)　田代・前掲（注81）一〇一頁参照。

第二款　森本・江頭

次に、過少資本という問題に初めて本格的に取り組んだ江頭憲治郎と、ほぼ同時期に法人格否認の法理については江頭と同様の理解をしつつ過少資本という類型についてはやや異なる立場を採った森本滋の見解を検討する。

一　森本　滋

まず時間的に先に発表された森本の議論から分析しよう。

森本は、ドイツのOttmar Kuhnの学説を批判しつつ[92]、現行法には「企業規模と資本の妥当な関係を規律する規定は見当たら」ず、「学説においても、『妥当な』資本額を確定する具体的な準則は明らかにされていない」と指摘し、「財産の維持と妥当な資本の調達は質的に異なる」ため、過少資本会社の社員は、会社債権者に対する民法上

の不法行為に基づいて直接責任を負うことはありうるが、「『会社法上の理由』に基づく責任」を負うことはないとする。(93)

この財産維持規制と過少資本規制とが異なる問題であるという理解はそれまでの学説と大きく異なるものであり、本稿の観点とも共通するものである。(94)しかし、森本は、過少資本会社の社員の会社債権者に対する不法行為の内容としては、「社員の詐欺」や他人に損害を与えることだけを目的とするような場合、(95)また「営業モラルにより非難される場合」(96)などを挙げるにとどまり、抽象的な説明しかしていない。本稿の観点から問題なのは、過少資本会社の社員の責任が会社法上の理由に基づくものか民法上の理由に基づくものかということよりも、その責任が必要となる具体的事情である。(97)この点で、森本の検討は不十分といわざるをえない。

また、森本は、危険業や銀行業などについて業法で最低資本金が定められていることから、「会社法の秩序原則は、一定の業種の企業については適正資本の調達、維持を社員の会社に対する会社法上の義務としていると解することもでき」(98)、さらに「適正資本の判断基準が経営学上明らかにされれば、適正資本の要請が一般的に保護法規と解される余地もある」(99)ともしている。ここからも、森本が過少資本による責任を会社法上の理由に基づくものではないとした根拠が形式的なものにすぎず、「適正資本」とは何であるかを有限責任制度と結びつけて検討した結果ではないことがうかがわれる。

二　江頭憲治郎

(1)　クッション、資本維持、過少資本

他方、江頭は、「有限責任制度が関係者間の危険『分担』の制度である以上、有限責任『排除』についても、

……企業危険を、企業関係者のうちでだれが、どういう順序で、一定額ずつひきうけるのが本来衡平なのか、もし実定法上形式的にでてくる結論を訂正する必要があるなら、それはどこなのか」という見地から考察すべきであるという一般論に立ったうえで、「社員が、企業の窮極的な支配者および利益享受者として、一定額の企業危険を、一定額の物的な『資本の拠出』と『資本の維持』というかたちで最初にひきうけねばなら」ず、「制度の『核』は一定額の資本の『拠出』と『維持』をつうじての危険引受にあり、『開示』や『支配』は付随的な問題にすぎない」とする。[100]

このような江頭の主張のうち、「開示」と「支配」を付随的問題とすることについては、債権者保護をすべて債権者の自衛に委ねることは疑問であること、[101]また有限責任の獲得を主張したのが機能資本家であったということ[102]などの理解可能な説明が付されている。また、資本の充実・維持を重視することも、これが従来実定法上の債権者保護のための制度であるとされてきたことから説明できるであろう。しかし、ここで特に「一定額の」資本としたことについては、説明がまったく付されていない。[103]では、この限定は、どこから導かれているのであろうか。

江頭は、この後でアメリカとドイツの議論を詳細に検討していくのであるが、その中で過少資本という状況の具体的な問題点が述べられている箇所は多くない。まずアメリカ法に関しては、ある判決[104]を過少資本が株主からの不動産賃貸借などによって塡補されていなかった事案であるにもかかわらず過少資本のみを理由に株主の責任を肯定した点で画期的であると評する際に、注において、過少資本には「（イ）業務の規模からいって最小限の債権者へのクッションを欠くという意味と、（ロ）親会社の財政的援助なしに業務をおこないえないという意味」とがあるとし、この判決以前は（ロ）が満たされる場合にのみ請求が認容されてきたとしている。[105]ここからは、この判決が画期的であるのは「最小限の債権者へのクッション」の欠如のみを理由に株主の責任を肯定したからであり、江頭が「業務規模からみた最小限のクッション」としての「適切な自己資本」を重視していることがうかがわれる。

他方、ドイツ法の分析においては、「クッション」への言及はない。ここでは、直接的責任追及に関する学説が、社員の主観を重視する主観的濫用論[106]から、企業の業種・規模に応じた適切な資本構成を取引経済の指導原理としての公序とするReinhardtの学説[107]を経て、過少資本問題を実定法上の資本維持規定の中に取り込む客観的濫用論・制度的考察方法[108]へと発展していく過程を紹介し、「ドイツの過少資本規制を吸引していくものは、……資本維持規定」であるとして、資本維持規定と透視理論との考察こそが実り多い分野であるとする[109]。ここには森本に見られた財産維持と資本の調達の区別という問題意識はなく、むしろ過少資本規制を資本維持規制に引きつけて理解するドイツの学説に好意的であるように思われる。

そして、この「クッション」、過少資本規制、資本維持規制の関係を示しているのが、序章において引用した有限責任の条件を定式化した論文である。そこでは、まず資本維持規制について「出資の払戻が禁止されている理由は、構成員の出資が、会社に取引上の損失が生じた場合に債権者にすぐさま損失を与えないためのクッションの役割をなすことが期待されているからである」とし、「クッションとしての目的を達成するためには、単にその払戻が禁止されているだけではなく、少なくとも事業開始の際に事業規模等から予想されるリスクに鑑みて、出資は十分な額が存在しなければならない」、「解釈論として過少資本が法人格否認の法理に基づく社員の無限責任を生じさせる理由となると主張されたり……するのは、そのためである」と述べている[110]。このように、江頭は「クッション」という概念を通じて、過少資本規制を資本維持規制とは別個独立のものとしつつ[111]、両者を結びつけているのである。初期の見解においても過少資本を資本の引出し・出資返還規制と関連させるものが存在したが、それらは、間接的な資本の引出し自体（加美）や株主債権の実質的出資性（田代）を問題とするものであって、適切な水準の自それ以前の見解と大きく異なっているのである。[112] 江頭の見解は、維持されるべきクッションの額自体を問題とした点で己資本の維持という発想は見られなかった。

また、以上の議論においては、クッションの機能と維持されるべき額について、「会社に取引上の損失が生じた場合に債権者にすぐさま損失を与えないため」に「事業開始の際に事業規模等から予想されるリスクに鑑みて」十分な額という説明が与えられている。「取引上の損失」とは、資本維持規制の対象となる財産移転行為との類比からは、貸倒れやプロジェクトへの投資の失敗など、会社財産の価値が減少する場合を指しているものと思われるが、会社に取引上の損失が発生することにより債権者がすぐに損失を被るメカニズムなどの具体化がなお必要であろう。

(2) 過少資本の不動産賃貸借による塡補

また、前記のクッションの欠如と並ぶものとされている「親会社の財政的援助なしに業務をおこないえない」状態とは、「過少資本が株主の手によって不動産賃貸借その他巨大な設備の賃貸借によって塡補されていた場合」を意味している。[113] しかし、この場合にどのような問題があるのかということについては不明確さが否めない。江頭は、不動産賃貸借ではなく金銭消費貸借があった場合と比較して、過少資本が不動産賃貸借等と結合した場合にのみ株主への直接請求が肯定されえた理由として、賃貸借契約が高額な賃料による会社搾取手段として使われていたということと、株主以外から不動産を賃借している場合には会社に株主の財産が存在しないため内部債権の劣後という手法による債権者救済が不可能であることを挙げている。[114] しかし、前者はむしろ会社搾取の問題というべきであり、賃料による搾取がない場合にどのような問題があるのかという疑問には答えていない。[115] また、後者についても救済方法の観点しか述べられていない。[116]

不動産等の事業用資産を会社が所有せずに株主等から賃借するという類型が税制の点から日本では多くなると予想されていることからも、[117] この類型の問題点をより詳しく分析しておくことが必要であろう。

(3)　不法行為賠償責任と被害者の保護

さらに、江頭は過少資本がまったく塡補されていない場合として、タクシー事業者が自動車事故による損害賠償責任を免れるためにタクシー二台ずつの会社を多数設立し、その会社が多額の不法行為賠償責任を負うに至ったという事例を挙げている。これはアメリカにおいてしばしば過少資本による責任の代表的事案とされるものである。[118] 江頭は最終的には保険によるべきとしつつも、[119] 不法行為債権者による株主への請求をも過少資本による責任に取り込む可能性を認めているといえよう。

もっとも、江頭は「これは、本質的には、通常の事業活動に必要とされる資産の額と、不時に生ずる不法行為・企業責任の損害賠償額との間にズレがある場合に生ずる問題であり、『過少資本とは何か』について、あらためて我々に窮極的な反省をうながすものであるかもしれない」[120] として、この事例を他の過少資本のケースとは少し異質なものと捉えている。この叙述からは「通常の事業活動に必要とされる資産の額」が維持されるべき資本の額であるという考え方が示唆されるが、[121] これはクッションとして要求されていた「事業規模等から予想されるリスクに鑑みて」十分な額という考え方とはやや異なるように思われる。ここからは、維持されるべき適切なクッションの内容と適切なクッションの維持という考え方により規律されるべき問題状況とが厳密に整理されてはいなかったという可能性が示唆されるのである。

有限責任の条件として「適切な自己資本」を要求する見解の代表として序章において引用した江頭は、過少資本による責任が問題となる状況として、取引上の損失の発生により債権者が被害を受ける場合、会社が不動産等を自ら所有せずに株主等から賃借している場合、通常の事業活動に必要な資産額と不法行為賠償責任額との間にズレがある場合の三つを考えていた[122]。

江頭が理論上重視しているのは一つ目の場合であるが、会社に取引上の損失が発生することにより債権者がどのように損害を受けるのか、またこのような損害から債権者を保護する必要があるのかという点についてはなお具体化が必要であるといえよう。この点を、江頭は資本維持規制の「クッションとしての目的を達成するため」という理論により正当化しようとしているが、資本維持規制は取引上の損失の発生をカバーするものではないため、これでは不十分であると思われる。ここでは、過少資本を資本維持規制に引きつけることにより踏み込んだ議論が省略されているようにも思われる。また、二つ目の株主からの不動産賃貸借については、会社搾取の手段としての可能性が指摘される一方で、須藤に見られた会社破産時の債権者に優先する投資回収という問題意識は直接にはうかがわれなくなっている。これも資本維持規制との関連づけの影響と見ることができよう。他方、三つ目の点については、交通事故等による不法行為債権者の請求であることと過少資本という構成とを、田代に比べて、より強く結びつけているといえる。もっとも、事故を起こした会社に事業用資産が貸与されていることを過少資本と見ていた田代に対し、江頭は会社の過少資本が何によっても填補されていないことを問題としているという違いが存在しており、この点をさらに分析する必要があると思われる。

三　小　括

以上の江頭の見解に対し、森本は過少資本を資本維持規制と結びつけることを拒否しつつ「適切な自己資本」が問題となる余地を認めているが、その内容をまったく具体化しておらず、過少資本による責任によってどのような機能が果たされると考えていたのかをうかがうことはできなかった。

(92) 森本は基本的にドイツ法上の議論として論じているが、日独の「資本会社の秩序原則は基本的に同一であり、さらに問題となっている諸現象にも大差がないので、ドイツ法思想を援用して妥当な解決を図りうる」としている。森本・前掲（注59）八九巻六号一〇八―一〇九頁。Kuhn の見解について、詳しくは第三章第三節第一款を参照。

(93) 森本・前掲（注59）八九巻六号一〇一―一〇二頁、一〇五頁注39、一〇七頁。

(94) 序章第二節第一款二(2)を参照。

(95) 森本・前掲（注59）八九巻六号一〇五頁注41参照（ドイツ民法典（以下、ＢＧＢとする）八二三条二項）。後者は、いわゆるシカーネ禁止である（ＢＧＢ二二六条）。

(96) 森本・前掲（注59）八九巻六号一〇五頁注42参照（ＢＧＢ八二六条）。

(97) また、この責任の原因が株主有限責任制度の弊害に基づくものであれば、それは「会社法上の理由」に基づくものというべきであろう。森本は、「会社法上の理由」であるか否かを、会社法に規定があるか否かで決するようであるが、（特に債権者保護については事後的責任に委ねるという立場の下では）そのように限定する理由はないと思われる。

(98) 森本・前掲（注59）八九巻六号一〇七頁。

(99) 森本・前掲（注59）八九巻六号一〇九頁注6。

(100) 江頭・法人格否認一五〇―一五一頁。傍点は筆者による。

(101) 江頭は、会社債権者の契約による自衛を重視し、会社法の役割を情報開示に限定するアメリカの学説（Richard A. Posner, *The Rights of Creditors of Affiliated Corporations*, 43 U. Chi. L. Rev. 499, 507-509 (1976)）に対し、現行の制度を前提に考えると非現実的モデルを想定しているとの批判を加えている（江頭・法人格否認一五一頁）。この

Posner のモデルに対する批判としては、Jonathan M. Landers, *Another Word on Parents, Subsidiaries and Affiliates in Bankruptcy*, 43 U. CHI. L. REV. 527, 529-533 (1976) も参照。

(102) 江頭・法人格否認一五九頁注14。

(103) ただ Herbert Wiedemann, Haftungsbeschränkung und Kapitaleinsatz in der GmbH; in DIE HAFTUNG DES GESELLSCHAFTERS IN DER GMBH, s.5ff.（1968）の影響を受けていることがうかがわれるのみである（江頭・法人格否認一五九頁注18、一六〇頁注20参照）。Wiedemann の見解について、詳しくは第三章第三節第二款を参照。

(104) Automotriz del Golfo de California S. A. de C. V. v. Resnick et al., 47 Cal. 2d. 792, 306 P. 2d 1（1957）である。この判決について、詳しくは後注529とそれに対応する本文を参照。

(105) 江頭・法人格否認三三七頁、三四七頁注25。

(106) 主観的濫用論について、詳しくは第三章第二節を参照。

(107) Reinhardt の見解について、詳しくは第三章第一節第一款を参照。

(108) 制度的考察方法に分類される論者の見解について、詳しくは第三章第三節および後注864を参照。

(109) 江頭・法人格否認三六二—三六六頁。

(110) 江頭憲治郎「企業の法人格」『現代企業法講座第二巻　企業組織』五五頁、七五頁（東京大学出版会、一九八五年）。

(111) 江頭は、会社搾取の問題を基本的に過少資本の問題と分離して論じている（江頭・法人格否認三一〇頁、三一三頁、三三五頁、三三八頁、三五四頁、三八一頁、四〇二頁、四〇九頁）。

(112) 岩崎も「最小限の緩和材」という「クッション」に類似する考え方を示してはいたが、最小限の緩和材は、事業の規模・性質から見込まれる緊迫に対処するのに十分な資本と区別されているようでもあり、有限責任の条件として維持されるべきものという大きな役割は与えられていないように思われる。

(113) 江頭・法人格否認三三七頁。

(114)　江頭・法人格否認三三七頁。

(115)　江頭が『新版　注釈会社法（一）』八五頁（有斐閣、一九八五年）において過少資本が法人格の否認という結論を導く決定的なファクターとなったと思われる判決の一つとして挙げている名古屋地判昭和五七年九月二〇日判例タイムズ四八七号一一〇頁も、会社独自の見るべき資産は存在せず、会社が代表者個人の居宅・電話・印鑑を会社の事務所・電話・代表者印として使用していたという事案であるが、高額賃料による搾取があったとは思われない。後注544も参照。

(116)　この第三者による不動産賃貸借がある場合への着目は、Minton et al. v. Cavaney, 56 Cal. 2d. 576, 364 P. 2d. 473 (1961) という過少資本による責任を認めたとされるカリフォルニア州判決の事案に影響されたものと思われるが（江頭・法人格否認三四八頁注27ではドイツ学説の同判決への言及箇所を引用している。この判決について、詳しくは後注536とそれに対応する本文を参照）、他の判決では株主等以外の第三者からの賃貸借があったわけではなく、一般的な理由とすることには疑問がありえよう。後注544も参照。

(117)　江頭・法人格否認四〇三頁。

(118)　たとえば、Roger E. Meiners, James S. Mofsky & Robert D. Tollison, *Piercing the Veil of Limited Liability*, 4 Del. J. Corp. L. 351, 365 (1979) など。

(119)　江頭・法人格否認三四八頁注30。

(120)　江頭・法人格否認三三八頁。

(121)　タクシーが二台しかなくてもタクシー事業を行うことはできるから過少資本ではないということになるのであろう。

(122)　江頭は体系書において、過少資本に関する判例として、マンション経営による利殖を謳って大衆から集めた資金で自転車操業を行っていた会社からマンションを購入する契約を締結し代金の大部分を払い込んだ原告が、出資取締法違反容疑での捜査等により業績が悪化した会社がマンションを建設しなかったため契約を解除し、会社が破産したため実質的支配者である被告個人に支払済代金の返還を請求した事案である東京地判昭和四九年六月一〇日判例時報七五三号八三頁を引用しているが（江頭憲治郎『株式会社法』四三頁（有斐閣、二〇〇六年））、本文の三つの場合のいずれに当たると考えているのかは定かではない（そもそも、少なくとも一九八〇年の時点では、江頭はこの判決についてグループ各社間での資金流用という認定事実を重視しており、同判決を過少資本による責任を認めたものとは捉えていない（江頭・法人格否認四〇五頁、四一五頁注15））。

この判決自体は、会社の資本金は見せ金による架空の増資であり、しかも別の関連会社に二億四五〇〇万円を出資したことになっているため資産内容は皆無に等しいということ、（おそらくその結果としての）資金的基盤のない状態で大衆から資金を徴して行きづまりの可能性の高い事業を行ったということに加えて、グループ会社間での資金流用、類似商号の利用と複数回の商号変更による識別の困難化などの事情を認定していることからも、会社の自己資本もしくは資産の水準を問題にしたというよりは、おそらく詐欺的な手法による資金調達に対する訴訟が提起されることを予期してそれを免れるために複数の会社を利用したというスキーム全体を問題としたものであるように思われる。

第三款　森本・江頭以後

森本・江頭の論文以降、過少資本をテーマとする研究が見られるようになった。しかし、その中には、過少資本という状況が問題であることを所与の前提として、この点に分析を加えていないものが少なくない[123]。また、交渉能力の格差に基づく債権者の区分を株主の責任の要件に反映させようとするものも多いが[124]、契約債権者には自衛を期待し、不法行為債権者の保護を図るという結論自体はよいとしても、契約債権者が対処し、不法行為債権者がそれから保護されるべきリスクの具体的内容が述べられることは少ない。

もっとも、いくつかの研究においては、そこで問題視されている内容が述べられている。これを順に見ていこう。

一　田中　誠二

まず、田中誠二は、子会社の債権者保護に用いうる法理全般に関する報告の一部において、過少資本の法理を取り上げている(125)。田中は、一般論としては、日本では株式会社の資本金額の最低限を定めておらず自己資本も少ないことが一般的であることから、過少資本それ自体で法人格否認を認めることは困難であり、他の事項と競合して法人格の客観的濫用といいうる場合にのみ子会社債権者による親会社への請求が認められるとするのみであり(126)、過少資本という状況にどのような問題があるのかということを直接述べてはいない。

もっとも、船内荷役業務を少額の純資産しか有しない子会社に分離したところ、子会社従業員の過失による事故で多額の損害を発生させたというアメリカの判決(127)の事案について、「それだけの債権者が子会社だけにしか請求できないとすると、非常に困る事態が、気の毒な事態が起こる」と述べ、また田代も紹介していた親会社から事務所・車両等の貸与を受けていた子会社が交通事故を起こしたという自動車損害賠償保障法三条に関する日本の判例(128)に関して、「メーカーが運輸方面だけを独立させるというのは、事故が起こったときに、親会社に累を及ぼさない、一つの防波堤としてどこの企業でも考えられている」と述べている(129)。ここからすると、過少資本が問題となる状況として田中が想定しているのは、主に親会社が事故の危険性のある事業を資力の乏しい子会社に移転したという事案であるといえよう（ただし、この場合、何が過少資本と競合する「他の事項」とされているのかは明らかでない)[130]。

なお、田中は他に株主債権の劣後化が認められた事案を紹介しているが[131]、こちらについては具体的問題意識を示唆する叙述は見られない。

二　片木　晴彦

(1)　実質的過少資本の場合

米独の判例の展開を紹介して過少資本会社の規制への提言を試みている片木は、その冒頭部分で実質的過少資本と名目的過少資本のそれぞれについて異なる問題点を指摘している。

まず、実質的過少資本の場合については、「債権回収の遅れ、不意の損失といった営業上のリスク発生により、会社が即座に債務超過、支払不能に陥ることを防ぐ、いわばリスクの緩衝器の役割」を果たす自己資本が不十分なため、「会社の営業は、ちょっとした資金回収の遅れ、損失の発生により直ちに破綻をきたすような、きわめて不安定な財務構造のもとで営まれる」結果、会社倒産時の債権者の損失が多大なものとなることを問題視している[132]。

もっとも、結論部分においては、「会社の営業の種類・規模に応じた自己資本の額は単純に判断しうるものではな」く、今日では借入金による業務拡大を図るべき場合もあることや、「債権者にとって重要なのは、自己資本比率そのものより、固定資本と長期資本（自己資本＋固定負債）、流動資本と流動負債との間のバランスである、と言われる[133]」ことから、「会社の資本額の管理は高度の経営判断であり、経営者の責任において判断されるべきで、株主に責任ある判断を求めることはできない」としている[134]。しかし、資本構成は経営判断事項であるという場合に問題とされる「適切な自己資本」に期待されるのは、通常、債権者保護のための債務超過・支払不能に対する緩衝器という機能ではなく、ファイナンス理論において論じられているような企業価値の最大化という機能であると思われる[135]。もちろん、片木自身は債権者のための「適切な自己資本」を念頭に置いていたと思われるが、この議論からは、少なくとも債権者保護のための緩衝器という機能から一貫した検討がなされてはいないのではないかという印象を受けざるをえないのである。

(2) 名目的過少資本の場合

他方、名目的過少資本の場合には、支配株主は、自己の貸付けを資本と同様に扱うことにより「見かけ上の資本額ではなしえない様な規模で事業を行ない」つつ、事業の採算悪化時に「資本出資について存在する様な拘束に煩わされることもなく、自己の貸付金を他の債権者に先駆けて回収することができ」、会社倒産時にも「他の債権者と同等の立場で……配当を受け」られる結果、「最小限のリスクで大規模な事業より生じる高収益を享受しうる」一方で、外部債権者は「通常以上のリスクを負担しなければならない」とする[136]。

このように冒頭部分では事業規模と資本額の乖離、倒産直前の偏頗弁済的回収、外部債権者と同順位での破産手続参加という三つの問題点が指摘されているが、結論部分において問題視されているのは、支配株主が「貸借対照表上の資本と負債の区別を踏みにじる」結果、債権者は「現実の営業規模を信頼すべきか、貸借対照表上の財務構成を信頼すべきなのか」混乱するという第一の問題点のみであり[137]、後二者への懸念は見られない。これも問題意識の一貫性を欠くものといえよう。

また、前記の三つの問題点の内容についても疑問はある。まず片木が問題としている類の債権者の信頼については、そもそも貸借対照表上の法定資本額により維持できる営業の規模が決定されうるのか、また債権者が混乱に陥ることがあるのかという問題があろう。次に、倒産直前時の偏頗弁済的回収については民法上の詐害譲渡法理や倒産法制上の否認権が存在しており、過少資本による責任として論じる必要性は低い。そして、最後の点についても、株主が会社に対する債権を取得しうることを前提とすると、株主が外部債権者と同順位で破産手続に参加することがなぜ問題なのかという疑問が生じる。破産手続においては株主も債権者平等の原則に従って弁済を受けることになるので、偏頗弁済的回収と同じ考え方を用いることはできないということに注意する必要があろう。

三　篠田　四郎

次に篠田は、株主が会社に対し貸付等の給付を行っているという名目的過少資本の場合に特に着目し、ドイツの判例・学説の流れを丹念に紹介している(138)。その冒頭で、株主貸付を規制する必要性としては、「暴利等による会社の搾取、会社の外部債権者に先んじる担保の奪取、会社危機直前の貸付金回収、会社破産の場合には破産債権者として破産財団に参加するなど、本来社員が負担すべき危険を外部債権者に恣意的に転嫁する」という問題点が挙げられている(139)。また、株主が銀行等からの借入れを保証している場合についても、銀行等がその優越的な支配力を背景に倒産手続開始に先立って貸付けの回収をするということも問題とされている(140)。

これらのうち、倒産直前の回収行為と債権者としての財団参加という問題については片木に対し述べたことが当てはまるといえよう。また暴利による会社搾取は財産移転規制として考えるべきであると思われる。外部債権者に先んじる担保の奪取という点が、倒産直前の偏頗弁済的回収と類似のものとして捉えられているのか、それとも奥山のようにあらかじめ事業失敗時に事業用資産を回収するための行為として問題視されているのかは定かではない。前者であれば民法・倒産法による規律を考えるべきであり、後者であればそれがなぜ問題であるのかを検討する必要があろう。

四　松山三和子

また同様にドイツの議論に依拠して名目的過少資本の問題を主に検討している松山は、十分な自己資本の確保が有限責任享受の条件であるということを認めながらも、その理由を述べることなく、確保すべき自己資本額が不明瞭であり法的安定性を欠くことを根拠に、この有限責任の条件という議論だけでは過少資本会社への支配株主の貸付を自己資本と同視する根拠としては不十分であるとする。(141) そのうえで、「会社に支払能力がないにもかかわらず支配株主自らの貸付によってそれがあるかのような外観を作出した」という外観責任という構成であれば説得力が増すとし、その基準として「通常の商人が貸付をしないような情況下」での貸付けかどうかを問題とすべきとする。(142) もっとも、株主が会社財産を担保とする場合については、通常の商人が担保を要求する場合であっても、「支配株主が一般債権者に較べて特別有利な立場に立ち、一般債権者に不当なリスクを課すものである」ことを理由に株主債権を出資として取り扱うべきだとしている。(143)

この松山の外観責任という田代や片木と類似する問題意識については、民法上の外観信頼法理の適用という観点から、株主が資金を貸付けとして提供することにより会社の支払能力についての外観が作出されたといいうるのか、仮にそうだとして通常の商人による貸付可能性という判断基準が適切であるのか、またそれを信頼した債権者を保護する必要があるのかなどの点を検討する必要があると思われる。株主の貸付けにより生じうる外観は会社に流動資金が存在するというものであり、その資金の出所についての外観は何も形成されないと考えられる。(144) 他方、流動資金の存在のみを重視するような債権者であれば、その資金の出所には興味を示さないであろう。そうすると、通常の商人による貸付可能性という基準も有益とは思われない。(145) 結局問題となるとすれば、あると期待した資金が債権者の執行前に会社から回収されてしまったという場合であろうが、これについては偏頗弁済・詐害譲渡としての規制を考えれば足り、ことさらに外観責任と構成する必要は存在しないと思われるのである。
また、松山自身も株主による会社財産の担保化による外部債権者に優先する投資回収という外観責任とは異質の観点を合わせて論じている。こちらについては、奥山や篠田と同じく、それを問題とする必要性を検討する必要があるといえる。

五 並木 俊守

以上の見解とやや異なる観点を提示しているのが、主にアメリカの議論を参照した並木俊守の研究である。注目すべき叙述を二箇所引用しよう。

「有限責任の原則は、その性質上危険な事業を過少資本の会社が遂行することを助長する。事実、このような場合における有限責任は、不法行為法の目的を阻害する」(146)。

「株主有限責任の原則が認められる株式会社制度は、企業経営者が個人営業の場合に自らが負担すべき事業経営の失敗による損失の一部を、債権者に転嫁する危険があり、その危険は、過少資本の会社になればなるほど大きく、その結果、株主をして、過少資本を以て、企業倒産の危険が大きい事業を営ませる虞れがある」(147)。

以上の二つの指摘は、性質上不法行為を引き起こす可能性が高い事業と企業倒産の危険が大きい事業という二つの債権者にとって望ましくない事業(148)が株主によって行われる可能性が、会社が過少資本である場合には高くなることを問題とするものである。これは、本章第三節で詳しく検討する有限責任制度下での株主の事業選択についてのインセンティブという法と経済学の問題意識と共通するものである。[149] 過少資本による責任にこのインセンティブの規律という機能を与えた点で、並木俊守の見解は画期的なのである。

もっとも、並木俊守の論文の全体がこの観点によって貫かれているわけではない。有限責任の条件として十分な資本の充実を要求する際の理由づけは、この観点からではなく、有限責任制度は投資を助長するために認められたものであるから、十分な資本の充実がない場合には有限責任を認める正当な理由がないということに求められている。[150] しかし、この説明には、有限責任制度の目的としての「投資の助長」は公衆からの資本の糾合による社会的に有益な事業への投資を意味するものであり、個々の会社の自己資本の水準を高めることではないのではないかという疑問がある。結局、並木俊守の株主のインセンティブという観点はこのような不明瞭な議論により曖昧化され、アメリカの判例等の分析には生かされていないといえよう。

六　並木　和夫

法と経済学による有限責任制度の分析により明確に依拠しているのが並木和夫の研究である。そこでは、「有限責任の下においては、企業の資本の額が小さくなればなるほど、企業がリスキィーな事業に従事する度合いが大きくなる」ため、「企業が危険な事業を選択する可能性を減少させる……ためには、企業に十分な資本を保有されること、すなわち、株主に責任財産として相応な金額を会社に対して拠出させるようにする必要がある」[151] として、株主による危険な事業の選択の防止が「適切な自己資本」の具備に期待されているのである。

しかし、並木和夫の見解においても混乱の存在は否定できないと思われる。まず過少資本の判断基準については、事業の性質と大きさに加えて「負うべき危険の程度」を考慮要素として一応挙げながらも、結局は「将来の収入からするcash flowその他の財産から見て、事業活動上相当な見込み費用と支出を償うのに十分な資産」という基準を用いており、[152]さらには個人営業の会社成りの場合には個人企業に使用されていた資産が会社に拠出されれば十分としているため、[153]危険な事業の選択という観点を貫いているとはいいがたい。また、株主による危険な事業の選択への着目は、有限責任の下では株主・債権者のモニタリングコストが低下する結果として「両者が等しく会社倒産のリスクを負担することとなる」ことが有限責任制度採用の根拠であるという理解を前提に、[154]株主が会社のリスクを増加させた場合には有限責任の利益を受けられなくなるとして導かれているものである。[155]しかし、確かに有限責任制度にはモニタリングコストの低減という利点があるが、これによって「両者が等しく会社倒産のリスクを負担することとなる」といえるわけではないと思われる。また、この有限責任制度の利点が株主による危険な事業の選択という有限責任制度の弊害と論理的に直結するわけでもない。このような有限責任制度の機能的分析の不正確な理解が、前記の一貫性の欠如の一因であるのかもしれない。[156]

七 野田 博

また、有限責任制度に関する機能的な分析を参照している点では野田も同様である。ただし、企業者が事業活動に十分な資本を拠出しないことにより不法行為債権者から財産を防御することができ、事業の費用が潜在的な不法行為の犠牲者に転嫁されるとして、アメリカの判例上契約債権者と不法行為債権者とが区別されていることはモラルハザードを問題とする観点から正当化されるとしているが、[157]並木俊守と並木和夫に見られた過少資本状態における株主による事業の選択という観点は見られなくなっている。また、過少資本を認定して株主の責任を肯定したアメリカの判例のほとんどにおいて、株主会社間の非独立当事者間取引（すなわち会社搾取）か不実表示の要素が存

在していたとしている。(158)

以上からすると、野田が問題としているのは自衛が不可能な不法行為債権者の保護にとどまり、過少資本という状態独自の問題点を分析してはいないというべきであろう。(159)

八　神作　裕之

時間的にやや前後するが、野田の見解と類似しているのが神作の見解である。神作は、序章の冒頭で引用した江頭の見解に関して、資本の拠出・維持に加えて財務状況の開示があれば債権者保護として十分であるという考え方もありうるが、不法行為債権者や一般消費者の場合には自己責任を問うことはできず、また真に救済が必要なのはこれらの債権者であるとして、「リスクに応じた合理的な出資」の存在を有限責任の条件としている。(160) そして、取締役による商品の投売りという放漫経営や無謀な経営拡張という投機的行為、資産状態についての欺罔や過少資本に陥ったことの秘匿、株主からの賃借財産の会社財産との誤認等の事情は「過少資本に直接関わるものではない」としているのである。(161)

さらに、会社が他人から借り入れることが不可能であった場合には増資によるほかないはずであり、そのような状況での株主の貸付けは実質的には出資にほかならないとして、株主の対会社債権の劣後化を論じているが、(162) 仮に外部からの借入れが不可能であったとしても、その場合になぜ株主が貸付けという形式により資金を提供することが許されないのかという説明はない。

九 松下 淳一

また、結合企業の倒産法的規律全般を扱う松下は、株主債権の劣後化に関して子会社の過少資本の問題を論じている。[163] そこで問題とされているのは、株主が「資金の大半を、企業活動が失敗した場合に真っ先に回収不能リスクを負う株式ではなく、一般債権者としてのより高い優先順位を得られる貸付金として拠出している」ことにより「債権者としての支配株主は、株主としては損失をほとんど吸収せず、逆に外部の債権者は適正資本の会社の債権者よりも多く企業リスクを負担することになる」ということである。[164] この叙述は抽象的なものであり、株主が債権者として破産手続に参加することの結果として損失を吸収しなくなることがなぜ問題であるのかを述べてはいない。もっとも、法と経済学から前記のような「適切な自己資本」の拠出による株主のリスク負担が有限責任の前提条件であるという見解と関連する示唆がなされているとして、注において「資本額が低いほど過度に危険な事業を行う誘因が高くなり、法人格否認の要因となる」、「危険の外部化による社会的コストを避けるために、危険の内部化のための最低資本金の要件を法定することが、法人格否認の代替策の一つとして考えられる」という Easterbrook & Fischel の見解を紹介している。[165] この点からは、並木俊守・並木和夫のように明白にではないが、松下も株主による危険な事業の選択の防止という機能を過少資本による株主債権の劣後化に期待しているように思われる。[166]

もっとも、「適正な資本」の決定に当たっては「債権者のために危険を吸収するクッションとしての機能」をその内容を説明することなしに重視しているようであり、[167]「適切な自己資本」がどのような機能を果たすのかという点について踏み込んだ検討をしていなかったとも思われる。さらに、適切性の判断基準としても、外部債権者からの借入可能性という基準や株主債権の条件が独立当事者間のものといえるかという基準を基本としつつ、経営学等により決定される適正資本額についての財務分析家等の専門家による証言や同業同規模の会社との比較というアメリカにおいて議論されていた基準をそのまま導入するのみであり、(168)危険な事業の選択の防止やクッションという機能の実現という観点からの検討はなされていないのである。

十　長畑　周史

最後に、最低資本金制度廃止を受けて過少資本規制を検討する長畑は、支配株主が「大量の貸付けを会社にすることによって、会社は見かけ上の資本額ではなしえないような大きな規模で事業を行うという方法」を採ることにより、「事業が失敗した場合は資本出資について存在するような拘束に煩わせられることなく自己の貸付金を回収し、会社が倒産した場合も、債権者として、他の債権者と同等の立場で会社の破産手続に参加できる。つまり、株主が本来払い戻されることのない出資金の実質的払戻し行為が可能となる」ことを問題としている。(169)ここでは、片木のような債権者の信頼保護はあまり問題とされておらず、倒産前段階での回収行為と倒産時の配当加入に主眼があるようである。

しかし、前者については詐害譲渡法理や倒産法上の否認権による解決の余地がまったく検討されておらず、後者についても株主の貸付けをなぜ「本来払い戻されることのない出資金」と評価しうるのかということは述べられていない。また、並木俊守、並木和夫、松下らに見られた株主による危険な事業の選択という問題意識も見られなくなってしまっているのである。

十一　小　括

江頭論文以後の一九八〇年から今日までの議論全体を通じて見られる問題意識としては、まず株主が対会社債権を有する名目的過少資本の場合についての多様な観点が挙げられる。このうち倒産直前時の偏頗弁済的回収（片木、篠田、長畑）や会社の財産状態についての信頼の保護（片木、松山）という問題については倒産法や民法の立場からの議論が必要である。他方、株主による会社財産の担保化（篠田、松山）や債権者としての破産手続参加（片木、篠田、長畑）を問題視する見解は、株主が別の法主体である会社に対する債権を取得しうるという原則との関係で、それが問題となる理由をより具体化する必要がある。また、江頭の問題としていたクッション機能については、債務超過・支払不能の防止というやや異なる説明がなされていたが（片木）、これについてもなお説明を要するといえよう。さらに、不法行為を起こした会社の賠償資力が不十分であることを問題とする見解も存在していたが、事故の危険性のある事業が分離されたという事情に着目していると思われるもの（田中）と、単に不法行為債権者は契約債権者のような自衛が不可能であることを指摘するにすぎないもの（野田、神作）が見られた。少なくとも後者については、自衛の困難さと過少資本とは別の問題であり、不法行為債権者の株主に対する請求を過少資本の場合に限り認めることのさらなる理由づけが必要ではないかという疑問がある。

以上に対し一九八六年の並木俊守以降の議論においては、法と経済学の議論の影響を受けて、不法行為を発生させる危険がある事業や企業倒産の危険が大きい事業を選択するという株主のインセンティブの是正という観点が出てきているのが目を引くところである（並木俊守、並木和夫）。前記の株主の債権者としての破産手続参加という問題意識も、この株主による事業の選択という観点から具体化できる可能性がある（松下）[170]。もっとも、この観点が過少資本による責任・株主債権の劣後化の議論全体を貫く機軸となっているわけではなく、アメリカで有力と

なっている法と経済学の議論の引用にとどまっている感もある。(171)

(123)　泉田栄一「過少資本に基づく社員の責任（一）（二）（三・完）」富山大学経済論集二二巻二号九二頁（一九七六年）、二三号六三頁、二三巻一号一頁（以上一九七七年）、加美和照「過小資本の法理」『現代商事法の重要問題　田中誠二先生米寿記念論文』（経済法令研究会、一九八四年）二七五頁、上原敏夫「会社の倒産と内部債権の劣後的処遇——西ドイツにおける資本代替的社員貸付の法理——（上）（中）（下）」判例時報一二七七号三頁、一二八〇号三頁、一二八三号三頁（一九八八年）、前嶋京子「米国における支配株主の債権の弁済劣後について」下関市立大学論集三一巻三号一頁、八頁以下（一九八八年）、青木英夫「過少資本と社員の有限責任——アメリカ法およびドイツ法を中心として——」『現代会社法・証券取引法の展開　堀口亘先生退官記念』（経済法令研究会、一九九三年）三頁、清水忠之「子会社の過少資本に対する親会社の責任について」明治学院論叢五三五号（法学研究五四号）五三頁（一九九四年）などである。

いくつかコメントを付しておく。まず加美は名目的過少資本における社員債権の劣後を信義則違反を理由として肯定しつつ（加美・前掲二八五頁）、他方で、実質的過少資本のみによる社員の直接責任については、ドイツの判例・立法においても認められていないことと、税法上利息は損金算入されるが配当はされないため借入金の方が資本コストは有利であることを理由に、否定している（同二八六頁）。いずれについても説明として十分とはおよそいいがたいと思われる。

また清水は、冒頭部分で、過少資本により債権者が不測の損害を受ける危険性は会社成立後に事業規模が拡大する場合よりも親会社が危険な事業を行う意図で子会社を設立する場合の方が大きいとしているが（清水・前掲五四頁）、なぜそのようにいえるのかを説明してはいない（濫用的意図が明らかであるからという程度の認識ではないかと思われる）。ドイツの学説の当否も法律構成としての優劣という観点からのみ論じられているにすぎない（同九五頁以下）。

(124) 並木和夫「株主有限責任の原則の検討——過少資本の問題を中心として」法学研究六〇巻一二号九九頁、一一五頁、一一七頁（一九八七年）、清水・前掲（注123）九三—九四頁など。
(125) 田中誠二「子会社の債権者保護の法理」金融商事判例五九四号一七頁、二三—二六頁（一九八〇年）。
(126) 田中・前掲（注125）二四頁。
(127) Joseph R. Foard Co. of Baltimore City et al. v. State of Maryland, 219 F. 827 (4th Cir. 1914) である。この判決について、詳しくは後注353とそれに対応する本文を参照。
(128) 東京地判昭和四二年五月二四日判例時報四八六号五九頁である。
(129) 田中・前掲（注125）二三頁、二五頁。
(130) 田中は法人格否認の法理に関して客観的濫用論を採るので、親会社の不法行為責任回避目的が問題とされているわけではないと思われる。
(131) 田中・前掲（注125）二三頁。
(132) 片木晴彦「過少資本会社とその規制（一）」法学論叢一一一巻五号三六頁、三七頁（一九八二年）。
(133) もっとも、片木晴彦「過少資本会社とその規制（二・完）」法学論叢一一二巻二号七七頁、九五頁注6（一九八二年）で引用されている馬場克三『株式会社金融論（改訂増補版）』一六五頁（森山書店、一九七八年）は、債権者保護の観点から財務流動性を論じているわけではない。また、債権者にとって自己資本比率よりも固定資本・長期資本、流動資本・流動負債の比率が重要であるという場合、配当制限基準ないし倒産予測モデルとしてどちらが適切かという観点から論じられることがあるが（吉原和志「会社の責任財産の維持と債権者の利益保護——より実効的な規制への展望——（一）（二）」法学協会雑誌一〇二巻三号四二三頁、五号八八一頁（一九八五年）参照）、片木がこのような問題意識を持っているのかは不明である。
(134) 片木・前掲（注133）一一二巻二号九二頁。
(135) この点については、本章第三節第二款三(2)を参照。このような資本構成が債権者保護の観点から最適である保証はどこにもない。
(136) 片木・前掲（注132）一一一巻五号三七―三八頁。
(137) 片木・前掲（注133）一一二巻二号九三―九四頁。
(138) 篠田四郎「過少資本における社員の責任（一）（二）（三）（未完）」名城法学三三巻三号一頁（一九八四年）、三四巻三号四三頁（一九八五年）、三九巻三号一頁（一九九〇年）。正確には、有限会社の社員による貸付けを問題としている。なお、この論文は未完に終わっているため、その問題意識がすべて明らかになっているわけではない。ドイツ法の次には、アメリカ法、さらに仏・英・瑞・墺の法制を分析し、そのうえで日本法への提言をする予定であったようである（三三巻三号四―五頁）。
(139) 篠田・前掲（注138）三三巻三号七頁。
(140) 篠田・前掲（注138）三九巻三号三〇頁。
(141) 松山三和子「小規模会社における資本の確保と支配株主の責任――名目的過少資本の場合について――」北見大学論集一三号三三頁、三六頁（一九八五年）。
(142) 松山・前掲（注141）三七頁。
(143) 松山・前掲（注141）三七―三八頁。
(144) 株主が貸付けとして資金を提供するという実務が広く行われているのであれば、債権者側に資金が存在していてもそれは株主が貸し付けたものであると疑ってかかることを期待することも十分可能である。
(145) これは、通常の商人が行わないようなリスクの高い貸付けは株主しか行わないものであり、それは出資にほかならないという外観責任とは関係のない考え方による基準ではないかと思われる。
(146) 並木俊守「資本金と株主有限責任――アメリカの過少資本の判例を中心に――」日本法学五二巻二号一頁、一三頁（一九八六年）。
(147) 並木俊守・前掲（注146）一七―一八頁。

(148) 前者にいう「性質上危険な事業」が、公害などの不法行為による被害を発生させる可能性が高い事業を指すことは明らかである。これに対し、後者の「企業倒産の危険が大きい事業」が具体的にどのような事業を指すのかは明らかではない。この点は本章第三節第二款で検討する。

(149) 並木はこのように述べるに際して他の文献を引用していないが、先行する法と経済学による有限責任の代表的な分析である Paul Halpern, Michael Trebilcock and Stuart Turnbull, *An Economic Analysis of Limited Liability in Corporation Law*, 30 U. TORONTO L. REV. 117, 145-147 (1980) や Frank H. Easterbrook & Daniel R. Fischel, *Limited Liability and the Corporation*, 52 U. CHI. L. REV. 89, 113 (1985) などの影響を受けている可能性がある（なお、Halpern らは有限責任制度の下における株主の一般的なインセンティブを論じているが、Easterbrook & Fischel は特に過少資本の場合に株主のインセンティブが強化されるとしている）。

(150) 並木俊守・前掲（注146）一〇一一二頁、一四一一五頁。

(151) 並木和夫・前掲（注124）一一六頁。並木はその注38において、Easterbrook & Fischel, supra note 149 at 114 と小林秀之＝神田秀樹『「法と経済学」入門』一六六―一六九頁（一九八六年、弘文堂）を引用しているが、前者は一一三頁の誤りではないかと思われる。

(152) 並木和夫・前掲（注124）一一五頁。この基準は、将来のキャッシュフローを考慮する点に進歩が見られるが、大濱や岩崎などの古い学説とほぼ同様のものである。

(153) 並木和夫・前掲（注124）一一五頁。

(154) Easterbrook & Fischel, supra note 149 at 93-101 を引用している（並木和夫・前掲（注124）一一九頁注24、一二〇頁注35）。

(155) 並木和夫・前掲（注124）一一四頁。

(156) 前注37も参照。

(157) 野田博「有限責任原則と親子会社関係」一橋論叢九八巻四号八一頁、九一―九二頁（一九八七年）。

(158) 野田・前掲（注157）九七―九八頁。
(159) このほかに、野田博「企業結合関係と会社債権者保護」小樽商科大学商学討究三九巻一号一五九頁、一七〇頁以下（一九八八年）は、過少資本を支配株主への利益移転とは区別しているものの（一七二頁）、衡平法的劣後化・法人格否認の判断基準の明確性という観点から論じているにすぎず、問題点の検討はない（一七二―一七四頁）。
(160) 神作裕之「過少資本について」法学教室七二号一四三頁、一四四―一四五頁（一九八六年）。
(161) 神作・前掲（注160）一四五―一四六頁。もっとも、近年の神作裕之「ドイツにおける『会社の存立を破壊する侵害』の法理」『企業法の理論　上巻　江頭憲治郎先生還暦記念』八一頁、一四〇頁（商事法務、二〇〇七年）においては、むしろ実質的過少資本による責任に関連して、「過度にリスクの高い事業政策や財務政策が採用され実行に移された場合、……合理性の反証を許しつつ、防御の困難な会社債権者をそのような機会主義的な社員の行動から保護することは、解釈論として検討に値しよう」とするに至っている。
(162) 神作・前掲（注160）一四六頁。
(163) 松下淳一「結合企業の倒産法的規律（一）（三）」法学協会雑誌一〇七巻一一号一七六一頁、一七九〇頁以下（一九九〇年）、一一〇巻三号二九五頁、三二〇頁以下（一九九三年）。
(164) 松下・前掲（注163）一〇七巻一一号一七九一頁。
(165) 松下・前掲（注163）一〇七巻一一号一七九二頁、一八〇二頁注48。
(166) 松下は法人格否認の法理についてのものとして引用しているが、Easterbrook & Fischel 自身が衡平法的劣後化についても同様の考慮が当てはまるとしている（Easterbrook & Fischel, supra note 149 at 113 note 46）。
(167) 松下・前掲（注163）一〇七巻一一号一七九四頁（アメリカの判例のまとめとして述べられているが、それに反対はしていないようである）。
(168) 松下・前掲（注163）一一〇巻三号三二一―三二二頁。
(169) 長畑周史「最低資本金制度の撤廃と過少資本に関する一考察」駒澤大学大学院私法学研究二九号一頁、一七頁（二〇〇五年)。

(170) もちろん、株主の事業選択に関するインセンティブとは異なる観点からの具体化もありえないわけではない。

(171) また、最近の研究でもこの株主のインセンティブという観点にまったく言及していないものも存在する(青木・前掲(注123)、清水・前掲(注123)等)。

第四款　小　括

以上のように、従来の学説は、過少資本による責任・株主債権の劣後化に多種多様な機能を期待してきたといえる。しかし、その結果として、問題意識は整理されておらず、各機能の内容が詰められたうえで具体的な解釈論に結びつけられることはなかったと思われる。ここでは、これまで期待されてきた機能を序章第一節第二款三で示した枠組みに沿って整理しておこう。

一　実定法・一般私法理論による解決を検討すべきもの

最初に、既存の実定法規定や一般私法理論による解決になじむと思われる機能をまとめておこう。

まず、株主債権の倒産直前の回収の防止という機能(片木、篠田、長畑)については、民法上の詐害譲渡法理や倒産法上の否認権が規定されており、これらの直接適用が困難であるとしても類推適用や規定の改正による対応を第一に検討すべきであるといえよう。

次に、高額な賃料・利子の設定などの親会社に一方的に有利な親子会社間の取引を通じた子会社の搾取の防止という機能（岩崎、須藤、加美、喜多川、江頭、篠田）については、株主への会社財産移転行為に対する規制のあり方を念頭に置いたうえで、過少資本による責任とは別のものとして検討すべきであると思われる。出資返還規制をドイツ流に広く解したうえで株主債権の弁済についても適用しようとする見解（田代）は、財産移転規制全体との関係を意識している点では正当であるが、これも過少資本という表題の下に論じることは混乱を招く原因となると思われる。

また、債権者の会社の財産状態についての信頼を保護するという機能（田代、片木、松山）についても、民法上の外観信頼法理との関連性を意識したうえで、信頼の要保護性などについての踏み込んだ検討が必要であるといえよう。

以上の問題については、本稿の検討対象からはずすこととする。

二　自己資本の水準を問題とするもの

以上に対して、債権者のための緩和材、クッション、緩衝器という機能（岩崎、江頭、片木、松下）はまさに自己資本の水準を問題とするものであり、過少資本による責任という問題の立て方に最もなじむものであるともいいうる。しかし、この機能はしばしば補足説明なしに暗喩的に用いられる傾向がないわけではない（岩崎、松下）。また、取引上の損失等の発生による債務者の損害や債務超過・支払不能の防止という具体的な説明もなされてはいるが（江頭、片木）、これらを防止する必要性について踏み込んだ分析はなされていない。会社が債務超過・支払不能となったすべての場合について適切なクッションが欠けていたとするのでは有限責任制度自体を否定することになってしまうため、クッションに期待されている機能の具体化により、この理論が適用される場面を限定することが必要であろう。

三　自己資本の水準以外の要素を問題とするように思われるもの

(1) 株主による破産手続参加、会社財産の担保化、貸与財産の取戻し

他方で、株主の会社債権者としての破産手続参加（大隅、蓮井、田代、片木、篠田、長畑）や、会社財産の担保としての取得（奥山、篠田、松山）、会社に貸与していた事業施設等の取戻し（須藤）に着目する見解は、自己資本の水準というよりも株主が外部債権者と同順位もしくはそれに優先して会社財産から投資を回収することを問題としているようにも思われる。もっとも、これらについては、株主も別の法主体である会社に対して債権を取得しうるということが前提であるのに、なぜ株主が外部債権者に優先してもしくは同順位で投資を回収することが問題であるのかという点が明らかにされていないという問題がある。

(2) 企業倒産の危険性が大きい事業の選択

この点についての説明となる可能性があるのが、最近の議論において指摘されている、株主による企業倒産の危険が大きい事業実施のインセンティブという観点である。これは株主が対会社債権を有する場合（松下）に限らず、過少資本の場合一般についても指摘されている（並木俊守、並木和夫）。この観点においては、過少資本の場合には会社が危険な事業に従事する可能性が高まるとされているが、この場合、問題の本質はあくまで危険な事業に従事するインセンティブであって、自己資本の水準自体ではないと思われる。これらの論者がインセンティブという観点を指摘しつつも一貫した議論を展開できていなかったのは、この点を明確に意識していなかったことによるものではないかと思われる。

(3) 不法行為被害者の保護

最後に、会社が起こした不法行為の被害者の保護という機能がある。これを問題とする見解も、会社が親会社から資産の貸与を受けている状況について論じている者（田代）、事業体を複数の会社に分割し個々の会社の過少資本は塡補されていない状況について論じている者（江頭）、事故の危険性が高い事業の分離に着目している者（田中）、不法行為債権者の自衛の困難さにのみ言及する者（野田、神作）と多様である。これらは基本的に自己資本の水準よりも不法行為責任の弁済資力を問題とするものであるが、他方で不法行為債権に対しても有限責任が認められるということが原則であるという本稿の立場からは、いかなる根拠により有限責任を否定するのかという点をより詳しく分析することが必要であると思われる。

また最近の議論においては、会社による不法行為に関しても、不法行為を発生させる危険性の高い事業の実施の可能性は会社が過少資本であるほど高まるという指摘がなされている（並木俊守）。こちらについてもその具体化と防止の必要性の検討が必要であろう。

四　小　括

このように整理すると、これまで過少資本による責任に期待されてきた機能のうち本稿で取り上げるべきものは、①クッション機能、②外部債権者と同順位の、もしくはこれに優先する株主の投資回収を抑制する機能、③企業倒産の危険性が高い事業の選択を防止する機能、④不法行為被害者の保護とその危険性のある事業の選択を防止する機能の四つであるといえよう[172]。

第三節においては、これらの機能の内容の具体化とその当否について検討を行うこととしたい。

(172)　なお、③と④について、並木和夫と松下は「危険な事業」の内容を分類してはいない。しかし、倒産の危険性が高い事業と不法行為発生の危険性が高い事業は、保護の対象とされる債権者が一方は既存の会社債権者であり、他方は当該不法行為の被害者であるという違いがある。もちろん共通する面もあるとは思われるが、並木俊守のように二つの「危険な事業」を分けて考えた方が理解に資すると思われる。

第二節　最低資本金制度に期待されてきた機能

次に、最低資本金制度に期待されてきた機能を簡単に検討する。[173]

第一款　会社の利用資格の制限・設立の防止

一　会社という形態の利用資格の制限機能

日本では、戦後間もない頃から、株式会社について最低資本金制度の導入が主張されてきたが、[174]そこでの主要な観点は大規模公開会社としての株式会社の利用資格を限定するというものであり、有限責任制度の弊害への対処が論じられていたわけではなかった。[175]大小会社の区分問題が立法過程で本格的に審議されるようになった[176]一九七〇年代後半以降も、会社の規模による区分とあまりに小規模な事業者による会社形態の利用の排除という観点からの議論は根強く残っていた。[177]具体的には、会社法の規定の遵守には（それなりのコストがかかるため）相当程度の規模が必要である、[178]小規模な会社の会社法規遵守姿勢には疑問がある、[179]などと論じられているが、会社の規模の規制という間接的な手法ではなく、規定の遵守自体[180]を直接的に確保すべきであろう。

二　会社設立の防止機能

このほか、一定の濫用を防ぐために会社の設立自体を困難にするという機能が期待されることも多い。たとえば、泡沫設立・詐欺的設立を防止する機能[181]、会社形態により事業を開始しようとする者の誠実さを試し、最低資本金さえ準備できないような危険な会社の設立を防止する機能[182]、ペーパーカンパニーや休眠会社の発生を防止する機能[183]などである。

三　小括

以上の諸機能は、有限責任の条件としての「適切な自己資本」という考え方とは関係のないものである。最低資本金制度に「適切な自己資本」確保という機能が期待されていたとすれば、以上の諸機能と「合わせて一本」という形で主張されたことが、同制度の是非や「適切な自己資本」という考え方の当否について掘り下げた検討が少なかった一因ではないかと思われる。本稿は最低資本金制度自体の是非を主題とするものではないため、これらの問題にはこれ以上立ち入らないでおく（前記の諸機能の内容とその当否については注を参照）。

(173) 最低資本金制度に関するこれまでの議論・改正をまとめた文献として、小柿徳武「最低資本金制度の改正」『最新倒産法・会社法をめぐる実務上の諸問題　今中利昭先生古稀記念』一〇一七頁（民事法研究会、二〇〇五年）がある。

(174) 松田二郎「最高裁より見た民事裁判」『私の少数意見――商事法を中心として――』四三五頁、四五〇頁（商事法務研究会、一九七一年）、上田明信「最低資本金制」『現代商法学の課題（下）　鈴木竹雄先生古稀記念』一一九五頁、一二〇一頁以下（有斐閣、一九七五年）を参照。

(175) 有限会社の最低資本金制度についても、主眼は「あまりにも小さな有限会社」や「あまりに貧弱な個人企業」の排除にあり、有限責任制度との関連性は抽象的にしか意識されていないようである（鴻常夫『有限会社法の研究』二八

頁、九二頁（文久書林、一九六五年）参照。

(176)「会社法改正に関する問題点（一九七五年）」、「大小（公開・非公開）会社区分立法及び合併に関する問題点」（一九八四年）、「商法・有限会社法改正試案」（一九八六年）など。

(177) たとえば、当時よく見られた、会社の資本金額をワンルームマンションの価格と比較するという議論（たとえば、竹内昭夫＝稲葉威雄＝前田庸＝河村康夫＝佐藤千壽＝竹中正明「商法・有限会社法改正試案をめぐって（五）」商事法務一〇八四号二三頁、二六頁（竹内発言）（一九八六年））は、事業の規模が小さすぎることを問題視するものであるといえよう。

(178) 岡光民雄「最低資本金制度」法律のひろば四三巻一一号一〇頁、一一頁（一九九〇年）、稲葉威雄「新しい会社法制を求めて（Ⅱ）―会社法現代化要綱試案に関連して―」民事法情報二一二号六頁、七頁（二〇〇四年）。

(179) 稲葉・前掲（注178）七頁。後注190とそれに対応する本文も参照。

(180) その前提として、小規模な会社にもコストをかけてまで遵守を要求すべき規定かどうかを十分に吟味する必要もある。

(181) 最近のものとして、江頭憲治郎＝森本滋＝神田秀樹＝西川元啓＝武井一浩「座談会『会社法制の現代化に関する要綱案』の基本的な考え方」商事法務一七一九号八頁、一二頁（森本発言）（二〇〇五年）、長畑・前掲（注169）四頁。現代化要綱試案の作成段階や、要綱試案に対するパブリックコメントでも、詐欺的設立の防止ということが主張されている（「補足説明」第四部第二1（1）、相澤哲＝濱克彦＝郡谷大輔＝小舘浩樹＝岩崎友彦＝豊田祐子＝和久友子「『会社法制の現代化に関する要綱試案』に対する各界意見の分析〔Ｉ〕」商事法務一六八八号四頁、一一頁（二〇〇四年））。

この泡沫設立・詐欺的設立の防止は、最低資本金の機能として最もよく挙げられるものであるが、その際に防止されるべき対象としての泡沫設立・詐欺的設立の内容が詳しく述べられることはない。

泡沫会社として、まず想起されるのは有名なイギリスの南海泡沫事件である（同事件前後の経緯について、詳しくは鈴木俊夫『英国重商主義公債整理計画と南海会社』（中京大学商学会、一九八六年）を参照）。当時問題とされたのは、まず投機が実物面での富の創造につながらない虚業であり、商工業に悪影響を及ぼすことであった（鈴木・同書一三八頁以下）。それとの関連から、いわゆる泡沫会社とは、生産的な事業を目的とはしていない会社であると考えることができると思われる（鈴木俊夫「『泡沫会社禁止条例（Bubble Act）』に関する一考察」三田商学研究一九巻四号二一七頁、二一九頁（一九七六年）は「投機の対象となったものの中には、生産的な事業を目的とする会社も含まれてはいたが、……多くは、いわゆる泡沫会社であった」とする。また、一八〇八年の投機ブームにおいてjoint stock companyを擁護する当時の議論は、joint stock companyは「以前のような泡沫的性格を一掃して、今や、小資本を生産的に充用し、国富を増大させる手段として十分役立っている」と述べていた（同論文二三〇頁参照）。また、小島昌太郎『比較株式会社形態論』三八頁（有斐閣、一九五八年）も、仏・英の一八世紀初頭の株式投機熱における泡沫会社の問題を、「有限責任と持分の譲渡自由ということがもつところの、出資者を誘う魅力を利用して、なんら確実な事業基礎をもたない会社が、設立特許をうけずして、濫設せられ、出資者に甚だしい損害を与える事態が発生した」と描写している）。

また、詐欺的設立の内容としては、起業家が、事業による利益よりも株式のプレミアム獲得を目的として詐欺的な手段を用いるような場合が考えられる（イギリスの一八二五年の会社設立ブームにおいて、このような事例が見られたとされる（鈴木・前掲論文二三六頁参照）。また、日本でも、昭和一三年改正前には、会社事業の経営ではなく「発起人として受け持つ株数の権利金稼ぎの目的をもって発起人となり、……誇張的な目論見書を公表するなどの誇大宣伝を行い、設立しようとする会社の人気を不自然に煽り、結果、権利株の相場をせり上げる。そのうえで自分は株式払込金を払い込むことなく、事前に権利株を売却して逃亡する」ことが行われていた（浅木慎一『日本会社法成立史』三一九―三二〇頁（信山社、二〇〇三年））。当時の新聞社説は、このような「権利株に依りて一時を僥倖せんとする」会社を「彼の泡沫的会社」と呼んでいたようである（同書・一九一頁参照））。

まず確認すべきは、これらの泡沫会社・詐欺的会社により害されるおそれがあるのは、債権者というよりは、投資家であるということである。ここで考えられるべきは、債権者保護の手段ではなく、投資家保護の手段なのである（最低資本金制度を直接の対象としているわけではないが、Christina Escher-Weingart, Reform durch Deregulierung im Kapitalgesellschaftsrecht-Eine Analyse der Reformmöglichkeiten unter besonderer Berücksichtigung des Gläubiger-und Anlegerschutzes, s.69ff., 75-80（2001）は、債権者保護を目的としているといわれることが多いドイツ株式法の規定が、本来、債権者保護よりも投資家保護を主眼に置いて形成されてきた過程を描写している。もっとも、一八九二年のドイツ有限会社法制定以前の議論において最低資本金制度に関して債権者保護という視点が皆無であったわけではないことにつき、Markus E. Krüger, Mindestkapital und Gläubigerschutz, s.55ff., 61（2005））。確かに、投機によるプレミアム獲得のみを目的とするような会社は社会的に望ましくないといえる。しかし、この問題は、会社の設立に要するコストを引き上げることよりも、投機によるプレミアム獲得を目的とした行為によって株式取得者が害されること自体を直接的に防止することで解決されるべきではなかろうか。現代においては、株式の公募に関する証券取引法の規制や出資取締法の規制がかなりの実効性を持って実施されているのであるから、問題があるとすれば、最低資本金制度により会社設立自体を規制するのではなく、証券取引法や出資取締法の改正により対処すべきであると思われる。

（182）　増田政章「最低資本金制度について—特に、有限会社の立場から—」近大法学二五巻三・四号一頁、七—八頁、三五頁（一九七八年）、吉原・前掲（注133）一〇二巻三号四三一頁など。ドイツの学説（Herbert Wiedemann, Gesellschaftsrecht, Bd.I, s.565（1980）, Hachenburg/Ulmer, GmbHG, 8.Aufl. §5 Rn.7（1992）, Ernst-August Baldamus, Reform der Kapitalrichtlinie, s.240（2002）など）には、不誠実な（unredlich）設立や軽率な（fahrlässig）な設立を防止する真面目さの敷居（Seriositätsschwelle）という同様の表現がよく見られる。また、EUの会社法の現代化のための専門化委員会の報告も、個人が気軽に（light-heartedly）公開有限会社を設立することを妨げることが最低資本金制度の唯一の機能だとしている（Report of the High Level Group of Company Law Experts on a Modern Regulatory Framework for Company Law in Europe at 82 (available at http://ec.europa.eu/

internal_market/company/modern/index_en.htm, 2002 (last visited, 2007.9.21))。この機能は、投資家のみならず、事業を通じて発生した債務の債権者も保護の対象としうる点で（最低資本金がその機能を果たしえているかということの評価も含めて KRÜGER, a.a.O. Fn.181, s.232ff. を参照）、泡沫設立の防止とは異なるといえよう（なお、Gerald Hertig & Hideki Kanda, *Creditor Protection*; in THE ANATOMY OF CORPORATE LAW (ED. REINIER KRAAKMAN ET. AL.) 71, 84 note 73 (Oxford University Press, 2004) のように、債権者ではなく起業家としての株主を、安易に事業を起して失敗することから保護するというパターナリスティックな説明がなされることもある）。

この誠実な設立の確保という機能の具体的内容も定かではないが、最低資本金すら調達しないような起業家は、事業を誠実に運営せず、その結果、関係者を害するおそれがあるというのであろうか。また、最低資本金すら調達できないような事業には、そもそも成功の見込みがないから、有限責任制度の利用を認めるべきではないという主張も考えられる。ここで問題となるのは、最低資本金すら調達しない・できない場合、起業家が真面目な事業運営をしない可能性、事業が失敗に終わる可能性が、本当に高いのかということである。いずれも実証的な分析が必要であろう（「経営時に三〇〇万円有しない起業家は、委託証拠金を払わずに先物取引をするような不適格者であり、そうした起業家によりまき散らされる不幸の大きさにこそ思いを致すべきである」とする上村達男「会社法総則・会社の設立」ジュリスト一二六七号一一頁、一五頁（二〇〇四年）のようなアプリオリな断罪はいかがなものかと思われる）。

（183）岡光・前掲（注178）一一頁、法務省民事局第四課編『最低資本金と登記』二頁（商事法務研究会、一九九五年）。

ペーパーカンパニーや休眠会社の利用により犯罪や不正が行われやすくなるのは、確かに社会的に問題であるが（犯罪行為とまではいえないが、会社をいくつも設立して取引相手方を惑わすという問題もある。森本滋「商法・有限会社法改正試案の検討（一）――中小株式会社に係る改正提案事項を中心に――」金融法務事情一一三一号六頁、七頁（一九八六年）を参照）、犯罪・不正行為による利得が大きければ、最低資本金を工面することは容易であろう。設立登記審査の厳格化や休眠会社整理の実施の方が優れた手段であると思われる。また、この問題については、当該犯罪・不正行為を規律する法律（ペーパーカンパニーを利用した犯罪・不正行為は多岐にわたると思われる。さしあたり、各種の行政規制のほか、租税法（脱税）・民事執行法（執行逃れ）・労働法（不当労働行為）などの領域が重要であろう）でそれぞれ対処するのが本筋であり、また実効性も高いと思われる（具体的には、各法律の趣旨を実現するために、その規定を柔軟に解釈していくことになる（もっとも、刑事法については、罪刑法定主義との関連で解釈による解決は困難かもしれない。この場合は、立法で適宜対処していくことになろう）。これを、法人格否認の法理の適用と呼ぶことに別に問題はないが、その際には各法律の趣旨の実現という目的を常に意識しておくべきであろう。また、法人格否認の要件を充足しているといえるかが問題となるが、ペーパーカンパニーを犯罪・不正行為に利用するような事案では、法人格の主観的濫用（最判昭和四八年一〇月二六日民集二七巻九号一二四〇頁）を肯定することに問題はないであろう。法人格に関する理論や会社法が、他の法領域の目的の実現を阻害することがあってはならないと思われる）。

第二款　本稿と関係する機能

以上に対し、以下の機能は本稿の議論とも関係するといえる。

一　損失の吸収装置・緩衝器

まず、最低資本金制度を、企業活動の過程において発生する損失を吸収する装置・緩衝器と位置づける見解がある。これは、わずかな損失が生じただけで破産適状に陥ることを問題視するようである[184]。また、法定資本制度を損失の緩衝器として位置づけたうえで、その額を十分なレベルに規制するものと捉える見解もある[185]。

二　無謀な経営の防止

また、リスクの過度に高い無謀な経営が有限責任の下で行われるインセンティブを防止するという機能も期待されている。(186) これは、有限責任の下では、損失の多くが債権者の負担となり、株主は自ら不利益を負担しなくてもよい反面、利益が上がれば自らが利得することから生じるとされる。(187)

三　不法行為債権者の保護

さらに、最低資本金制度についても、不法行為債権者保護のために必要であるといわれることがある。(188) ここでは基本的に不法行為債権者の自衛能力の欠如が指摘されるにとどまっており、また不法行為被害発生の可能性が高い事業の選択を問題とする論者は見受けられない。(189) しかし、大小会社の区分に関連して小規模な会社の責任保険加入等の債権者保護施策の実施姿勢を疑問視する論者も存在するため、(190) インセンティブの是正という視点が皆無であるわけではないと思われる。

四　小　括

以上の三つの機能は、第一節で検討した過少資本による責任に期待されてきた機能のうち、本稿で取り上げるべきとした四つの中の②を除くものにほぼ相当する。このため、平成一七年改正による最低資本金制度の廃止により、これらの機能が訴訟において過少資本による責任として追及される可能性は高いといえよう。

(184)　布村勇二「最低資本金制について」法律のひろば三六巻一一号一八頁、二三頁（一九八三年）。この理由づけは、法務省の担当官による解説によく見られる（稲葉威雄「大小会社区分立法の方向」商事法務九六二号八頁、一四頁（一九八三年）、稲葉威雄「大小会社区分立法に関する諸問題（四）」商事法務九七五号一二頁（一九八三年）、岡光・前掲（注178）一一頁、法務省民事局第四課・前掲（注183）二頁、四頁など）。

（185）木内宜彦「会社法立法のフィロソフィー——『大小会社区分立法』への基本的な視点は何か——」企業法学の理論一〇一頁、一一三頁（新青出版、一九九六年。初出は、法学新報九一巻一一・一二号（一九八五年））。吉原和志＝岸田雅雄＝伊藤邦雄「企業会計法の新たな方向を求めて（一）」企業会計三八巻九号一一三頁、一二三頁（伊藤発言）（一九八六年）も、資本維持原則の緩衝器としての機能（一一七頁・吉原発言）を受けてのものと思われる。

この考え方は、最低資本金制度に資本充実・維持制度の実効性を担保する機能を期待するものであり（たとえば、島原宏明「債権者保護機能からみた資本制度」企業会計五七巻九号二七頁、二九頁（二〇〇五年））、その評価には資本充実・維持制度の検討が必要となる（この点については他日を期したい）。

（186）稲葉・前掲（注184）九七五号一二—一三頁、吉原ほか・前掲（注185）一二三頁（伊藤発言）、片木晴彦「最低資本金制度」企業会計五六巻三号一〇八頁、一〇九頁（二〇〇四年）。近年はドイツにおいてもこのような見方が増加しているようである（Vgl. Krüger, a.a.O. Fn.181, s.43f., 230ff., Jochen Vetter, Grundlinien der GmbH-Gesellschafterhaftung, ZGR 2005, 788, 800f. また、Günter H. Roth, Vermögensschutz oder Risikoschutz: Insolvenzprophylaxe bei der GmbH, DNotZ 2006, 166, 167は、注182で取り上げたものと類似する「真面目さの微表（Seriositätindiz）」としての機能の説明として、社員が資本をほとんど出資せずにリスクをすべて債権者に負わせるような賭博的な設立（Vabanquegründung）の抑止に言及している）。

（187）稲葉・前掲（注184）九七五号一二頁。

（188）布村・前掲（注184）二三頁、法務省民事局第四課・前掲（注183）三頁。また、要綱試案の作成段階でも、最低資本金を維持すべきとする主張の根拠として、不法行為債権者の保護が挙げられていた（「補足説明」第四部第二1（1）参照）。

(189) もっとも、海外においては、最低資本金制度に関してそのような事業を選択するインセンティブに着目する見解も見られる（John Armour, *Legal Capital: An Outdated Concept?* 7 EUROPEAN BUSINESS ORGANIZATION LAW REVIEW 5, 15 (2006)）。

(190) 稲葉・前掲（注184）九七五号一三頁。

第三節　これまで期待されてきた機能の具体化と評価

本節では、前二節の検討により抽出された①何らかの「クッション」[191]、②外部債権者と同順位での、もしくはこれに優先する株主の投資回収の抑制、③企業倒産のリスクが高い事業の選択の防止、そして、④不法行為被害者の保護とその危険性のある事業の選択の防止という「適切な自己資本」に期待されてきた機能の内容のさらなる具体化を試み、それが会社の自己資本の水準を問題とするものであるのか、またその機能の実現のために株主の有限責任を否定する必要があるのかということを検討する。[192] 順番を少し入れ替えて、①、③、④、②の順で論述する。

第一款　クッション機能

クッションという概念は、何らかの衝撃を和らげ、その衝撃から何かを守る機能についての比喩であると考えられる。ここで問題となるのは、衝撃の内容と守られる対象の内容が何であるのかということである。これを明確にすることなしにこの概念を用いても、建設的な議論を行うことはできない。[193][194] 以下では、「適切な自己資本」に期待されてきたクッションとしての機能の内容の具体化を試みる。

一　取引上の損失発生による債権者の被害の防止

まず、取引上の損失の発生により債権者にすぐさま損害が発生することの防止を問題とする江頭の議論から検討しよう[195]。また、最低資本金制度もしくは資本制度一般に関して、資本金・自己資本というクッションが存在すると債務超過による会社倒産の結果として債権者が満足を受けられなくなる可能性が減少することを問題とするドイツの見解[196]が存在するが、これも債務超過転落により会社の清算価値が債務額を下回ることを防止するために適切な水準の自己資本のクッションが必要であるという主張につながりうるため[197]、ここで合わせて検討する。

この際に注意すべきなのは、ある水準の自己資本の存在を所与とすると会社に損失が発生したとしても会社が債務超過に陥らずにすむ場合がある（自己資本がクッションとして機能する）という命題と、債務超過転落により会社の清算価値が債務額を下回ることを防止するために適切な水準の自己資本のクッションが必要であるという命題の間には違いが存在するということである。前者は記述的な命題であり、自己資本にそのような効果が存在することとは確かに否定しがたい。しかし、後者のように規範的な命題として「自己資本のクッション機能」が援用される場合には、それが着眼点・基準として適切であるのかという疑問が生じうるのである[198]。

では、取引上の損失の発生による債権者の被害を防止するために適切な水準の自己資本を具備すべきであるといえるだろうか。

会社に取引上の損失が発生したことにより弁済可能性が理論上減少した場合、社債等の市場性のある債券であればその価格が直ちに下落し、債権者が損害を受けることもありうるかと思われる。しかし、これら以外の債権者は、その他のキャッシュフローや資産から弁済を受けられるのであれば、すぐさま損失を受けることはないといえよう。また、会社が債務超過に陥ったとしても、将来キャッシュフローの見込みにより継続企業価値が清算価値より大きい場合には債権者は事業を清算して回収を行う必要はないため、債務超過の発生自体により直ちに債権者に損害が生じるともいえない。仮に一つの取引上の損失の発生により債権者が損失を被るとすれば、それは当該取引の失敗により会社のキャッシュフローを産み出せる資産がなくなると同時に大幅な債務超過に転落してしまうような場合であろう。たとえば、銀行等から借り入れた金銭で事業用の特殊な設備を購入したが事業に失敗した場合には、キャッシュフローを産み出せる会社財産はもはや存在しないうえに、特殊な設備の清算価値は非常に低くなる。経営の悪化した会社が、全資産を売却して代金を投機に回したが、投機が失敗したような場合も同様である。

しかし、これらの場合に債権者が被る損失は、自己資本のクッションを設けることにより防止できるのであろうか。ここで問題となっているのは、会社の自己資本が不十分であったことよりも、行われた事業のリスクが高かったことであり、会社の自己資本の不十分さは、そのような取引が行われた状況にすぎないように思われる。そうであれば、前記の損失に対する「クッション」の存在に期待するのではなく、リスクの高い事業の選択を防止することを第一に考えるべきであると思われる。[199]

また、会社の清算価値が継続企業価値を上回っている状態で損失が発生した場合には、確かに債権者は清算価値のさらなる減少により損害を受けることになるが、この場合も問題なのは十分な「クッション」の不存在ではなく、そのような状態のまま事業を継続していることであると見るべきではないだろうか。

二　債務超過による倒産自体の防止

過少資本による責任や最低資本金制度にクッションとしての機能を求める見解の多くは、会社がわずかな損失の発生によっても破産適状となってしまうことを防止するためのクッションを問題としていた。[200] これらの見解が前項で言及した見解のように債務超過転落による債権者の被害を問題としている可能性もあるが、[201] むしろ重視すべきは、Lutter に代表される以下のドイツの議論の影響であろう。[202]

(1) 破産防止の必要性

Lutter は、債務超過により債権者が直接損害を被ることを問題とするのではなく、債務超過による倒産の発生自体の防止を問題としている(203)。では、なぜ倒産の発生自体を防止する必要があるのか。

Lutter が具体的に挙げているのは、会社が破産するとその事業が原則として破壊され、暖簾やノウハウなどの無体的価値が失われてしまうという問題である(204)。また、企業の倒産は地域経済・雇用情勢にも影響することがあろう。さらに、倒産手続には最終的に債権者の負担となる一定の手続的コストがかかるが、この発生が抑止できるのであれば債権者および社会全体にとって有益であるといえる(205)。このように企業の倒産はできるだけ発生しない方が望ましいため、破産防止の必要性という主張には直感的に訴えるものがある(206)。

しかし、再建型手続の存在を考えれば会社の倒産により直ちに無体的な事業価値が失われるわけではないといえるし、競争力のない企業の倒産は市場経済秩序の維持にとってむしろ必要であるともいえる。企業の破産防止という命題がこのように絶対的なものではないことを考えると、そのためだけに原則である有限責任を否定して株主に会社債務についての責任を課すことには疑問を呈せざるをえない(207)。

(2) 倒産手続開始事由としての債務超過の意義

また、Lutter の見解は、遅くとも(spätestens)債務超過の場合には企業の強制的清算(破産)が生じなければならないという理解に基づくものである(208)。これは、ドイツ有限会社法六四条一項第二文の債務超過による業務執行者の倒産申立義務を厳格に適用することを前提とするものであり(209)、倒産申立義務制度を持たない日本法に直ちに当てはまるものではない。また、Lutter が前提とするような厳格な倒産申立義務の導入が立法論として妥当であるとも限らない(210)。

そのため、会社が貸借対照表上債務超過状態となっても、倒産手続が直ちに開始されるわけではないということができる。すなわち、キャッシュフローに問題がない場合や、与信判断の時点で初期投資による計算書類上の債務超過が事業計画上予定されていたような場合には、債権者が倒産手続の開始を申し立てることもない(211)。また、株主や経営者にはむしろ倒産申立てを遅らせるインセンティブがあると考えられるので(212)、債務者である会社が債務超過によりすぐに倒産手続の開始を申し立てることも考えにくいのである(213)(214)。

(3) 小　括

したがって、Lutter のような観点から債務超過転落による倒産手続開始自体の防止を規制目的とする意義はあまり大きくなく(215)、この意味でのクッション機能を過少資本の規制に際して考慮する必要はないと思われる。倒産手続にかかる諸コストの軽減は、それ自体として実現すべきであろう(216)。

三　流動性不足による支払不能の防止

破産適状としては、債務超過の他に支払不能も考えられる。日本の学説は支払不能になることの防止という考え方について具体的な検討をしているわけではないが、ドイツにおいては自己資本が少ないと予想よりも商品の売上げが低下した場合に流動性不足により支払不能となることを問題とする見解がある(217)。当該規模・性質の事業に見込まれる緊迫に対処するに十分な資本の不存在や事業上予想される債務の支払に耐えうるだけの財政的基礎の不具備を問題とする岩崎や大濱の見解も、これに近いものといえよう。

これは、自己資本を返済負担のない流動資金として捉えた場合に初めて成り立つ議論であるが、自己資本が流動資金として存在している保証はないといえよう(218)。事業者として流動性不足による黒字倒産を避けるために決済資金を確保しておく必要性があることは当然であるとしても、この考え方により株主の有限責任を否定することが妥当であるとは思われない。

四　不法行為債権者の保護

また、はっきりとした形での主張は見当たらなかったが、会社による不法行為の被害者を保護するために会社にクッションとしての自己資本を維持すべきだという考えもあるかもしれない(219)。すなわち、会社に対する何らかの給付が伴うであろう契約債権とは異なり、不法行為債権の場合は債権に対応する価値が会社に入ってくることはないため、発生しうる不法行為被害に備えて賠償に応じられるように自己資本を具備しておくべきだという議論である(220)。

この議論については、まず不法行為被害者への賠償を確実にするのであれば、自己資本の具備ではなく現金の積立てもしくは責任保険への加入を要求する必要があるということが指摘できる。また、会社に十分な賠償資力がないことを理由として株主の責任を肯定するのであれば、それは不法行為債権についての無限責任化にほかならず、そのように解すべき根拠を「クッション」という比喩に依拠せずに説明することが必要であると思われる。

五　小　括

以上の分析から、しばしば主張されてきた「適切な自己資本」の「クッション」機能は、それ自体を目的とする必要はないものであったということができよう。この機能は自己資本の水準を問題とするもののように見えるが、「クッション」の具備を主張する見解が実際に期待していた機能は、非効率な倒産手続コストの発生や株主による倒産リスクの高い事業の実施の防止、不法行為被害者の保護などの自己資本の水準とは異なる問題に還元することができ、これらについては「クッション」の具備の要求よりも直接的な解決方法があると思われるのである。したがって、以下では債権者のための「適切なクッション」の確保という機能を取り上げることはしない。(221)

(191)　クッション、緩衝器、バッファー、吸収装置など様々な表現が用いられているが、以下では「クッション」という表現で統一する。

(192)　この評価に際しては、法と経済学などによる有限責任制度の弊害についての機能的分析の成果を参照することがある。経済学的な分析の法律学への応用については、しばしば効率性と公正性という評価基準の違いが問題とされる。本稿は、株主の責任という法律学的問題を判断する際に社会的効率性を唯一の基準とするものではないが、社会的効率性を基準とすることを一切排除するものでもない。

(193)　クッション機能という説明は、最低資本金制度や過少資本規制だけでなく、資本維持制度や資本充実制度についてもなされることが少なくない（たとえば、吉原ほか・前掲（注185）一二八頁（吉原発言）は、配当規制の基準を改革するとしても、「損失を吸収する緩衝器を設けるという考え方とは完全に断絶する」ような基準が受け入れられるのは困難ではないかとの理解を示しているが、これは資本維持制度の機能はクッションの確保であるという考え方が一般的であるとの評価を示すものと思われる）。このように、資本制度の機能を「クッション」というそれのみでは内容のない比喩の力を借りて説明することは、債権者保護の手段としての資本制度をいわば物神化し、その批判的・機能的な分析を妨げる一因となったと思われる。

(194)　アメリカにおいても債権者を保護するためのクッションという発想をみることができるが、ここでもクッションの内容が詰めて考えられることはあまりないようである。たとえば、資本制度についての著名な研究である Bayless Manning & James J. Hanks, Jr., Legal Capital 3rd ed.（1990）は、会社債権者が自己の債権を保全するために望むことの一つとして、「防御的資産（protective assets）のクッションを確保すること」を挙げているが、これは「自己の債権が弁済される前に自分より劣位の請求権者が会社資産を持ち逃げしないこと」と同じ項目の中で扱われており、与信時以降会社に相当の資産が存在することが別項目として挙げられている（at 11）。また、債権者の希望がすべて実現した状況の描写としては、株主への配当がなされないことは挙げられているが、「クッションの確保」に対応する事柄は挙げられておらず（at 12）、債権者が何のためにクッションの確保を望むのかは明らかではない。

(195)　江頭・前掲（注110）七五頁。

(196)　Rüdiger Wilhelmi, Das Mindestkapital als Mindestschutz — eine Apologie im Hinblick auf die Diskussion um eine Reform der GmbH angesichts englischen Limited, GmbHR 2006, 13f. 類似する見解として、自己資本は、事業範囲に応じた特別資産を損失に対するクッションとして準備することにより債権者がより確実に弁済基金を得られるようにされるべきであるというWIEDEMANN, a.a.O. Fn.182, s.557がある。また、Friedlich Kübler, *The Rules of Capital under Pressure of the Securities Markets*, in CAPITAL MARKETS AND COMPANY LAW（ED. KLAUS J. HOPT & EDDY WYMEERSCH）95, 100（Oxford University Press, 2003）が、資本制度は会社に損失が生じたときにも債権者が弁済を受けられるようにするためのクッションを提供するものとされてきたとしているが、Kübler自身は資本制度に批判的であるため、この「クッション」の内容は詰められてはいない。

(197)　このような主張を明示的に行っている見解は見当たらなかったが、会社が損失発生によって破産適状となることを問題とする片木や最低資本金制度に関する立法担当官の説明はこのように考えている可能性があると思われる。

(198)　後者の命題のヴァリエーションとして、会社に十分なクッションを残さないような会社からの財産移転行為を規制するというものが考えられるが（例として、弥永真生「会社法と資本制度」商事法務一七七五号四八頁、五三頁（二〇〇六年）が挙げられよう）、こちらについては財産移転規制としての適切性という観点から別途検討が必要であろう（この点については、他日を期したい）。

(199)　本文に挙げた二つの事例のうち、前者における銀行は、与信時の事業計画等の審査により、かなりの程度自衛できると思われるが、後者においては、一般の取引債権者など、必ずしも契約による自衛を期待できない債権者も存在すると思われる。このことが示すように、「クッション」としての一定額の自己資本に着目しないからといって、すべてを債権者の自衛に委ねることにはならない。これを裏返すと、会社債権者は自衛すべきであるから会社法の役割は情報の開示にすぎないという見解が非現実的であるとしても（江頭・法人格否認一五一頁参照）、これだけで一定額の自己資本の具備を有限責任の条件とすることを正当化しきれるものではない。

(200) 第一節で検討した片木の見解のほか、最低資本金制度に関して、稲葉・前掲（注184）九七五号一二頁、岡光・前掲（注178）一二頁、法務省民事局第四課・前掲（注183）二頁、四頁など。吉原ほか・前掲（注185）一一七頁（吉原発言）は、資本維持原則の意味として、同様の説明をする。

なお、弥永・前掲（注198）五〇頁は、資本制度に関して、損失の吸収によって債権者保護に資するということと、債務超過状態が生じにくくなるということを区別している。

(201) 会社の破産事由としては支払不能と債務超過とがあり（破産法一六条一項）、布村・前掲（注184）二三頁、稲葉・前掲（注184）九六二号一四頁、片木・前掲（注132）一一一巻五号三七頁は、両方を挙げている。しかし、ドイツの学説で問題とされているのは債務超過の方が多く、破産適状に陥ることに対するクッションとしては、本来債務超過が考えられていたのではないかと思われる。両者には異なる問題があると思われるので、ここではまず債務超過の防止を取り上げる。

(202) Marcus Lutter, Gesetzliches Garantiekapital als Problem europäischer und deutscher Rechtspolitik, AG 1998, 375f.; Lutter/Bayer in LUTTER/HOMMELHOFF, GMBHG, 16.Aufl. §5 Rn.5 (2004). Lutter の見解について、詳しくは第三章第三節第六款一を参照。

この立場を採用する見解としては、他にも GEORG WINTER, DIE HAFTUNG DER GESELLSCHAFTER IM KONKURS DER UNTERKAPITALISIERTEN GMBH, s.29f. (1973), Uwe H. Schneider, Das Recht der Konzernfinanzierung, ZGR 1984, 497, 509, Walter Stimpel, Rückblick aus das "Gervais"-Urteil; in PROBLEME DES KONZERNRECHTS (HRSG. PETER ULMER), s.11, 23 (1989)（ただし資本維持規制に関するドイツ有限会社法三〇・三一条についての叙述である), Günter H. Roth, Unterkapitalisierung und persönliche Haftung, ZGR 1993, 170, 178, BALDAMUS, a.a.O. Fn.182, s.86 などが存在する。

(203) 資産のクッションがない場合に不法行為責任の発生により破産に追い込まれる可能性が増加するというような用法もこの考え方に近いものであろう（Lynn M. LoPucki, *The Irrefutable Logic of Judgment Proofing: A Reply to Professor Schwarcz*, 52 STAN. L. REV. 55, 65 (1999)）。

(204) Marcus Lutter & Peter Hommelhoff, Nachrangiges Haftkapital und Unterkapitalisierung in der GmbH, ZGR 1979, 31, 59.

(205) やや異なるが、Geoffrey P. Miller, *Das Kapital: Solvency Regulation of the American Business Enterprise*, in CHICAGO LECTURES IN LAW AND ECONOMICS (ED. ERIC A. POSNER) 65, 68 (Foundation Press, 2000) は、会社の資本を規制することにより、会社の任意整理を含めた資本構成の再編が破産手続開始より早く行われることになるため、倒産手続のコストを軽減できる可能性があるとする。

(206) 中田淳一『破産法・和議法』三七―三八頁（有斐閣、一九五九年）は、債務超過が一般的な破産原因とされないことの理由としてほぼ同旨の議論を展開している。

(207) 最低資本金制度に関して、債務超過による倒産の防止により債権者の保護と並んで事業の継続も確保されるとしてこの考え方自体は認めつつも、一度損失が発生した場合にクッションを回復する義務は定められていないので大規模・継続的な損失が発生した場合には破産は回避されるのではなく延期されるだけであること、債務超過が破産開始事由であることを認識している企業家には十分なクッションを備えるインセンティブがあることから、国家がパターナリスティックに対処する必要はないとする見解もある（KRÜGER, a.a.O. Fn.181, s.219ff, 290）。

(208) Marcus Lutter, Vom formellen Mindestkapital zu materiellen Finanzierungsregeln im Recht der Kapitalgesellschaften, FS FÜR STEFAN RIESENFELD, s.165, 168 (1983).

(209) Lutter, a.a.O. Fn.202, AG 1998, 375.

(210) 会社の財務状況悪化時の取締役の責任に関してドイツの倒産申立義務をめぐる議論を検討した吉原和志も、倒産申立義務自体の導入には消極的である（吉原和志「会社の責任財産の維持と債権者の利益保護――より実効的な規制への展望――（三・完）」法学協会雑誌一〇二巻八号一四三二頁、一四七六頁、一五一二頁（一九八五年）参照）。他方で、倒産申立義務を会社法四二九条の解釈として導入することを主張する近時の見解として、木川裕一郎「倒産手続開始申立義務の再生」法学新報一一三巻九・一〇号一五七頁（二〇〇七年）がある。

(211) Paul Davies, *Legal Capital in Private Companies in Great Britain*, AG 1998, 346, 349.

(212) 藤田友敬「Law & Economics 会社法　第四回　株主の有限責任と債権者保護（一）」法学教室二六二号八一頁、八六―八七頁（二〇〇二年）参照。

(213) 倒産手続の開始により債権者に大きな負担が生じうる場合には、債務者が倒産手続の申立てを交渉のカードとして用いることも考えられ、これにより事前・事後の非効率性が生じる可能性はあるが、自己資本の具備を要求することがこの問題の適切な解決であるとは思われない。

(214) 債務超過という破産原因がその役割を果たすのは、主として債務者による自己破産申立ての場合であろうという指摘があるが（伊藤眞『破産法（第四版補訂版）』七七頁（有斐閣、二〇〇六年））、これは（おそらく中小企業等に多いとされる計算書類公示義務の懈怠等の結果として）外部債権者が債務超過を発見することは困難であるということを理由とするものであり、債務者会社の経営者による自発的な破産申立てが多いという趣旨ではないと思われる。

(215) なお、Kübler, supra note 196 at 101 note 35 は、Lutter の見解を債権者の保護ではなく株主の保護を論じている段落において紹介している。確かに、開業当初の出費により貸借対照表上は債務超過となっていてもゴーイングコンサーンとしてはプラスの価値を持つ企業について倒産手続が申し立てられてしまうことは株主にとっても社会にとっても不利益であるが、Lutter はこのような問題を意図しているようには思われない。また、この問題も、最低資本金の強制や過少資本の規制ではなく、倒産手続開始事由としての債務超過概念の精緻化により解決されるべきであろう（ドイツにおけるその試みの紹介として、野村秀敏『破産と会計』（信山社、一九九九年）を参照）。

(216) なお、倒産手続コストの増加を起業家に内部化させるために、無限責任形態では起業しなかったような倒産可能性の高い事業を有限責任形態で起業した場合には無限責任を課すという政策判断も考えられなくはないが、この場合も「クッション」の存在ではなく事業の内容が問題となっていることに注意する必要がある。また、倒産手続コストの内部化手段としては、手続費用相当額のみを株主から徴収する、設立登記手数料を増額する等の方法もある。さらには、起業促進による社会の活性化のために倒産件数の増加によるコスト増加を甘受し、手続費用自体の削減を図るという政策判断も考えられるのである。

(217) Winter, a.a.O. Fn.202, s.29 はクッション（Püffer）等の表現を用いていないが、Roth, a.a.O. Fn.202, ZGR 1993, 180 では流動性に対するクッション（Liquiditätspüffer）として問題とされている。

(218) 最低資本金制度の要否に関するものであるが、Krüger, a.a.O. Fn.181, s.224, 227.

(219) たとえば、Jürgen Teifel, Durchgriffs-und Konzernhaftung nach §4 Bundes-Bodenschutzgesetz, s.58 (2001) は、Lutter のクッション理論を、その内容を検討することなく会社の土壌汚染に関する責任についての株主の責任に転用している。詳しくは、第三章第七節を参照。

(220) Luca Enriques & Jonathan R. Macey, *Creditors Versus Capital Formation: The Case against the European Legal Capital Rules*, 86 Cornell L. Rev. 1165, 1194 (2001) は、ヨーロッパ大陸諸国の法定資本制度を批判する中で、不法行為責任に不法行為の発生確率をかけた額の資本の保持を要求するものではないという指摘をしている。この指摘の真意は定かではないが、不法行為責任の期待値に相当する自己資本の具備を要求するという制度を示唆するものであろうか。しかし、発生確率は非常に低いが被害額は莫大な事故が現実に発生した場合、このような期待値相当額の具備がなされていたとしても、被害者の救済にはまったく不十分であろう。

(221) 従来、自己資本もしくは資本金の「クッション機能」の具体的内容が自覚的に分析の対象とされたことはなく、論者ごとに「クッション機能」の用い方が異なっている感がある。そのため、本文で検討したもの以外の「クッション機能」の理解が存在することはありうるが、過少資本による責任を基礎づけるに足るものがあるとは考えにくい。たとえば、筆者が目にしたものとしては、資本金は配当可能利益の算出に際して貸借対照表作成後の資産減損・損失発生の可能性を考慮するためのクッションであるという理解がある（http://blog.livedoor.jp/masami_hadama/archives/50592404.html, last visited, 2007.9.21）。これは配当制限基準をいかに設定するかという問題に関するものであり、その最低限度として絶対額を定めることは考えられるが（会社法四五八条参照）、その額に相当する自己資本を具備していない場合には有限責任を否定するという議論にはつながらないと思われる。

第二款　企業倒産の危険性が高い事業の選択の防止機能

次に、株主による企業倒産の危険性が大きい事業の選択の防止という機能の具体化を試みる。

一　資産代替（asset substitution）

(1)　ギャンブル的・投機的な事業

まず問題となるのが、どのような事業が「企業倒産の危険性が大きい」といえるのかということである。この観点を日本で最初に導入した並木俊守が用いている数値例では、一年間に三〇〇万円の利益が上がる見込みがあるが同時に三〇〇万円の損失が発生するおそれもあるという事業について、資力のある事業主が個人として借入れを行う場合と設立した会社に借入れを行わせる場合とでは後者の方が失敗に終わった場合の損失負担が少ないということが論じられているのみであり[222]、事業のどのような性質が問題とされているのかは不明瞭である。

これに対し、法と経済学の文献においては次のような数値例が用いられることが多い[223]。

設例Ⅰ

ともに資金一〇〇〇〇の投入により実施できる事業Aと事業Bが存在する。それぞれのペイオフは以下のとおりである。

事業A：事業成功の場合には一二〇〇〇、事業失敗の場合には七〇〇〇、成功確率は八〇％。

事業B：事業成功の場合には三五〇〇〇、事業失敗の場合には五〇〇〇、成功確率は二〇％。

設例Ⅰにおける事業Aと事業Bの違いは、成功確率が高く失敗した場合の損失も少ない事業Aは成功した場合の利益が少ないのに対し、成功確率が低く失敗した場合の損失も大きい事業Bは成功した場合の利益が大きいという点にある[224]。事業Bはハイリスク・ハイリターンなギャンブル的・投機的事業だといえよう。

以下では、前記のような数値例をもとに、有限責任制度や会社の自己資本の水準が株主によるギャンブル的な事業の選択にどのような影響を与えるかを検討する。

(2)　資産代替（asset substitution）

最初に、設例Ⅰの帰結を検討する[225]。

まず、十分な資力を有する企業家が個人として事業を選択する場合を考えよう。この場合、事業全体のペイオフの期待値は、事業A：12,000×0.8＋7,000×0.2＝11,000、事業B：35,000×0.2＋5,000×0.8＝11,000となり等しく、また投下資金額一〇〇〇〇を上回っている。したがって、彼がリスク中立的であれば事業A、Bは無差別であり、リスク回避的であればペイオフの分散の少ない事業Aを、リスク選好的であれば逆に事業Bを選択することになる。

では、企業家が三〇〇〇を出資して株式会社を設立し、七〇〇〇の社債を発行したうえで事業を選択する場合はどうか。事業Aを選択した場合、社債権者のペイオフの期待値は$7{,}000 \times 0.8 + 7{,}000 \times 0.2 = 7{,}000$、株主である企業家のペイオフの期待値は$5{,}000 \times 0.8 + 0 \times 0.2 = 4{,}000$となる。他方、事業Bを選択した場合は、社債権者のペイオフの期待値は$7{,}000 \times 0.2 + 5{,}000 \times 0.8 = 5{,}400$、企業家のペイオフの期待値は$28{,}000 \times 0.2 + 0 \times 0.8 = 5{,}600$となる。この結果、リスク中立的な企業家は事業Bを選択することになり、リスク回避的な企業家もその効用関数の形状次第では事業Bを選択する可能性が出てくることになる。

このように、有限責任の事業形態により負債形式で資金を調達した場合には、株主は会社の資産価値がいくら下落してもその持分相当額以上の損失を被らないですむため、企業家の事業の選択に関するインセンティブがゆがみ(distorted)[226]、ギャンブル的な要素のある事業が好まれることになる[227]。これは、資産代替、すなわち確実・安定的な収益をもたらす資産から収益の変動が大きい資産へというリスクプロファイルの変更の問題として、Jensen & Meckling の負債のエージェンシーコストに関する研究[228]以降、株主と会社債権者との利害対立の代表例としてよく知られている[229]。

(3) 当事者間の利益移転と社会的効率性

設例Ⅰにおける二つの選択肢は、ともに事業全体のペイオフの期待値が投下資金額よりも大きく、同じ額であったため、いずれが選択されても社会的効率性の観点からは問題がない[230]。問題は、社債権者から株主へと利益が移転している点にあった。これより問題が大きいのは次のような場合である。

設例Ⅱ

ともに資金一〇〇〇〇の投入により実施できる事業Aと事業Cが存在する。それぞれのペイオフは以下のとおりである。

事業A：事業成功の場合には一二〇〇〇、事業失敗の場合には七〇〇〇、成功確率は八〇％。

事業C：事業成功の場合には三〇〇〇〇、事業失敗の場合には三七五〇、成功確率は二〇％。

事業C全体のペイオフの期待値は30,000×0.2＋3,750×0.8＝9,000となり、投下資金を下回ることになるので、この事業は社会的には実施すべきではないものといえる。

まず、企業家が個人として選択する場合は、リスク回避的な企業家に加えてリスク中立的な企業家も事業Aを選択し、リスク選好的な企業家でも事業Aを選択する可能性がある。

他方、負債額七〇〇〇、自己資本額三〇〇〇の株式会社形態で事業Cを実施する場合、社債権者のペイオフの期待値は7,000×0.2＋3,750×0.8＝4,400、企業家のペイオフの期待値は23,000×0.2＋0×0.8＝4,600となる。他方、同様の資本構成をとる株式会社が事業Aを実施した場合の企業家のペイオフの期待値は四〇〇〇であった。このため、リスク選好的な企業家とリスク中立的な企業家は事業Cを選択することになり、その効用関数の形状次第ではリスク回避的な企業家にもその可能性がないわけではない。この場合には、社債権者からの利益移転を目的とした株主のインセンティブにより、社会的にも非効率な選択がなされていることになるのである。

(4)　**事業の積極的な選択と消極的な不停止**

また、設例Ⅰ、Ⅱのように事業を積極的に選択するという場面のみならず、事業を停止するか否かという判断に際しても株主のインセンティブのゆがみは問題となりうる。

次の数値例を検討してみよう。

設例Ⅲ[231]

負債額一〇〇、資産額八〇という債務超過状態にある株式会社が、現在、次のようなペイオフの事業を行っている。

事業Ｄ：事業成功の場合には一二〇、事業失敗の場合にはゼロ、成功確率は五〇％。

事業Ｄのペイオフの期待値は120×0.5＋0×0.5＝60であり、現在の資産価値を下回っている。この事業を継続した場合、債権者のペイオフの期待値は100×0.5＋0×0.5＝50となり、株主のそれは（120－100）×0.5＋0×0.5＝10となる。他方、事業を直ちに清算した場合の債権者のペイオフの期待値は八〇であり、株主のそれはゼロである。事業Ｄの継続は社会的にも非効率であり、債権者にとっても不利益であるが、直ちに清算した場合に比べて利益を得る可能性があるため、株主は事業を停止せずに継続するインセンティブを持つのである。[232]

(5)　**自己資本の水準の影響**

さて、以上のように、有限責任の企業形態においては、負債の存在により事業の選択に際してインセンティブのゆがみが生じている。このゆがみは負債が存在する場合には常に存在しうるものであるが、負債比率が高いほど強まる傾向にあると指摘されている。[233] 次のような数値例を考えてみよう。

設例Ⅱ′

以下の二つの事業の実施を、負債額七〇〇〇、自己資本額三〇〇〇という株式会社Xと負債額六二五〇、自己資本額三七五〇という株式会社Yが検討しているとする。

事業A：事業成功の場合には一二〇〇〇、事業失敗の場合には七〇〇〇、成功確率は八〇%。

事業C：事業成功の場合には三〇〇〇〇、事業失敗の場合には三七五〇、成功確率は二〇%。

設例Ⅱについて検討したように、株式会社Xにおける社債権者と株主のペイオフの期待値は、事業Aを選択した場合には、それぞれ七〇〇〇と四〇〇〇、事業Cを選択した場合には、それぞれ四四〇〇と四六〇〇となる。この場合、株主がリスク選好的もしくは中立的である場合には必ず事業Cが選択され、リスク回避的な場合であっても事業Cが選択される可能性が存在していた。

これに対し株式会社Yにおける社債権者と株主のペイオフの期待値は、まず事業Aを選択した場合には、それぞれ6,250×0.8＋6,250×0.2＝6,250、5,750×0.8＋750×0.2＝4,750となり、事業Cを選択した場合には、それぞれ6,250×0.2＋3,750×0.8＝4,250、23,750×0.2＋0×0.8＝4,750となる。事業Cが選択された場合に社債権者は依然として損害を被ることになるが、株主のペイオフの期待値は事業Aと事業Cとで等しいことになる。その結果、株主がリスク回避的である場合にはもちろん、リスク中立的である場合にもあえて事業Cを選ぶインセンティブはなくなるのである。[234] これは、負債比率が高く自己資本比率が低い場合の方が、選択される事業のリスクが高くなるということを示している。[235]

したがって、一部の学説が過少資本に関連して株主によるギャンブル的事業の選択を問題としていたのは正当であったと考えられる。

(6) 株主が対会社債権を有する場合

従来の学説においては、特に会社に対し債権を有する株主が破産手続に参加する場合や会社財産を担保に取得している場合について、その他の債権者と同順位での、もしくはこれに優先する投資回収が問題とされてきた。この問題点は、次の数値例のように、株主の資産代替のインセンティブとの関係で捉えることも可能である。

設例Ⅳ[236]

資金二〇〇〇の投入により実施できる事業Eのペイオフは以下のとおりである。

事業E：事業成功の場合は五〇〇〇、事業失敗の場合は一二〇〇、成功確率は二〇％。

事業E全体のペイオフの期待値は5,000×0.2＋1,200×0.8＝1,960であり、必要資金額を下回るため、社会的に非効率な事業である。この事業Eを外部からの借入額六〇〇（以下、外部債権という）、株主からの借入額一〇〇〇（以下、内部債権という）、自己資本額四〇〇という株式会社Zが実施した場合、外部債権者のペイオフの期待値は600×0.2＋1,200×3/8×0.8＝480となり、額面額六〇〇を下回る。他方、株主のペイオフの期待値は、まず債権者として1,000×0.2＋1,200×5/8×0.8＝800、株主として3,400×0.2＋0×0.8＝680、合計一四八〇となり、内部債権の額面額と自己資本の合計額一四〇〇を上回る。この結果、株主がリスク選好的もしくはリスク中立的である場合には、債権者からの利益移転を目的として社会的に非効率な事業が実施されることになる。また、株主がリスク回避的な場合であっても、その効用関数の形状次第で事業Eの実施を選択する可能性は存在する。さらに、株主が内部債権について会社財産を担保に取得していた場合には、外部債権者のペイオフの期待値は600×0.2＋(1,200－1,000)×0.8＝280となる一方で、株主のペイオフの期待値は1,000×0.2＋1,000×0.8＋3,400×0.2＋0×0.8＝1,680に増加するため、事業Eの実施を選択するリスク回避的な株主の範囲が広がることになる。(237)

以上の場合に内部債権を劣後化すると、株主のペイオフの期待値は1,000×0.2＋(1,200－600)×0.8＋3,400×0.2＋0×0.8＝1,360に減少し(外部債権者のペイオフの期待値は600×0.2＋600×0.8＝600に上昇する)、株主の拠出額を下回るので事業Eを実施するインセンティブはリスク回避的もしくはリスク中立的な株主にとっては消滅するのである。(238)(239)

以上のような内部債権・担保権の影響は、資産代替的な投資の実行に追加資金が必要な場合、事業が失敗した場合に追加資金の一部の回収を確保する手段として貸付形式が用いられる可能性があることを考えると決して軽視すべきではない。(241)

(240)

二　法的介入の必要性

(1)　債権者による自衛と株主による対応

では、以上の資産代替の問題に対し、株主への責任賦課や株主債権の劣後化などの形で法律が介入する必要はあるのだろうか。

前項の設例では、社債の発行額が確定しており、その後で株主がリスクの高い事業を選択することを前提としているが、株主にこのような選択をするインセンティブが生じることを予見した社債権者は、それを踏まえた条件での発行にのみ応じると考えられる。次の数値例を考えてみよう。

設例Ⅱ″

自己資本額三〇〇〇の株式会社から七〇〇〇の資金の提供を要請された社債権者は、株式会社が事業Aと事業Cを任意に選択しうることを知っているものとする。

この要請に対し社債権者は、企業家が事業Cを選択しても損失を受けないようにするため、満期の償還額として二五〇〇〇を要求することになる。[242] この場合、企業家のペイオフの期待値は、10,000×0.2＋0×0.8＝2,000となってしまう。[243] 社債権者に事業Aを選択すると信頼させることができていれば、満期償還額七〇〇〇との条件で資金を調達して事業Aを選択することにより企業家は四〇〇〇のペイオフの期待値を得ることができたのであるから、差額の二〇〇〇を負債のエージェンシーコストとして企業家が負担したことになる。[244]

この場合には、社債権者から株主への利益の移転はないため、債権者保護の観点から法的介入を行う必要性はないようにも思える。また、社会的に効率的な事業が行われなくなってしまうという問題はあるが、株主自身がこのコストを回避するために転換社債の発行等の手段を講じることが考えられるため問題は大きくないともいえよう。[245]

(2)　自衛の限界

しかし、債権者が株主の具体的なインセンティブを踏まえた条件で貸付けを行うためには、選択されうる事業の具体的内容を貸付時に知っていることが必要である。銀行などが特定のプロジェクトのための資金を融資するような場合にはそのような審査も可能かもしれないが、債権者が納入業者等である場合には疑問もある。(246) また、事業の選択肢は時間の経過と経営状況の推移とともに変化するため、銀行等にとっても将来の可能性をどこまで織り込めるかという問題がある。(247) 将来の事業拡大・変更の可能性が不明である場合、最悪の条件で信用を供与するということが考えられるが、何を最もリスクの高い事業と考えるのかという問題もある。(248) また、償還額や利率の操作等ではなく、会社が行いうる事業を直接制限する契約条項(249)を挿入することも考えられるが、そのエンフォースメントには困難が伴うということが指摘されている。(250) したがって、債権者は自衛することができるため法律による保護を与える必要はないと簡単に言い切ることはできない。(251)

また、株主側の行動によるインセンティブの是正についても限界が指摘されており、(252) これにより社会的非効率性を完全に除去できるとは言い切れないため、債権者が仮に自衛できたとしても社会的効率性の観点から債権者に保護を与えておくことも考察に値しよう。

解釈論として株主の責任を肯定するためには債権者の自衛の可能性・限界についてさらに詳しく検討する必要があるが、(253) 少なくとも法的介入の必要性は一切存在しないということはできないと思われる。

(3) 介入の必要性が特に高いと思われる場合

ここでは、債権者の自衛が特に困難であるのはどの時点であるかを簡単に検討しておこう。

会社が設立されて間もない場合は、契約債権者の多くは慎重な態度で取引に臨むものと思われる。また、取引を開始する時点で交渉の機会があるため、事業に関する情報や株主による保証・担保の提供を要求することが期待できる。株主の側でも、開業当初からリスクプロファイルを変更し、債権者の負担において利益を得ようとするのは悪性がかなり強い場合に限られ、(254) 債権者にとってもある程度は認知しやすいのではないかと思われる。

これに対し、事業継続中の時点ではすでに会社と契約関係に入っている債権者が存在し、これらにとっては会社との契約締結時の状況が事後的に変更される可能性があるため、やや事情が異なるともいいうる。もっとも、事業内容を完全に変更することは考えにくいため、事業の拡張・再編によるリスクプロファイルの変更が主に問題となろう。この場合、事業拡張に際し、さらなる融資等を要求された債権者は交渉の機会を有するが、それ以外の債権者は当然に情報・担保を要求できるわけではない。ただし、事業拡張をある程度定型的に捉えることができれば、当初の契約にそれが行われた場合に再交渉を可能とするような条件を盛り込んでおくこともありえよう。(255)

もっとも、会社の経営が悪化し倒産がさしせまった段階においては、リスクの高い事業への積極的変更は合併等の捕捉しやすい形式でなされるとは限らない。また株主の側でも現在の事業が失敗しているため変更を試みる可能性が高く、評判による抑制機能も作用しにくくなると考えられる。(256)この場合に債権者が再交渉の機会を確保できるとは限らないといえよう。(257)また、失敗に終わる可能性が高い事業を継続するという問題が生じるのも、この段階だと思われる。債権者には倒産手続の開始を申し立てる権限があるが、手続開始事由充足の有無が外部からは認識しにくい場合には、債権者は適時に倒産手続開始を申し立てることができずに不利益を被ることとなる。

以上からは、特に会社の経営状態が悪化した倒産直前の段階において資産代替の問題が大きく、また債権者の自衛が困難であるため、法的介入の必要性が高いと考えられる。

三　「適切な自己資本」か株主のインセンティブか

(1)　自己資本の水準から株主のインセンティブへ

では、資産代替の問題に法的に介入する場合、それを「適切な自己資本」具備の要求もしくは過少資本による責任という、自己資本の水準に着目した形で行うことは妥当であろうか。

設例Ⅱ′からは、一定の事業の選択肢を前提とすれば、株主のインセンティブのゆがみを生じさせないような「適切な自己資本」（同設例では三七五〇）が存在するかのように思われるかもしれない。しかし、ここで問題となっているのは、適切な自己資本を具備しなかったことではなく、債権者からの利益移転を受けるために事業を選択したことというべきであろう。たとえば、前記の設例で仮に自己資本を三〇〇〇しか具備していなかったとしても、他の理由、たとえば評判の悪化による今後の取引関係への影響の防止(258)や将来の投資資金の確保(259)といった考慮、リスク回避性向の強さ(260)や自身の道徳心などから企業家が事業Aを選択した場合には何の問題もないはずである。このような評判によるコントロールの機能などを計算に入れたうえで、ゆがみを生じさせないような自己資本を基準とすべきだとの主張もあるかもしれないが、債権者から利益を移転するような事業を選択したこと自体を問題とした方が簡明ではないかと思われる(261)。また、このように算定される「適切な自己資本」は、その選択が防止されるべき事業との関係で具体的に定まるものであるが、現実の世界における事業のペイオフや成功確率は数値例のように単純なものではないし、またどのような事業を基準とすべきかという厄介な問題が残る(262)。

したがって、資産代替の問題をあえて自己資本の水準の問題と捉え直す意義は低いと思われる。問題の本質は株主のインセンティブのゆがみであり、過少資本はそれが顕在化するような状況として理解すべきであろう。あくまで株主のインセンティブのゆがみの問題であることを前提としたうえで、このインセンティブに基づく選択がなされたことではなく、そのような選択がなされる可能性のある利害対立状況を生じさせたことをもって責任原因とすることも考えられるが(263)、現実に選択がなされたのであればそれを問題とすれば足りるし、なされなかった場合に問題とする必要があるのかは疑問である。

(2) 最適資本構成論について

なお、ファイナンス理論においては伝統的に最適資本構成（optimal capital structure）の問題が議論されており、近時は資産代替等の負債のエージェンシーコストも考慮した研究が行われている。[264] ここからは、一見資産代替の問題を踏まえた「適切な自己資本」が導かれうるように思われるかもしれない。

しかし、そこでの基本的な考え方は、負債発行による様々な利益（支払利子の損金参入や配当の二重課税の排除等の租税上の利益、エクイティのエージェンシーコストの軽減、シグナリング、リスクの配分など）を考慮して、負債の限界効用と限界費用とが一致する点を探すというものである。[265] したがって、限界効用が上回る限り負債は発行され、[266] その場合の負債のエージェンシーコストは除去されない。[267] つまり、ここで論じられている「最適な資本構成」は、株主による資産代替から債権者を保護するための「適切な自己資本」ではないのである。[268] したがって、ファイナンス理論による最適資本構成を実現していない場合には有限責任を否定するという主張[269]には、最適資本構成論がまだ発展途上にあり数値化可能な基準が確立されているわけではないということを除いても、重大な欠点がある。[270] ファイナンス理論の分析は資産代替の可能性を防止する措置などについて有益な示唆を与えうるが、そこでの議論や基準をその目的を顧みることなしに法的分析に転用することには十分な注意が必要である。

四　小　括

以上の検討からは、一部の学説が株主による企業倒産の危険性が大きい事業の選択として問題にしてきたことの本質は、有限責任制度の下では株主が事業のリスクプロファイルを安定的なものからギャンブル的・投機的なものへと変更する、もしくは安定的なものへと変更しないというインセンティブを持つという問題であるということ、そして株主債権等による外部債権者と同順位での、もしくはこれに優先する投資回収という問題意識もこの観点から説明することが考えられるということが判明したといえよう。このインセンティブは負債が発行されている場合常に生じうるものであり、株主の出資比率が低い場合には強まるものであった。つまり、自己資本の水準は、それ自体の適切さが問題となるものではなく、株主の事業選択に関するインセンティブについてのパラメータの一つにすぎないのである。したがって、株主の責任を考える際にも、自己資本の水準ではなく株主の事業選択に関するインセンティブに着目すべきだといえよう。そして、この株主のインセンティブに対して債権者が自衛することはまったく不可能なわけではないが、インセンティブを是正するために有限責任を否定する必要性も少なからずあると思われる。

そこで、本稿では、比較法的検討を経た後で、この資産代替のインセンティブの是正という機能のあり方についてより詳しい検討を試みることとする。

(222)　並木俊守・前掲（注146）一六—一七頁参照。

(223)　たとえば、小林＝神田・前掲（注151）一六五頁の事業計画Ⅰと事業計画Ⅱを参照。

(224)　数学的な表現を用いれば、ペイオフの分散（ボラティリティ）が事業Aは低く、事業Bは高いということである。

(225)　無限責任形態により事業を営む場合であっても、自己資金が乏しいため不足分を借入れにより調達して事業を行う場合、破産免責制度を前提とすると有限責任形態の場合と類似の効果が生じるため、ここでは企業家の個人財産は事業に必要な資金を賄えるほど大きいものとしておく。

(226)　「ゆがみ」という単語には否定的評価が伴いがちである。しかし、何を基準に否定的評価をすべきかは自明ではない。債権者から利益を移転しようとする場合をすべて問題とすべきなのか、それとも社会的に非効率な選択がなされる場合のみを問題とすべきなのか（本文の(3)を参照）。ここでは、この問題への解答をさしあたり留保して、「ゆがみ」という単語を、否定的価値判断を込めずに、単に「変化」の意義において用いる。

(227) 企業家がもともとリスク選好的である場合にはインセンティブの変化はない。

(228) Michael C. Jensen & William H. Meckling, *Theory of the Firm: Managerial Behavior, Agency Costs and Ownership Structure*; in A THEORY OF THE FIRM — GOVERNANCE, RESIDUAL CLAIMS, AND ORGANIZATIONAL FORMS, 83, 112 (Harvard University Press, 2000) (Originally in 3 JOURNAL OF FINANCIAL ECONOMICS 305 (1976)). この論文の邦語による紹介としては、花枝英樹『経営財務の理論と戦略』二〇頁以下（東洋経済新報社、一九八九年）、堀彰三『最適資本構成の理論〔第二版〕』一二九頁以下（中央経済社、一九九一年）などがある。

(229) Clifford W. Smith, Jr. & Jerold B. Warner, *On Financial Contracting: An Analysis of Bond Covenants*, 7 JOURNAL OF FINANCIAL ECONOMICS 117, 118 (1979), 倉澤資成「証券：企業金融理論とエイジェンシー・アプローチ」伊藤元重・西村和雄編『応用ミクロ経済学』八九頁、一〇〇頁（東京大学出版会、一九八九年）、森まどか「社債の『イベントリスク』に関する法的研究——アメリカ法の立場から——（一）」名古屋大学法政論集一七六号一六九頁、一八〇頁（一九九八年）、砂川伸幸『財務政策と企業価値』五頁、二一頁（有斐閣、二〇〇〇年）、藤田友敬「Law & Economics 会社法　第二回　会社法と関係する経済学の諸領域（二）」法学教室二六〇号六三頁、六九—七〇頁（二〇〇二年）などを参照。

資産代替以外の利害対立の原因としては、過剰配当、負債の追加発行による既存債権の希釈化、収益が債権者の利益にしかならない場合の過少投資が挙げられている。

(230) 本稿で社会的効率性の観点から判断するという場合には、リスク中立的な評価を基準とするものとする。

(231) この設例については、藤田・前掲（注212）八六—八七頁の数値例を参考にした。

(232) なお、本文の数値例ではたまたま事業の継続は社会的に非効率であると同時に債権者にとっても不利益であったが、株主が事業継続のインセンティブを持つ場合に常にそうであるとは限らない。たとえば、会社資産の現在の清算価値がすでに五五まで低下している場合には、事業Dのペイオフの期待値は六〇なのであるから、事業を継続した方が社会的には効率的であるといえるが、債権者にとっては依然として不利益なのである（清算価値が五〇未満となった場合には、リスク中立的な債権者にとっても事業継続が望ましいことになる）。

また、事業継続により株主が利益を得られるという場合のほかに、清算してもしなくても株主のペイオフには関係がないため、惰性的に事業が継続されるという場合もありうる。たとえば、事業のペイオフが成功した場合でも九〇であるとすると、株主のペイオフ（の期待値）は事業を継続した場合でも〇円である。

(233) Jensen & Meckling, supra note 228 at 121, Smith & Warner, supra note 229 at 153.

(234) もっとも、リスク選好的である場合には、事業Cを選択する可能性は依然として残っている。

(235) ある負債比率を前提とした場合に株主の利益を最大化する事業リスクの水準は負債比率の上昇に伴い単調的に増加するということについての厳密な証明については、Robert C. Green & Eli Talmor, *Asset Substitution and the Agency Costs of Debt Financing*, 10 Journal of Banking and Finance 391, 394-395 (1986) を参照。なお、事業リスク引上げの株主の利益に対する限界効果は負債比率の上昇に伴い単調的に増加するわけではない（Bezalel Gavish & Avner Kalay, *On the Asset Substitution Problem*, 18 Journal of Financial and Quantitative Analysis 21 (1983)）。

(236) この設例については藤田友敬「Law & Economics 会社法　第五回　株主の有限責任と債権者保護（二）」法学教室二六三号一二二頁、一二九―一三一頁（二〇〇二年）を参照した。

(237) 会社財産の担保化は事業失敗時の株主の回収可能額を増加させるため、単に債権者として倒産手続に参加する場合に比べて、よりリスクが高い事業の選択を可能にするということも指摘できる。

(238) もっとも、リスク選好的な株主の場合には、その効用関数の形状次第では、消滅しないこともありうる。

(239) もっとも、株主債権が存在する場合の資産代替すべてを株主債権の劣後化で防止できるわけではない。たとえば、資産額が成功した場合には八〇〇〇、失敗した場合には二五〇となる成功確率二〇％の事業があるとする。本文の株式会社Zがこれを実施した場合、株主の債権を劣後化したとしても、債権者のペイオフの期待値は600×0.2＋250×0.8＝320となり、株主のペイオフの期待値は1,000×0.2＋0×0.8＋6,400×0.2＋0×0.8＝1,480となるので、この事業は結局実施されてしまうのである。そのため、株主が会社に対して債権を有する場合には株主債権の劣後化のみを考えればよいということはできない。

(240) MARK J. ROE, BANKRUPTCY AND CORPORATE REORGANIZATION, 290-293 (2nd ed. Foundation Press, 2007).

(241) なお、株主が債権者の地位を併有することは資産代替のインセンティブを減少させる効果を持つと指摘されることもあるが（Jensen & Meckling, supra note 228 at 129-130. 藤田・前掲（注229）七一頁も参照）、どのような状況と比較しているのかを明確にしておく必要があろう。

たとえば、実施には三〇〇の資金を要し、成功した場合には八〇〇〇、失敗した場合には一〇〇〇のペイオフが得られ、成功確率は二〇％という事業があるとする。事業全体のペイオフの期待値は8,000×0.2＋1,000×0.8＝2,400となり、投下資金を下回るため、社会的には非効率な事業であるといえる。

まず外部債権額二〇〇〇、内部株式一〇〇〇という株式会社がこの事業を行った場合を考えよう。株主のペイオフの期待値は6,000×0.2＋0×0.8＝1,200となり、出資額一〇〇〇を上回るのでこの事業が実施される。他方で、外部債権者にとっての期待値は2,000×0.2＋1,000×0.8＝1,200となる。これに対し、外部債権額一五〇〇、内部債権額五〇〇、内部株式一〇〇〇という株式会社における内部者のペイオフの期待値は、500×0.2＋1,000×1/4×0.8＋1,200＝1,500となり、内部者の拠出額一五〇〇と等しくなるので、この事業を実施するインセンティブは減少する。もっとも、外部債権額を二〇〇〇のままとし、内部債権額五〇〇、内部株式五〇〇とすると、内部者のペイオフの期待値は、500×0.2＋1,000×1/5×0.8＋5,500×0.2＋0×0.8＝1,360となって、内部者の拠出額一〇〇〇を上回るので、インセンティブは減少せず、むしろ増加している。

以上の数値例は、株主の債権保有により内部者としての拠出額が増加する場合には資産代替のインセンティブは減少するが（ただし、同額を株式として出資した場合よりは減少度合が低い）、内部者としての拠出額を一定に保ったまま株式出資から債権へと振り替えた場合にはインセンティブは増加することを示している。

(242)　この値は、社債権者がリスク中立的であることを前提として、ペイオフの期待値が貸付額と等しくなるようにx×0.2＋2,500×0.8＝7,000を解くことにより求めたものである。

(243)　これは自己資金として投入した三〇〇〇を下回るため、企業家としては結局何の事業も行わないのが最適な戦略ということになる。

(244)　Jensen & Meckling, supra note 228 at 114-115. 倉澤・前掲（注229）九三頁、砂川・前掲（注229）五頁も参照。

(245)　転換社債を発行すると株価上昇のメリットを社債権者も享受できるため資産代替のインセンティブが減少するということはJensen & Meckling, supra note 228 at 130-131やSmith & Warner, supra note 229 at 140がすでに指摘していたが、最初に厳密な分析を行ったのはRichard C. Green, *Investment Incentives, Debt, and Warrants*, 13 Journal of Financial Economics 115, 124-129（1984）である（邦語の文献として、砂川・前掲（注229）二六頁以下を参照）。現実に発行されている転換社債が資産代替問題の緩和のためのものであるといえるかどうかについては賛否両方の実証研究がある(Craig M. Lewis, Richard J. Rogalski and James K. Seward, *Agency Problems, Information Asymmetries, and Convertible Debt Security Design*, 7 Journal of Financial Intermediation 32（1998）, John R. Graham & Campbell R. Harvey, *The Theory and Practice of Corporate Finance: Evidence from the Field*, 60 Journal of Financial Economics 187, 226（2001））。

そのほかの手段としては、以下のものが論じられている。まず、配当規制については、事業の収益が債務の満期到来前に一部実現する場合、その配当を禁止することで、最終的に事業が失敗した場合に株主が債権者をさしおいて利益を確保することを防止し、リスクの高い事業を選択しにくくする効果が指摘されている（砂川・前掲（注229）三〇—三四頁）。

任意償還条項付債券は、リスクの低い事業を実施した場合に債務を安く償還する権利を株主に与えることでリスクの高い事業を選択した場合よりも利益を得られるようにするものである（倉澤・前掲（注229）一一五頁以下を参照）。

また資産代替の問題は、株式の価値は会社財産を負債額面額で取得するコールオプションの価値であると捉え、オプションの価値は原資産価値の分散を高めることにより増大するということによっても理解できることが指摘されているが、分散を高めることの影響は権利行使期間が長いほど大きくなる（オプション評価理論については、リチャード・ブリーリー＝スチュワート・マイヤーズ＝フランクリン・アレン（藤井眞理子＝国枝繁樹監訳）『コーポレートファイナンス（第八版）　下』三一頁以下、（日経ＢＰ社、二〇〇七年）を参照）。そのため、権利行使期間、すなわち債務の満期を短期化することによりリスクの高い事業の選択の影響を軽減できる（Amir Barnea, Robert A. Haugen & Lemma W. Senbet, *A Rationale for Debt Maturity Structure and Call Provisions in the Agency Theoretic Framework*, 35 Journal of Finance 1223, 1229–1230 (1980). より厳密な分析として、Hayne E. Leland & Klaus Bjerre Toft, *Optimal Capital Structure, Endogenous Bankruptcy, and the Term Structure of Credit Spreads*, 51 Journal of Finance 987, 1008–1012 (1996)）。ただし、資産代替の防止は満期の短い負債の発行の動機としては重要でないというアンケート結果も存在する（Graham & Harvey, supra note 245 at 226）。

(246)　納入業者等でも現在の事業活動や財務状況についての情報を取得できる場合はあるかもしれない。しかし、これから行われる事業に関する詳細な情報を取得できるのは稀ではないかと思われる。さらに、仮に情報を取得できたとしてもその評価能力に関する問題もある。

(247)　新しいプロジェクトの資金についての融資を求められた場合には既存の貸付けと合わせて交渉できる可能性もある。

(248)　小説やドラマにあるように、文字どおりのギャンブル（競馬等）に走る場合が考えられるであろうか。しかし、このような極端なケースをすべての場合に前提とすることが妥当とは思われない。

(249)　一定の資産への投資の制限や資産の売却制限・担保化、特定の事業への従事の要求などの条件が考えられる（Smith & Warner, supra note 229 at 125–130）。また、瀬下博之「資産代替問題と企業の資金調達」専修商学論集六六号七九頁（一九九八年）は、経営者がリスクの高いプロジェクトを選択した場合に債権者が清算を要求できるというモデルを検討している。

(250) Smith & Warner, supra note 229 at 130, 153. 藤田・前掲（注236）一二三頁も参照。

(251) ただし、自衛することができない債権者に保護を与える必要があるとしても、自衛をしていた債権者にたなぼた的利益（windfall）を与えないようにする必要もある。この区別をどのように実現するかは困難な問題である。藤田・前掲（注236）一三三頁以下を参照。

(252) たとえば、転換社債は一定のリスクの高い事業の選択を防止できるが、すべての場合に対応できるわけではない（負債額七〇〇、自己資本額三〇〇という会社において、債権者に既発行株式と同数の株式への転換権を与えた場合、ペイオフが事業成功の場合には三〇〇〇、失敗の場合には五〇〇、成功確率二〇%という事業の選択は防止できるが、成功の場合には七〇〇〇、失敗の場合にはゼロ、成功確率一〇%というさらにリスクの高い事業の選択は防止できない）。また、転換社債には持分の希釈化を嫌う既存株主の過少投資のインセンティブを強めるというコストがあるため（Smith & Warner, supra note 229 at 141）、資産代替の除去のみを考えて発行することはできないという問題がある。

(253) 第四章第二節第一款を参照。

(254) Halpern et al., supra note 149 at 144-145 は、会社の長期的生存を目指す場合には株主のモラルハザードは減少すると指摘している。

(255) たとえば、合併や営業の譲受け、他の企業の買収、営業部門の譲渡や会社分割などが考えられる。

(256) Posner, supra note 101 at 504 note 14.

(257) 事業再建の資金を融資した者には利率引上げ・担保取得などの措置をとる機会があるが、この場合、残りの債権者との利害対立が存在することになる。

(258) リスクの高い事業を選択しない企業家であるという評判を長期にわたり確立している場合、負債発行による租税上の利益や利率の低下等のメリットを維持するためにあえて評判を害するおそれのある選択をするインセンティブは減少すると考えられる。しかし、倒産必至の状況の克服が最優先課題となっているような場合には将来の負債発行を考えた評判の抑止効果は低くなるため、資産代替の問題への法的対処の必要性は存在する。評判の機能による資産代替の抑制に関する概説としては、Milton Harris & Artur Raviv, *The Theory of Capital Structure*, 46 JOURNAL OF FINANCE 297, 304-305 (1991) を参照。最近の文献としては、Nengjiu Ju & Hui Ou-Yang, *Asset Substitution and Underinvestment: A Dynamic View*, 10-13 (2006, available at http://ssrn.com/abstract=686407) がある。

(259) 外部資金の借入れに制約がある状況の下では、リスクの高い事業を選択して失敗に終わった場合に資金不足により将来のプロジェクトに投資できなくなることを危惧した企業家がリスクの低い事業を選択するインセンティブを持つことについて、Heitor Almeida, Murillo Campello & Michael S. Weisbach, *Corporate Financial and Investment Policies when Future Financing is not Frictionless*, 3, 10 (2006, available at http://ssrn.com/abstract=944914) を参照。

(260) ポートフォリオの大きな割合と人的資産を会社に投資している中小企業のオーナーなどは、有限責任により追加的負担を強いられることがないとしても、会社の倒産を忌避する傾向が強いと思われる（会社に人的投資をしている経営者も同様にリスク回避的になる（藤田・前掲（注229）七一頁））。ただし、この傾向も倒産回避が困難な状況に至った場合には変化する可能性がある。

(261) 仮に「適切な自己資本」の具備を問題とするとしても、その算定は本文のようにこれから選択しうる事業を考慮して株主のインセンティブのゆがみを防止するという観点から、各会社が選択しうる事業の当該会社にとってのペイオフや成功確率を基礎としてなされるべきである。したがって、いかに細分化したとしても業種の分類などから導かれうるものではない。

(262) 事前予防的に考えるのであれば、抽象的にせよ選択の可能性が存在するあらゆる事業を考慮に入れて算定すべきであろうが、果たしてそれが妥当であろうか。他方、特定の事業を前提として算定するのであれば、その選択自体を直接問題とした方がよいのではないか。

(263) 藤田・前掲（注236）一二九頁は、過少資本のみを理由とする法人格の否認を本文のように捉えているものと思われる。

(264) 最適な資本負債比率や債務の満期等が論じられているが、その内容は複雑な数式を利用するなど非常に難解であり、筆者も十分に理解できているとはいいがたい。ここでは最近の文献をいくつか紹介するにとどめておく。Hayne E. Leland, *Agency Costs, Risk Management, and Capital Structure*, 53 Journal of Finance 1213 (1998), Jan Ericsson, *Asset Substitution, Debt Pricing, Optimal Leverage and Maturity* (2000, available at http://ssrn.com/abstract=237529), Paul D. Childs, David C. Mauer & Steven H. Ott, *Interactions of Corporate Financing and Investment Decisions : The Effects of Agency Conflicts*, 76 Journal of Financial Economics 667 (2005).

(265) Jensen & Meckling, supra note 228 at 119-120, Green & Talmor, supra note 235 at 397, Ericsson, supra note 264 at 3, 5, Childs et al., supra note 264 at 672.

(266) たとえば、Robert Parrino & Michael S. Weisbach, *Measuring Investment Distortions Arising from Stockholder-Bondholder Conflicts*, 53 Journal of Financial Economics 3, 40 (1999) は、負債のエージェンシーコストは確かに存在するが、負債の租税上の利益に比べて資本構成への影響は小さいのではないかとしている。

(267) Ericsson, supra note 264 at 6.

(268) Krüger, a.a.O. Fn.181, s.263f.

(269) これに近い見解としては、森本（前注99参照）と片木（前注134―135参照）のものが挙げられる。片木は資本額の管理は経営判断事項であることを理由に株主の責任の制限を主張しているが、確かに企業価値最大化の観点からの最適資本構成の決定は経営事項であるものの、債権者の保護とは異なる問題であるので、これを理由に株主の責任を限定することは妥当とは思われない（事業選択の決定が経営事項であるから、一般の零細株主の責任を問うことはできないというのであれば理解できるが）。

(270) なお、最適資本構成は自らの利益を最大化しようとする株主が自律的に選択するべきものであるから、社会的効率性の観点から企業価値の最大化のために有限責任の否定というサンクションを課して「最適資本構成」を強制することはナンセンスであると思われる。

第三款　不法行為被害者の保護機能と危険事業の選択の防止機能

続いて、不法行為被害者の保護と、不法行為を発生させる可能性が高い危険な事業の選択を防止するという機能の具体化を行う。

一　不法行為コストの外部化（externalization）

(1)　不法行為被害者の保護

まず問題となるのが、なぜ過少資本の会社による不法行為の被害者を特に保護する必要性があるのかということである。しばしば指摘されるのは、被害者には事前の交渉や債務者の選択による自衛の余地がないという事情であるが[271]、被害者自ら損害保険に加入することも考えられるため、これだけでは十分な説明とは思われない。また、自衛の困難さが問題となるとしても、それは加害者たる会社が過少資本である場合に限られないと考えられる。さらに、被害者を救済するための制度としては、江頭が指摘するような強制責任保険や国家による社会保障も考えられる（株主の資力に限界があることを考えると、被害者の救済という観点からは、これらの制度の方が優れていると考えられなくもない）。このため、過少資本会社の株主に会社の不法行為債務についての責任を負わせる必要性をさらに分析する必要があると思われる。

(2)　不法行為コストの外部化

この点についての示唆を与えてくれるのが不法行為法の経済的分析である[272]。そこでは、債務者を選択できないという債権者＝被害者側の事情だけではなく、自らの行為による損害を負担しないという債務者＝加害者側の事情が着目されている。[273]このことを外部性もしくは外部化（externality；externalization）と称する。不法行為法は加害者に損害賠償責任を課すことによってこの外部性を除去しようとする制度であるが、有限責任制度により責任全額を負担しなくてすむことになる株主は自らの不法行為のコストを外部化することができるのである。[274]

この不法行為コストの外部化には次のような影響がある。前款と同様に簡単な数値例を用いて検討しよう。

設例Ⅴ

ともに資金四〇〇〇の投入により実施できる事業Fと事業Gが存在する。それぞれのペイオフは以下のとおりである。

事業F：常に五〇〇〇の利益が生じるが、一〇％の確率で二〇〇〇〇の被害を発生させる。

事業G：常に四一〇〇の利益が生じ、被害が発生する可能性はない。

まず社会全体にとってこれらの事業が望ましいかを検討しよう。事業F全体のペイオフの期待値は、5,000×0.9＋(5,000－20,000)×0.1＝3,000である。これは投下資金額四〇〇〇を下回っているので、社会的には実施すべきでない事業であるといえよう。他方、事業Gは常に投下資金額を上回るリターンを産むので、社会的に実施に値する事業であるといいうる。

以上の二つの事業を資産額一九〇〇〇の株式会社Pが選択するとしよう。この場合、事業Fからのペイオフの期待値は(15,000＋5,000)×0.9＋(15,000＋5,000－20,000)×0.1＝18,000となり、事業Gのそれは15,000＋4,100＝19,100となるので、株主がリスク中立的もしくはリスク回避的である場合には事業Gが実施されることになる。[275]しかし、資産額がちょうど四〇〇〇である株式会社Qが選択する場合は、事業Fからのペイオフの期待値が$5{,}000\times0.9+\max\{0, 4{,}000-20{,}000\}\times0.1=4{,}500$となり、事業Gのそれは四一〇〇となる。この場合、リスク選好的な株主はもちろん、リスク中立的な株主も社会的には望ましくない事業Fの実施を選択することになる[276]。

このように、不法行為コストの外部化には、株主に社会的に非効率であり、また被害を発生させるおそれのある事業を選択するインセンティブを生じさせるという影響があるのである。過少資本の会社による不法行為発生の危険性がある事業の遂行を問題としていた見解[277]は、以上の観点から評価に値するといえよう。

もっとも、より現実的なのは、事業の選択よりも被害発生の防止措置の実施に関するインセンティブのゆがみであろう。

設例Ⅵ[278]

事業Hには二五%の確率で一〇〇の被害を生じさせる可能性がある。ここで五の費用をかけて防止措置を実施すれば、被害発生確率は一五%に低下する。

まず社会的効率性の観点からは、五の費用で期待損害を$100\times(0.25-0.15)=10$低下させることができるのであるから、この防止措置が実施されることは望ましいといえる。

では、事業Hを実施している株式会社にそのインセンティブはあるだろうか。まず、株式会社の自己資本が一〇五[279]以上ある場合には、株主にとっての期待損害も$100\times(0.25-0.15)=10$低下するので、株主がリスク回避的・

中立的であれば防止措置は実施される。他方、自己資本が四二・五しかない場合には、株主にとっての期待損害は min{42.5, 100}×0.25－min{42.5－5, 100}×0.15＝5しか低下しない。これは実施費用と等しいため、株主がリスク回避的であれば実施されるが、リスク中立的な場合には実施・不実施は等価値となる。さらに自己資本が二〇しかない場合には、株主にとっての期待損害は min{20, 100}×0.25－min{20－5, 100}×0.15＝2.75しか低下しない。その結果、実施費用の方が高くなり、株主がリスク中立的・選好的である場合には実施されず、リスク回避的な場合にも実施されない可能性が出てくるのである。[280]

(3) 小　括

以上のように、会社の自己資本[281]が発生しうる損害額より少ない場合[282]には、不法行為コストの外部化の結果として、リスクの高い活動を過度に行い、活動レベルを所与としてリスクを軽減するための注意を取らないようになるなどのインセンティブのゆがみが生じること、[283]そしてこのゆがみは責任財産額が少なくなるほど強まることが見て取れる。[285]

二 Judgment proofing

問題となるのは、過少資本状態におけるインセンティブのゆがみだけではない。不法行為債権に対して持分比率に応じた株主の分割無限責任を提唱した Hansmann & Kraakman の著名な論文は、その冒頭で、有限責任制度の結果として、事故防止措置の懈怠や危険な事業への投資というインセンティブのほかに、不法行為債権者への責任財産を最小化するために個々の会社への投資を小さくするインセンティブも生じるという問題を指摘している。[286]

もっとも、事業の運営には何らかの資産を利用すること（所有することではない）が不可欠であることが多い。

そのため、会社への投資の最小化には限界があるようにも思われるが、他の法主体が所有する資産の賃貸借契約等に基づく利用や当該事業用資産を担保とする借入れにより、この限界は克服可能である。ここでの賃貸人・担保債権者は、理論上はまったくの第三者であることもありうるが[287]、実際には株主・親会社や姉妹会社であることが多いと思われる[288]。

このようなスキームは、"judgment proofing"と呼ばれている[289]。これは「一定の財産を会社に対する判決の執行から隔離することによって、会社財産が賠償責任額に満たない状態にすること」という意味である[290]。当該会社が現に事業に用いている財産が隔離されるというのが典型であるが、各会社が自社の所有財産のみを利用している場合であっても、責任発生が予想される一体性の強い事業を細分化して複数の会社に担当させている場合には、ある会社の損害賠償責任についての執行から他の会社の財産を隔離するという judgment proofing があるといえよう。これらのスキームの利用により、不法行為被害者による執行を受ける財産の範囲をさらに限定することができ[291]、前項で指摘した有限責任制度によるインセンティブのゆがみが発生しやすくなるのである[292]。従来の学説では、株主による会社財産の担保化や事業用施設等の会社への貸与について外部債権者に優先する投資回収となることが論じられていたが、これは株主による事業用資産の不法行為責任からの judgment proofing という問題意識にもつながりうるものであったといえよう。

前項の数値例とこの judgment proofing とは、過少資本による責任との関係では次のように整理できる。すなわち、前項の数値例は、会社の財産状態を前提としたうえで、その場合に生じる事業内容等の選択についての株主のインセンティブのゆがみを描写したものであった。しかし、現実には特定の賠償責任発生の可能性がある事業の実施がすでに選択されていて、それを可能にするために judgment proofing を行うということも多いものと思われる[293]。この場合、株主は事業の内容のみならず会社の財産状態の構成についても選択を行っているのであるが、株主の判断を支配しているメカニズムは、事業内容のみが選択の対象となっている場合と同一である。したがって、judgment proofing が行われている状況での不法行為被害者の保護に言及する見解や、不法行為責任回避のために会社を「過少資本にすること」を問題とする見解は、インセンティブのゆがみという観点から捉え直すことが可能であると思われる。

三　「適切な自己資本」か株主のインセンティブか

以上のように、不法行為賠償責任や被害者保護の文脈で過少資本規制が論じられている場合、資産額が少なく責任全額を負担しないことになることによる事業内容や責任保険加入についてのインセンティブのゆがみという問題と、それに基づいた不法行為責任を回避するための責任財産の極小化という問題として理解できると思われる。では、これらの問題への対処として「適切な自己資本」を要求することは適切であろうか。

(1)　事業内容等に関するインセンティブのゆがみ

まず前者の問題については、前款と同様、自己資本の水準は表象にすぎず、問題の本質である事業内容等の選択に関するインセンティブを直接捉えるべきだということができよう[294]。ここでは、念のため、「適切な自己資本」の要求により対処することとした場合にインセンティブのゆがみに適切に対処できるかを検討しておこう。

「適切な自己資本」の額としては、まず発生した不法行為責任額全額が考えられる。しかし、責任額全額を弁済しきれるだけの自己資本があることを有限責任の条件とするのであれば、不法行為債権との関係で無限責任とするのに等しいと思われる[295]。この帰結を正当とするのであれば、自己資本の水準という発想を介在させることなく

Hansmann & Kraakman などに従って直接無限責任化を論じる方が議論の舞台を明確にするという点で適切であろう[296]。次に期待損害額（発生しうる損害額の最大値×発生確率）を基準とすることが考えられるが[297]、この額の自己資本の具備を要求することによっても株主のインセンティブを是正できるわけではないと思われる[298]。さらに不法行為債権者の保護は強制保険によるべきという主張との関連で、保険料相当額の自己資本の具備を要求すべきとの主張がなされることも考えられるが、現実に保険に加入していなければインセンティブの是正としても被害者の救済としても不十分であろう。また、現実の世界における事業のペイオフや損害の内容・発生確率、防止措置等は数値例のように単純なものではなく多様であることを考えると、事前の段階でインセンティブの是正に必要な自己資本額を算出することは困難であろう。

以上のように、何らかの「適切な自己資本」を要求しても、株主のインセンティブを適切に是正することは困難であると思われる。だとすれば、不法行為のコストを外部化するような事業の実施や防止措置の不実施自体を問題とした方が簡明であり、また適切であるといえよう。

(2)　Judgment proofing

他方、後者の judgment proofing については、過少資本状態にしたことが問題であると捉えることもできそうである[299]。しかし、judgment proofing のポイントは、会社の自己資本の水準を低く抑えることよりも、当概会社の事業に用いられている資産や、密接に関連する事業を営む他の会社の資産の価値をいかにして株主が保持するかという点にあるといえよう。そして、そのような仕組みが不法行為コストの外部化のために作られたものであることを考えれば、その仕組みの下で不法行為コストを外部化するような事業を行ったこと自体を問題とする方が適切ではないだろうか。逆に、judgment proofing 的な仕組みが存在していたとしても、契約債権者による会社に事業用資産を賃貸していた株主に対する請求のように不法行為コストの外部化があるとはいえない場合には、株主の有限責任の否定という帰結は当然には導かれえないと思われる(300)。

(3) 不法行為被害者を保護すべき場合としての「過少資本」

なお、コスト外部化によるインセンティブのゆがみとそれを強化するものとしての judgment proofing という観点によらずに、単に事前の交渉が不可能な不法行為被害者の救済のために過少資本規制が論じられることもあるかもしれない（たとえば、野田、神作）。しかし、インセンティブの是正という観点を除外した場合、被害者の救済を過少資本の場合にのみ認めることの説明は難しいと思われる。一つの可能性としては、被害者救済のために損害額全額についての無限責任を認める必要があるが、あらゆる不法行為債権者に対して無限責任を導入するという結論のラディカルさを緩和するために、無限責任が発動される場面を限定する要件として過少資本という概念が立てられているのかもしれない。

しかし、無限責任を認めるべき不法行為と否定すべき不法行為を区分する基準として自己資本の水準が適切に機能するとは考えにくい(301)。自己資本の少なさを株主が積極的に不法行為コストの外部化を試みていることを推論する事由として用いるのであれば、より直接的に株主のインセンティブのゆがみを要件とし、自己資本額はあくまでそれについての状況証拠と理解する方が適切であろう。他方で、不法行為被害者保護の観点と自己資本の水準という限定が結びついていない場合には、株主による重度の不法行為コストの外部化がある場合でも、何らかの観点から自己資本は「適切」であると評価して株主の責任を否定するというように、過剰な限定となる可能性もある(302)。不法行為債権者の保護に関してラディカルな結論を避けようとする場合にも、自己資本の水準ではなく問題となる事業の内容や株主のインセンティブの強さなどに着目した方が、建設的な議論が可能になると思われるのである。

(4) 小　括

以上より、不法行為被害者保護の文脈においても、「適切な自己資本」の要求は適切な対処法とはいいがたいと考える。

四　小　括

以上の検討からは、従来の学説が不法行為被害者の保護と危険な事業の選択として問題としてきたことの本質は、不法行為コストを外部化するために会社の責任財産を少なくするという問題を含めて、有限責任制度を通じた不法行為コストの外部化による株主の事業選択・事故防止措置・付保などに関するインセンティブのゆがみにあったといえよう。ここでも、自己資本の水準は、それ自体が問題なのではなく、株主のインセンティブに関するパラメータの一つにすぎないということができる。したがって、株主への責任賦課に際しても、自己資本の水準ではなく株主のインセンティブのゆがみに着目すべきであるといえよう。

(271) 神作・前掲（注160）一四四頁、野田・前掲（注157）九一―九二頁、青木・前掲（注123）七頁など。

(272) 不法行為法の経済分析は、全般的に、責任に関する法的規律が当事者のリスクを減少しようとするインセンティブにどのように影響するかという観点からなされている。STEVEN SHAVELL, ECONOMIC ANALYSIS OF ACCIDENT LAW (Harvard University Press, 1987; hereinafter cited as SHAVELL, ACCIDENT LAW), STEVEN SHAVELL, FOUNDATIONS OF ECONOMIC ANALYSIS OF LAW, 175-287 (The Belknap Press of Harvard University Press, 2004; hereinafter cited as SHAVELL, FOUNDATIONS) を参照。

(273) 被害者側の事情にのみ着目していたのでは、債務者を選択できないという事情は加害者が個人である場合にも当てはまるため（たとえば、歩行者は運転者の裕福度（ある程度は車種等に反映されていよう）を調査したうえで、どの車にはねられるのかを選択し、注意レベルを変更しているわけではないと思われる）、不法行為債権者に対する株主の無限責任を肯定することは資力の乏しい個人が運転する自動車に轢かれた歩行者に比べて過少資本の株式会社の従業員が運転する自動車に轢かれた歩行者を偶然的事情により優遇することになるため不当であるといった批判を招く可能性がある（やや異なるが、CORNELIUS WEITBRECHT, HAFTUNG DER GESELLSCHAFTER BEI MATERIELLER UNTERKAPITALISIERUNG DER GMBH, s.71（1990）は、従業員に加えて会社にも請求できることを幸運であるとして、被害者保護の必要性を否定している）。加害者側の事情に着目すれば、このような批判に対しても、事故の発生に影響を与えた者に責任を負わせているのであるから不当な差別であるとはいえないと反論することが可能である。

(274) Meiners, Mofsky & Tollison, supra note 118 at 366-367は、有限責任によっても不法行為被害者にコストは転嫁されないとするが、これはタクシーによる交通事故の事例で、タクシーの乗客は理論的には保険加入の有無と運賃の高低の点でどのタクシーに乗るかを選択できるという論理によるものであり、そのような選択の余地がない通行人が被害者である場合を見過ごしているので不当である。

(275) ただし、株主がリスク選好的である場合には、事業Fが選択される可能性がある。

(276) ただし、株主がリスク回避的である場合には、事業Gが選択される可能性がある。

(277) 不法行為を発生させる危険性のある事業の遂行を最も明確に意識していたのは並木俊守である（本章第一節第三款五参照）。これに対し、並木和夫はギャンブル的な事業と不法行為の危険性のある事業とをまとめて「リスキィーな事業」として問題としているように思われる（本章第一節第三款六参照）。確かに、事業選択のインセンティブの問題と捉えると、資産代替と不法行為コストの外部化には共通点があるといえる。しかし、債権者の自衛の可能性はもちろん、被害者保護や損害の効率的分散など後者にしかない考慮要素もあると思われるため、やはり別個の問題として検討する方がよいであろう（なお、多額の不法行為責任の発生により不利益を被る無担保の一般債権者との関係では、不法行為被害発生の可能性が高い事業の選択も資産代替として捉えることができるが、並木和夫がこのように解

していると は考えにくい)。

(278) この数値例は SHAVELL, ACCIDENT LAW at 167 をベースにしたものである。

(279) ここで一〇〇ではなく一〇五としているのは、防止措置の実施費用を控除しても一〇〇未満とならないようにするためである。

(280) 本文の検討は、防止措置を実施しても損害が発生した場合には責任を問われる厳格責任（無過失責任）制度を前提にしている。これに対し、防止措置を実施した場合には仮に損害が発生したとしても責任を負わないですむ過失責任制度の下では、防止措置実施費用五の支出により損害賠償責任を完全に免れることができるので、自己資本額が二〇の場合でも、株主にとっての期待損害は $\min\{20, 100\} \times 0.25 - \min\{0, 100\} \times 0.15 = 5$ 低下するので、リスク回避的な効用関数を持つ会社であれば確実に実施されることになる。もっとも、自己資本額が一〇の場合には、株主にとっての期待損害の低下は $\min\{10, 100\} \times 0.25 - \min\{0, 100\} \times 0.15 = 4$ にとどまるため、過失責任制度の下でも防止措置は実施されない可能性が高い。

(281) 資産額を一定とすると、自己資本額を減少させるためには債務による資金調達が必要であるが、無担保の一般債権者は不法行為債権者と同順位となるため多額の不法行為債権の発生が想定される事業への融資には応じない可能性がある。

たとえば、設例Vにおいて、自己資本一〇〇〇の株式会社Rが三〇〇〇を株主以外の第三者から無担保で借り入れていたとしよう。この場合、事業Fからの株主のペイオフの期待値は $(5{,}000 - 3{,}000) \times 0.9 + \max\{0, 5{,}000 - 23{,}000\} \times 0.1 = 1{,}800$ となり、事業Gからのそれは一一〇〇となるので、株主としては事業Fを選択するインセンティブを有する。しかし、無担保債権者の事業Fからのペイオフの期待値は $3{,}000 \times 0.9 + 3{,}000/23{,}000 \times 5{,}000 \times 0.1 = 2{,}765.2$ となり、融資額三〇〇〇を下回る。これを予測した無担保債権者は融資を拒否するか、債権の額面を引き上げるなどの対応をとると思われるのである。

このため、負債による資金調達の影響が大きいのは、多額の不法行為債権が発生しても自己の債権を回収しうる担保債権者（自己資本額一〇〇〇の株式会社Sが会社財産への担保権設定を条件に株主以外の第三者から三〇〇〇を借り入れて事業を選択する場合、債権者にとっての事業Fからのペイオフの期待値は、3,000×0.9＋3,000×0.1＝3,000となる）が多い場合であろう（Cf. Lynn M. LoPucki, *The Death of Liability*, 106 YALE L. J. 1, 14-19 (1996)）。

（282）この問題を最初に分析したShavellは、株主についての有限責任の場合に限らず、債務者が"judgment proof"である場合一般を対象としている（Steven Shavell, *The Judgment Proof Problem*, 6 INTERNATIONAL REVIEW OF LAW AND ECONOMICS 45, 55 note 1 (1986)）。

なお、この"judgment proof"という表現の訳語としては「無資力状態」というものが考えられるが（田中英夫編『英米法辞典』四八一頁（東京大学出版会、一九九一年）参照）、不法行為法の経済分析の文献においては、まったく財産を持たない場合に限らず、賠償責任額が資産額を上回る場合一般を指すものとして用いられている。そのため、本稿でも無資力という表現は用いず、簡便のためjudgment proofと原語で表記することにしたい。

（283）Shavell, supra note 282 at 45.

彼は、他にも責任保険に加入するインセンティブの減少を問題としている。リスク回避的である加害者が責任保険に加入すると、保険者によるモニタリングやリスク負担能力の高い者へのリスク移転などにより社会的効用が増加する。しかし、加害者がjudgment proofである場合、責任額全額についての付保は支払う必要のなかった分についての保険料の負担を意味するため、加害者個人にとっての効用は保険に入らない場合の方が高いこともありうるのである（SHAVELL, ACCIDENT LAW at 240-241）。

この問題についても数値例による検討をしておこう。

効用U^2＝資産額x（U≧0）という効用関数を持つリスク回避的な企業家がいるとする。この企業家は、現在資産額が四〇〇〇である株式会社に全額出資しており（単純化のため負債額はゼロとする）、この他に六〇〇〇の資産を有しているが、株式会社の事業により三〇％の確率で被害額一〇〇〇〇の事故が生じる可能性があり、この事故についての責任保険の保険料は10,000×0.3＝3,000であるとする。

まず株主有限責任制度を前提とすると、保険に加入しなかった場合の企業家の効用は、$\sqrt{6{,}000+4{,}000}\times 0.7+\sqrt{6{,}000+0}\times 0.3=70+3\sqrt{60}\fallingdotseq 93.2$となる。他方、保険に加入した場合は$\sqrt{6{,}000+4{,}000-3{,}000}=10\sqrt{70}\fallingdotseq 83.7$となり、不加入の場合を下回るので、保険に加入するインセンティブは存在しない（責任額の一部についてのみ付保した場合には、保険金で支払いきれなかった分については賠償責任を負うことになるので、全額について付保した場合よりも効用が悪化することもある（たとえば九〇〇〇についてのみ責任保険に加入した場合（保険料は二七〇〇となる）、ペイオフの期待値は$\sqrt{6{,}000+4{,}000-2{,}700}\times 0.7+\sqrt{6{,}000+4{,}000-2{,}700-1{,}000}\times 0.3=7\sqrt{73}+3\sqrt{63}\fallingdotseq 83.6$となる））。これに対し、企業家に無限責任を課した場合には、保険に加入しなかった場合の企業家の効用は、$\sqrt{6{,}000+4{,}000}\times 0.7+\sqrt{6{,}000\times 4{,}000-10{,}000}\times 0.3=70$となるため、保険に加入するインセンティブが存在することになるのである。

(284) Shavell, FOUNDATIONS at 231. 防止措置実施や責任保険加入についてのインセンティブに関する厳密な証明については、Shavell, supra note 282 at 47-52を参照。

(285) 向井貴子「株主有限責任のモラル・ハザード問題と非任意債権者の保護」九大法学九一号二六七頁、二八七—二九三頁（二〇〇五年）も参照。

(286) Henry Hansmann & Reinier Kraakman, *Toward Unlimited Shareholder Liability for Corporate Torts*, 100 YALE L. REV. 1879, 1882-1883 (1991).

会社への追加的投資がなされるかどうかは、それに伴う不法行為コストの外部化という限界効用と不法行為債権者への責任財産の増加という限界費用の大小に依存する。その結果、損害額が会社価値を大幅には上回らないような事故の発生確率が比較的高い場合には限界費用の方が大きいため、会社規模は小さくなる傾向にあるが（たとえば、タクシー一台ごとに会社を分けるなど）、ごくわずかな確率で会社価値をはるかに上回るような損害が発生する可能性があり、事業拡大による生産性の向上よりも事故発生確率の増加速度の方が高いような事業を営んでいる場合には、限界効用が大きく、会社規模が過大になる傾向があるとされる（ibid. at 1883 note 9）。

なお、会社の不法行為については全株主に持株比率に応じた分割無限責任を課すというこの論文の中核的主張の当否については、第四章第四節第二款二を参照。

(287) LoPucki, supra note 203 at 57-59.

(288) Lynn LoPucki, *The Essential Structure of Judgment Proofing*, 51 STAN. L. REV. 147, 153, 154 (1998).

(289) LoPucki, supra note 281 at 14-30. このほかにも、個人の judgment proofing の手段として差押禁止財産に関する規定の利用や海外の自益浪費信託への資産移転などが挙げられている（ibid. at 30-38）。これらの制度による個人の judgment proof 問題については、Stephen G. Gilles, *The Judgment-Proof Society*, 63 WASH. & LEE L. REV. 603 (2006) も参照。

(290) 本文の訳語を用いると冗長になるので、以下では原語のまま "judgment proofing" と記載する。

(291) 有限責任の企業形態の利用により株主の財産への執行は防止される。本文の judgment proofing に関する議論は、この有限責任の利用を前提としたうえで、全体として規模の小さくない事業活動を行いつつ有限責任の責任主体が所有する財産を限定することを問題とするものである。このため、不法行為債権に対する有限責任と judgment proofing は連続的な問題であるといえよう。この点については、第四章第三節第二款三を参照。

(292) SHAVELL, FOUNDATIONS at 231. LoPucki, supra note 281 at 41-42 の数値例も参照。

(293) Judgment proofing がコンピュータによる情報処理の発展等により隆盛となり、賠償責任システムを死に至らしめるであろうという LoPucki の現状認識・予想については反論が多い（大規模な公開企業についての実証研究を根拠に反論するものとして、James J. White, *Corporate Judgment Proofing : A Response to Lynn LoPucki's The Death of Liability*, 107 YALE L. J. 1363 (1998)（再反論として、Lynn M. LoPucki, *Virtual Judgment Proofing : A Rejoinder*, 107 YALE L. J. 1413 (1998)）、また独立当事者間での judgment proofing は行われにくいことを指摘するものとして、Steven L. Schwarcz, *The Inherent Irrationality of Judgment Proofing*, 52 STAN. L. REV. 1 (1999)（再反論として、LoPucki, supra note 203）がある）。しかし、これらの論者も不法行為債権者保護の観点から judgment proofing に問題があるということを否定するものではない（現に詐害譲渡規制や法人格否認の法理等による規制について論じている)。Judgment proofingが一般的傾向であるとはいえないということは、judgment proofingが行われた稀なケースへの対処の必要性を減少させるものではない(ただし、その対処として一律的な事前規制と個別的な事後規制のいずれが適切かといった問題に際しては考慮する必要があろう)。

なお、LoPucki自身は、judgment proofingの結果として損害賠償責任システムが死に至っても、直接規制やリスクに関する情報の開示による対処が可能であるため、それほど悪いものではないかもしれないとしている(LoPucki, supra note 281 at 91–92)。

(294) 不法行為コストを外部化するような選択がなされる可能性のある状況を生じさせたことを責任原因とすることにも、資産代替の問題について指摘したように疑問がある(本章第三節第二款三(1)を参照)。

(295) 会社設立時にのみ責任額全額を弁済しうる自己資本が存在していれば足り、事業経過によって減少していてもかまわないとするのであれば無限責任とすることにはならないが、これではインセンティブ是正の役には立たないと思われる。

(296) 法人格否認の法理について指摘されるように、「適切な自己資本」という考え方は不法行為コストの外部化という実質的な問題意識を法的に実現するための法技術的・形式的な説明であるという弁明も考えられるが、あえて迂回路を取る必要はないと考えられる。

(297) Cf. White, supra note 293 at 1363 note 2.

(298) たとえば、設例Ⅴでは、事業Fの期待損害額は20,000×0.1＝2,000であるが、資産額が必要資金四〇〇〇に二〇〇〇を加えた六〇〇〇である会社の事業Fからのペイオフの期待値は(2,000＋5,000)×0.9＋max{0, 2,000＋5,000－20,000}×0.1＝6,300となり、事業Gからのペイオフの期待値2,000＋4,100＝6,100を上回るので、依然として事業Fが選択されてしまう可能性が高い。他方、資産額が八〇〇〇であれば、事業Fからのペイオフの期待値(4,000＋5,000)×0.9＋max{0, 4,000＋5,000－20,000}＝8,100と事業Gからのペイオフの期待値4,000＋4,100＝8,100が等しくなるので、リスク中立的な株主にとっては事業Fを選択するインセンティブは消滅する。このようにインセンティブという観点から考えると、その消滅に必要な自己資本額は期待損害額や全損害額よりも、比較対象となる事業のペイオフに依存することがわかる。

また、設例Ⅵにおいては、自己資本額が四二・五である場合にリスク中立的な株主にとって防止措置不実施のインセンティブが消滅するが、この四二・五という額は防止措置を実施した場合もしくは実施しなかった場合の期待損害額（それぞれ一五、二五）や全損害額ではなく、防止措置により低下する事故発生確率と実施費用により定まるものである（もちろん、期待損害額がまったく影響しないというわけではない。事故発生確率ではなく発生しうる損害額を減少させる措置を想定すると（たとえば、二五％の確率で生じる事故からの損害額を一〇〇から五〇に減少させる措置が費用一〇で実施できるとする）、措置を実施した場合の期待損害額と実施費用の合計額が不実施の場合の期待損害額よりも少ない場合に実施が選択される（自己資本が八〇の場合は実施されないが（不実施の場合の期待損害額 $80 \times 0.25 = 20 < $ 実施した場合の期待損害額 $50 \times 0.25 +$ 実施費用 $10 = 22.5$）、自己資本が九〇以上の場合には実施されうる））。LoPucki, supra note 293 at 1422 も参照。

(299) この場合、「適切な自己資本」は当該事業の実施が株主にとって利益とならないような自己資本の額ということになろう。

たとえば設例Ⅴで事業Gを選択する余地がないとした場合に、事業Fを実施するインセンティブが消滅するのは、$(x - 4{,}000 + 5{,}000) \times 0.9 + \max\{0, x - 4{,}000 + 5{,}000 - 20{,}000\} \times 0.1 \leq x$ を解いて、資産額が $x = 9{,}000$ のときである。全損害額や期待損害額に相当する資産（自己資本）が必要であるわけではないことに注意されたい。

(300) 後注304に対応する本文も参照。

(301) この場合の「適切な自己資本」額は、単純な数値例を前提としたとしても計算により算出しうるようなものではなく、被害額に比べて自己資本が極端に少ない場合という感覚的な概念になると思われる。過少資本を絶対額で定めるのであればともかく、損害額等との相対関係で定めるのであれば結局被害を賠償しきれなかった場合に過少資本と認定されるということになりかねない。

(302) たとえば、優先的回収手段等を有する銀行は不法行為被害者を保護するインセンティブを特に持たないにもかかわらず、銀行の与信判断として自己資本の額が十分であると判断しうる場合には過少資本ではないとして責任が否定されることもありうる。

第四款　外部債権者と同順位での、もしくはこれに優先する株主の投資回収の抑制機能

最後に、会社に対する金銭の貸付けや事業設備等の貸与を通じて、株主が外部債権者と同順位での、もしくはこれに優先する投資回収を行うことを抑制するという機能について検討しよう。

一　株主のインセンティブのゆがみへの解消

前二款の分析から、株主の会社に対する債権の保有や事業設備等の貸与という状況は、資産代替や不法行為コストの外部化という株主のインセンティブのゆがみを生じさせるものであるということが判明した。そのため、株主の外部債権者と同順位での、もしくはこれに優先する順位での投資回収という問題意識のうちの少なくとも一定部分は、株主のインセンティブのゆがみという観点から説明しうるといえよう(303)。

二　インセンティブのゆがみが存在しない場合

問題は、株主のインセンティブのゆがみが生じていたとは認められない具体的事案においても、なお株主が外部債権者と同順位で、もしくはこれに優先して投資を回収することを過少資本として問責するべきかということで

ある。[304]

ある株主が倒産した会社の経営者であった場合、その株主の債権が他の一般債権者と同等の条件で配当を受けうるというのは不当であるという考え方は、確かに感覚的には理解できないでもない。もっとも、これに従うと、経営者であった株主が会社もしくは債権者に対して法的に損害賠償責任（会社法四二三条、四二九条）を負う場合であればともかく、[305]そのような法的責任を負うに至らない場合には、道義的な経営責任という曖昧な概念を理由に対会社債権を劣後化もしくは否定してしまうことになってしまう。[306]また、株主による貸付状況が事前に開示されており、[307]貸付後も株主による資産代替や不法行為コストの外部化、会社の搾取等は行われておらず、株主が有する債権の回収も倒産法の手続に則して行われている場合には、[308]債権者から株主への利益移転や、それに伴う社会的非効率性が発生するわけでもない。

では、この場合における株主債権の劣後化を機能的に説明することはできるだろうか（株主のインセンティブのゆがみが生じていたということの立証の困難性を緩和するために、現実にインセンティブのゆがみが発生していなくても、それを発生させる可能性の高い状況自体を規制する必要があるという説明も考えられるが、これは究極的にはインセンティブのゆがみを問題とするものと見るべきであろう）。ここでは、株主以外の債権者の債権を含む倒産法上の債権の劣後化に関する邦語文献にまで参照範囲を広げて検討してみる。[309]

(1)　畑　宏樹

まず、畑は、米・独・英の法制を紹介したうえで、当該債権者が倒産した会社を何らかの形で「支配」しており、「債権者間の実質的平等」の観点から、「他の債権者が問題とされている債権に対する弁済を『不衡平』と感じる場合」には劣後化を認めるべきである」としている。[310]しかし、株主は自己とは別個の法人格である会社に対して債権者・賃貸人等になりうるという原則からすると、「支配」「実質的平等」「衡平」といった抽象的なキーワードのみに基づいて株主債権の劣後化等を導くことは、やや躊躇される。また、畑はその後、偏頗弁済の危機否認に関する検討を手がかりに「実質的平等」概念の具体化を試み、その「取得が……自由競争原理を逸脱しているような」債権、具体的には、債権者が債務者の経済状態を容易に知ることができるという「支配」的な立場を利用して取得した債権を劣後化すべきであると主張している。[311] しかし、支配的地位にある債権者がその他の債権者に対しては債務者会社の悪化した財務状況や支配者による貸付状況等を秘匿させていたような場合はともかく、債務者の経営状態を知悉しているのみで債権が劣後されるべき理由はないように思われる。

もっとも、畑は、この「支配」の内容を「債務会社の経営に関与ないし債務会社を搾取していた」場合と言い換えている。[312] 経営への関与という点については、先の論文において、取締役の経営責任追及の手法としての取締役債権の劣後化を事業経営の拙劣さ、搾取、放漫経営など会社が倒産に至った原因となるような経営責任がある場合に限定していることにも留意すべきであろう。[313] これらの点からは、畑は、結局、債権の劣後化を会社関係者による会社搾取や善管注意義務違反等に対する救済方法の一つとしてのみ捉えており、[314] 会社を支配している者が非支配的債権者と同順位で、もしくはこれに優先して投資を回収すること自体には問題性を見出していないのではないかとも考えられるのである。

(2) 柏木　昇

他方、アメリカ法を手がかりに検討を行う柏木は、株主等ではない支配債権者の債権の劣後化には「支配債権者が、債務超過の状態にある債務者の倒産を引き延ばしつつ支配的地位を利用して他の債権者に先駆けて自己の債権の早期回収を図ったとか、自己の損害を軽減するために他の債権者をミスリードして取引を継続させたなどのプラスアルファの事情」が必要であるとする一方で、[315] 過少資本を理由とする支配株主の債権の劣後化については、「本来支配株主の債権を劣後化する理由は資本金が過小かどうかではなく、事業を支配し推進しその果実とリスクを引き受けるべき起業家が、リスクキャピタルとしての株式投資を避け債権というリスクの少ない投資形式を選ぶことにより、本来起業家として負担すべきであったリスクを他の債権者と分担しようとすることが、衡平に反する」と述べている。[316]

まず指摘すべきは、この見解は、過少資本が問題の本質ではないとする点では本稿と軌を一にしているということである。しかし、抜駆け的債権回収や不実表示とは区別された問題としての「起業家として負担すべきであったリスク」とは何か、それを「他の債権者と分担しようとすること」がなぜ「衡平に反する」のか、という点についての説明はない。[317]

(3) 倉部真由美

また、倒産法上の債権劣後化一般を検討する倉部は、「過小資本の場合に、債権の劣後化が問題となるのは、本来、債務者に対して株式投資をすることによりリスクを共有すべき立場にありながら、貸付という形でリスクを回避しているからである」として柏木と同様の理解に立ちつつ、「このような場合には、貸付を出資ととらえなおして、株主と同じ地位にて扱うことが衡平にかなう」とし、アメリカの判例法における債権の recharacterization で検討されてきたファクターが参考になるとしている。[318] そのファクターとしては、①供与された資金の負債性を証明する証書の記載の有無、[319] ②満期と弁済計画の有無、③定められた利率と利息の支払の有無、④弁済のための財源、⑤十分な資本の有無、⑥債権者と株主の間の利益の同一性、[320] ⑦担保の設定の有無、⑧債務者が外部の金融機関から融資を受ける可能性、⑨融資に基づく債権が外部の債権者の債権に劣後する程度、⑩資本資産を獲得するために会社が融資を利用した程度、⑪弁済のための減債基金の有無、⑫株主の資本への貸付けの割合、⑬株主の支配の強度[321]の一三点が紹介されている。[322]

このように倉部は、株主による貸付けを出資と捉え直すという柏木には見られない枠組みを用いている。しかし、列挙されている個別の要素がどのように出資としての性格づけにつながるのかということは検討されておらず、[323]なぜ株主が「貸付という形でリスクを回避」することが衡平に反するのかという点も明らかではないという点では、柏木と同様である。

三　小　括

以上の検討からは、[324]結局、ゆがんだインセンティブに基づく株主の行動がなく、また不実表示も会社搾取も抜駆け的債権回収もない場合における株主債権の劣後化について、衡平・平等といった感覚的なものを超える機能的な説明を導くことはできなかった。[325]もっとも、法制度の設計に際しては衡平・平等という観点も重要であるため、[326]この問題について最終的な判断を下すには、倒産した会社の財産に対する優先劣後関係をめぐる各種の問題[327]についての比較法を含めたより包括的な検討が必要であろう。ここでは、柏木が指摘するように、資本金・自己資本の水準の適切性は問題の本質ではないということを今一度確認するにとどまらざるをえない。

(303)　米・独における株主債権の劣後化に関する法理の妥当性を、経営難に陥った会社に対して株主が救済融資をして再建を試みるインセンティブの是正という観点から検討するものとして、Martin Gelter, *The Subordination of Shareholder Loans in Bankruptcy*, 26 INTERNATIONAL REVIEW OF LAW AND ECONOMICS 478（2006）がある（なお、森田果氏から、通常の financial contracting の議論からすると Gelter 論文の前提にはやや特異なものがあるとの示唆を受けた）。

(304)　前注300に対応する本文も参照。

(305)　ただし、この場合でも、会社に対する損害賠償責任の存在・額を倒産手続等において査定（破産法一七八条、民事再生法一四三条、会社更生法一〇〇条）したうえで、対会社債権と相殺するのが筋であるとも考えられる（高橋宏志「判批（東京高決昭和四〇年二月一一日）」倒産判例百選（別冊ジュリスト五二号）一五四頁、一五五頁（一九七六年）参照）。

(306)　代表取締役の対会社債権の処遇に関する叙述であるが、辻川正人「再生計画における債権者平等について」『最新倒産法・会社法をめぐる実務上の諸問題　今中利昭先生古稀記念』二七〇頁、二七九―二八一頁（民事法研究会、二〇〇五年）を参照。

(307)　株主から貸与を受けた不動産・機械等を会社の資産であるように見せかけて外部債権者からの借入れを行った場合や株主から会社に供給された資金の法的性格が不明瞭であり外部債権者に株主債権の認識可能性がない場合には、債権者を保護する余地がある（See, David A. Skeel, Jr. & Georg Krause-Vilmar, *Recharacterization and the Nonhindrance of Creditors*, 7 European Business Organization Law Review 259, 268-269 (2006), Andreas Cahn, *Equitable Subordination of Shareholder Loans?* 7 European Business Organization Law Review 287, 293-294 (2006)）。もっとも、誤解惹起への関与等の株主の帰責性、業界慣行の認識可能性や登記の確認可能性等の債権者の帰責性、債権者の保護の必要性などを合わせて考慮する必要があろう。特に、株主からの資金借入・資産賃借が行われている可能性を認識しているにもかかわらず債権者がその開示を求めていない場合に、開示が行われていないことのみをもって株主債権等の劣後化を認めると、債権者を不要に利得させてしまうということに注意が必要である（ただし、債権者の交渉力が非常に劣っているために開示を要求できなかったという場合にはさらなる考慮の余地もあろう）。他方で、株主の拠出状況の開示を促進するために、開示がない限り株主債権等を劣後化するということも考えられなくはないが、この点は情報開示制度のあり方とも関連するため、結論を留保したい。

(308) Cahn, supra note 307 at 296–297は、この場合には内部者としての情報優位性や経営陣への影響力の悪用は認められないとし、経営悪化を察知した株主による倒産直前の債権回収に対しては、否認権や詐害譲渡法理による対処が可能であるとしている。

(309) 比較法を含めた、より包括的な検討については、別稿を期したい。

(310) 畑宏樹「倒産債権の劣後的処遇について（二・完）」上智法学四〇巻三号一二一頁、一四一頁（一九九六年）。

(311) 畑宏樹「倒産債権の劣後的処遇の局面における債権者間の実質的平等」上智法学四二巻二号三〇一頁、三三一―三三二頁（一九九八年）。

(312) 畑・前掲（注311）三三二頁。

(313) 畑・前掲（注310）一四三頁。

(314) この会社搾取等とそれに対する救済という問題自体は重要なものであるが、本稿の観点からは、まさに会社搾取等の点を前面に出して検討されるべきであり、債権の劣後化は救済方法の一つにすぎないことをより意識すべきであるといえよう（序章第二節第一款二(3)を参照）。

(315) 柏木昇「債務者を経営支配する株主ではない債権者の債権と衡平法上の劣後化」『民事訴訟法理論の新たな構築　新堂幸司先生古稀祝賀　下巻』四六三頁、四八一頁（有斐閣、二〇〇一年）。四九三頁も参照。

(316) 柏木・前掲（注315）四七九頁。

(317) 柏木の主題はあくまで株主ではない債権者の債権の劣後化にあったため、これはやむをえないことであろう。

(318) 倉部真由美「倒産手続における債権の劣後化について」同志社法学五八巻六号一頁、二九―三〇頁（二〇〇六年）。

(319) 倉部は「借入れをした証明となる証書に記載されている名義」としているが、倉部が参照している判例の一つであるRoth Steel Tube Company v. Commissioner of Internal Revenue, 800 F. 2d. 625 (6th Cir. 1986) の原文はthe names given to the instruments, if any, evidencing the indebtednessであり（ibid. at 630）、債権者の名義ではなく、

資金の供与の性格（貸付・債権か出資・寄付か）に関する記載を問題としているものであろう。

(320) 倉部は「債権者と株主の間の利益の特定」としているが、倉部が参照している判例の原文は the identity of interest between the creditor and the stockholder であり、具体的には株主による貸付けの比率と持株比率との同一性を問題としている（800 F. 2d. 630)。

(321) 倉部は「株主の支配する額と程度」としているが、倉部が参照している判例の一つである In re Hyperion Enterprises, Inc., 158 B.R. 555 (D.R.I. 1993) の原文は the amount or degree of shareholder control であり (ibid. at 561)、株主の貸付額等を問題とするものではないと思われる。

(322) 倉部・前掲（注318）一五頁。

(323) 倉部が列挙している諸要素は、元来、会社債権者の保護とは異なる文脈において利用されているものであり、株主による他の会社債権者と同順位での投資回収からの会社債権者の保護という文脈での株主債権の劣後化の基準として用いることが適切であるとは思われない（個々の要素の機能の仕方について、Skeel & Krause-Vilmar, supra note 307 at 276-279 を参照）。すなわち、倉部が引用する Roth Steel Tube Company v. Commissioner of Internal Revenue, 800 F. 2d. 625 (6th Cir. 1986) は、倒産した会社に株主が提供していた資金について、株主側においてキャピタルロスではなく貸倒れとしての損金参入が税法上認められるかという論点に関するものであり、供与された資金を返済する無条件の義務を作り出す意図の有無が一般的な基準とされている (ibid. at 630)。この基準からは、株主が会社から資金を回収する意図を有していればいるほど出資と性格づけることは困難になるはずであり、他の会社債権者保護に資するものではないということが指摘できる（株主債権の取扱いに関する租税法的な考慮と会社法・倒産法的な考慮が一致するものではないことについて、Skeel & Krause-Vilmar, supra note 307 at 269 を参照）。また、In re Cold Harbor Associates, L.P., 204 B.R. 904 (Bankr. E.D.Va. 1997) は、一人の債権者による倒産手続開始の申立ての要件として債権者数が一二名以下であることが要求されている (11 U. S. C. 303 (b) (2)) こととの関係で、債務者である limited partnership の limited partner が保有する promissory note を債権と評価できるかが問題となった事案であり、それは資金供与が独立当事者間の交渉の徴表を有しているかという点から判断するとされている（204 B.R. 915）。ここでも、出資者が債権者と同順位で投資を回収することによる債権者の被害は問題となっていないのである。

また、倉部は株主債権と他の会社債権者の債権との優劣関係が問題となった事案をも引用しているが、それらの判決は結論として株主債権の recharacterization による会社債権者の保護を否定していることも、本文の諸要素の基準としての不適切性を示しているといえよう。たとえば、In re Autostyle Plastics, Inc., 269 F. 3d. 726 (6th Cir. 2001) は、まさに株主の会社に対する債権とその他の会社債権者の債権との優劣関係が争われた事件であるが（ただし株主は第一順位の担保権を有する債権者との間でローン・パーティシペーション契約を締結した者であり、この優先性を争っている債権者は第二順位の担保権を有していて、債権取得時にローン・パーティシペーションであることの十分な開示がなされなかったと主張しているという特殊性がある）、結局本文の④⑤⑪以外の点は負債性を示すとして、株主の債権を出資と扱うことは認められなかったものである（衡平法的劣後化の主張も不衡平な行為がないとして退けられている）。また、株主が担保権に基づいて会社の財務状況悪化時に会社財産を取得したことを会社の破産管財人が争った In re Hyperion Enterprises, Inc., 158 B.R. 555 (D. R.I. 1993) においても、recharacterization、衡平法的劣後化のいずれの主張も退けられているのである（この事件では、このほかに偏頗行為としての否認の主張も退けられている）。

(324)　株主以外の債権者の債権の劣後化に関する文献としては、本文で取り上げたもの以外に神吉正三「銀行と融資先との関係のあり方について——アメリカ法における衡平的劣後（equitable subordination）の検討をとおして——」流経法学一巻一号五頁（二〇〇二年）がある。

(325)　Skeel & Krause-Vilmar, supra note 307 at 273 が株主による担保付貸付の禁止を提言しているのも、単に株主が外部債権者に優先することを不当視しているからではなく、経営悪化時の担保付貸付による資金提供の結果として効率的でない事業の継続がなされることを防止するためである。

(326)　株主以外の債権者との関係以外にも、会社経営に関与していない少数派株主との関係で、会社が倒産した場合に経営に関与している大株主が債権者として少数派株主に優先して投資を回収しうるのは不衡平であるとの主張が考えうる。

(327)　株主や大口債権者の債権の劣後化のほか、いわゆる絶対優先原則（absolute priority rule）とそれからの逸脱に関する議論（これについては、松下淳一「再生計画・更生計画による債権者と株主との利害調整について」『民事訴訟法理論の新たな構築　新堂幸司先生古稀祝賀　下巻』七四九頁（有斐閣、二〇〇一年）を参照）や信託基金法理（trust fund doctrine）の意義（これについては、柴田和史「信託財産の法理――アメリカ会社法における債権者保護の理論（一）（二）」法学志林九三巻四号三頁（一九九六年）、九五巻一号六九頁（一九九七年）、同「一九世紀から二〇世紀初頭にかけてのアメリカにおける会社債権者保護の法理としての Trust Fund Doctrine」信託法研究二八号三五頁（二〇〇三年）を参照）等にも目を向ける必要があろう。

第四節　小　括

第一款　分析指針としての仮説

以上で、従来の議論が「適切な自己資本」という考え方に託してきた機能の検討を終える。ここまでの検討からは、次のような知見が得られた。

まず、「適切な自己資本」という考え方の現れとしての過少資本規制および最低資本金制度には多様な機能が託されてきたが、その中には既存の実定法や一般私法理論による解決が可能なものも含まれていたということができる（第一節、第二節）。そして、標語的に用いられることの多い自己資本のクッション機能という議論も、記述的命題としてであればともかく、適切な水準の自己資本の規範的な要求を基礎づけるための独立した機能としては不十分なものであった。他方、株主による企業倒産のリスクが高いギャンブル的な事業および危険な事業の選択を防止するという機能は、株主が債権者の犠牲において利益を得ようとするインセンティブの問題として経済学的にも基礎づけうる観点であり、そこにおいては自己資本の水準は本質的問題ではなくインセンティブのゆがみを発生させる一要素にすぎないということが明らかになった。[328]そして、株主による会社に対する金銭の貸付けや事業設備等の貸与を通じた外部債権者と同順位での、もしくはこれに優先する投資の回収という問題については、やや不明瞭さは残ってはいるが、このインセンティブのゆがみという問題意識に解消できる可能性が存在するのである[329]（第三節）。

以上からは、従来の過少資本による責任の議論における問題の本質は、実は自己資本の水準にではなく他の点にあったのではないか、そして本稿が対処を考えるべき問題は株主のギャンブル的な事業を選択するインセンティブと不法行為のコストを外部化するインセンティブであるのではないかという仮説を導くことができる。以下では、この仮説を分析の指針とすることにする。

(328) Judgment proofing の場合は、インセンティブのゆがみの結果として自己資本の水準が低くなるのであるが、本質的な違いはないことは前述した。

(329) ここまでの検討からも明らかなように、株主の会社に対する金銭貸付・資産貸与には、インセンティブのゆがみ以外にも、株主による会社の搾取や倒産手続外での抜駆け的債権回収、会社債権者の信頼保護、さらに前節では問題性を明らかにできなかった株主の債権者と同順位での、もしくはこれに優先する回収などの問題が関係している。繰返しになるが、株主債権等の取扱いを主題とする議論自体の詳細な分析は、今後の研究課題としたい。

第二款　比較法的検討における着眼点

本稿は、前記の二つのインセンティブの問題に対して株主に会社債務についての責任を課すという解決策を取る場合に考慮すべき要素を検討し、可能であればそのような解釈論の呈示を試みることを最終的な目標とする。その前に、前述の仮説の妥当性を検証し、また考慮要素・解釈論についての示唆を獲得するために(330)、次章以下でアメリカ・ドイツの議論がどのような問題意識を持って過少資本規制を論じてきたかという点についての比較法的考察を行う。

ここでは、比較法的考察に際して着眼すべき点を確認しておこう。

一　資産代替

まず、資産代替・不法行為コストの外部化の双方に関して、自己資本の水準自体が問題なわけではなく、自己資本の水準は株主のインセンティブを左右する一要素にすぎないということを認識しているかということが一つのチェックポイントとなる。

特に資産代替については、ギャンブル的事業（gambling）や投機行為（speculation, Spekulierung）、リスクの高い事業[331]の選択・実施への言及の有無が問題となる。また、そのような事業の実施に際しての、株主の会社への金銭やその他の財産の貸与の影響に関する認識の有無にも着目すべきであろう。

もっとも、リスクの高い事業であっても、債権者がそのリスクに見合う高利を課すなどの自衛策を講じている場合には、株主の責任を認める必要はない。逆に、債権者が前提としていた事業のリスクが事後的に変更された場合には、保護の必要性が高くなると思われる。リスクの高い事業の実施を問題とする議論を検討するに際しては、このような債権者の自衛可能性との関係にも注意を払う必要がある。

また、株主のインセンティブのゆがみが問題となりやすく債権者の自衛が困難な状況である倒産直前段階における株主の行動を問題としている議論も、株主の事業選択に関するインセンティブを問題とするものと捉えうる可能性がある。ただし、倒産直前段階における株主の債権者を害する行動にも様々なものが考えられる。たとえば、取締役の第三者に対する責任については、会社が倒産に瀕した時期に行われた返済・支払の見込みのない金銭借入・商品購入等による契約相手方の損害が直接損害として問題とされているが、これはリスクの高い事業の選択・不停止による債権者の損害とは異なるメカニズムを問題とするものであり、区別して論じる必要がある。[332] そのため、倒産直前段階の株主の行動の内容までを吟味する必要があろう。

さらに、株主の選択・インセンティブという要素に着目する契機として、株主の行動や主観面といった要素をどのように扱っているかという点も重要だと思われる。

二 不法行為コストの外部化

次に不法行為コストの外部化については、危険性の高い事業の実施や事故防止の懈怠への言及が問題となる。また、ここでも株主の行動や主観面といった要素の扱いが重要であろう。

さらに、インセンティブのゆがみを直接問題とはしていなくても、それを強化する状況としての judgment proofing を問題としているかどうかにも着目する必要がある。まず、不法行為の発生可能性がある事業を営むに際して会社を過少資本状態にすることを問題としているものは、このメカニズムを問題としている可能性があるといえよう。また、judgment proofing の本質的構造は、被害発生のリスクがある活動を行う法主体と事業用資産を所有する法主体とを分離したうえで、賃貸借・使用貸借（土地・家屋・機械等[333]）やライセンス（商標権・特許権等）などの契約に基づき前者に後者の資産を利用させるというものである。[334] また、形式的には活動主体が資産を所有するが、購入資金を提供した資産所有主体（債権者）が資産価値相当の担保権を取得するという形態もある。[335] この活動主体と資産所有主体の間に資本関係があることは必然的ではないが、現実的に多いのは両者の間に資本関係が存在する場合、特に後者が前者の株式を保有する場合であろう。したがって、株主・親会社・姉妹会社が子会社に資産を賃貸し、もしくは子会社の資産取得資金を担保付貸付として提供している状況に関する議論は、不法行為責任からのjudgment proofingを問題としている可能性がある。さらに、株主等が所有する資産の利用という関係がなくても、事業を必要以上に細分化している場合や、資産のない会社に責任が集中するような構造をとっている場合を問題とする議論についても、同じことが指摘できよう。

また、judgment proofingが行われる場合、その状態を確保するためには会社が獲得した利益を会社から引き出しておく必要があることに注意を要する。(336) このため、開業直後に不法行為が発生した場合を除くと、何らかの資産移転行為が存在している可能性が高い。これを資産移転という側面からのみ捉えることも可能であるが、不法行為コストの外部化との関係にも留意すべきであろう。(337) 序章において本稿は資産移転行為の規制を直接の対象とするものでないと述べたが、judgment proofingの手段としての資産移転が問題とされている場合には、その内容に着目することにする。

もっとも、以上のようなjudgment proofing的な構造が問題とされている場合であっても、交渉力の強弱等の結果として資産所有主体からの履行を得られなかった契約債権者による請求が問題となっている可能性もある。この場合には、不法行為コストの外部化という観点が当てはまらず、逆に債権者側の自衛可能性が問題となるため、異なった検討が必要である。また、株主による事業資産の賃貸や金銭の貸付けと会社資産の担保取得といった手法が、株主の外部債権者と同順位での、もしくはこれに優先する投資回収自体の抑制という観点から問題視されている可能性もある。そのため、judgment proofing的な構造の事例が問題とされている場合には、債権者が契約債権者であるのか不法行為債権者であるのかという点や、不実表示・会社搾取・倒産直前の抜駆け的債権回収等が問題とされているのではないかという点を確認する必要がある。

(330)　このように、本稿においては比較法的考察に、①外国の判例学説は自己資本の水準をどのような意味で問題としてきたのかという従来の議論の前提を問い質し、また②株主のゆがんだインセンティブから債権者を保護すべき範囲についての示唆を得るという二重の役割が期待されている。

(331)　ただし、単に「リスクが高い事業」や「過度のリスクテイク」を問題としている場合、どのような意味で「リスクが高い」としているのか、不法行為のリスクを問題としているのではないかということに注意する必要がある。

(332)　江頭・前掲（注122）四五五頁は、返済見込みのない金銭借入が直接損害の典型例であるとしつつ、これが会社に対する任務懈怠（最判昭和四四年一一月二六日民集二三巻一一号二一五〇頁参照）となるのは会社の社会的信用を傷つけるからであるとする見解（上柳克郎「両損害包含説」『会社法・手形法論集』一一六頁、一二〇頁（有斐閣、一九八〇年））を批判し、「債務超過またはそれに近い状態の株式会社は、株主が有限責任の結果失うものがないためイチかバチかの投機に走りやすいこと、および、営業を継続すれば取締役への報酬等の支払等により会社の財務状況はますます悪化すること等から、会社債権者の損害拡大を阻止するため取締役には再建可能性・倒産処理等を検討すべき義務が善管注意義務として課されており、その任務懈怠が問題となると解すべきである」と述べている。しかし、投機や倒産処理の遅延による財務状況悪化は、返済見込みのない借入れとは異質の間接損害の問題というべきであり、江頭の記述はミスリーディングであると思われる。

(333)　Judgment proofingを主要な目的とはしていないことが多いが、保有不動産をオフバランスするために不動産投資信託（ＲＥＩＴ）を用いて証券化する場合も同様の効果を持つ。LoPucki, supra note 282, at 158-159.

(334)　LoPucki, supra note 282 at 149, 152-153, LoPucki, supra note 281 at 28.

(335)　LoPucki, supra note 282 at 152. LoPucki, supra note 281 at 20-21が紹介している、活動主体が設立した子会社が資産保有主体となり取得資金を借入れにより調達するという場合も、多額の損害賠償責任により倒産した親会社の債権者を子会社に資金を供給した債権者に劣後させるという点で（LoPucki自身は第三者による資産保有の例として挙げているが）担保付債権による資金調達の形態と類似しているといえよう。

(336) White, supra note 293 at 1391, 1401, 1403-1404. また、向井・前掲（注285）二九五頁は、judgment proofing の手段として、事業用資産の賃貸借等には言及することなく、配当による財産移転のみを問題としている。さらに、Schwarcz, supra note 293 at 15, 16 note 73 は、独立当事者間条件による資産証券化の場合、judgment proofing を引き起こすのはオリジネーターに支払われる現金の事後的な処分であるとする。

(337) 不法行為コストを外部化する手段として行われていた場合、移転された資産を会社に戻すだけでは不法行為被害者の救済として不十分であるなどの問題が生じうる。

第二章　アメリカ法

序

一　比較法的考察の意義

本章および次章で行われる比較法的考察にはいくつかの役割が期待されている。

第一章の検討からは、「適切な自己資本」という考え方にはいくつもの機能が期待されてきたが、そのうち本稿で取り上げるべきものは株主による会社倒産のリスクが高い事業の選択の防止と株主による不法行為被害の発生の可能性がある事業の選択の防止の二つであると思われること、この二つの機能は自己資本の水準よりも株主の事業選択に際してのインセンティブを問題とするものであること、そのため過少資本規制の分析に際しても会社の自己資本の水準ではなく株主のインセンティブに着目することが有益であると考えられることなどの知見が得られた(338)。しかし、これは日本の学説におけるわずかな叙述をもとにした仮説にすぎない。そこで、日本の学説のもととなっているアメリカとドイツの学説・判例において過少資本の表題の下に問題とされてきた事情はどのようなものであったかということの分析によって、この仮説の正当性を検証することが第一の役割となる。この作業には、同時にこれまでの日本の先行研究による両国の議論の紹介が十分なものであったのかを検討するという役割も期待される。

また、序章において過少資本の議論に株主債権等の劣後化や会社財産移転規制に関する視点が混在してきたのではないかということを述べたが、この点に関して米・独の状況を確認し、両者において違いがあるのか、あるとすればその原因は何であるのかを検討するという役割も副次的ながら存在する。

さらに、両国の議論における様々な提案等は、日本法上の解釈論を構築するに当たっての参考となるであろう。

二　アメリカ法

検討の順序としては、まずアメリカ法を取り上げる。その理由は、過少資本による株主の責任もしくは有限責任の条件としての「適切な自己資本」の具備という議論が登場したのはアメリカの方が早く、またアメリカには過少資本による株主の責任に関するものとされる判決が多数存在しているからである。また、その結果としてドイツの議論がアメリカの議論の影響を受けている可能性もあると思われるため、アメリカの議論を先に検討しておいた方が理解に資すると思われる。

アメリカの判例・学説を紹介する先行研究は少なくないが、(339) これには過少資本が問題であるということを前提として、過少資本以外の要素の考慮の有無や、過少資本の判断基準とその基準時、債権者の種類などについて判例を整理することを主眼とするものが多い。(340) しかし、過少資本という問題の立て方自体を疑問視する本稿の立場からは、このような分析は不十分といわざるをえない。そこで、本章では、アメリカ法における「過少資本による株主の責任」の議論において想定されていた問題状況はどのようなものであったのかということを明らかにしていくこととしたい。

アメリカ法における「過少資本による株主の責任」という発想は、判例法理のみによって形成されてきたものではなく、まず学説によって産み出され、判例との相互作用により展開していったものといいうる。そこで、本稿では、まず二〇世紀前半に「適切な自己資本」の具備が有限責任の条件であるという見解を確立した学説が、どのような問題に対処するためにそのような議論を行っていたのかを、これらの学説がその見解を基礎づけるために引用している判例の事案に注意を払いつつ検討する（第一節、第二節）。次いで、この見解が一九五〇年代以降の学説・判例によってどのように受け止められていったのかを検討する。具体的には、過少資本による責任を正当化するために学説が案出した様々な理論と、過少資本による責任という見解についての判示を行っている判例の事案の分析が中心となろう（第三節）。最後に、「適切な自己資本」が有限責任の条件であるという理論に対し批判的な論調の強い一九八〇年代以降の議論を紹介する（第四節、第五節）。(341) (342)

（338）江頭・法人格否認九一頁は、一般的に、「有限責任制度は、意図的に濫用される場合にのみ不衡平を生みだすのではない」としている。確かにコンツェルン間の取引などにおいては債権者の不利益における利得を直接の目的としていない行為によっても会社債権者が不利益を被ることはあるが、有限責任制度により債権者に不利益を押しつけることで利益を得るという動機による行動も、なお問題である。

（339）アメリカ法を扱う近時の先行研究として、青木英夫「過少資本と社員の有限責任——アメリカ法およびドイツ法を中心として」『現代会社法・証券取引法の展開　堀口亘先生退官記念』三頁、四頁以下（経済法令研究会、一九九三年）、片木晴彦「過少資本会社とその規制（一）」法学論叢一一一巻五号三六頁、四三頁以下（一九八二年）、清水忠之「子会社の過少資本に対する親会社の責任について」明治学院論叢五三五号（法学研究五四号）五三頁、五七頁以下（一九九四年）、長畑周史「最低資本金制度の撤廃と過少資本に関する一考察」駒澤大学大学院私法学研究二九号一頁、二六頁以下（二〇〇五年）、並木和夫「株主有限責任の原則の検討——過少資本の問題を中心として」慶應法

学研究六〇巻一二号九九頁以下（一九八七年）、並木俊守「資本金と株主有限責任――アメリカの過少資本の判例を中心に」日本法学五二巻二号一頁、四頁以下（一九八六年）、野田博「有限責任原則と親子会社関係」一橋論叢九八巻四号八一頁、九一頁以下（一九八七年）、松下淳一「結合企業の倒産法的規律（一）（二）」法学協会雑誌一〇七巻一一号一七六一頁、一七七六頁以下、一二号二〇二二頁以下（一九九〇年）などがある。

(340) また、整理された判例の結論に対する評価・検討が十分になされていない場合もある。たとえば清水・前掲（注339）六五頁は、過少資本は非任意債権者との関係では重視されず任意債権者との関係でのみ重視されているという整理結果を示しているが、非任意債権者との関係では重視されないということの意義を分析してはいない（本稿の観点からは、非任意債権者の保護に関して会社の自己資本額は本質的問題ではなく、不法行為コストの外部化や被害者保護の必要性が問題なのではないかということを示唆するものという評価も可能である）。

(341) 判決文中で会社の資本額や資金調達方法、事業規模等に言及する判決は早い時期から存在するが、会社が過少資本の場合には有限責任を否定すべきかという問題の立て方をする判決が現れるのは、学説上過少資本による責任という考え方が確立された後のことである（本章第三節参照）。なお、本稿では、衡平法的劣後化に関する判決・議論は過少資本による責任との関連で論じられているものに限り検討することとし、直接・網羅的な検討の対象とはしない（序章第二節第一款二(3)参照）。

(342) 本稿で取り上げた判決は学説等によってよく引用されているものを中心としており、連邦・州の判決を網羅しているものではない。これは、本稿の目的が「過少資本による責任」についての判例法理の描写にはないためでもあるが、主に筆者の能力的限界によるものである。

なお、過少資本という表題の下に論じられてきた実質的問題が他の法理によっても扱われている場合、アメリカ法における株主の責任の境界線を明らかにするためには後者に関する判決も分析する必要があるが、本稿では果たしえなかった。この点については、他日を期したい。

第一節　初期の見解

アメリカにおいて過少資本という問題が注目を浴びるようになった契機は、一九世紀の会社法上の大問題であった水増株（stock watering）に対する規制が無額面株式や低額面株式の利用により無意味化したことにより、[343] 関心が出資義務の履行から出資義務の額へと移ったことにあるという指摘がある。[344] しかし、会社債務についての責任を株主に負わせた判決に関する二〇世紀初頭の分析においては、株主や役職員の同一性、帳簿の区別の有無、業務執行の方法などが考慮要素とされており、会社の財務的構成はあまり着目されていなかった。[345] 株主の責任の要件として過少資本もしくは会社の財務的構成の不十分さが問題とされるようになったのは、一九三〇年前後のことである。[346]

第Ⅰ款　Douglas & Shanks

株主に有限責任を認めるべきか否かという問題における会社の財務的構成の重要性を初めて指摘したのは、後に連邦最高裁判事となった Douglas による Shanks との連名の論文[347] だと思われる。

一　不法行為責任について

(1)　十分なファイナンス

不法行為責任が問題となった判決の分析を担当した[348] Douglas は、まず有限責任を否定されないための四条件の第一として、[349] 親子会社を別々の財務的単位として確立・維持し（A separate financial unit should be set up and maintained）、その単位が通常の負担に耐えられるように十分にファイナンスされるべきであること（That unit should be sufficiently financed so as to carry the normal strains upon it）を挙げている。[350] また、親会社の有限責任を確保するためには、子会社と取引・接触する者に対して――通常の競争力のあるunitについてのリスクにより測定された――しっかりとした財務的保護（substantial financial protection — as measured by the risks to the normal competitive unit）を備えておかねばならないともしている。[351]

これは、「適切な自己資本」を有限責任の条件とするもの、言い換えれば、自己資本の水準が低い過少資本の場合に株主に会社債務についての責任を負わせるものといえるだろうか。そのような評価が多いと思われるが、この一般論の部分では会社の資本金・自己資本の水準への言及はない。そこで、Douglasがこの条件の欠如が問題となったと捉えている判決の具体的事案と、それについてのDouglasの評価を見てみよう。[352]

(2) Joseph R. Foard Co. of Baltimore City et al. v. State of Maryland[353]

ダイナマイトの船積を請け負った船舶仲介業者である被告は、実際の船積作業を完全子会社であるG社に行わせていたところ、G社従業員の過失によりダイナマイトが爆発し、多額の人損・物損を生じさせた。G社は、被告が従来自分で行っていた船内荷役業を分社したものである。G社の資本金は二〇〇〇ドルである。G社の役員は被告の役員でもある。G社設立後、被告はG社に事業用の装置を一四五〇ドルで売却した。G社従業員の給料は被告が支払っていたが、従業員は雇用者の変更を認識していた。G社は流動資金を取り扱うことはなく、費用はすべて被告が支払い、報酬も被告が受領し、当初は利益の大部分、その後は利益全額を経営管理費として取得していた。またG社に発生した損失は被告の損失として扱われていた。さらに、委託者との契約交渉においては、被告自身が船内荷役業を行っているような表示もなされていた。また、被告は本件爆発事故の原因となった船積方法が行われていることを認識していた。

第四巡回区連邦控訴裁判所は、以上の事情のうち、役員の共通性、被告による資金の供給と損失の負担、G社の全利益の被告による取得を重視して、G社設立の意図が何であれ船内荷役業は被告の事業の一部門であり、被告はG社を単なる道具として支配していたとして、被告の責任を認めた。

Douglas はこの事件について、まず二つの事業単位が完全に混合していたことが問題だったとするが[354]、資本が二〇〇〇ドルのみで、さらに全利益を親会社が搾取する（milking）という不適切な財務構造（inadequate financial structure）の点からも判決を基礎づけうるとしている[355]。

(3) Oriental Investment Company v. Barclay et al.[356]

原告らは貨物用エレベーターの瑕疵・運営上の過失を原因とする転落事故により負傷したホテル従業員である。一八九〇年にテキサス州法人である Oriental Hotel Company がホテルを建設したが、社債のための担保信託証書が実行され、ミズーリ州住人であるＨがホテルを購入した。一八九二年に被告がミズーリ州法人（資本金二五万ドル）として設立され、Ｈが株式の払込みに代えて被告にホテルを譲渡した。被告はホテル経営のためにＡを雇用した。一八九三年に被告の株主が中心となってテキサス州法人である The Oriental を設立した（以下、ＴＯ社とする）。ＴＯ社の資本金は一万ドルであり、そのうち二〇〇〇ドルのみが払い込まれている。ＡはＴＯ社に支配人として雇用された。ＴＯ社は被告から月額一五〇〇ドルでホテルを賃借し、修繕費用・租税・保険料はＴＯ社が負担することとなった。この賃貸借契約は登記されておらず、経営に外観上の変化はなかった。従業員にも変動はなく、所有・経営の変化を認識していた従業員はいない。原告らは一八九三年の賃貸借契約締結の前後に被告との契約で雇用されたものであり、ＴＯ社や賃貸借契約の存在については知らなかった。また、ＴＯ社は表向きすべての収益を取得できることになっていたが、ホテルで商品を販売してもらうために支払われた金銭を被告が取得することもあった。

原告の主張によると、ホテルの土地建物の価格は六〇万ドル、調度品は一五万ドル、その運営には月額四万ドルの費用と一五万ドルの資本が必要であり、ＴＯ社の資本はまったく不適切である。また、被告はＴＯ社に資金を提供し、ホテル経営による利益を受領・着服していたとも主張されている。

ダラス中間上訴裁判所は、ＴＯ社が被告の道具にすぎず、その agent としてホテルを経営していたとして被告の控訴を棄却した。

Douglas は、この判断を基礎づける事情として、まずＴＯ社の存在が従業員にすら知られていなかったことを指摘し、ついで一万ドルの資本のうち二〇〇〇ドルしか払い込まれておらず、他方で月額一五〇〇ドルの賃料と修繕・租税・保険料の負担があったことを考えると、子会社は十分にファイナンスされていなかったという事情を指摘する。(357)

(4) Erickson v. Minnesota & Ontario Power Co.(358)

アメリカとカナダの国境河川にあるダムの運営上の過失により、付近にある原告の所有地が洪水の被害にあった。ダムの建設・運営は、アメリカ側ではミネソタ州法人であるR社、カナダ側ではカナダ法人であるO社によりなされている。被告はこれらの法人の全株式を保有し、また、アメリカ側の敷地を所有している。この敷地にダムを建設・維持する権利をR社に認めた契約においては、以下のような取決めがなされていた。ダムの建設費用はすべて被告が利息付貸付として提供し、これを担保するためにダム・敷地・許認可権を含むR社の全資産について抵当権を設定する。ダムの維持費として被告は年間四〇〇〇ドルを支払う。被告は水・土地・ダム施設の排他的利用権および必要な設備の設置・利用・管理権を有する。この排他的利用権について賃料等は支払われていない。被告が発行した社債信託証書には被告がダムを建設すると記載されており、社長は同一人物であった。

ミネソタ州最高裁は、R社は独立の法人であっても被告の agent にすぎないといえる可能性があるとして地裁決定を破棄し、再トライアルを命じた。

Douglas が最も興味深い事案と評価しているのが、この Erickson 判決である。Douglas は、最高裁の判断にとって決定的であったのは、親会社が子会社の全財産について担保権を取得し、子会社は一方的な契約により搾取され、ダムの維持費以外に収益を上げられないというファイナンスの方法であったとする[359]。さらに、契約により親会社はダムの運営に直接介入する権利を有しており、損害の発生を防止しうる地位にあったという点も決定を基礎づけるとしている[360]。

(5) 小　括

以上の判決からは、Douglas が十分なファイナンスもしくは不適切な財務構造（inadequate financial structure）として問題としている状況は、資本額の低さ（inadequate capitalization）に限られないということが指摘できよう。もちろん資本額の低さも重要な要素とされているが（Oriental Investment 判決では事業収益の扱いが認定されているが、Douglas はその点には言及せず、払込資本額と諸費用の不均衡のみを指摘している）、子会社の利益の剥奪（Foard 判決）や子会社財産の無償利用、子会社財産への担保権設定（Erickson 判決）などの問題点をより重視しているように思われるのである[361]。

なお、前記の三判決は不法行為債権者からの judgment proofing があった事案と評価することもできるものである（Foard 判決では危険性の高い船内荷役業の分離と利益蓄積の阻害があり、Oriental 判決と Erickson 判決では高額な事業用資産の所有権・担保権を親会社が確保している）。しかし、これらの判決において子会社設立の目的が認定されていないためか、Douglas には不法行為責任の回避を問題としている叙述はない。

また、いずれの判決についても財務面以外の問題点が合わせて指摘されており、Douglas は様々な観点から親会社の不法行為責任を基礎づけようとしていたものといえる。(362)

二　契約責任について

契約責任に関する判決の分析を担当した Shanks は、十分な資本と適切な財務計画（sufficient capital and adequate financial arrangements）の不存在または存在が決定的であった事例として、以下の二つの判決を引用している。(363)

(1) Luckenbach S. S. Co., Inc., et al. v. W. R. Grace & Co., Inc.(364)

被告LS社は原告G社との間で硝酸塩のチリからアメリカへの運送契約を締結したが、その後履行を拒絶した。被告は交戦状態に入ったドイツ海軍による攻撃への危惧と、公権力による抑止条項に基づく免責を主張しているが、その後他の荷主と約二倍の運賃での同内容の運送契約を締結している。これに対しG社が契約違反による損害の賠償を求めて、LS社およびこれと支配株主を同じくするL社に対し提訴した。LS社の資本金は一万ドル、L社のそれは八〇万ドルであり、L社がほぼすべての船舶を所有し、LS社に低価格で賃貸していた。

第四巡回区連邦控訴裁判所は、このスキームの動機を調査するまでもなく、LS社とL社は同一であり、他の形式を採った自分自身に高価な船舶を移転することでその所有者が責任を回避することを認めることは良心に反するとして、Ｌ社の責任を肯定した。

この事案では、裁判所が指摘するように船舶の賃貸による責任の回避、すなわちjudgment proofingがあったと評価できるが、[365] Shanksがこれらの点に着目していたのかは定かではない。他方で、Foard判決やErickson判決に見られたような子会社の搾取はなく、むしろＬＳ社に有利な賃貸借がなされており、親会社が子会社を支援していた事案であるといえる。

(2) First National Bank of Seattle v. Walton et al.[366]

木材伐採・製材業を営んでいたＬ社は、製品販売に必要な信用枠の設定を受けられるように販売のための子会社としてＳ社を設立した。Ｓ社の資本金は二五万ドルである。Ｌ社はＳ社に四五万ドル弱相当の木材を譲渡した。このうち二五万ドルは資本金への払込みとされ、残りの二〇万ドルは原告のＳ社への貸付金により弁済された。原告はさらにＳ社に対し二〇万ドルの信用枠を設定した。Ｌ・Ｓ両社の役員は共通であり、Ｓ社は独立の事務所を持たず、木材もＬ社の土地に保管されていたが、Ｓ社が完全に所有権・管理権を行使していた。また、Ｓ社は独自の帳簿・口座を持ち、外部からの借入れを含め、Ｌ社とは別個の会社として事業を行っていた。他方、Ｌ社も木材の譲渡時には資産超過であり、Ｓ社から支払われた二〇万ドルは債務返済に充てられていた。しかし、Ｌ社はその後破産した。

Ｓ社債権者である原告のＳ社に対する請求に対し、破産したＬ社の破産管財人が、Ｓ社の財産もＬ社の財産と合わせて両社の全債権者のために管理されるべきであるとして異議を申し立てた。ワシントン州最高裁は、両社の事業は完全に別のものとして営まれており、Ｓ社との取引はむしろＬ社の利益になっていたとして、異議を却下した。

この事案は、親会社の破産手続の子会社への拡張に関するものであり[367]、親会社の責任の回避や子会社の有限責任の否定が問題となったわけではない。この点で、すでにLuckenbach判決とは事案を大きく異にしているのであるが、違いをあえて求めるとすれば、事業用資産等についての親会社による支援の比重が大きくなかったということが指摘できよう。

(3) 小　括

以上の二つの判決を比較すると、Shanksが資本・財務計画の適切性として問題としているのは、子会社が資産・資金面で資本出資以外に親会社に依存しているかということにすぎないように思われる[368]。そして、このような意味での資本・財務計画の適切性は、役員の同一性や別々の事務所・帳簿の不存在等の事情よりは重要なものと位置づけられているが[369]、これも慣例的な同一性の徴表（customary indicia of identity）にすぎず、親会社の責任の肯定には当該取引や子会社の事業に対する親会社の直接的介入、もしくは不衡平な結果を避ける必要性があることが必要であると述べられているのである[370]。

三　小　括

結局、DouglasとShanksにおいては、ファイナンス・資本・財務計画の適切性という要素は、資本額の低さだけでなく利益の搾取や子会社財産についての担保権取得など親子会社間の資金関係全体を広く含むものとして扱われるか（Douglas）、親会社への依存を示す徴表の一つとして位置づけられるにすぎなかった（Shanks）といえよう。この要素のみで子会社の有限責任が否定されるかという点については両者に相違があると思われるが[371]、いずれにせよ、この時点で「適切な自己資本」を有限責任の条件とする考え方が成立していたとはいいがたい。

(343)　森淳二朗『配当制限基準と法的資本制度――アメリカ法の資産分配規制の史的展開』五〇頁以下（大阪府立大学経済学部、一九七四年）を参照。

(344)　William P. Hackney & Tracey G. Benson, *Shareholder Liability for Inadequate Capital*, 43 U. PITT. L. REV. 837, 838 (1982).

(345)　たとえば、Note, *Disclosing the Actual Identity of Related Corporations for the Purpose of Ignoring the Corporate Fiction When One is Insolvent*, 4 MINN. L. REV. 219 (1920) など。

(346)　Hackney & Benson, supra note 344 at 852によると、アメリカの州会社法による最低資本金規制廃止が進み始めたのも一九三〇年代のことである。最低資本金規制を廃止したから過少資本規制が必要であると明言する見解は見当たらないが、この一致は偶然の符合にすぎないとは言い切れないと思われる。これを踏まえると、わが国ではこの十年ほど過少資本規制に関する議論は下火であったが、最低資本金制度の廃止を契機に再燃する可能性があると考えられる。

(347)　William O. Douglas & Carrol M. Shanks, *Insulation from Liability through Subsidiary Corporations*, 39 YALE L. J. 193 (1929).

(348)　Ibid. at 193 note*は、導入部分と不法行為責任の事例をDouglasが、契約責任の事例をShanksが担当したことを明記している。

(349)　他の三つは、会社の日常業務や財務・業務記録の分離、株主総会・取締役会等の分離開催、そして親子会社を単一体として表示しないことである（ibid. at 197）。

(350)　会社が行っている業務の運営に伴うリスクは概算で平均することができ、この平均が支払われること（The risks attendant on the conduct of a business of that type can roughly be averaged and that average met.）を問題とし

ている（ibid. at 197）。

(351) Ibid. at 196-197. なお、江頭・法人格否認一一七頁注3は、sufficiently financed を「十分資本を供給されていること」と訳しているが、finance を資本の供給に限る必然性はなく、また本文の以下の検討からは資本の供給量以外の要素もこの条件に含めるのが Douglas の意図であったように思われる。ここでは、さしあたり「ファイナンス」と音訳しておく。

他にも「資本」と翻訳する文献は多い（加美和照「会社の法形態と実体の研究——特に会社法人格の濫用と関連して（一）」埼玉大学社会科学論集六号五七頁、七〇頁（一九六〇年）、須藤茂「親子会社の経済的単一性と責任関係——ラティの学説について」國學院大學政経論叢一一巻二号一四〇頁、一四六頁（一九六二年）、喜多川篤典「法人格の否認」『株式会社の法理』三五頁、五三頁（中央経済社、一九六六年）、清水・前掲（注339）五八頁等）。これに対し、大濱信泉「従属会社の独立性とその限界」『早稲田大学創立七〇周年記念論文集』四五頁、五三頁（有斐閣、一九五三年）は資本ではなく「資産の裏付」と翻訳している。また、岩崎稜「会社の独立性とアメリカ法——閉鎖会社の独立性に対する一考証」香川大学経済学部研究年報一号一六七頁、一九二頁、一九五頁（一九六一年）は「資金調達」とも「資本調達」とも翻訳している。

(352) Douglas & Shanks, supra note 347 at 203.

(353) 219 F. 827 (4th Cir., 1914). 事案については、より詳細な原審判決（State of Maryland v. General Stevedoring Co. et al., 213 F. 51 (D. Maryland, 1914)）も参照した。

(354) Douglas & Shanks, supra note 347 at 202.

(355) Ibid. at 203.

(356) 25 Tex. Civ. App. 543, 64 S. W. 80 (1901). この判決は、過少資本を主な理由として有限責任を否定した最初の事案とされることもある（Hackney & Benson, supra note 344 at 858 note 97）。

(357) Douglas & Shanks, supra note 347 at 202-203. この他、裁判の時点ではTO社は被告に多額の負債を負っていた

ことを指摘しているが、これが判決文のどの部分を指しているのか定かではない。

(358) 134 Minn. 209, 158 N. W. 979 (1916).

(359) 契約の文言上認められているのは水力・土地・ダム施設の利用権と必要な設備の設置権であり、Douglas はダム施設の排他的利用権から運営に対する直接介入権を導くようである。現実に被告の直接的指示がなされていたことは想像にかたくないが、Douglas が現実の指示で足りるとするのか、契約上介入権限が認められていることまで必要とするのかは明らかではない。

(360) Douglas & Shank, supra note 347 at 203-204.

(361) 以上の判決のほかに、十分なファイナンスがなされていた事案として Bergenthal v. Boynton Automobile Livery Company et al., 179 Wis. 42, 190 N. W. 901 (1922) と Berkey v. Third Avenue Railway Company, 244 N. Y. 84, 155 N. E. 58 (1926) が紹介されている (Douglas & Shanks, supra note 347 at 197-198)。前者は、交通事故を起こしたタクシーの乗客が、損害についてタクシー会社とその姉妹会社を提訴したところ、姉妹会社に対する請求が棄却されたというものである (判決においては、より有名であった姉妹会社の方が運送契約の主体であったと評価できるかということが争点となっていた)。この事案においては、タクシー会社自身がタクシーを所有しており、また本文の諸判決のような問題点は見られない。他方、後者は、事故を起こした路面電車の乗客による路面電車会社の完全親会社に対する損害賠償請求が棄却されたものである。こちらの事案においては、親会社が建設費用を融資し、第二順位抵当権付社債を有していたこと (第一順位付社債は公衆に発行されていた) や、新車両が必要になった場合は親会社が購入して子会社に賃貸していたことが認定されており、本文のような問題点が存在しているともいえよう。この判決については、Douglas は、子会社が独自の財産を有して営業しており、資産額が負債額を上回っていたという認定の方を重視しているものと思われる。

(362) 本稿の立場からは、特に親会社による危険の管理可能性を問題としている Erickson 判決についての指摘が興味深い。

(363) Douglas & Shanks, supra note 347 at 213, 214 note 58, 215–216.

(364) 267 F. 676 (4th Cir. 1920).

(365) 本件では荷主という契約債権者による請求が問題となっているが、このような資産構造自体は事故等による不法行為責任を回避するためのものであった可能性もある。また、後注397のような説明も考えられる。

(366) 146 Wash. 367, 262 P. 984 (1928).

(367) このような破産手続の拡張はturn-overと呼ばれる。江頭・法人格否認二二頁、二八頁注28を参照。

(368) Shanksは、国法銀行が競売で取得した債務者の事業を資本金五〇〇〇ドルで設立した子会社に事業用資産を移転し、子会社に発行させた七万五〇〇〇ドルの社債を担保するために子会社財産について抵当権を設定していたPortsmouth Cotton Oil Refining Corporation v. Fourth National Bank of Montgomery, 280 F. 879 (M. D. Alabama, 1922) について、極端な資本の不適切さはなかったと思われるとし、親会社である銀行の役員が子会社の経営に直接的に介入していたことを親会社の責任が肯定されたことの要因としている（Douglas & Shanks, supra note 347 at 212-213）。社債の額面相当額が銀行から子会社に現実に供与されたのであれば、子会社は資金的に親会社に依存していたとも評価できるため、Shanksがいかなる点で過少資本ではなかったとしているのかは不明である。この点で本文の分析が完全であるとはいえないが、これは、結局Shanksが資本・財務計画の適切性という要素を突き詰めて分析していなかったことを示すものかもしれない。この判決の事案は後でより詳しく検討する（後注401参照）。

(369) Douglas & Shanks, supra note 347 at 214, 218.

(370) Ibid. at 214.

(371) 江頭・法人格否認一〇二頁、一〇六頁注24は、DouglasとShanksは過少資本の重要性を指摘しつつ、それだけでは株主の責任は肯定されないとしているとして、Shanksが執筆した二一四頁のみを引用している。これは、DouglasとShanksの違いを看過している点、彼等の指摘を過少資本に関するものと限定している点（前注351も参照）で二重に不当であるといえよう。また、江頭が合わせて引用しているNote, supra note 345 at 222は、株式所有、株主の同一性、役職員の同一性、帳簿等の管理方法、事業の運営方法のそれぞれは間接事実であるというものであり、過少資本については何も言及していない。

第二款 Frederick J. Powell

Douglas & Shanks に続く主要な文献としては、Powell の子会社債務についての親会社の責任に関する包括的な著書が挙げられる(372)。

一 道具理論 (Instrumentality Theory)

彼は、それまでの法人格否認に関する判決を道具理論として整理し、それ以後の判例に大きな影響を与えたとされる。

具体的には、親会社に子会社債務について責任を負わせるためには、形式的手続の無視や親会社独自の利益の追求など、親会社が子会社を単なる道具として支配しているといえる状況が存在し、その支配の行使が子会社債権者にとって詐欺・不正に当たり、親会社に対する請求を否定すると子会社債権者に不当な損失を強いる結果となることが必要であるとする(373)。

二 過少資本と親会社による支援

過少資本に関して、Powell は、「子会社の資本が営んでいる事業の量と完全に不均衡であるということは子会社が親会社のダミーか手足にすぎないことの強力な証拠」であり、「親会社は子会社の唯一の資金源であってもよい」が、「子会社に適切な資金を具備することなく事業を開始させること」が認められるわけではないとし、[374] 過少資本の具体例として Luckenbach 判決[375]に加えて次の判決を引用している。[376]

Wilkinson v. Walker[377]

被告は、従来営んでいた穀物取引業を法人化したW社（資本金二万五〇〇〇ドル）の支配株主である。彼はW社に毎年多額の資金を融通する一方で、任意に会社の資金を引き出し、利益の配当を受けていた。事業は、穀物を車載のまま運送証券・為替手形を付して転売する形式で営まれており、一九一七年には事業規模は二七〇〇万ドルに達し、繁忙期には一日の支払額が一〇万ドルになることも多かった。取引は将来における固定価格での穀物の売買という形式（つまり先物取引）を取っていたため、市場価格の重大な低下は多額の責任の発生を意味することもあり、多かれ少なかれ危険な事業だった。W社は銀行に預金を持っておらず、支払は顧客を支払人とする為替手形の信用のみに依存していた。そのため銀行は担保を要求し、被告が当座貸越について保証していた。貸越がある場合には被告口座から資金を移動し、不要となると戻していた。その後、この決済のために銀行を受益者とする信託口座を開設し、個人口座等から六万八五〇〇ドル、W社が被告宛に振り出した五万一五〇〇ドルの小切手を預金した。この口座からは銀行の許可なしに資金を引き出すことはできず、銀行が資金を完全に支配していた。一九一八年八月にW社について破産申立てがなされたが、被告は会社が破産状態にあることを認識したうえで一九一八年四月末に一万二五〇〇ドル、一一月初に七万五〇〇〇ドルを口座から引き出している。他方、三万二五〇〇ドルはW社債務の弁済に充てられた。W社はこの口座以外に債務弁済に用いうる資産を有していない。W社の事業は、一九一八年以前は好調であり、被告夫妻の数十万ドルの資産はこの事業により形成されたものである。破産債権者は一九一八年二月から三月にかけてW社に穀物を販売したが、同年五月以降に履行拒絶・解除された者である。破産債権額は一〇万ドル以上である。

原告であるW社破産管財人は、事業利益を被告に詐害譲渡することにより会社を常にprocess proofな状態にしていたとして、被告の破産債権についての責任と配当その他の方法によりW社から引き出した資金の返還を請求した。テキサス州北部連邦地区裁判所は、債権者が破産法上の否認権により返還を請求できるのは自己が債権者となった後の財産移転行為についてであるという立場を前提に、信託口座のうち六万八五〇〇ドルは被告の個人資金であるが五万一五〇〇ドルはW社の資金であるとして、そこから債務弁済に充てられた三万二五〇〇ドルを差し引いた一万九〇〇〇ドルについて被告の責任を肯定した。

この判決では事業利益の株主への移転によるjudgment proofingと破産直前の財産移転が問題となっており、[378]事業用資産の賃貸があったLuckenbach判決と合わせて、Powellは過少資本としてjudgment proofingを問題としていたと評価することも可能かもしれない。ただし、いずれも契約債権者による請求が認められた事案であり、不法行為コストの外部化は問題となってはいない。また、子会社の大幅な過少資本（grossly inadequate capital）という要素が、あくまで子会社の道具性を基礎づけうる事情・徴表の一つと位置づけられているにすぎないことを考[379]えると、過少資本の子会社は親会社等による財産的支援なくしては活動できないため、親会社の道具といいうるほど従属しているという思考によるものであるという説明も考えられる。[380]

さらに、子会社債権者に対する詐欺・不正という第二要件については、過少資本と関連するものとして子会社財産の剥奪ではなく禁反言という問題を取り上げ、[381]子会社債権者が信頼できるような資産が子会社にあるとの外観を作出した場合には親会社は責任を負うとしてLuckenbach判決を引用している。[382]

三　小　括

以上のように、Powellは道具性の一徴表として過少資本を挙げているが、そこでは資本額の低さ自体よりも、親会社による支援が不可欠となる点に意味があると考えられていた可能性が高い。そして、債権者の不利益も、資本額の低さではなく、賃貸借等による支援を通じて会社に財産があるかのような外観が作出されることによるものと考えられているのである。[383]

(372) FREDERICK J. POWELL, PARENT AND SUBSIDIARY CORPORATIONS — LIABILITY OF A PARENT CORPORATION FOR THE OBLIGATIONS OF ITS SUBSIDIARY (Callaghan and Company, 1931).

(373) Ibid. at 4-6.

(374) Ibid. at 14.

(375) 前掲（注364）参照。

(376) Ibid. at 14 note 15.

(377) 294 F. 939 (N. D. Texas, 1923).

(378) このほか、被告がこのような財務構造で行っていた先物取引という事業のリスクの高さを資産代替として問題とすることも考えうるが、債権者は知識・判断能力の点で自衛と自己責任を要求することもできる同じ業界に属する者であり、また債権者との契約後に事業内容が変更されたわけでもないため、この問題点のみを根拠に被告の責任が肯定されるべきであると主張することは困難であろう。

(379) POWELL, supra note 372 at 9.

（380）Luckenbach判決では姉妹会社が船舶を廉価で賃貸しており、Wilkinson判決でも被告が銀行に対する個人保証や決済資金の提供を行っていた。ただし、支援が親会社の随意に委ねられ、親会社が支援を拒否することを問題とするような記述もある（Powell, supra note 372 at 14–15）。なお、江頭も、過少資本には債権者へのクッションを欠くという意味のほかに「親会社の財政的援助なしに業務をおこないえないという意味」があるとしていたが、これをむしろ会社が搾取される場合と関連づけており（前注105、113、114とこれらに対応する本文を参照）、やや整理不足であると思われる。

（381）Powell, supra note 372 at 15. この禁反言という項目には、過少資本とは関連づけられていない事例（支配株主が会社債務について保証するかのような表示をした場合や、複数の鉄道路線で共通のマーク・制服・時刻表などが利用されていた場合など）も含まれている（ibid. at 66–75）。

（382）Ibid. at 66–67. 判決文に船舶所有者が責任を回避することを認めるのは良心に反する（unconscionable）という表現があることを根拠に、事業と資本額の乖離ではなく、子会社が一見船舶を所有しているように見えることによる禁反言を問題としたものと評価できるとしている。後注414も参照。

（383）このような考え方が妥当か否かについては別途考察を要する（第一章第一節第四款一参照）。たとえば、親会社が資産の賃貸借や特定の債権者への保証により子会社を支援することが業界の慣例である場合、果たしてそのような外観が存在しているといえるのかという問題がある。また、原告が不法行為債権者である場合には、外観に対する信頼があると評価できるのかということも問題となろう。

第三款　小　括

本節の検討からは、Douglas & ShanksやPowellは「適切な自己資本」を有限責任の条件とする考え方を三〇年代初頭の時点で提唱したものではなかったということができる。[384] しかし、この点は当時から正確に理解されていなかったようである。Douglas & Shanks の影響を受けたと思われる文献[385]も、裁判所は資本構成が事業規模と明らかに不均衡であることを株主の責任を正当化する要素としていると述べている。[386] また別の文献は、直接的支配により親子会社が一体となっている場合と子会社が適切にファイナンスされていない（under-financed）場合があるとし、後者を、その目的に相応しい量の資本をリスクに晒していない会社を裁判所は認めようとしないという理論により説明している。[387] これは、適切なファイナンスとして資本の量のみを問題とする点で Douglas の理論と、過少資本のみで責任が認められるとする点で Powell の理論と矛盾しているといえよう。このような理解は、Douglas と Powell の理論を漫然と結合したことによりもたらされたのかもしれない。

他方で、子会社の道具性の一徴表という Powell の過少資本の位置づけを受け継ぐ文献も存在していた。[388] しかし、おそらくこの付随的な位置づけの結果として、親会社による信頼惹起行為など、それまで適切なファイナンス・過少資本とは結びつけられていなかった事案についても、子会社の資本・資産が少ない場合には過少資本の存在を指摘する文献も現れるようになっていった。[389]

次節では、このような流れを「適切な自己資本」の欠如による責任という考え方に結実させた、二人の代表的な論者を中心に検討を行う。

（384）　したがって、清水・前掲（注339）五八頁のように、過少資本による責任を説くものとして Douglas & Shanks と Powell を引用するのは不正確であるといえよう。

（385） Note, *Judicial Supervision of the One Man Corporation*, 45 HARV. L. REV. 1084 (1932). 一人会社の有限責任を認める条件として、会社が適切にファイナンスされ、財務的同一性が害されないことを要求する（at 1089）。

（386） Note, supra note 385 at 1087 note 20. ここで引用されている T. Towles & Company v. Miles, 131 Tenn. 79, 173 S. W. 439 (1914) は、鉄道建設の元請組合の組合員が設立した下請会社の従業員による作業中の負傷についての元請組合に対する損害賠償請求が認められた事案であるが、会社の資本金が一万ドルであること、組合が作業を指示していたこと以外にはほとんど事実認定はない。他方、Holbrook, Cabot & Rollins Corporation v. Perkins, 147 F. 166 (1st Cir. 1906) には、下請会社に不利な契約内容の認定や不法行為責任回避のために下請会社を設立したという指摘があるが、これらの点も取り上げられていない（この判決について詳しくは後注409に対応する本文を参照）。

（387） Comment, *Liability of Subsidiary Corporation for Debts Incurred by Parent*, 43 YALE L. J. 472, 476 (1934).

（388） たとえば、Note, *Creditors' Rights upon Insolvency of a Parent Corporation or its Instrumentality*, 46 HARV. L. REV. 823 (1933) や、Note, *Efficacy of the Corporate Entity in Evasion of Statutes*, 26 IOWA L. REV. 350, 352 (1941) など。ただし、これらは親会社の債権者の保護の必要性や公法規制の回避を主題とするものであり、子会社債権者の保護について詳しく検討しているものではない。

（389） Comment (Howard B. Thomas), *Theories Used in Holding the Parent Liable for the Acts and Obligations of the Subsidiary Corporation*, 24 CAL. L. REV. 447, 449 note 15 (1936) は、Luckenbach 判決のほか、Stark Electric Railroad Co. v. McGinty Contracting Co., 238 F. 657 (6th Cir. 1917) と Mirabito v. San Francisco Dairy Company et al., 8 Cal. App. 2d. 54, 47 P. 2d. 530 (1935) を引用している。前者は後で詳しく紹介するが（後注484）、親会社が子会社債務を保証するかのような表示をしたことが問題だったというべき事案であり（Cf., POWELL, supra note 372 at 65）、Luckenbach 判決とは事案をかなり異にするものである。また後者は、親会社が子会社の資産すべてを取得し、子会社を商号維持のためにだけ存続させていた場合において、親会社従業員が起した事故の被害者が当初子会社に対する判決を得た後に親会社への拡張を求めた事案である。一見子会社の judgment proofing が問題であるような印象

を受けるが、法人格の否認は判決効の拡張と適正手続の確保の点で問題とされているにすぎず、親会社の実体法上の責任は法人格否認によるまでもなく肯定されうる点で特殊なものである。

第二節　「適切な自己資本」を有限責任の条件とする見解の確立

第一款　Elvin R. Latty

本稿の検討の出発点でもある江頭の理論[390]に大きな影響を与えたのが[391]、Latty の著書である[392]。彼は、従来法人格否認の法理の適用として論じられてきた経済法規の適用範囲や契約上の義務の潜脱、親会社の表示に基づく責任などの問題は法人格否認の法理によるまでもなく対処できるものであるとしたうえで、過少資本の影響（Effect of Inadequate Capital）について一章を割き[393]、株主の有限責任を一般的に否定しうる組織・経営上の瑕疵として、判例において道具性・法人格・強度の支配などへの言及により隠されている会社の財務構造の公正性（the fairness of the financial structure）を検討している[394]。

一　Creditor proofing

(1)　株主が所有する事業用資産の賃貸借

問題のある財務構造の具体例としては、株主が事業活動に必要な財産を所有し、それを会社に賃貸することにより creditor-proof にされた会社が最初に扱われている[395]。このスキームが採用された実例としては、Oriental Investment 判決[396]と Luckenbach 判決[397]に加えて、次の判決が引用されている[398]。

Chesapeake Stone Co. v. Holbrook(399)

被告の子会社が経営する採石場における爆発事故により、日雇労働者であった原告が負傷した。労働者の給料は子会社の小切手で支払われていたが、利用されていた機械には被告の名称が表示されていた。また、被告の元単独株主の証言によると、子会社は株主が責任を逃れることのみを目的として資本金五〇〇ドルで設立され、採石場を親会社である被告から利益の生じえないほど高額の賃料で借り受けて経営していたものである。現在の株主も、買収時にこれらの事情の説明を受けており、同じ目的で子会社を利用していたといえる。

ケンタッキー州中間上訴裁判所は、「被告が採石場の真実の所有者・経営者である」、「資力のある会社の株主が、その会社を訴訟と事業上発生した損害から守ることのみを目的としてダミー会社を設立することは許されない」として、被告の責任を肯定した。

この判決は、不法行為責任の回避という子会社設立・維持の目的が認定され、それが判決理由においても重視されている点で特徴的なものである。また、Latty は、Oriental Investment 判決についても事業用資産をリスクに晒すことなく事業を行っている点に着目している。ここからは、Latty は Douglas や Powell とは異なり、不法行為損害賠償責任に対する judgment proofing という問題をかなり意識しているように思われる。

(2)　子会社財産への抵当権設定

また、将来の債権者から親会社を守る手段として機能する親会社の子会社に対する金銭債権について子会社財産に抵当権を設定するというスキームの具体例としては、次の判決が紹介されている。(400)

Fourth National Bank of Montgomery v. Portsmouth Cotton Oil Refining Corporation[401]

被告である銀行は債務者の財産を競売で取得し、それを資本金五〇〇〇ドルで設立した子会社に譲渡して営ませていた。子会社は額面七万五〇〇〇ドルの社債を被告に発行し、その担保として子会社財産に抵当権を設定していた。[402]この社債発行による資金の使途は認定されていない。これとは別に子会社は被告に三万七〇〇〇ドルの約束手形を振り出していた。子会社の役員は日常的に被告に報告・相談していた。原告は、子会社から代金先払いで購入した商品の品質が劣っていたとして被告に損害賠償を請求した。原告との取引の後、被告により子会社財産は第三者に買取オプションつきで賃貸され、子会社は営業を停止している。

アラバマ州中部連邦地区裁判所は、被告が原告と子会社の取引からの収益を取得しており、取引の事情を認識していたことを指摘して、被告の責任を肯定した。

この判決について、Latty は親会社役員による子会社事業の監督や子会社財産の第三者への買取オプションつき賃貸は重要でないとし、親会社が事業に投入した財産が親会社の多額の貸付けと抵当権のために子会社の事業上の債権者に対する責任財産となっていないことに着目している。[403]これも、judgment proofing を問題とするものといえよう。[404]また、先述した Erickson 判決[405]についても、Douglas がファイナンスの不適切さと並ぶ考慮要素として重視している親会社の契約上の施設管理権の有無は関係ないとして、親会社による子会社財産への抵当権設定に着目しているのである。[406]

(3) 資金供給の最小化

また、子会社への事業用資産の賃貸や子会社財産への抵当権設定は高額の固定資産が必要な業種において特に問題となるが、建設業や船内荷役業などの固定資産よりも流動資金需要の方が大きい業種についても、資本額を低くし、必要な資金を随時供給することによりリスクの最小化が試みられているとする。(407) 船内荷役業に関するFoard判決(408)はすでに紹介したので、ここでは建設業に関するものを紹介しておこう。

Holbrook, Cabot & Rollins Corporation v. Perkins(409)

被告は株主を実質的に同じくする会社にダムの建設作業を下請させたところ、下請会社従業員の過失により負傷した者が被告に損害賠償を請求した。下請契約によると、下請会社は自身で労働者を雇用し、被告から必要な機械類を月額一〇〇ドルの賃料と契約終了時の現在価値と再調達価額の支払を条件に賃借して作業を行い、実費とその〇・五％に相当する報酬を得ることになっていた。現場監督者は両社共通であり、被告は事故の原因となった状況について下請会社と同じ認識を有していた。

第一巡回区連邦控訴裁判所は、「本件下請契約は事故の法的責任と不法行為訴訟による財産の差押えを回避するための手段にすぎない」、「下請会社は差押え回避のみを目的として組織されたものであり、資本はない」、「自然人は個人責任を限定して事業を行うために会社を利用することはできるが、通常の法的責任を回避するだけのために会社を利用することは認められていない」、本件では「会社から財産を移転する代わりに、事業活動を移転させた」として、被告の責任を肯定した。

この判決も、不法行為責任の回避という下請会社設立の目的を明確に問題としている点で興味深い。そして、「無資力な子会社への、作業、少なくともその危険な部分の下請は建設業界では一般的である」(410)というLattyの指摘からは、彼が不法行為発生の可能性の高い業種における judgment proofing を特に問題としているような印象を受けるのである。

(4) 過少資本の判断基準

また、Latty は過少資本の判断基準として、株主の資本的拠出と非資本的拠出の比率に依拠している[411]。まず過少資本の「資本」とは名目資本ではなく純資産であることを指摘したうえで[412]、純資産がなくなっても会社の営業停止・清算を命じる法理は存在しないため、純資産が少ないだけでは株主の責任は基礎づけられないとする[413]。そして、親会社が会社債権者よりも上位もしくは同等の順位を確保して資本拠出以外の形式で資産を提供する場合には、不法行為債権者および不注意な契約債権者[414]にとって罠ともいえる状況が存在するとして前記の基準を導いているのである[415]。これは、自己資本の額自体ではなく、事業用資産の債権者からの judgment proofing という問題意識を反映しているものといえよう。また同時に、不注意ではない契約債権者に対しては、親会社が他の会社債権者と同等以上の順位を確保していることのみをもって、親会社に会社債務についての責任を負わせたり、親会社の債権を劣後化すべきではないということを示唆しているとも思われるのである。

二　過少資本による責任の理論化と便法としての過少資本

(1) 過少資本による責任の理論化

以上のように、Latty の基本的な問題意識は、事業用資産の債権者（特に不法行為債権者）からの judgment proofing にあったということができる。彼は、単一企業体（single enterprise unit）といいうる事業を複数の会社で分割して行うことにより責任を回避することをも問題視しているが[416]、これも同様の観点から理解することができよう。

しかし、他方で、株主による非資本的拠出の量とは関係なく、自己資本の絶対量を問題としているような記述もないわけではない(417)。これは、Latty が judgment proofing や親子会社間の財務関係全体(418)ではなく、過少資本という点に着目して親会社の責任を理論化したことによると思われる。頻繁に引用される部分を紹介しておこう。

「会社は、特に、自己の財産のすべてではなく事業に投資した部分のみを失うリスクにおいて事業を行うための手段であるとされる。このことは、有限責任の特権により不利益を受ける者にかなりの譲歩を強いるものである。これは事業そしておそらく社会の利益に対する譲歩（compromise）である。しかし、それは妥協（compromise）、つまり互酬的なギブアンドテイクであり、事業主がすべてを取りつつ何も与えないことを認めるものではない。法律が債権者の弁済原資として無限責任という一般基金を特別基金で代替する場合、その特別基金が存在することだけではなく、その基金が事業の必要性に通常対応できるものであり、基金の設置者が基金額を事実上ゼロにするために恣意的に権限を行使しないということが前提とされているのである(419)」。

株主が賃貸借や抵当権設定などのスキームにより事業に用いている財産をリスクに晒していないことのみを問題とするのであれば、拠出は低額であるがすべて自己資本としてなされているという場合には問題ないはずである。しかし、前記の引用部分は、非資本的拠出の形式によるリスクの回避に限らず、単純に株主の拠出した基金の額の適切性を問題としているように読めるものである。

(2)　便法としての過少資本

では、事業用資金・資産の資本拠出以外の形式での提供による judgment proofing という問題意識を指摘するにとどまらず、それを超えて過少資本による責任の理論化を行ったのはなぜであろうか。

この問いに確固たる根拠を持って答えるのは困難であるが、考えられるのは、有限責任制度の維持を前提とした場合、judgment proofing のみを正面から問題にすることが困難であったということである。先に引用した記述は、「株主の責任を否定するためには通常の業務経過において発生すると合理的に予想されるすべての債務の弁済が可能なだけの資金を保持しなければならないとすることは過度の要求である」が、「会社は当該種類の事業に必要な資本を具備されなければならない」ということは過度の要求ではないという記述を受けてなされたものである。[421]また、適切な自己資本を欠いた場合の効果としては、適切な自己資本と現実の自己資本との差額責任という発想はまったく見られず、結局会社債務についての無限責任を採用するようである。[422]ここから次のような疑問を導くことができよう。すなわち、Latty においては、過少資本という理論構成は、有限責任制度を維持するという体裁を取りつつ、その条件が欠けるとして責任を課すための便法であり、[423]自己資本の水準の低さ自体を問題とするということは Latty の本意ではなかったのではないだろうか。

三　過少資本による責任の拡散

Latty は、ここまでに紹介してきた judgment proofing という観点から説明しうる判決以外にも、過少資本が親会社・支配株主の責任を肯定する根拠となったと思われる判決として、いくつかの判決を引用している。[424]しかし、その中には、特許権の有効性をめぐる訴訟に敗訴した者が特許権者の前者から実施範囲の限定のあるライセンスを受けていた小規模な会社を買収して実施範囲を超える利用を行っており、ライセンス契約の解釈が主な争点であった事案[425]、契約締結過程における株主の表示が問題であった可能性のある事案[426]、姉妹会社の名義で行っていた自社株式の公募の勧誘過程での詐欺・不実表示が問題となった事案[427]なども含まれている[428]。Latty自身が認識しているように、これらは過少資本以外の事情を根拠として責任を認めうる事案である[429]。

このような事案についても資本額の不適切さを指摘する傾向は、Powellの影響を受けた論者にすでに見られていたが[430]、判例をできる限り法人格否認の法理によらずに説明するということを基本姿勢としていたLatty[431]までもが個々の問題点に重ねて過少資本による説明をするのは奇異な印象を受ける。

しかし、このようなLattyの見解の問題点は認識されず、異なる観点から解決できる事案を過少資本の問題と分類する傾向は、その後一般化していく。たとえば、Lattyの二年後に一人会社に関する論文を公表したFuller[432]も、Dixie Coal判決[433]などのjudgment proofingという観点から説明できる判決に加えて[434]、個人事業者が新設した会社に財産を詐害譲渡した事案[435]も同じように扱っているのである[436]。

(390) 序章第一節第一款二、第一章第一節第二款二を参照。
(391) 江頭・法人格否認一七〇頁、一七二頁注13参照。
(392) Elvin R. Latty, Subsidiaries and Affiliated Corporations — A Study in Stockholder's Liability (Foundation Press, 1936).
(393) Ibid. at Chapter 5.
(394) Ibid. at 110.
(395) Ibid. at 111-114. このcreditor proofingは、第一章第三節第三款二で取り上げたjudgment proofingとおおむね同

義であるといえよう。このスキームの影響が大きいのは、流動資金よりも固定資産の比率の方が大きい事業であるとされている。

(396) 前掲（注356）参照。

(397) 前掲（注364）参照。この判決は契約債権者による請求に関するものであるが、この事件の原告（荷主）のような物品・サービスの購入者は銀行や販売者などの金銭債権者に比べて相手の信用力を注意深く調査しないとの指摘が別の箇所でなされている（LATTY, supra note 392 at 203–204）。

(398) Ibid. at 112 note 2.

(399) 168 Ky. 128, 181 S. W. 953 (1916).

(400) LATTY, supra note 392 at 114–116. 株主が被担保債権に対応する金銭を会社に提供したことがない場合（つまり、被担保債権を無償で取得したか、でっち上げた場合）には、より問題は大きい。See, Morrow v. Iron and Steel Co., 87 Tenn. 262, 10 S. W. 495 (1888).

(401) 284 F. 718 (5th Cir. 1922). これは前注368で紹介した判決の控訴審判決である。

(402) 原審では、この子会社の社債発行と抵当権の設定の動機は、銀行が監督当局との関係で財務書類上不動産ではなく債権と表示するためであったことが認定されている（280 F. 880）。

(403) LATTY, supra note 392 at 115–116.

(404) この事件の原告も契約債権者であるが、購入した物品の質についての損害賠償を請求しているという点で、相手方の信用力の調査に関して Luckenbach 判決と同様の問題が指摘できよう（前注397参照）。

(405) 前掲（注358）参照。

(406) LATTY, supra note 392 at 116. もっとも、ファイナンス面については、子会社財産への抵当権設定だけでなく、子会社の利益獲得の不可能性という点も指摘している。

(407) Ibid. at 117.

(408) 前掲（注353）参照。この判決については、過少資本だけでなく、子会社の利益が剥奪されていたことも問題だとされている（LATTY, supra note 392 at 119）。
(409) 前掲（注386）参照。
(410) LATTY, supra note 392 at 117-118.
(411) Ibid. at 136. この基準値は一：一に設定されているが、その根拠は述べられていない。株主による非資本的拠出を一切否定するのは不当であること、同種同等の会社が通常の金融チャネルから拠出を受けられるかという基準は事業用資産の賃貸借の場合なども含めると適用が困難であることなどを前提にした一種の妥協であると思われる。
(412) Ibid. at 133-135.
(413) Ibid. at 135. この指摘は、ドイツにおいては倒産申立義務の存在から過少資本による責任を倒産遅延責任として構成する見解がしばしば見られることと対照的である（第三章第五節第五款などを参照）。
(414) なお、契約債権者については、長年会社に決済資金を提供していた株主が会社倒産時に資金を回収することを認めた Walker v. Wilkinson, 3 F. 2d. 867 (5th Cir. 1925)（前注377の判決の控訴審である）に反対しつつ、会社を従来からファイナンスしてきた株主は会社の資力についての信頼を惹起するという考え方を示唆し、事業がある程度の期間継続して相当の規模に拡大した場合には債権者は取引相手が資力を有していると推定することができ、現に資産が会社の事業に用いられているが債権者が掴取しえないような法的形式が取られている場合には、その財産への請求を認めるか、もしくは有限責任を否定して株主への請求を認めるという救済方法が考えられるとしている（LATTY, supra note 392 at 127-128）。
これは、Powell に見られた子会社財産の存在の外観惹起という考え方（前注382―383およびそれに対応する本文参照）をさらに拡張したものだといえよう（ただし、Powell の引用はない）。第一章第一節第三款二(2)で検討した片木の見解も、これらの議論の影響を受けたものではないかと思われる。後注512も参照。
(415) LATTY, supra note 392 at 135-136.

(416)　See, ibid. at 196–201.

(417)　Ibid. at 137では、「恣意的な額の資本は意味がない。一万ドルは理髪店にとっては適切な資本かもしれないが、製鉄所にとっては異様である」としている。また、譲渡後の債務者財産が非合理的に少なくなってしまうような正当対価のない譲渡を詐害譲渡とするUniform Fraudulent Conveyance Act 五条も過少資本による責任と類似しているとする。これらは、株主による非資本的拠出の多さではなく、自己資本の少なさを問題とするものと解するのが自然であろう。もっとも、後者については、禁止されるべき詐害譲渡の基準という財産移転規制的な観点からの説明が可能であることに注意すべきである。

(418)　子会社の利益搾取などの問題は、個々の判決の検討において指摘され（前注406—408参照）、また creditor-proof set-upの一部として位置づけられているが（LATTY, supra note 392 at 138–140）、過少資本を基準として判断する場合にはこの要素は捨象されてしまう。子会社のファイナンスの問題をまとめて論じていたDouglasとは異なり、子会社の搾取（milking）という要素を明確に区別したことが、judgment proofingという構成から資本の額へと視点を移すことに影響したのかもしれない。

(419)　Ibid. at 120.

(420)　Lattyの中心的問題意識はこの点にあるといえよう。これは、株主債権の一般的劣後化に好意的であることからもうかがえる（ibid. at 151–152）。

(421)　Ibid. at 119–120.

(422)　Ibid. at 124–125では、株主が賃貸借・金銭貸付けなどの非資本的拠出をしている場合に株主の権利を劣後化することも考えられるとしているが、適切な自己資本との差額責任という観点は見られない。そして、劣後化という対処については、会社清算の場合を除いて非現実的である、株主が先に貸付けの返済を受けてしまった場合には意味がない、不動産の賃貸借の場合には処理が煩雑であるとして、結局無限責任を志向するようである。

(423)　このような責任の拡大に際してLattyがjudgment proofingという親会社の行為を直接問題としなかったのは、彼が従来の親会社の支配・参加を問題としていた道具理論に対し否定的な立場を採っていたことが影響しているのかもしれない（ibid. at 189-190）。

(424) Ibid. at 119 note 14.

(425) Radio-Craft Co., Inc., et al. v. Westinghouse Electric & Manufacturing Co., 7 F. 2d. 432 (3rd Cir. 1925). 事案については、原審であるWestinghouse Electric & Manufacturing Co. v. Radio-Craft Co., Inc., et al., 291 F. 169 (D. New Jersey, 1923) の方が詳しい。

(426) Christian & Craft Grocery Company v. Fruitdale Lumber Company, 121 Ala. 340, 25 So. 566 (1898).

原告の主張についての立証を排除した原審が破棄差戻しされている。原告は、商品の買主であるＦ社は資本への払込みをまったく欠いており被告の個人責任を回避するための見せ掛けだけの会社にすぎないという主張のほかに、Ｆ社は被告らによる組合であるとの被告の表示に基づいて商品を販売したものであるとも主張していた。

(427) Ehlers et al. v. Bankers Fire Insurance Company, 108 Neb. 756, 189 N. W. 159 (1922).

被告の資本金は二〇〇万ドル（額面一〇ドルの株式二〇万株）、同日付で同じ発起人により設立されたＢＢ社の資本金は五〇〇〇ドルである。被告はＢＢ社に自社の株式を一五万株、一株一五ドルで譲渡し、株式は売却代金の担保とされた。株券はＢＢ社が株式を転売するまで発行されず、購入者に直接発行された。転売価格は二五ドルであり、一五ドルは被告に支払われ、一〇ドルはＢＢ社が取得した。原告は被告株式四〇〇株を一万ドルで購入する契約を締結したが、購入は詐欺と不実表示に基づくものであったため、購入契約を解除し、差し入れた手形の返還を請求。取引中でＢＢ社の名称が示されたのは、この手形の領収書においてのみであった。

ネブラスカ州最高裁は、ＢＢ社は被告株式の販売のみを目的として設立された会社であり、被告とＢＢ社の間の株式の譲渡は善意の取引ではなく株式の引受けであるとし、被告自身が詐欺を行ったものとして被告に対する請求を認めた。

(428) この他にも、Dixie Coal Mining & Manufacturing Co. et al. v. Williams, 221 Ala. 331, 128 So. 799 (1930)（この判

決について詳しくは、後注433を参照）、Finish Temperance Society Sovittaja v. Riavaaja Publishing Co. et al., 219 Mass. 28, 106 N. E. 561（1914）、Finnish Temperance Society Sovittaja v. Finnish Socialistic Publishing Company & another, 238 Mass. 345, 130 N. E. 845（1921）を引用しているが、これらは不法行為責任に対する judgment proofing という観点で説明しうる事案である。

最後の判決においては、原告に対する名誉毀損について新聞社とその親会社の責任が問題となった。マサチューセッツ州最高裁は、親会社は編集の内容を認識し直接参加しているわけではないが、子会社は新聞を外観上所有・発行するためだけに設立されたものであり、親会社の創造物もしくはマウスピースとしてその思想の宣伝活動のために組織されたものであるとして、親会社への賠償請求を肯定した。江頭・法人格否認二七五頁注33が指摘するように、この判決自体は子会社の過少資本を実質的理由としたものではないが、同一事案の手続的な問題について判断した二つ目の判決においては、従来は親会社が新聞発行事業を営んでいたが同事業はその後子会社に名目的な額で移転されたものであり、多額の動産・不動産を有する親会社の責任を回避するために子会社は有体財産を所有していないと原告が主張していたことが示されている。そのため、名誉毀損とされる可能性のある記事を掲載するための judgment proofing があった事案である可能性がある。

（429）LATTY, supra note 392 at 86, 89, 95, 119.

（430）前注389とそれに対応する本文を参照。

（431）See, LATTY, supra note 392 at 41–109.

（432）Warner Fuller, *The Incorporated Individual: A Study of the One-Man Company*, 51 HARV. L. REV. 1373（1938）.

（433）前掲（注428）参照。これは以下のような事案についてのものであった。被告は事業を複数の会社に分割して営んでいた。その中の一つであるD社は炭鉱事業を行っていたが、株式が払い込まれたことはなく、資産を保有していなかった。株主総会や取締役会も開催されておらず、被告が経営を支配していた。D社の従業員であった原告の亡夫は通勤中の事故により死亡したため、原告はD社と被告に損害賠償を請求した。

原審は、D社設立の目的は被告を事業の危険から解放し、危険を他の関係者に押しつけることにあり、法的詐欺に当たるとして被告の責任を肯定した。アラバマ州最高裁もこの判断を是認した。

(434) Fuller, supra note 432 at 1381, 1382-1383. この他、子会社が過少資本であった場合に親会社の責任が認められた判決として、Fourth National Bank 判決（前掲（注401）参照）と Erickson 判決（前掲（注358）参照）を引用している（Fuller, supra at 1382 note 31）。

(435) Mosher v. Salt River Valley Water User's Association, 39 Ariz. 567, 8 P. 2d. 1077 (1932).
被告とその実兄による組合は、原告から電力の供給を受けて製氷業を営んでいた。実兄死亡後に組合の経営を引き継いだ被告は、多くの訴訟に関与する中で、会社を設立して組合財産をすべて移転した。

アリゾナ州最高裁は、会社設立・財産移転の効力を否定した組合の管財人や労働者との別訴を手がかりに、被告に対する電力料金の請求を肯定した。

(436) Fuller, supra note 432 at 1383 note 35.

第二款　連邦最高裁判決の動向

Latty の著書が公表された後、過少資本による責任の議論においてしばしば引用される連邦最高裁判所の判決が三件下された。これらは、株主債権の劣後化や国法銀行株主の二重責任に関するものであり、本稿の中心的な検討対象ではない。しかし、連邦最高裁判決として過少資本による責任の議論にもそれなりの影響力を与えうるものでもある。そこで、一度脇道にそれる形になるが、これらの判決を簡単に検討しておこう。

一　Deep Rock 判決

最初に取り上げるべきは、Taylor et al. v. Standard Gas & Electric Co., et al.(437)、いわゆる Deep Rock 判決である。まず、事案と判旨を紹介しよう。

一九一九年に、投資銀行であるB社に支配されたSG社は、Sの経営していた石油事業を買収し、D社を設立した。B社は額面一一〇〇万ドルの第一順位抵当権付社債、優先株式五万株（額面は一株一〇〇ドル）、普通株式一二万株（額面は一株一ドル）に対し一五二〇万ドルをD社に払い込んだ。他方、Sは対価としてD社の普通株式八万株、優先株式五万株、現金八五〇万ドルとB・SGの約束手形一〇〇万ドルを取得した。この結果、D社が保有する現金は六七〇万ドルとなった。第一順位抵当権付社債は、一二〇〇万ドルがB社のシンジケートを通じて公衆に売却され、三〇〇万ドルがD社の二〇〇万ドルの手形の担保に供されている。当初はSが経営を委ねられていたが、それに不満を持ったSG社がS所有の普通株式を買い取り、優先株式を償却した。以後、SG社が株式保有・職員派遣を通じてD社を財務面も含めて完全に支配していた。

D社の社債の利息・減債基金の負担は年間二〇〇万ドルに達したほか、約束手形や短期証券も発行していた。SG社は、D社の債務を公衆に負担させるべく、自らに優先株式を発行させることにより貸借対照表の外観を整えたうえで、D社の約束手形を公衆に販売した。この手段は、約束手形の償還金が必要になった際にも繰り返されている(438)。この他、SG社は、D社に十分な資金がないにもかかわらず普通株式への配当を宣言させ、新しい石油プラントを自己の子会社から高額な賃料で賃借させる形式を採らせ、また別の子会社もD社に高額の経営管理費を課金していた。これらは現実に支払われたわけではなく、SG社とD社の未払勘定にSG社の債権として記帳された。

一九三三年にD社の会社更生手続が開始された。SG社は、D社との取引に関する未払勘定に基づいて九三四万ドル強の債権を届け出た。連邦地区裁判所、第一〇巡回区連邦控訴裁判所は、ＳＧ社の債権を五〇〇万ドルに減額したうえで、再建後の会社の普通株式をＳＧ社に七三％、優先株主に一九％、その他の債権者に八％割り当てるという再建計画を承認した。

連邦最高裁判所は、「裁判所は、……ＳＧ社のＤ社業務の不適切な経営における違法かつ侵害的な行為から生じる優先株主の権利と地位を認識する権利と義務を有する」、「エクイティは、再建後の会社において優先株主に優越的地位を与えることを要請する」、「Ｄ社が破産したのは、ＳＧ社に対する莫大な債務を負っていたことのみによるのではなく、Ｄ社の所有者であると同時に債権者であったＳＧ社の地位の確保を最重要としていた兼任役員・取締役による濫用が経営上なされたからでもある。Ｄ社が適切な資本を具備され（had it been adequately capitalized）、独立して経営され、財務上の問題がそれ自身の利益のみを考えて処理されていたと仮定したら、今日にどのような財務状況であったかを概算するために、Ｄ社の歴史と経験を書き直すことは不可能である」、「優先株主に、会社財産についてＳＧ社よりも優先する権利と、経営について少なくともＳＧ社と同等の発言権を与えない再建計画は認められるべきではない」などと述べて、原判決を破棄差戻しした。

この判決と次に紹介する判決を嚆矢とする理論により、以後の有限責任排除に関する法人格否認の法理は、過少資本と子会社搾取というファクターを中心に展開することとなったとされる[439]。しかし、確かに、三つ目の引用箇所[440]には capitalization の適切性を問題としているような叙述があるが、その引用箇所の冒頭における倒産理由への言及や、事実認定部分の表現と比較すると[441]、ここで問題とされている capitalization の不適切さは、資本金や自己資本の額の低さではなく、多額の債務負担の存在と流動資金の少なさを指しているものと解するのが自然であるように思われる。[442] これらの事情は確かに債権者や優先株主にとって不利なものであろうが、裁判所がこれのみを理由に株主債権の劣後化が必要だと判断したとは考えにくい。

したがって、この判決自身が過少資本を理由とする株主債権の劣後化を認めたものとはいえないと思われる。[443] 最初の引用箇所[444]が示すように、この判決が主に問題としているのは配当・賃料・経営管理費等によるＳＧ社によるＤ社の搾取であるというべきであろう。[445]

二　Pepper v. Litton[446]

Deep Rock 判決で示された株主債権の劣後化を理論化したといわれるのが、Douglas が法廷意見を執筆したPepper 判決である。

被告はＤ社の支配株主である。原告はＤ社と被告に対し賃料請求訴訟を提起したが、敗訴を予測した被告は、この訴訟の係属中にＤ社に過去五年間の給料債権だと主張して三万三五〇〇ドル弱を請求し、Ｄ社にこれを承認させた。被告はこれに基づいて執行令状の交付を受け、会社財産の差押えを行ったが、賃料請求訴訟の原告勝訴判決によりこれを用いることが必要となるまでは債権を実行する意図はなかった。被告は、この給料債権を原告に対する負債への楯としてのみ用いていたといえる。原告が九〇〇〇ドルの判決を得た後、被告はＤ社財産の一部を自ら競落し、これを新設した別会社に移した後、原告への支払を避けることのみを目的としてＤ社に自己破産を申立てさせた。被告は、さらに原告以外の債権者のＤ社に対する賃金債権を買い取り、原告のみが一般債権者であるという状況を作出した。

破産管財人が被告の得た判決の取消しを主張した訴訟において、ヴァージニア州裁判所は、被告の得た判決は無効であるが、原告がＤ社財産の競落金についての競合権利者確定手続において被告の判決に基づく競売を有効と扱っていたため、管財人も禁反言により被告の判決の無効を主張できないとした。その後、破産手続においても被告の債権の有効性が争われたが、第四巡回区連邦控訴裁判所は、州裁判所の判決は連邦の破産手続においても既判力を有するとして、被告の債権の届出を認めなかった地区裁判所判決を破棄した。

連邦最高裁は、被告の得た判決（judgment）の取消しに関する州裁判所判決の既判力は、破産裁判所が被告の債権（claim）の有効性・順位を審査することを妨げないとしたうえで、支配株主は取締役と同様に受託者であり、彼らと会社との取引は厳格に審査され、誠実義務は通常会社か株主の代表訴訟によりエンフォースされるが、会社が破産した場合には破産管財人によってもエンフォースされるとする。そして、Deep Rock 判決における親会社の債権の劣後化は、公衆投資家に不利な親会社による搾取、不適切な経営、不誠実な取扱いに基づくものであると指摘したうえで、[447] 以下のように述べる。取締役や株主の給料債権の否認・劣後化という結果は、「主張されている債権が利害関係のある取締役や株主の議決権の助けにより成立させられたために無効もしくは取り消しうるものである場合、もしくは会社の歴史が債権者による支配と搾取を示している場合にも達成される。また、破産者が会社経営の実質や形式を無視して会社の事業を自分のものと扱ってきた支配株主の会社的ポケットにすぎない形で利用されている場合にも達成される。そして、いわゆる支配株主の貸付けは、前記の場合だけでなく、払込資本が純粋に名目的で、会社の事業の範囲と規模に必要な資本が株主により貸付けとして提供されている場合にも、他の債権者の債権に劣後化され、実質的に株主による資本拠出として取り扱われる」。この後で、再び受託者である支配株主は内部情報と戦略上の地位を自分の利益のために利用することはできないということが述べられ、被告が内部者としての地位を利用して原告を害したことを批判している。結論として、控訴審判決を破棄し、被告の債権を否認した第一審判決を是認した。

この判決は、「払込資本が純粋に名目的で……必要な資本が株主により貸付けとして提供されている場合」、つまりドイツ流にいえば名目的過少資本の場合における株主債権の劣後化をDeep Rock判決よりも明確に認めているようにも見える。しかし、この部分はあくまで一般論にすぎず、事案との関係では、債権が無効・取消し可能なものである場合という部分[448]の方が重要であると思われる[449][450]。この判決は、株主債権の否認・劣後化に支配株主の誠実義務違反という理論的基礎を与えたものとしては評価できるが、過少資本による株主債権の劣後化がこの判決により認められたとすることには躊躇を覚える。

また、必要な資本の貸付けに関する部分の脚注[451]において引用されているのは、株主債権の担保として設定された会社の全資産についての抵当権が無効とされた事案であるAlbert Richards Co., Inc. v. Mayfair, Inc. & others[452]と、Douglasが一九二九年の論文で言及していた不法行為被害者による親会社への直接請求の事案であるErickson判決[453]、Oriental Investment判決[454]、Foard判決[455]である。後者について子会社利益の搾取や子会社財産への担保設定をも問題としていた一九二九年の論文の立場からは、前者についても詐害的な担保設定自体を問題とするのが自然であるように思われる。なお、前者においては不法行為債権者ではなく破産手続における債権者一般の利益が問題となっているが、一般債権者は支配株主による担保設定を認識していなかったという点が認定されている。

結局、Pepper判決の判決文には資本の適切性を問題とする表現はないことからも、DouglasがLattyの理論化の影響により自己資本の水準の適切さを問題とするようになったと捉えるよりは、従来どおり、株主債権と会社財産の担保化（Albert Richards判決、Erickson判決）や株主による会社への資産の賃貸（Oriental Investment判決）などの手法によるjudgment proofing的状況を問題としていると考えるべきではないだろうか[456]。

三　Anderson v. Abbott et al.[457]

もっとも、五年後に同じくDouglasが執筆したAnderson判決は、若干異なる様相を呈している。

Ｂ社はＫ銀行とＬ信託会社の持株会社として設立された。Ｂ社株式はＫ・Ｌ両社の株式と交換されたほか、市場においても売り出された。Ｂ社はさらに六つの銀行の株式を取得し、また、銀行株式以外にも社長の手形や生保会社の株式にも投資していた。Ｂ社設立から約一年後、Ｋ・Ｌ両社が倒産し、通貨監督官は銀行株主の二重責任制度に基づいてＫ銀行の株主に四〇〇万ドルの責任があると評価した。Ｋ銀行の管財人はこの四〇〇万ドルのうちＢ社から回収できなかった分をＢ社株主に請求した。連邦地区裁判所、第六巡回区連邦控訴裁判所は、請求を棄却した。

連邦最高裁は、Ｂ社は誠実に組織されたものであり見せ掛けではない、詐害的な目的やＫ銀行の利益のための事業を隠すために組織されたものではない、単なる持株会社ではなく、二重責任回避の手段として設立されたのではないという下級審の事実認定は受け入れるとしたうえで、以下のように述べて、Ｂ社株主の責任を肯定した。

まず、二重責任制度の背景にある政策を根拠にして、銀行株式の譲渡が、銀行が倒産していない段階で責任回避目的なしに誠実になされたことは関係なく、問題は譲受人の性質と譲渡人の譲受人との関係にあるとする。そして、譲受人が無資力であることが後に判明しただけでは譲渡人は責任を負わないが、譲渡後も譲受人を通して支配権を含めた銀行への投資ポジションを保持し続けながら、譲受人がその保有する株式のリスクに応じた資産を有していない場合には責任を逃れられないとし、Ｋ銀行の旧株主はＢ社を自分たちの代わりとなる適切な財務的代替物（adequate financial substitute）として構成しなかったとして責任を肯定した。また、それ以外のＢ社株主についても、Ｂ社の性質を知って投資したものとして責任を肯定している。

この後に、株主は会社債権者に対して責任を負わないのが原則であるが、例外的に有限責任が否定される場合もある。その一例は詐欺の事例であるが、これに尽きるものではなく、「会社の事業の性質と規模により判断された資本の明白な不適切さは、頻繁に株主の有限責任を否定した判決において重要な要素となってきた」とし、Luckenbach 判決(458)や Oriental Investment 判決などを引用したうえで、このルールは特別の政策が関係していない場合にも適用されてきているので、本件のように制定法上の政策が関係している場合にはさらに重要となるとしている。

以上の法廷意見に対しては、K銀行の旧株主ではなかったB株主への責任を認めた点と、下級審の事実認定を前提としながらB社株主の責任を認めた点を批判する反対意見がある。

この判決は、破綻した銀行の株主に銀行債務について保有する株式の資本額と同額の責任を課すという銀行株主の二重責任と言う特別の法律が問題となった事案についてのものであり、法廷意見も同制度の政策的意義の確保・回避防止という観点に大きく依拠している(459)。過少資本に基づく責任への言及(460)も、政策的要請がない場合ですら責任が肯定されるのであるから政策的要請がある場合にはなおさらであるとして二重責任についての議論を展開するためのものにすぎず、その意味で傍論というべきであろう。

もっとも、傍論ではあっても、この部分にはそれまでの Douglas の論述内容と比べて若干の変化が見られる点で興味深い。まず、Pepper 判決では株主が必要な資金を貸付けとして供給するという点が問題とされ、資本の適切性自体は問題とされていなかったが、この判決では資本の不適切性が正面から問題とされている。また、引用されている判決にも、契約締結過程における支配株主の表示が主要な問題と評価すべきものが含まれる(461)ようになっており、過少資本という概括的なくくり方をするようになってきているといえよう。

四　小　括

以上の三件の連邦最高裁判決においては、過少資本を株主の責任・債権劣後化の根拠とするかのような叙述が存在していた。しかし、Deep Rock 判決についてはそれが資本額の適切さを取り上げたものと評価できるか疑問があり、また Pepper 判決および Anderson 判決については、過少資本に関する判示は当該事案の解決とは関係のない傍論部分において展開されたものであった。結論としては、過少資本のみを理由として株主の責任・債権劣後化を認めた連邦最高裁の判決はないというべきであろう。これらの判決を過少資本による責任・債権劣後化を認めたものとして引用するその後の学説・判例は、会社の資本が少ないということ以外の具体的事案を重視せずに判決の一般論のみを引用しているものというべきこととなろう。

(437) 306 U. S. 307, 59 S. Ct. 543 (1939).
(438) 判決文からは明らかではないが、その後の会社更生手続において外部優先株主が存在していることを考えると、この手形の公衆への販売の際に、合わせて優先株式も販売されたものと思われる。
(439) 江頭・法人格否認三〇三―三〇四頁。
(440) 306 U. S. at 323.
(441) Ibid. at 315.「D社は当初から不十分にしか資本を具備されず (insufficiently capitalized)、多額の債務を負担し、危険な財務的状態にあった」とした直後に、「D社は、設立時に運転資金 (cash working capital) を六六〇万ドルほどしか持っておらず、担保付社債を一二〇〇万ドル負担し、その利息と減債基金の支払は年間二〇〇万ドルほどであった」とされていることからは、この判決が capitalization として想定しているものは資本金や純資産ではなく流動資金であったという推論が可能であると思われる。また、同じ段落の「D社の capitalization は、設立時から一九二六年までの期間にSG社への未払勘定が一四八〇万ドル以上になるほど不適切であった」という認定も、資本金の額ではなく利用できる流動資金の量を問題としていると考えた方が理解しやすいのではないだろうか。

(442) 文字どおり会社の自己資本が少ないことと捉えるとしても、これは会社からの財産移転に詐害譲渡法理を適用するための前提条件として倒産寸前の状況にあることを示しているにすぎず、問題なのはあくまでも詐害譲渡に類似する会社搾取行為だと理解するのが適切であろう（Robert Charles Clark, *The Duties of the Corporate Debtor to its Creditors*, 90 HARV. L. REV. 505, 526-527（1977）. この論文は、ROBERT CHARLES CLARK, CORPORATE LAW, Chapter 2（Aspen, 1986）に収録されている）。

(443) Carlos L. Israels, *The Implications and Limitations of the "Deep Rock" Doctrine*, 42 COLUM. REV. 376, 379（1942）も、Deep Rock 理論は「会社が当初から過少資本であり、かつ、子会社自身の利益よりも実質的には親会社の利益のために経営されていた場合」（傍点筆者）に親会社の債権を劣後化するものとまとめており、二つの独立のファクターがあるとは捉えていない。

(444) 306 U. S. at 322.

(445) もっとも、配当・賃料・経営管理費などがD社から現実に支払われたわけではないことを考えると、これは子会社の搾取というよりも、D社が破綻した場合に子会社財産の一部を確保すべく一種の架空債権をあらかじめ設定しておいたものと考えるべきかもしれない。そう捉えると、抵当権の設定がない点でやや控えめな judgment proofing があった事案と評価することも可能である（前注400も参照）。本件では不法行為コストの外部化が問題となっているわけではないが、原告はD社の優先株式を購入した一般投資家であり、SG社の債権の設定は優先株式の販売後になされた可能性もあるので、自衛可能性はそこまで高くはないとも考えられる。

(446) 308 U. S. 295, 60 S. Ct. 238（1939）.

(447) 308 U. S. at 308. Douglas が Deep Rock 判決の問題点として過少資本を挙げていないことは、先の本稿の分析結果を支持するものといえよう。

(448) 江頭・法人格否認三〇〇—三〇一頁における本判決の紹介においては、この部分だけが訳出されていない。本判決の事案を考えると、この点を省略するのは不当であると思われる。

(449) 無効な債権に基づいてD社財産の一部を新会社に移転したことを重視すれば、詐害譲渡の事案（松下・前掲（注339）一〇七巻一一号一七八三頁）と評価することも可能であるが、全財産が移転されたわけではなく、D社に残された財産についての分配が問題となっている以上、問題は詐害譲渡に尽きるわけではないというべきであろう。

(450) 州裁判所判決の既判力により遮断されるのは、被告の得た判決（judgment）の有効性について争うことのみであり、連邦最高裁は、基本的に被告の主張する債権（claim）の有効性について判断したものと考えるべきであろう（See, 308 U. S. 302-303)。結論としても、被告債権は劣後化（subordination）ではなく否認（disallowance）されている。

(451) Ibid. at 310, note 23.

(452) 287 Mass. 280, 191 N. E. 430（1934).

被告M社はレストラン等の経営を目的として設立された。授権資本は五万ドルであったが、設立時に発行された株式は三〇〇ドルのみである。M社の支配株主・役員であった被告Sは、別途開業資金等を提供し、他の債権者の債権を譲り受けるなどした結果、M社に対する多額の債権を有していた。一九三二年三月から一〇月にかけて、原告はM社に商品を納入し、一〇〇〇ドル強の代金債権を有するに至った。同年五月にM社はSにその時点でのSへの負債額に相当する手形を振り出し、M社の全財産についての抵当権を設定した。Sの意図は、財産を地主やその他の債権者から守ることにあった。一般債権者は、この担保設定を認識していなかった。同年秋以降、M社の業績が悪化したため、Sは一一月に抵当権を実行、会社財産を自ら競落し、別に設立した会社にこれを利用させている。他方、M社はこの競売後は破産適状となっている。

マサチューセッツ州最高裁判所は、会社の事業を完全に支配し、債権者ではなく所有者というべきSは「会社の規模からして必要な資本を貸付けとして提供しても、会社財産の分配について他の債権者に対する優先的な地位を得ることはできない」、Ｓが合法な債権者だとしても、「破産した、もしくは破産しそうな会社の取締役は、既存の債権のために抵当権その他の担保を取得することによって会社財産について他の債権者に優先する地位を得ることはできない」という原則が適用される、本件の抵当権は「少なくとも破産を予期して、破産時に優先的地位を得ることを目的として設定された」として、Ｓの抵当権を無効とした下級審判決を是認した。なお、判決の末尾に、Ｓの抵当権を否定するための理論構成として、Ｓの資金供与は貸付けであったが抵当権設定には他の債権者を害する意図が存在していた、害意はなかったがそもそも取締役として他の債権者に優先する担保取得は認められない、貸付けではなく資本拠出であったという三つが呈示されている。

本件では、財産をその他の債権者から守るというＳの抵当権設定の意図が認定されているように、まさに judgment proofing が図られていた事案であり、この事案の特徴を見れば、貸付けとして提供されていた資金を資本拠出であったと扱うという最後の理論構成は、傍論的なものであるというべきであろう。

(453)　前掲（注358）。
(454)　前掲（注356）。
(455)　前掲（注353）。
(456)　先の Deep Rock 判決とこの Pepper 判決により、過少資本による株主債権の劣後化という領域が確立されたとされるようになった。このほかにもいくつかの判決が過少資本による劣後化を認めたものとして論じられているが、本稿では二つの代表的な最高裁判決を紹介するにとどめておく。
(457)　321 U. S. 349, 64 S. Ct. 531 (1944).
(458)　前掲（注364）。
(459)　法廷意見は詐害意図や二重責任回避目的はなかったという下級審の「事実認定」は受け入れるとしているが、これは、責任の回避を株主の主観的側面により基礎づけるのではなく、利用されたスキームの構造から基礎づけるということを意味しているにすぎないように思われる。

(460) 321 U. S. at 362.

(461) Weisser et al. v. Mursam Shoe Corporation et al., 127 F. 2d. 344 (2nd Cir. 1942).

被告らはR社を通じて靴の小売事業を営んでいたが、原告から店舗用地を賃借するに当たって資本金一ドルのM社を設立し、M社を賃借人とする一五年間の賃貸借契約を締結した。賃料は年一万ドル～一万二〇〇〇ドルとされた。契約交渉時に、被告らが契約の背後にいる（stand behind the lease）、店舗は被告らの靴小売業の一部となるとの表示がなされている。R社はM社から短期の転貸を受けて事業を行っており、M社は一四年間R社からの転貸料により原告への賃料を支払ってきたが、その後R社が転貸借契約を解除したため、M社は残りの賃料を支払えなくなった。両社の財産関係は明確に区別されていなかった。さらに、「M社は確かに過少資本であり、M社に生じた利益は配当や給料によりすぐに引き出されていた」、「M社は債務を負担することなく賃貸借の利益を得るために意図的にjudgment-proofに保たれた被告らの道具にすぎない」との認定もある。原告は、一般的にM社は被告らの靴事業の一部だと表示されており、上述の特定の表示もあった主張して賃料残額を請求した。

第二巡回区連邦控訴裁判所は、詐欺防止法（The Statute of Frauds）は株主に責任を課すことの障害とはならないとしたうえで、ニューヨーク州以外では、子会社の責任は親会社や関連会社の責任と同一であるとの表示は、親会社に支配され、道具として利用されている過少資本の子会社の法人格の否認を導くという理論はほとんど争われていないとして、被告のサマリージャッジメントの申立てを認めた原判決を破棄差戻しした。

なお、資力のない子会社を賃借人として、そこから親会社が転貸を受けるという同様のスキームが採られていたが、契約交渉時の表示はなかったという点でWeisser判決とは異なる事案についても賃貸人の転借人に対する請求を認めたものとして、Kinney Shoe判決（後注661参照）が存在する。

第三款　Henry W. Ballantine

連邦最高裁判決をはさんで、Latty とともに会社が過少資本である場合には有限責任が否定されるという見解の確立に寄与したのが Ballantine である(462)。

一　責任回避目的での過少資本会社の利用

(1)　極端な場合としての過少資本

彼は、親子会社関係について、以下のように述べている。「責任を企業体（enterprise）の一部に限定する目的で子会社等を設立すること自体は詐欺ではない。しかし、支配会社がその創造物を誠実にファイナンスせず、潜在的な子会社債権者（契約・不法行為のいずれでも）に対し行われる事業や負担されるリスクに照らしてわずかなもしくは存在しないに等しい（trifling or illusory）量の資本しか提供しないことにより、すべてのリスクや責任からの免責を得ようとする（seeking immunity from all risk or liability）場合には、支配会社には会社の特権の詐欺的な濫用の責任がある(463)」。これは、責任限定を主目的とする会社の設立は適法であるということを前提に(464)、極端な場合を違法とするための理論と捉えることができよう。ここには、Latty における過少資本という理論構成の意義(465)と相通ずるものがある。

(2)　Judgment proofing としての過少資本

また、違法と評価すべき極端な場合として位置づけられている具体的事例も、Latty が問題としていたものと共通している。契約債務については Luckenbach 判決(466)、不法行為債務については Chesapeake Stone 判決(467)、Oriental

Investment 判決[468]が引用されている。[469] 次のものも、事業用資産を親会社が子会社に賃貸していた事案である。

Wallace v. Tulsa Yellow Cab Taxi & Baggage Co. et al.[470]

一九三〇年四月にY社従業員の過失により負傷した原告は、Y社に対する確定判決を取得したが、執行段階でY社は財産を有していないことが判明したため、被告を提訴した。被告（資本金一二万五〇〇〇ドル）は従来タクシー事業を営んでおり、その有形資産は五‐六万ドルと評価されていた。一九二八年に事故による損害についての責任保険に加入することが困難になったため、被告の支配株主兼社長であるEが従業員に資金を提供して一九二九年に資本金一〇〇〇ドルでY社を設立させ、被告がY社にタクシー事業に必要な資産を賃貸した。賃貸契約上、営業・修繕費用はY社が負担し、賃料は運行距離を基準に算定され、毎日被告に支払うこととされた。また、契約期間は二年とされたが、一方当事者が相手方に二四時間前に通知することにより理由なく解約できることとされていた。Y社設立の理由は、別の事業に乗り出すEがタクシー事業の積極的経営から退くためとされているが、なぜ従来の役員を通じてタクシー事業を経営し続けることができなかったのかは不明である。Y社は設立初年の一部は責任保険に加入することができたが、これも一九三〇年二月には解約されている。Y社は二年間経営されたが、収益は給料や被告への賃料の支払によりすべて吸い出されたため、利益を上げることはできなかった。原告がY社に対する判決を取得した後、Y社は営業を停止し、被告がタクシー事業を再開した。

オクラホマ州最高裁は、第三者から損害賠償請求が頻繁になされるタクシー事業の危険性に言及した後、Y社の唯一の資産である被告との賃貸契約は二四時間前の通知により容易に解約されてしまうこと、株主は実質的に同一であること、解約権により被告がY社に対し絶対的究極的支配を保持していることを指摘して、被告の責任を肯定した。

これらの引用判決と「すべてのリスクや責任からの免責を得ようとする場合」という叙述を合わせると、Ballantine が過少資本の場合として主に問題としていたのも事業用資産の賃貸借などによる judgment proofing であったということができよう。彼が、親会社が資本として拠出した財産上に抵当権を取得して将来の債権者を排除するというスキームによっても過少資本と同じ不衡平な帰結が生じるとしていることも[471]、このような理解を支持するものである。

二　過少資本による責任の拡散

しかし、このような具体的問題意識から離れた形で過少資本による責任を理論化してしまった点でも、Ballantine は Latty と共通している。次に引用するのは有名な一節であるが、そこから事業用資産の賃貸借等による judgment proofing という問題を想起することは困難であろう。

「会社が十分な資本なしに組織・経営され、会社が債務の弁済に用いうる財産を十分持たない可能性が高い場合には、株主が個人的責任を逃れるためにそのような会社を設立することは不衡平である。債権者に対する財務的責任の十分な基盤を備えることなく会社事業を行おうとすることは独立の法人格の濫用であり、株主を会社債務から隔離することはできない。株主は予測される責任について合理的に適切な他に負担のない資本を誠実に事業のリスクに晒さねばならないということは、次第に認識されるようになってきている。資本が会社の事業と損失のリスクに比べると架空であるか、わずかしかないことは、独立の法人格の特権を否定する根拠となる」[472]。

さらに、このように述べるに際して引用されている判決にも問題がある。[473] 前記の引用箇所において Ballantine は七件の判決を引用しているが、[474] その中で judgment proofing 的な事案に関するものは Dixie Coal 判決[475] 一件しかない。また、その他の判決にも以下のように様々なものが含まれており、統一性があるとはいえない。まず株主・親会社への直接請求が問題となったものとしては、契約締結過程における株主の表示が問題となった事案である Mosher 判決、[477] Christian & Craft 判決、[476] 既存債務を逃れるための新設会社への詐害譲渡が問題となった事案である Shea et al. v. Leonis et al.、[478] 株式の引受け・払込み賃料債務を免れるための賃借権譲渡が問題となった事案である Moe & another v. Harris & others[479] がなされていない段階での取引と株主らの不実表示が問題となった事案である Moe & another v. Harris & others が引用されている。また、株主の債権・担保の効力が争われたものとして引用されているのも、別会社の設立による雇用契約の打切りが問題の核心ではないかと思われる Hanson v. Bradley & others[480] や、特定の債権者を排除するために支配株主がその地位を利用して取得した会社に対する債権の有効性が問題となった Pepper 判決[481] である。また、本款の冒頭で引用した箇所[482] では、子会社の搾取が中心的問題であった Deep Rock 判決[483] や株主が契約締結時に会社債務を保証するかのような表示をしていた事案である Stark Electric 判決[484] および Weisser 判決、[485] 当事者が会社であるか株主であるかを相手方が誤解していた可能性がある事案である Gledhill v. Fisher & Co.[486] のほか、株主の会社債務についての責任とは関係のない、会社側の請求に対して契約相手が契約上の負担を免れるために株式引受け・払込みの不十分な段階で取引を開始した会社が締結した契約は違法・無効であると主張した事案まで[487] もが含まれている。

すでに Latty の時点において、会社の過少資本が問題であったとされる事案には様々なものが取り込まれていたが、Ballantineによってこの拡散傾向はさらに推し進められたといわざるをえない。これらの諸判決の中には過少資本以外の問題点があるということが認識されているものもあるが[488]、これらが合わせて引用される結果、資本額の低さ以外の共通点を見出すことは困難になり、問題の実体が把握しにくくなってしまっているのである。

(462) HENRY WINTHROP BALLANTINE, ON CORPORATIONS (Callaghan and Company, revised edition, 1946). 彼の見解を引用する邦語の文献として、片木・前掲（注339）三九頁、並木俊守・前掲（注339）一二頁。江頭・法人格否認三三五―三三六頁、三四五頁注15も参照。

(463) BALLANTINE, supra note 462 at 314-315. Ibid. at 321もほぼ同旨である。

(464) Ibid. at 298 note 42 and accompanying text. ここでは、Elenkrieg v. Siebrecht, 238 N. Y. 254, 144 N. E. 519 (1924) が引用されている。これは、作業所の入っている建物の階段から転落して負傷した労働者が、階段の設計・管理に過失があるとして建物の所有者・賃貸人である資本金一〇〇〇ドルの会社の支配者（社長であり、また筆頭株主の夫である）に対して損害賠償を請求したという事案である。ニューヨーク州最高裁判所は、ある人が会社の株式をほとんど所有して会社を支配しているというだけでは会社が法人として存在しないことにはならず、また人はまさに個人責任を回避することを目的として会社を設立することが認められているとして、原告の請求を棄却した。

(465) 本節第一款二を参照。

(466) 前掲（注364）。BALLANTINE, supra note 462 at 316.

(467) 前掲（注399）。

(468) 前掲（注356）。

(469) BALLANTINE, supra note 462 at 321 note 10. また、Ibid. at 319 note 4では、資本ではなくファイナンスが不適切であった例としてFoard判決（前掲（注353））が挙げられている。他方、Erickson判決（前掲（注358））については、子会社の全財産についての担保取得と子会社の搾取、契約上の管理権が指摘されているのみで、資本やファイナンスの不適切性への言及はない。

(470) 178 Okla. 15, 61 P. 2d. 645 (1936).

(471) Ballantine, supra note 462 at 315.

(472) Ibid. at 302-303.

(473) Note, *Should Shareholders be Personally Liable for the Torts of their Corporations?* 76 Yale L. J. 1190, 1193 note 16 (1967) もBallantine の引用判例を問題視しているが、株主債権の劣後化が問題となった事案を含めていることを批判するなど、その視点は本稿の以下の分析とは異なっている。

(474) Ballantine, supra note 462 at 303 note 55, 56.

(475) 前掲（注428）。

(476) 前掲（注426）。

(477) 前掲（注435）。

(478) 14 Cal. 2d. 666, 96 P. 2d. 332 (1939).

被告L社は原告からの賃借権を被告B社に譲渡した。L社の株主は被告L父子であり、B社は賃借権を譲り受けるためだけにL夫妻を株主として設立された会社であり、他に資産を有してはいない。原告が未払賃料をL社、L父子、B社に請求した。

カリフォルニア州最高裁は、まずB社の株主について、資力のある者以外への賃借権譲渡が賃貸借契約上禁止されていなかったとしても、「賃貸借の利益を受けながら、賃借権を譲り受けることのみを目的として設立された他に資産のない会社に賃借権を譲渡することによって責任を逃れることはできない」とし、これは個人資産の会社への詐害譲渡の場合と同じ衡平法の原則の適用であるとする。またB社についても、「譲受人は偽りの譲渡によって責任を逃れることはできない」として責任を肯定した。

Ballantine はB社株主の責任を過少資本に基づくものと評価しているのであろうが、ベースにあるのは、賃借人（つまりL社）はこのような賃借権の譲渡によっても賃料債務を免れえないという判断であり、Lらは過少資本である譲受人の株主としてではなく、このような詐害的スキームの実行者として責任を問われたものと考える方が適切であろう。

(479)　142 Minn. 442, 172 N. W. 494 (1919).

被告らはY鉱山という会社を組織しようとして基本定款を登録したが、株式引受簿の設置、付属定款の決定、株式への払込みなどを行わず、会社設立を完了しなかった。しかし、被告らは会社を装った組合であるのに、原告に対して合法に設立された会社であると表示し、原告はそれを信じて請負契約を締結した。その後、原告が被告らに請負代金を請求。

ミネソタ州最高裁は、同州の制定法は資本の引受け・払込みを開業の条件とはしていないとして請求を棄却した。もっとも、被告らの不実表示による詐欺の損害賠償請求の余地は認めている。

Ballantine は、過少資本による責任は制定法上の資本払込規制に基づくものではないため、この事案でも過少資本による責任を認めるべきとするのであろうが、判決が指摘するように被告らの不実表示を問題とする方が適切であろう。

(480)　298 Mass. 371, 10 N. E. 2d. 259 (1937).

被告は破綻ホテルを買収してのホテル事業計画に参加し、そのために設立された資本金一〇〇ドルのB社の多数派株主となった。B社はホテルを一五万ドルで購入し、ホテルの第一順位抵当権を売主に設定した。原告は、ホテルの支配人として年間六〇〇〇ドル、ボーナス、一定の生活費を報酬とする三年契約でB社に雇用された。また、雇用契約中には、会社が契約期間中に資産・事業を売却し、もしくは営業を停止した場合には、給料の残額を支払うとの条項があった。その後、ホテルの修繕等に要する費用が被告から貸し付けられ、これについて第二順位抵当権が設定された。また、開業後の業績も思わしくなく、ホテル自身の信用で外部から借り入れることができなかったため、被告の裏書した手形で資金が調達され、被告にホテル内の動産について抵当権が設定された。この資金はすべての少額債権と高額債権の一部の支払に充てられた。その後も被告からの借入れによる経営が続けられる中で、被告は原告に雇用契約の解約を打診したが、原告はこれを拒絶した。この九日後に被告はT社を設立し、翌日、B社取締役会はホテルを一〇年間T社にリースすることを決議した。同日、被告は原告にB社はもはや彼に支配人として経営してもらうホテルを有していないことを告げた。一カ月後に、被告はホテルおよび動産についての抵当権を実行し、無担保債権者が何も得られないような額で自ら競落した。原告は被告抵当権の無効を主張して、競落代金からの給料残額の支払を請求した。

マサチューセッツ州最高裁は、まず会社は株主・役員とは別の法主体であり後者は前者の債権者となりうること、「会社の設立を認めた法のそもそもの目的は、株主が事業の必要に合理的に適切な資本を事業のリスクに晒し、それによって投資していない財産と個人責任をそのリスクから守ることを可能にする点にある」が、株主はこのような限定されたリスクにすら満足せず、債権者が依拠しうる資金をまったく供給せずに個人的免責を得ようとするということを指摘する。そのうえで、本件と最も近いのは過少資本の会社の設立者が会社財産の分配に債権者として他の一般債権者と競合することを否定された諸判決であるとしている。しかし、原告は契約相手である会社の無資力や貸し手の担保徴求習慣を知っていたはずであること、被告への抵当権設定は偏頗行為ではないこと、被告からの借入れにより原告の給料も長期間支払われえたことなどから、過少資本の問題を論ずるまでもないとして、請求を棄却した。

まず確認しておくべきなのは、本件の過少資本による責任への言及は傍論的なものであるということである。また、判決のいうように、支配人という地位にあった原告は会社の財務状態や被告の貸付け・抵当権の存在を認識していたと思われるので、これらの事情のみを問題とする過少資本という構成では原告の請求が認められなくてもやむをえないともいえるが、原告はリストラ交渉失敗の一〇日後に別会社に事業を移転することによる雇用契約打切りの可能性までをも認識し、これに対して自衛することが可能であったとはいいがたいと思われる。そのため、別会社を利用した雇用契約の回避を争点とすれば請求が認められた可能性があり、本判決を過少資本という構成が悪影響を与えた事例と評価することもできると思われるのである。

(481) 前掲（注446）。

(482) BALLANTINE, supra note 462 at 315 note 91.

(483) 前掲（注437）。

(484) 前掲（注389）。この判決の事案をここで詳しく紹介しておこう。

原告は当初被告S鉄道会社（資本金一〇〇万ドル）と契約する意図でS社宛の申込書を作成していたが、S社がI建設会社（資本金五〇〇〇ドル、払込は一〇〇〇ドル）を当事者とする契約書に書き換え、原告はこれに気づかぬまま調印した。原告は請負作業の一部履行後にこれに気づいてS社に問い質したところ、S社の社長Mが、I社は地権者とS社との間にトラブルが生じるのを避けるためのクッションであり、S社と実質的には同じもので、S社が支えるから心配する必要はないと説明した。Mは両社の支配株主であったが、I社の株式は名目上他人に移されていた。なお、I社が形式上S社と契約を締結し、I社が建設により生じた債務を弁済しうる資金を有していたこと、I社の株式のかなりの部分がS社とは関係のない者により保有されていることなどは関係ないとされている。

第六巡回区連邦控訴裁判所は、原告が契約は実際にはS社とのものであると誠実に信じたといえるとして、S社の責任を肯定した原判決は妥当であるとした。

I社の資本額はS社のそれよりもかなり低いが、I社は債務を支払いうる資金を有していたとされていることなどを考えると（原告は当初S社とI社の両方を提訴したが、いずれかを選択することを要求されたためにS社を選択したものである）、この判決を過少資本による責任を認めたものと位置づけることにはかなり無理があると思われる。

(485) 前掲（注461）。

(486) 272 Mich. 353, 262 N. W. 371 (1935).

一九二八年一二月に原告はWesbrook-Lane Properties社に土地を一二万五〇〇〇ドルで売却した。原告は、担保として土地の所有権を留保している。一九三二年一月に、契約を解除し、当事者は一切の債務から免責されるとの合意が成立した。その後、原告は買主の親会社であるN社とその親会社であるF社が本当の当事者であり、先の解除はこれらの存在が隠されていたことによるものであるとして提訴した。

法廷意見は、契約時にF社が当事者であるとか子会社債務について責任を負うなどの表示はなされておらず、F社による搾取もないこと、原告は地価上昇時に契約し、所有権留保により担保を確保していたが、地価下落によりそれでは不十分となったにすぎないことなどに依拠して、F社の責任を否定した。

他方、Ballantine が引用する反対意見は、Wesbrook-Lane Properties の資本は二万五〇〇〇ドル（その後五万ドルに増額）しかないのに一五〇万ドルの債務を負っていることを指摘して、会社の特権が濫用されているとする。しかし、反対意見は、F社は自身が買主であると認識されると購入価格が吊り上げられると考えたために Wesbrook-Lane Realty 社の名を借りようとしたこと、契約の準備段階では Wesbrook-Lane Realty が買主であるかのように表示されたこともあったが、その後 Wesbrook-Lane Properties が買主として設立され、契約締結後に商号を変更していることを指摘し、また買主は Wesbrook-Lane であると信じていたという原告の証言を紹介している。問題の核心は、資本額と負債額の差ではなく、信用力のある他人と類似する名称を利用することによって契約相手を誤解させたという点にあるのではないだろうか。

（487）Eastern Products Corporations et al. v. Tennessee Coal, Iron & Railroad Co., 151 Tenn. 239, 269 S. W. 4 (1924) および Temple Enterprises, Inc. v. Combs et al., 164 Ore. 133, 100 P. 2d. 613 (1940) である。

（488）Weisser 判決（前掲（注461））と Shea 判決（前掲（注478））について、Comment (Henry W. Ballantine), *"Disregarding the Corporate Entity" as a Regulatory Process*, 31 CAL. L. REV. 426, 427 note 8 (1943) は、過少資本とは別に、信用力の表示、賃貸借契約の負担回避のための装置という問題を指摘している。前者については BALLANTINE, supra note 462 at 316 note 95 and accompanying text も参照。

第四款　小　括

以上が、「適切な自己資本」の具備が有限責任の条件であり、これを欠く過少資本の場合には有限責任は否定されるという理論を確立したLattyとBallantineの見解の分析である。本稿の観点から重要なポイントは二つある。

まず、LattyもBallantineも、主に問題としているのは株主からの賃貸借等のスキームを利用したjudgment proofingであるということが指摘できる。DouglasやPowellもそのような事案を紹介してはいたが、LattyとBallantineの議論には、そのスキームによる責任の回避という点をクローズアップするようになったという特徴がある。そして、過少資本という理論構成は、有限責任を原則としつつ極端な責任回避の場合を捕捉するための枠組みとして機能していた。このような理解からは、過少資本というのは「仮想理由」[489]にすぎず、過少資本による責任により対処されるべきと考えられていた主要な問題は、自己資本の額が低いこと自体ではなくjudgment proofingであるということができる。そして、主に問題とされていたのは不法行為コストの外部化が生じうる不法行為債権者からのjudgment proofingであったが、Luckenbach判決[490]やFourth National Bank判決[491]などの契約債権者からのjudgment proofingが問題となる事案も合わせて引用されていたことも確認しておくべきであろう。

他方で、彼らは同時にjudgment proofingとは異なる問題と整理すべき事案をも、過少資本による責任の事案と位置づけるようになった。これは、Douglas & ShanksやPowellにおいては、賃料負担回避のための子会社利用[492]や実施範囲限定付ライセンスを有する会社を買収しての特許侵害[493]、契約締結時の株主の表示や新設会社への詐害譲渡[494]、子会社の搾取[495]などの事情が過少資本と結びつけられることなくそれ自体として問題にされていたのと対照的である。過少資本のみを根拠とする責任という考え方を確立したLattyらは、その理論の妥当性を示すべく様々な判決を引用したのかもしれないが、その結果として過少資本という理論構成の曖昧さが示されているように思われるのである。ここからは、judgment proofing という問題点を直接捉えることが正当化されるのであれば、議論を混乱させるおそれのある過少資本という理論構成を用いることは避ける方が望ましいという示唆が得られよう。

Latty と Ballantine の見解は、これ以後の学説が会社の過少資本という要素のみに着目して株主の責任を論じる基盤を形成した。(497) また判例にも彼等の見解に依拠するものが登場することになる。(498) この過程は次節以降でさらに検討するが、これらの基礎としての彼等の見解が以上のような性格のものであったということに注意を促しておきたい。

(489) 江頭・法人格否認一二八―一二九頁参照。

(490) 前掲（注364）。

(491) 前掲（注401）。

(492) Douglas & Shanks, supra note 347 at 209.

(493) Ibid. at 209–210.

(494) Ibid. at 211, 213–214, POWELL, supra note 372 at 63–65（もっとも、Westinghouse Electric & Manufacturing Company v. Allis-Chalmers Co., 176 F. 362（3rd Cir. 1910）や Foard 判決（前掲（注353））など、株主の表示が主な問題ではなかったといえる事案も引用されており、完全に整理されているわけではない）.

(495) POWELL, supra note 372 at 54.

(496) Ibid. at 61–62.

(497) 彼等の見解は、日本においても過少資本による責任を認める見解の代表例として引用されている（並木和夫・前掲（注339）一〇三―一〇四頁、並木俊守・前掲（注339）四頁、一〇頁、一二頁などを参照）。

(498) 本章第三節第二款を参照。

第三節　過少資本による責任に関する議論の展開

本節では、Latty と Ballantine により確立された過少資本による責任という考え方の枠内で、様々な質の異なる議論が展開されてきた過程の描写を試みる。時期的には、一九五〇年代から一九八〇年代半ばまでの議論を扱うことになる。検討は、過少資本による責任の問題について進歩的な態度を示したとされる一九五七年のカリフォルニア州判決への言及が見られる前後に分けて行う。

第一款　一九五〇年代の議論

まずは、Ballantine の理論が提唱された直後の一九五〇年代における議論を見てみよう。この時期には、大きく分けて三つの議論がなされている。

一　クッションの提供と子会社の搾取

まず、従来の見解と比較的連続性のあるものから紹介しよう。

事業を適切な財務的基盤の上に築くことが有限責任の条件であり、会社が過少資本の場合には株主が会社債務について責任を負うとする Cataldo[499] は、過少資本の問題に関する判例は、①子会社の資本が名目的もしくはわずか (nominal or trifling) であり、設立時から財産をほとんど有しておらず経営には財務的支援を要するため、最低限の信用もしくはクッションすら欠いている場合、[500] ②子会社の資本は名目的というほど少なくはないが、当該事業の規模と性質から予測される負担を履行するには不十分な場合、[501] ③前記の二つの場合で、親会社が子会社を搾取していた場合に分けることができ、[502] ①③の場合は判断が容易であるが、②の場合における資本の適切性の判断は非常に困難となりうるとする。[503] しかし、この見解には、財務的支援が必要で最低限の信用・クッションを欠くとはどういうことか、[504] なぜ子会社の搾取がある事例を過少資本に関する判決と位置づける必要があるのかなど、不明瞭な点がある。[505]

これらの問題をある程度理論的に整理しているのが、Cataldo の論文の五年後に Harvard Law Review に掲載された注釈（Note）[506] である。そこでは、本来会社倒産のリスクを負担すべき債権者が保護される場合として、まず「支配株主が、債権者のための合理的クッションを形成しえないような全拠出資産のうちの一部のみを株主資本としてリスクに晒し、残りを自身もしくは関連会社からの資産の賃貸借や担保付貸付、未済勘定での貸付けにより提供する場合」が、次に違法配当・不合理な経営管理費・親会社に有利な取引などにより子会社の適切な資本の形成が妨害される場合が挙げられている。[507] 前者は、まさに Latty や Ballantine が問題としてきた支配株主による judgment proofing の状況であるといえよう。[508] そうすると、後者は、子会社の搾取という問題を、適切な資本もしくは債権者のためのクッションの形成の妨害という考え方により judgment proofing の手段として捉えるものと評価することもできそうである。[509] もっとも、「債権者のためのクッション」の欠如という内容の不明瞭な状態を問題とすることにより、議論の焦点は judgment proofing からさらにはずれて行ったように思われる。[510]

二　会社の成長に対する債権者の信頼

また、契約債権者に対する過少資本による責任について、次のような主張も展開されている。[511] すなわち、過少資本を認識しまたは認識しえた契約債権者は会社のみの信用に依拠したものとして株主の責任を追及できないという主張は、労働者のような従属的契約債権者の場合はもちろん、自衛が可能な債権者についても非現実的である。というのは、契約締結時に会社が繁栄期にあり何年も事業に成功していた場合には、「その会社と取引する者は会社の成長・繁栄を当てにすることが認められるべきである」からである。「契約時に会社がすでに揺らいでおり、債権者が明らかに危険な取引に入ったといえる場合」にのみ、債権者の請求が否定されるというのである。[512]

しかし、この主張には疑問を呈さざるをえない。取引相手の契約後の盛衰は債権者のリスクにおいて判断されるべき事柄であるというのが一般的な理解であろう。このような主張がなされるに至ったのは、Luckenbach 判決や Fourth National Bank 判決、Shea 判決などの契約債権者の請求を肯定した判決の説明に窮したからではないだろうか。[513]「過少資本」という抽象的なくくり方をすることなく、事業用資産の賃貸や担保権取得という judgment proofing 的なスキーム[514]や自己の支配する会社等への賃借権の譲渡による賃料負担の回避の試み[515]といった問題点をより直接的に捉えていれば、根拠のない信頼保護理論に依拠する必要はなかったと思われる。[516]

三　事業停止の遅延

最後に、適切な資本の具備を有限責任の対価として要求する Dix の論文[517]を取り上げておこう。彼は、論文の末尾で「設立時の資本の不十分さによるものであれ、事業の不調その他の理由による事後的減少によるものであれ、リスク資本が不適切な場合にはその回復もしくは事業の停止がなされねばならない。回復がなされぬまま事業が継続される場合には、会社債務が支配株主に個人的に課される」と述べている。[518] これは、過少資本状況での事業継続というそれ以前の見解が論じていなかった具体的状況を問題とするものともいえよう。

もっとも、過少資本状況での事業継続が禁じられる理由は定かではない。(519) 危機的状況にある会社への資金供給を行う場合に資本として行わねばならないという主張(520)についても同様である。このため、Dixは、資本が少ないという状況を雑多な判決から抽出したうえで、(521) それが問題であることを所与の前提として自分の問題関心を述べているにすぎないように思われるのである。

四　小　括

以上のように、この時期には過少資本による株主の責任という表題の下で様々な議論が展開されるようになった。これらには一貫性がなく、個別に見ても十分な説明を行っていないものが珍しくなかった。この混乱し始めた状況の中で、判例の側にも変化が生じた。学説の議論を取り入れようとする点で「進歩的」と評されるカリフォルニア州の判決である。次款では、これらの判決がそのような評価に相応しいのかを検討しよう。

(499) Bernard F. Cataldo, *Limited Liability with One-Man Companies and Subsidiary Corporations*, 18 LAW & CONTEMP. PROB. 473, 482–483 (1953). なお、このように述べるに際しては、いくつかの判決の傍論的判示が引用されているにとどまり (ibid. at 483 note 41, 484 note 46–47, 485 note 48)、彼自身による説明はまったくなされていない。

Pepper判決（前掲（注446））、Hanson判決（前掲（注480））、Anderson判決（前掲（注457））についてはすでに述べたので、ここではArnold v. Phillips判決（117 F. 2d. 497 (5th Cir. 1941)）を紹介しておこう。

禁酒法廃止後にビール醸造業経営を企図した被告は、S社を資本金五万ドルで設立した。この他、被告は醸造所建設費や運営資金などをS社に貸し付け、その担保として醸造所全体についての担保信託証書を取得した。事業は二年間順調であり、その間四万五〇〇〇ドルの給料や貸付金の元利返済がなされた。しかし、その後業績が悪化したため、被告はさらに貸付けを行うなどした。その間、醸造所に対する担保権を実行し、自らこれを債権額で競落してS社に賃貸していた。担保権実行の半年後にS社は破産した。S社の管財人が担保権実行の取消しを求めて提訴した。

第五巡回区連邦控訴裁判所は、まず事業開始時の貸付けについて、被告は会社設立時に資本を増額しない限り事業を進められないと考えたものであり、実際は資本であるとした。他方で、業績悪化後の貸付けは、醸造所を担保に銀行から借り入れたとすれば有効であり、被告からの貸付けも銀行からの借入れと同様に事業の必要に充てられたとして、これを有効な貸付けと認めた。結論としては、担保権実行は取り消され、差し戻されている。

まず指摘できるのは、この判決が開業時の貸付けを資本と扱っているのは、名目資本額に相当する資金では足りないと株主自身が考えたからこそ貸付けをしたのである以上、その貸付けは資本と扱うべきだという考えによるものだということである。この考えは、自己資本額が客観的に少ないから株主の債権を劣後化するという考え方とは似て非なるものである。むしろ、判決の業績悪化時の貸付けとの対比を考慮すると、開業・事業拡大時の資金は事業の基盤という意味での「資本」となるが、業績悪化時の貸付けは当座をしのぐため（to relieve the needs of the business）になされるものにすぎず、そのような意味での「資本」とはならないという考え方であるともいえよう。

また、あまり紹介されることはないが、判決は被告による貸付けの性格を論じる前に、他の債権者を排除して投下資産を回収することが被告一族の利益であったことと、醸造所の価値は落札価格より明らかに高かったことを指摘して、「仮に被告の債権について何の問題がなかったとしても競売は非難されうる」としている（ibid. at 501）。ここからは、破産の半年前という時期に、破産に備えて（おそらく被告は破産を免れえないことを認識していたと思われる）自己の債権額よりも高額な会社財産の所有権を確保したうえで（これも judgment proofing 的な構造だといえよう）事業を継続した点が、本件の問題の核心であったように思われるのである（前記の貸付けの性格の議論も傍論的な側面を有している）。

この判決を過少資本に基づいた株主債権劣後化の事案と評価する見解は少なくないが（たとえば、Note（William

Miller, Jr.), *Non-Tax Aspects of Thin Incorporation*, 13 VAND. L. REV. 751, 764 (1960) など。江頭・法人格否認三二一頁注9も、この判決を「過少資本につきアメリカでもっとも重要な判決である」としている)、事案に注目するのであれば、以上の二点に注意が必要であろう。

(500) ここには、すでに紹介した Wallace 判決（前掲（注470））のほかに、以下のものが分類されている。

まず Herman v. Mobile Homes Corporation, 317 Mich. 233, 26 N. W. 2d. 757 (1947) は、簡易住宅の建築・販売を目的とするM社（資本金五〇〇〇ドル）から購入した住宅に欠陥があったとして、原告らがM社とその親会社であるC社に損害賠償を請求した事案である。C社はM社に建材代金や賃金支払に当てるために約一〇〇万ドルを貸し付け、M社は住宅の販売代金でこれを返済していた。原告が欠陥に関する苦情をC社に送った際、C社は責任を否定するのではなく、修理のための人員を派遣した。また、原告の一人との間のガレージ設置契約はC社が当事者となっていた。ミシガン州最高裁は、M社がC社に支配されていることを示す様々な事情の一つとして一〇〇万ドルの与信が必要な事業を五〇〇〇ドルの資本で行ったことをさしてM社の資本は不適切であるということを指摘し、M社はC社の一部門にすぎないとしてC社の責任を肯定した。欠陥についての賠償請求がなされうることを予期して資力の乏しいM社を販売者としたのであれば judgment proofing があったともいいうるが、C社が原告らの苦情に対応していることからは、そのような確定的意図があったのかは定かではない。また、このC社による苦情への対応とガレージ設置契約はC社が当事者となっていたことなどにより、C社が欠陥についての責任をも引き受けたものと評価された可能性もある。

また、Garden City Company et al. v. Burden, 186 F. 2d. 651 (10th Cir. 1951) は、I社所有の灌漑用水路の管理上の過失により洪水被害を受けた原告が、I社とその親会社であるG社に損害賠償を請求した事案である。I社は非営利法人であり、資本はなく、財産は水路の地役権のみである。他方、水路の水利権の八六％はG社が有していたが、この対価は現実にはI社に支払われていなかったようである。I社は資金調達をG社に頼っていたが、G社からの借入は無利子であった。両者の役員は共通であり、G社の取締役会が水路の管理について指示を与えていた。第十巡回区連邦控訴裁判所は、G社に責任を逃れさせることは不衡平であるとして原告の請求を認容した。これはErickson判決（前掲（注358））と類似するjudgment proofingの事案ということができよう。

(501)　ここにはLuckenbach判決（前掲（注364））が分類されている。

(502)　ここに分類されているHenderson et al. v. Rounds & Porter Lumber Company, 99 F. Supp. 376（W. D. Ark. 1951）は、親会社が子会社の製品を市場価格が高騰しているにもかかわらず低廉な価格で購入し、それを市場で売却して利益を得ていたという事案である。直接的な財産移転は行われていないものの、子会社の利得の機会を奪うものであり、子会社からの搾取と評価できよう。アーカンソー州西部地区連邦裁判所は、子会社は設立時から過少資本であったと指摘しているが（ibid. at 383）、これは子会社債権者が弁済を受けうるとしたら事業による収益からのみであるが、それが不可能であったとする際に述べられているものであり、過少資本よりも子会社搾取に重点があることは明らかであると思われる。

なお、同地区の連邦破産裁判所は近時会社の過少資本を重視して株主の責任を肯定するかのような判決を下しているが（In re Ozark Restaurant Equipment Co., Inc., 41 B. R. 476（Bankr. W. D. Ark. 1984））、これも株主とその関連会社による会社の搾取があった事案に関するものである。

(503)　Cataldo, supra note 499 at 495-496. この分類の原型は、Comment, *Inadequately Capitalized Subsidiaries*, 19 U. CHI. L. REV. 872, 875（1952）であると思われる。第一章第一節第一款三で検討した岩崎の見解は、これらの議論の影響を受けたものといえよう。

(504)　Cataldo, supra note 499 at 483 note 44が過少資本の帰結の例として引用するArnold v. Phillips判決とDixie Coal判決（前掲（注428、433））には事案としての統一性を見出しがたく、ここから「最低限の信用・クッション」の内容を導くことは困難である。

(505)　他に、なぜ①と②を分ける必要があるのかという疑問もある。おそらく子会社の資本額の大きさによって区別しているのであろうが（Wallace判決（前掲（注470））では一〇〇〇ドルだが、Luckenbach判決（前掲（注364））では一万ドルである）、そこで区別する理由はまったく述べられていない。一万ドルは名目的な額とはいえないということであろうか。

(506) Note, *Liability of a Corporation for Acts of a Subsidiary or Affiliate*, 71 HARV. L. REV. 1122 (1958).

(507) Ibid. at 1129.

(508) Ibid. at 1127では、過少資本が問題であった例として Foard 判決（前掲（注353））と Finnish Temperance 判決（前掲（注428））が紹介されている。

なお、Comment, supra note 503 at 872-873 も無資力の子会社が親会社の財産を利用していた Garden City 判決（前掲（注500））、Foard 判決、Wallace 判決（前掲（注470））および Luckenbach 判決（前掲（注364））を問題としており、親会社の所有権確保による judgment proofing を問題としているようにも思われるが、責任回避のためにそのようなスキームを採用するという親会社側のイニシアティブへの言及はない（Note, supra note 499 at 758 も同様である）。

(509) もっとも、すべての子会社搾取行為が judgment proofing の手段と評価できるわけではない。親会社に有利な取引が一回限り行われた場合であっても子会社は搾取されたといいうるが、子会社にその他の財産があり、利益を獲得する余地があるのであれば、judgment proofing があったとまではいいにくい。したがって、子会社が搾取されているケースをすべて適切な自己資本の形成の妨害に当たると考えることは、過少資本の問題をさらに混乱せしめると思われる。

(510) たとえば、株主が「免責を得ようとする（seeking immunity）」ことを問題とする Ballantine に比べると、株主・親会社の目的という側面への言及は弱い。

(511) Note, *One Man Corporations — Scope and Limitations*, 100 U. PA. L. REV. 853, 862 (1952). See also, Note, supra note 506 at 1129 note 59 and accompanying text.

(512) 債権者の信頼の保護という考え方はすでに Powell や Latty によって示唆されているが、そこでは賃貸借や貸付けにより提供された財産の存在により惹起される信頼と結びつけて論じられており、本文のように会社の繁栄に対する信頼のみを拠り所とするのとは異なるというべきであろう。前注382および注414参照。

（513）　See, Note, supra note 511 at 862 note 60.

（514）　この論者は、不法行為債権者に対する責任については、賃貸借や担保権取得を用いたjudgment proofingを意識しているようにも思われる。たとえば、Erickson判決（前掲（注358））における子会社の利用は損害賠償訴訟から逃れるためであったとし、個人責任を回避するために最低資本金で設立した会社に株主が車両を賃貸してタクシー事業を営むという事例もあるとし（Note, supra note 511 at 861 note 56）、不法行為債権者に対する株主の責任を認めた例としてDixie Coal判決（前掲（注428））やChesapeake Stone判決（前掲（注399））を引用している（Note, supra note 511 at 862 note 57. ここで個人資産の詐害譲渡により設立された会社への契約債権者による請求が認められたMosher判決（前掲（注435））を引用しているのは何かの間違いではないかと思われる）。

（515）　前提として、賃借人が賃借権を譲渡した場合（assignment of lease）には、賃借人は賃貸借契約上の義務を免れうることとされているようである。Note, supra note 511 at 862 note 60では、Shea判決（前掲（注478））のほかに、Whitney and others v. Leighton, 225 Minn. 1, 30 N. W. 2d. 329（1947）およびNational Bank of Commerce of Seattle et al. v. Dunn, 194 Wash. 472, 78 P. 2d. 535（1938）が引用されており、このような類型の存在自体は認めていたものと思われる。

（516）　江頭・法人格否認一六〇頁注20は、有限責任の条件として一定額の資本の引受けが必要であるという見解を基礎づけるに際してこの見解を引用しているが、この特異な信頼保護理論には言及していない。

（517）　Maurice J. Dix, *Adequate Risk Capital: The Consideration for the Benefits of Separate Incorporation*, 53 N. W. U. L. Rev. 478（1958）.

（518）　Ibid. at 494.

（519）　第一章第三節第二款で問題としたような株主のインセンティブのゆがみによる過度にリスクの高い再建策の選択や

無益な再建の試みによる資産価値の低下が問題とされているわけではないことは明らかである。

また、適切なリスク資本の要求を統一事業会社法（Uniform Business Corporation Act）三条・七条から説き起こしているが、「株主は主に公衆のリスクによって会社形態で事業に参加してはならない」ということはともかく、定款に記載する事業開始に必要な払込資本の最低額に関する規制から「事業の拡大に際して適切な追加リスク資本を会社に供給しなければならない」という要請が必然的に導かれるとは思われない（See, Dix, supra note 517 at 483）。また、Pepper 判決（前掲（注446））に従って支配株主を受託者と位置づけているが、その誠実義務に適切なリスク資本を維持し続ける義務がなぜ含まれるのかは説明されていない（see, Dix, supra note 517 at 484）。

(520) Ibid. at 485, 491, 493.

(521) 判決の引用も、事案を問わずに資本の適切性への言及があるものを並べているのではないかと思われる。
まず ibid. at 483 note 33 で明白な過少資本の場合には法人格が否認されるとした判決として引用されている In re First National Bank of Arthur, Illinois, 23 F. Supp. 255 (E. D. Illinois, 1938) は、銀行の支配株主が銀行株式保有のみを目的として設立した会社に銀行株式を移転し、銀行破綻時の株主間の銀行再建のための資金拠出合意に際しては株式保有会社が手形を振り出したが支払っていない状態で、通貨監督官との和解においては支配株主個人が二重責任を履行する代わりに残余財産の配当を受けることとされたという場合に、支配株主個人が受領した配当金を株式保有会社が振り出した手形の支払に充当せよという他の株主からの請求が認容されたという特殊な事案であるが、この点を重視している形跡はまったくない。
また、Dix, supra note 517 at 484 note 36 でも、子会社の搾取が問題であった Deep Rock 判決（前掲（注437））、株主の契約締結時の表示が問題であった Weisser 判決（前掲（注461））、賃貸借や担保取得による judgment proofing の問題といえる Luckenbach 判決（前掲（注364））と Morrow 判決（前掲（注400））、親会社の破産手続の子会社に対する拡張の是非が問題となった Trustees System Co. of Pennsylvania v. Payne et al., 65 F. 2d. 103 (3rd Cir. 1933)、会社の破産手続における姉妹会社の債権の届出の拒否が問題となった In re V. Loewer's Gambrinus Brewery Co.,

167 F. 2d. 318 (2nd Cir. 1948) という、事案のまったく異なる判決が引用されている。また、Darling Stores Corporation v. Young Realty Co., 121 F. 2d. 112 (8th Cir. 1941) は、店舗用地を無資力な子会社に賃借させ、そこから親会社が転貸を受けていたという点では Weisser 判決に類似しているが、契約締結時に親会社自身による表示はなされておらず、子会社に賃借権を譲渡した者や信用調査会社が子会社の資力について保証したことと、店舗における営業形態からは親会社への転貸がなされていることをうかがい知れなかったことが認定されているのみであるという違いが存在する（親会社の帰責性という観点から見た場合、これらの事情のみによって親会社の責任を基礎づけうるかは定かではない（江頭・法人格否認二四四頁注2は、賃借権の譲渡人や信用調査会社の表示を親会社が利用したものと位置づけるようであるが、判決文を読む限り、これらの表示は債権者である賃貸人の独自の情報収集に対してなされたものであるように思われ、その内容の真実性については債権者の側でリスクを負うべきではないかと思われる）。この事案については、Kinney Shoe 判決（後注661参照）について後述するような観点から基礎づけることも考えられよう）。また、この事案では親会社の責任の有無よりも、子会社に対する送達により親会社に対する管轄権が成立するかという点が主な争点となっていたという特徴も存在するのである。

　さらに、Dix, supra note 517 at 486–487 では不法行為責任が問題となった点で類似する事案が三件紹介されているが、家屋の売主という契約債権者による親会社への請求が否定された Bartle v. Home Owners Cooperative, Inc., 309 N. Y. 103, 127 N. E. 2d. 832 (1955) が労働者による勤務中の事故についての損害賠償請求が認められた Oriental Investment 判決（前掲（注356））と同じ箇所で引用されているので、不法行為債権者と契約債権者という区別すらされていないように思われる。

　なお、In re V. Loewer's 判決は、それ自体としては過少資本を論点としたものではないが（江頭・法人格否認三一七―三一八頁や松下・前掲（注339）一〇七巻一一号一八一五頁は、過少資本による債権劣後化ではなく会社の搾取とそれに対する簡易な救済としての債権劣後化に関する箇所でこの判決を取り上げている）、第一章で検討した、株主の外部債権者と同順位、もしくはこれに優先する投資回収の抑制機能に関する議論の淵源の一つとなっている可能性もあるので（たとえば、片木・前掲（注339）三八頁注6を参照）、ここで判旨を紹介しておこう。

事案は、LB社が破産し、LB社と株主構成を同じくするLR社が五万ドル弱の債権を届け出たところ、管財人がその劣後化を主張したというものである。第二巡回区連邦控訴裁判所（Frank判事）は、債権の劣後化は不正義・不衡平を回避するためにのみ認められるというPepper判決（前掲（注446））等の判示を引用しつつ、株主が持株比率に応じた額の貸付けを会社に対して行う場合には、不公正が容易に行われ、かつ容易に隠匿されてしまいうるため、株主に公正性の立証責任を課すだけでは不十分であり、株主は不公正さを反証できないとすべきであるとして、劣後化を肯定した。さらに、L. Hand判事の補足意見においては次のように述べられている。「株主が債権者を兼ねている場合に他の債権者と同等の地位で破産手続への加入が認められると、株主として支配権を行使し、会社が成功した場合には貸付けによって生じたものを含むすべての利益を取得することができ、他方会社が失敗した場合には債権者としてのリスクしか負担しないことになる」が、これは「他の債権者が、株主が会社の所有によりこのようにする権限を有していると知っているか否かにかかわらず、不公正である」、「というのは、すべての債権者は、そのリスクが、彼と同様にあらかじめ取り決められた利息のみしか取り分のない他の債権との集合で計測されると正当に推測するからである」と。

このHand補足意見は著名なものであるが、前段落末尾の理由づけについては、なぜ株主による貸付けが行われていないとの信頼が保護に値するのか、との疑問が生じざるをえない（この部分に引用は付されていない）。また、一株しか持たない株主による貸付けを劣後化すべきでない理由として会社の支配権を持たないので貸付けの返済・不返済を決定することができないからであると述べていることからすると、Handが具体的に問題視していたのは支配権を利用した自らへの偏頗弁済にすぎないのではないかと考えられなくもない。さらに、原審では問題の債権に関する記録・証拠が薄弱であることが指摘されており（74 F. Supp. 909, 912-913 (S.D.N.Y. 1947)）、Pepper判決と同様に債権の成立自体について問題があった事案ではないかとも思われるのである。以上の点から、Hand補足意見の一般論の考え方のみを根拠に株主の外部債権者と同順位、もしくはこれに優先する投資回収自体を問題視することには、慎重であるべきではないかと考える。

第二款　カリフォルニア州判例

一九四〇年代後半から、カリフォルニア州においては、同州における有力な学者であったBallantine[522]の理論の影響を受けた判決が見られるようになる。

一　Carlesimo v. Schwebel[523]

その最初のものが、Ballantine の著書の二年後に下されたCarlesimo 判決である。

被告Sは、食料雑貨販売業を営むため、FとF社を設立した。F社の資本金は一〇〇〇ドルであり、このほかSが二〇〇ドル強を提供したが、三五〇ドル強は設立費用に費消された。原告は購入した商品が引き渡されないとして、前払金と逸失利益を求めて被告らを提訴した。原告はSに請求するに際して、F社が法人であるとは知らなかった、契約書の「F社S」という署名はS個人を指すと解すべきである、原告はSとの取引だと騙されたものであるのでF社の法人格は否認されるべきである、F社の資金調達は取引相手に対する詐欺となるほど不十分であるので（underfinanced）法人格が否認されるべきであるなどと主張した。

カリフォルニア州中間上訴裁判所は、まずF社が法人ではなく取引相手はS個人であると信じていたという証言は採用できず、契約書の署名もF社の代理人としてのものであることは明らかであるとして、最初の三つの主張を排斥する。そして、最後の主張については、Ballantine の著書の一節や Dixie Coal,[524] Mosher,[525] Christian Craft,[526] Shea,[527] Hanson[528] の諸判決を引用して、会社の不適切な資本構成（inadequate capital setup）や不適切なファイナンス（inadequate financing）は法人格否認における重要な要素であるとしつつ、合理的な資本の量や事業の性質・規模が立証されていないとして排斥している。

本件の主な争点は、取引相手が会社であったか株主であったかというものである。契約主体を誤認させ、株主が責任を負うと信頼させるような表示もないことから、結論として請求が否定されたことに問題はないといえよう。本件で過少資本に基づく法人格否認が原告によって主張されたのは、このような契約締結時の状況が問題となった事案（本判決が引用しているものの中ではChristian Craft判決）をも過少資本が要素となった判決に分類してきた学説の影響にほかならないと思われる。そして、判決はこの原告の主張に対し、事案を区別するなどの対応を取らずに、傍論としてではあるが、過少資本による責任の可能性を一般論として認めてしまったのである。

二　Automotriz del Golfo de California S. A. de C. V. v. Resnick et al.(529)

この後に出されたのが、過少資本による責任を一般論としてのみならず、結論としても認めたものとして著名なAutomotriz判決である。まず事案と判旨を紹介しよう。

一九五二年に被告RはE社（Erbel, Inc.）を設立し、他の発起人から会社に対する利益の放棄を受けた。そのうえで被告C父子と自動車販売業を行い、経営を担当するRが利益の五〇%、C父子が二五%ずつを取得し、三人がE社の役員・取締役となる旨の合意をした。E社は株式を発行したことがなく、被告は五〇〇〇ドルの資本を払い込んだと主張するが認められない。Erbel, Inc. 名義の銀行口座が開かれた証拠はないが、A銀行にErbel, Inc. dba Bi-Rite Auto

Sales名義の小切手口座が開設されている。自動車販売業の規模は月一〇万―一五万ドルに達していた。その資金はC父子が提供し、転売先が見つかるまで自動車の所有権はC父子が有していた。財務的苦境が明らかになった際、C父子は自動車の所有権をE社に移転した。この一ヵ月半後、E社の破産手続が開始された。原告は取引開始時に、Rの小切手は受け取らないこと、Cが事業に参加し（going to business）、事業を支える（backing the business up）ということが保証された場合にのみ取引をするとRに伝えている。原告は本件訴訟の対象である取引以前の取引においてA銀行の小切手口座について振り出された小切手を受け取っている。原告は、Rが同口座について振り出した小切手に基づき、自動車八台分の販売代金を被告らに請求した。

カリフォルニア州最高裁の法廷意見は、まず株式の不発行は決定的な証拠ではないが被告らが個人として事業を行っていたことを示唆すると指摘する。そのうえで、会社に適切な資本を具備する試みがなされていたかを考慮すべきであるとして、Ballantineの著書の一節(530)を引用する。そして、過少資本が法人格否認の判断要素とされた事例としてShea判決を紹介し、またCarlesimo判決の一般論を引用する。この他にも、Mosher判決とDixie Coal判決も参照せよとしている。結論としては、被告らの責任を認めた原審判決を是認した。

他方、反対意見は、株式不発行は重要ではないとしたうえで、過少資本についても以下のように述べる。過少資本ということで正確に何を意味しているのかは説明されていない。単なる資本構造は重要ではない。その考え方が有意義であるためには、会社の資産、会社の財務状況に言及する必要がある。C父子による資金供給もあり、また月一〇万―一五万ドルの売上げによる十分な収入があるため、財務的健全性の指標ではありえない名目資本額以外に会社の財務状況を示す証拠はない。したがって、会社の財務的価値（financial worth）が法人格否認の要素となるということを前提としたとしても、本件では会社財産（the assets）は法人格否認を必要とするほど不適切であるとはいえない。また、この前提にも、すべての倒産した会社が過少資本であったとされかねないことなどを理由に反対している。

法廷意見は過少資本に関してBallantineによる一般的理論化に依拠しており、Shea判決、Mosher判決、Dixie Coal判決などの事案の違いには一切配慮していない(531)。このように学説の抽象的な上澄みとしての「過少資本による責任」を考慮すると明言し、それを考慮して株主の責任を認めた点では、確かに画期的な判決であるといえよう。

しかし、果たしてそのような考慮は必要だったのだろうか。まず指摘できるのは、判決は過少資本のみを考慮するとしたのではなく、株式の不発行という事情から被告らが個人として事業をしていたという推認をしていることである。これは、E社という会社を通していたが、自動車販売事業の運営はRが労務を、C父子が資金と信用を提供する組合により行われていたという認定であるとも考えられる。また、原告も、取引開始時にCの信用に依拠する点をRに通知している(532)。これに対しどのような返答があったのかは認定されていないが、ここで原告の信頼を惹起するような何らかの表示がなされた可能性も十分に考えられる(533)。仮にそうだとすれば、これはWeisser判決など(534)と類似の事案と位置づけるべきことになろう。また、Carlesimo判決との違いも、一月の売上高の立証の有無などではなく、契約交渉過程の状況に求めるべきであろう。したがって、Automotriz判決を「過少資本のみを理由に責任を肯定した(535)」ものと評価することには躊躇を覚える。

三　Minton et al. v. Cavaney(536)

Automotriz判決を受け継いで、過少資本のみで株主の責任が認められるという公式化をしたとされるのが

Minton 判決である。

S社は第三者から[537]プールを賃借して公衆プールを経営していた。このプールで溺死した少女の父親は、同社に対する一万ドルの判決を取得したが、弁済を受けられなかったため、同社の顧問弁護士・取締役・会計係・秘書役を兼ねていた被告を提訴した。同社の事業記録は一時期被告の事務所で管理されていた。同社は資産を有しておらず、その株式は発行されていない。一度株式発行の許可が申請されたことがあったが、その際には全三株のうち一株が被告に割り当てられることになっていた。

カリフォルニア州最高裁は、会社のエクイティ上の所有者が個人責任を問われる場合として、会社の財産を自分のものであるかのように扱い、会社の資本の出し入れを任意に行っている場合（Riddle et al. v. Leuschner et al. 判決[538]とThomson v. L. C. Roney & Co., Inc. et al. 判決[539]を引用する）、会社債務について個人的責任を負うと表示した場合（Stark v. Coker et al. 判決[540]を引用する）、そして会社を過少資本にし、会社の事業に能動的に参加している場合（Automotriz 判決、Riddle 判決、Stark v. Coker 判決、Shafford v. Otto Sales Co., Inc. et al. 判決[541]、さらに Carlesimo 判決を引用する）を挙げる。そして、本件では、S社は実質的に財産を保有せず、経営していたプールは賃借によるものであり、さらに賃料不払いによりこの賃貸借は解除されたことを指摘して、資本は「事業と損失のリスクに比べてわずかである」とし、また被告が取締役であることと被告の事務所が事業記録の管理に利用されていたことから、被告は事業遂行に能動的に参加していたとする。もっとも、被告はS社に対する訴訟の当事者ではなく、顧問弁護士として苦情には対応したがトライアル前に辞任し、それ以後は関与していないため、過失と損害額について争う機会が与えられるべきだとして、結論としては被告の責任を認める原判決は破棄差戻しされた。

なお、本件被告は顧問弁護士として関与していたにすぎず、事業に参加していたとはいえないという反対意見が付されている。

この事案の問題は、本件のような溺死等の事故が発生しうる公衆プールの経営を無資産の会社で行っていたことにあり、不法行為債権者の保護が問題となっていたこれまでの事案と類似しているようにも見える。[542]しかし、これまでの事案は、株主等による会社が利用する事業用資産の賃貸借・担保化や事業の複数の会社への分割により、株主が支配下にある資産の価値を確保している場合であった。これに対し、本件のプール設備は、株主ではなく第三者から賃借されているものである。これも judgment proofing の一種であるとはいいうるが、株主が自らの資産を守ろうとしている場合と比べて、株主の行動に対する批判的評価は弱まるものと思われる。[543]しかし、このような場合であっても不法行為コストのプール利用者への外部化は存在しており、本判決はこの点を問題としたものということもできる。本判決が進歩的であるとすれば、それは以上の点である。[544]

もっとも、不法行為責任が問題となった先例はほとんど引用されておらず、[545]また過少資本という類型を会社搾取や株主による責任負担の表示がある類型と一応区別しながら、Riddle 判決や Stark v. Coker 判決を過少資本が問題となった事案として引用していることからは、Minton 判決自身が以上のことを自覚していたのかは疑わしい。したがって、この判決についても、過少資本に関する一般的な判示に重きを置くべきではないと思われる。

四　Minton 判決以降

Minton 判決以降、カリフォルニア州最高裁は過少資本による責任について判断を下していない。そして、関連する中間上訴裁判所の判決は、Minton 判決を十分に反映しておらず、この問題に関するカリフォルニア州法は混乱状態にあると指摘されている。[546] しかし、ここまでの分析からは、Minton 判決以降の判決についての議論も、当該事案の実質的問題点を探求することなく、過少資本という要素に関する判決文中の文言のみを対象としてなされたものではないかという推測が成り立つ。このことを確認するために、いくつかの判決を紹介しておこう。

(1) Associated Vendors, Inc. v. Oakland Meat Co., Inc. et al.

一つ目は、Minton 判決の翌年に下された Associated Vendors 判決である。[547]

原告は、著名な肉卸業者である被告M社（Oakland Meat Co.）の姉妹会社であるP社（Oakland Meat & Packing Co.）に、店舗を期間八年、賃料月額一五〇〇ドルという条件で賃貸していた。契約交渉時にM社以外の者を賃借人とすることが表示されていたかという点については争いがある。また、原告側の弁護士が作成した契約書はP社代表者の署名を要求していたが、原告の役員は「賃借人の名義がP社になっていることは知っていたが、これがM社と別の組織を指しているとは知らなかった」と証言している。

P社には設立時に八〇〇〇ドルが振り込まれたが六〇〇〇ドル強が初回賃料等に費消され、開業時に所持していた現金は一五〇〇ドルほどであった。なお、原告への月一五〇〇ドルの賃料の他に、備品の割賦金や賃金の支払は月四〇〇〇ドル以上になる。また、約一万六〇〇〇ドルで購入した設備は六万ドルと評価され、その後九〇〇〇ドルで売却されている。M社から五〇〇〇ドルが貸し付けられ、動産抵当が設定されているが、返済が要求されたことはない。また商品の購入代金についてM社はP社に信用を供与しており、その残額は約一万五〇〇〇ドルである。被告側の証言によると、M社以外の債権者に優先的に弁済がなされていた。また、原告に対する賃料も約二年後に営業を停止するまでは支払われていた。P社の小売業の免許や労働組合との契約にはM社の名称が表示されていた。原告以外の取引債権者にはP社がM社とは別の会社であることを認識していなかった者も存在するが、両社を区別していた者も少なくない。

原告の営業停止後の賃料の支払請求に対し、カリフォルニア州中間上訴裁判所は、法人格否認を支持するようなP社とM社の利益の一体性はないという原審の認定を基礎づける証拠は豊富にあり、また過少資本だけで株主の責任を肯定した判決はなく[548]、本件ではP社は営業停止まではM社以外に対する債務をすべて弁済していたため過少資本であったとはいえないとして、請求を棄却した。

この事案の本来の争点は、賃借人の同一性について原告が誤解していたのか、それについて被告に帰責性はあるのかということであると思われる[549]。原告が著名な業者であったM社の信用力を当てにしていなかったのであれば、P社が八年間営業を継続し続けられるかということは原告のリスクにおいて判断すべき事柄であるといえよう。

(2) Harris et al. v. Curtis et al.[550]

次に、Minton 判決を無視して、それ以前の段階に退行しようとする判決であると批判されることの多い[551]Harris判決を紹介しよう。

T社は被告Cらによりモーテル営業のために設立された資本金一〇〇〇ドルの会社である。八〇〇ドル強が設立費用として用いられた。T社は土地を購入してモーテルを建設し、さらに隣接するレストランをも買収した。この際にCらが会社に貸付けをしたほか、建設費用などに充てるため金融機関から三三万五〇〇〇ドルを借り入れた。さらに株主からの借入れを返済するために八万ドルを銀行から借り入れ、これについて株主が保証した。株主は事業の経営にほぼ無償で奉仕していた。開業の約一年後、原告はこのモーテルを買収するための交渉に入り、T社の株式を取得しT社に一万九〇〇〇ドルを貸し付けるオプションを取得した。その時点で、T社は六万二〇〇〇ドルの債務超過であり、八カ月間の総売上は二一万五〇〇〇ドル、純益は九三〇〇ドルであった。原告がT社に貸し付けた金銭一万四五〇〇ドルの返還を求め、T社とCらを提訴した。

原審は、財産の混同や株主による会社財産の横領、株主による責任負担の表示、形式面の無視、資産を株主に集中させる一方で責任を会社のみに負担させるという操作などはないと事実認定し、会社が法人格の否認を要するほど過少資本であったという証拠はなく、また過少資本であったとしても被告に有利なその他の事情の方が多いとして、Cらに対する請求は棄却した。

カリフォルニア州中間上訴裁判所は、前記の事実認定を前提とすると、本件の問題は、資本拠出の欠如は法人格を否認するのに十分かということであるとする。そして、T社のファイナンスが不十分（underfinanced）であることには疑いはないが、これは新しく始められた小規模な事業にはよくあることであるとし、そのような事業の一部は成功するが、一部は過少資本を少なくともその一因として失敗するというのがアメリカの企業システムであるとする。そのうえで、過少資本それ自体が株主・役員に会社債務についての責任を負わせるとした先例はないとして、原告の引用する判決を次のように位置づけている。まず、Automotriz 判決では、株式発行の許可すら申し立てられておらず、また原告が被告にCが事業を支える場合にのみ信用を供与すると伝えていたが、本件では株式発行の許可が与えられており、被告による個人的保証は与えられていない。Claremont Press 判決(552)においても、株式発行の許可が取り下げられ、結局許可が与えられていないという事情が存在していた。また、Wheeler 判決(553)、Temple 判決(554)は、過少資本を要素の一つとして考慮したにすぎず、過少資本を最も重要な要素の一つとする Platt v. Billingsley et al. 判決(555)も、法人格否認は個々の事案の特殊な事情に依拠するものとしている。さらに、Carlesimo 判決は、会社は過少資本ではないとし、さらに本件と同様に取引相手を誤認させるような行為もないとされた。結局、過少資本はその他の事情と合わせて考慮される要素の一つにすぎず、すべての事情を考慮すると本件では法人格の否認は認められないとした。

本件における債権者は事業の買収を試みていた者であり、[556] 対象会社の財務状況の調査や貸付条件の設定により自衛することを期待しても酷ではないといえよう。この判決は、本稿の観点からは、株主による表示という実質的問題点の有無を検討した正当なものと思われるのである。[557] そして、Minton 判決との事案の違いを考えると、同判決への言及がないことも不当であるとは思われないのである。

(3) Pearl v. Shore[558]

Harris 判決とともに Automotriz 判決の立場にまで後退したとされるのが Pearl 判決である。[559]

ＳＫＲ社は、購入した土地上にアパートを建設することを目的として、被告Ｓを含む四人の者により設立された。各株主は二万五〇〇〇ドルの株式をそれぞれ取得した。Ｓは、他の三人に払込資金の約半分を貸し付け、手形と株式の質入れを受けていたが、議決権は二五％しか持っていなかった。彼は同社の財務役であったが日常業務には関与しておらず、新しい不動産の頭金として追加資金が必要になったときにそれを提供するのみであった。前記の事業はＳＫＲ社を無限責任社員とする合資会社により、有限責任社員からの資本拠出を利用して行われることになっていた。原告はＳ以外の株主に勧誘されて有限責任社員となったものである。Ｓはこの合資会社に関する合意に関与しておらず、有限責任社員と会ったこともなかった。ＳＫＲ社の破綻は、追加不動産の性急な取得や会社の利益にならない費用の負担などＳ以外の株主による経営のまずさに基づくものである。Ｓは会社への貸付けについて一〇％の利息を要求し、購入した不動産を譲渡担保に取り、債権者としてこれを実行しているが、これによりＳが不当な利益を得たとはいえず、他の株主の期待に反して会社のエンジェルであることを早い時期にやめただけである。

カリフォルニア州中間上訴裁判所は、会社はその事業を行うには過少資本であったという原告の主張に対して、過少資本だけで法人格否認が認められるかは取扱いが困難な問題（nice point）であるが、過少資本を考慮要素の一つとした先例では資本額が本件の一〇万ドルに近かったものはなく、SKR社の問題は当初の過少資本ではなくS以外の株主の経営の失敗によるものであるとし、また会社が購入した不動産の取得も担保権の実行として問題はないとして、法人格否認は認められないとする。また、Sが会社債務を負担するとの表示はS自身によってもS以外の株主によってもなされておらず、Sが会社財産を横領したこともないため、詐欺による直接的責任も認められないとする。

この事案は、事業失敗に際して外部投資家が事業の経営や投資家の勧誘に関与していなかった大口資金提供者のディープポケットを狙ったものと評価できる。判決は、責任負担・保証の意思表示や会社搾取を行っていない投資家が資本金額の低さのみを理由に責任を負わされることの不当性を認識するものであり、正当であるといえよう。(560)

(4)　Arnold et al. v. Browne et al.(561)

最後に、結論に若干疑問の余地のある判決として Arnold v. Browne 判決を紹介しておこう。

原審は次のような事実を認定している。被告BらはIという組合を形成しており、Bが業務執行組合員であった。被告Bは原告らからS社の株式を購入し、後日法人化されるI社への契約移転後はBの個人責任は存在しないこと、支払はI社の約束手形により、S社株式とS社の所有するヘリコプターに担保を設定することを合意した。契約時のS社の純資産は三万三〇〇〇ドルであった。契約履行前に、Bは原告らに「I社の資本は一五万ドルになると予測している（expected）」と告げている。その後、資本金五万ドルでI社が設立され、組合への権利が株式の対価として払い込まれた。この他に、組合財産であった一万三〇〇〇ドルの現金と契約関係、被告らが個人保証した借入金などが被告らにより拠出されている。被告らの一人は、設立直後に運営費用と債務の弁済には少なくとも一一万五〇〇〇ドルの現金が必要であると取締役会に報告していた。また設立直後にＩ社はＢが負担した設立費用を引き受けている。その後Ｓ・Ｉ両社はデフォルトに陥ったが、デフォルトの前後にＩ社は被告らからの貸付けを返済し、また被告らの第三者に対する個人債務を肩代わりしている。原審はこれらの事実を前提として、Ｉ社は過少資本ではなく、また被告らが会社財産の混同・横領、その他の不誠実な行為をした事実はないとして、原告らの法人格否認による請求を棄却した。

カリフォルニア州中間上訴裁判所は、Ｉ社への契約の移転の目的と帰結は全当事者によって理解されていたとする。そして、Ｉ社の資本金額についての表示はあくまで予測としてなされたものにすぎず、デフォルト前に引き受けられた被告の個人債務は初期資本として提供された金銭についてのものであり、返済された被告からの借入れも正確に記録された事業運営のためのものであったとする。また、Ｉ社は過少資本であったとの主張に対しては、過少資本ではないとの原審の認定を覆した控訴審判決はなく、また過少資本が認定された事案においては他の要素も存在しており、過少資本は考慮要素の一つにすぎないとする。

この判決の資本金額の見込みについての表示やデフォルト直前の借入れ返済・債務引受けに対する評価については異論の余地があるかと思われる。しかし、いずれにせよ争点は詐欺的表示や偏頗弁済であったのではないかということであり、過少資本という問題が本件において重要な役割を果たすとは思われない。

(5) 小　括

以上のように、カリフォルニア州中間上訴裁判所の判決は、いずれも不法行為被害者に対するコストの外部化が問題となっていた Minton 判決とは事案を異にするものである。Minton 判決以前の Automotriz 判決等も含め、それぞれの事案における問題の核心は、契約締結時の状況や会社の搾取または偏頗弁済的行為であった。中には結論

に疑問があるものもあるが、Minton 判決と矛盾しているとはいいがたい。(562)

五　小　括

以上の検討からは、カリフォルニア州の判決における過少資本による責任への言及は、基本的に具体的事案を離れた一般論にすぎなかったということができよう。本稿の観点からは、一般論としての判示よりも、どのような問題状況が解決されているかということの方が重要であり、その意味で Minton 判決の結論は興味深いが、「過少資本のみによる法人格否認の是非に関するカリフォルニア州の判例法理」という視点からの分析はこれ以上必要ないといえよう。(563)

もっとも、学説の議論は、まさにこの一般論としての判示に反応する形で展開していく。この様相を次款で検討しよう。

(522) Ballantine はその後、カリフォルニア州会社法を起草している。
(523) 87 Cal. App. 2d. 482, 197 P. 2d. 167 (1948).
(524) 前掲（注428）。
(525) 前掲（注435）。
(526) 前掲（注426）。
(527) 前掲（注478）。
(528) 前掲（注480）。
(529) 47 Cal. 2d. 792, 306 P. 2d. 1 (1957).

(530) 前注472に対応する本文を参照。

(531) Shea 判決は賃料債務負担を逃れるために無資産の会社に賃借権を譲渡した株主の責任が認められた事案、Mosher 判決は債務者が新設した会社に個人資産を移転した事案、Dixie Coal 判決は複数の会社に分割された事業体の従業員が事故による損害について全体の支配株主に賠償請求した事案である。

なお、Automotriz 判決の事案では、無資力の会社への債務移転や、新設会社への詐害譲渡、judgment proofing による財産の確保などの問題は見られない（Cが自動車の所有権を留保していたことが認定されているが、破産直前に会社に所有権を移転しているため、judgment proofing があったとは評価しがたい）。

(532) 次に紹介する Minton 判決の原審（Minton v. Kraft et al., 12 Cal. Rptr. 86（1961））は、不法行為債権者の請求を否定すべく Automotriz 判決と事例を区別するに当たって、後者においてはCの信用に依拠して取引がなされたことを重視している（ibid. at 94-95）。

(533) たとえば、「小切手は Erbel, Inc. dba Bi-Rite Auto Sales 名義の口座から振り出すが、そこにCが資金を拠出することになっているから、心配はない」などの表示が考えられる。

(534) 前掲（注461）。

(535) 江頭・法人格否認三三五頁（強調は原文による）。この評価は、株式不発行という要素は形式的形骸化の事実にすぎず考慮に値しないという前提に基づくものと思われる。確かに、Robert E. Dye, *Inadequate Capitalization as a Basis for Shareholder Liability: The California Approach and a Recommendation*, 45 S. CAL. L. REV. 823, 826-827（1972）のように、取引前の原告のRに対する通知に一切触れることなく、判決が株式の不発行に言及していることのみを理由に、判決は過少資本のみで株主の責任を認めるには十分と考えたわけではないとするのは形式的にすぎるといいえよう。しかし、判決が株式不発行の事実から推認している別の事実までもが考慮に値しないと言い切ることはできないと思われる。

(536) 56 Cal. 2d. 576, 364 P. 2d. 473（1961）.

(537) "It conducted a public swimming pool that it leased from its owner" (56 Cal. 2d. 578) という部分からは、会社の所有者（つまり株主）から賃借していたという理解も不可能ではないが、その後賃料の不払いにより解除されているので、its owner は pool's owner と理解するのが自然ではないかと思われる。

(538) 51 Cal. 2d. 574, 335 P. 2d. 107 (1959).

Y社とK社はL一族が株主・取締役として支配する会社である。L一族は、両社に多額の金銭を貸し付け、また自ら購入した資産を有償で利用させていた。また、Y社の所有する機械について、動産抵当を除去するための資金を提供したうえで第三者の有する設備と交換し、この設備を自らが取得した。Y社は青果物加工業を営んでいたが、本件の原告ではない債権者に提起された訴訟により口座や資産を差し押さえられたため経営ができなくなった。そこで、従来農場の賃貸・経営をしていたが当時は営業を停止していたK社に財産と契約関係を移転した。Lによると、K社は収益をY社に送り、Y社はこれにより原材料供給者への支払を行っていたが、全額を弁済しなかったため政府から加工免許を取り消された。K社もその後営業を停止している。Y・K両社は帳簿上債務超過であった。Y社の契約債権者がL一族を提訴。原審は、Y・K両社はL一族に支配された名目上の存在であり、L一族は自己の便宜と債務の支払を免れるため両社の財産を混同していたとして請求を認容した。

カリフォルニア州最高裁は、食品事業を続けるためにY社が債務超過であった時点でY社の資産をK社に移転したことを特に重視して、株主であった妻（一株）と息子（二六八株）については責任を肯定したが、取締役ではあったが株主ではなかった父親については「会社との利益と所有の一致」がないとして責任を否定した。

なお、L一族による貸付けは債権者の利益にもなっていたこと、妻は経営に参加していない主婦であったことを理由に、妻と息子についても責任を否定すべきとする反対意見がある。

(539) 112 Cal. App. 2d. 420, 246 P. 2d. 1017 (1952).

原告は被告L社の取引債権者である。一九四八年にL社の全資産（簿価七〇万五〇〇〇ドル）が単独株主である被告S社に譲渡され、その対価としてL社のS社に対する負債約六〇万ドル（運転資金の貸付けなど）が免除された資産譲渡に原告を害する意図があったかは不明である)。S社は資産を譲り受けた後もL社の名称を利用して事業を継続しており、原告は資産譲渡を認識していなかった。その後のL社の解散に際して原告はL社に対する判決を取得したが、その後の調査によりS社への資産譲渡が判明したため、S社を判決の債務者に加えることを求めて提訴した。

カリフォルニア州中間上訴裁判所は、役員の共通性などのほかに、資産譲渡の対価は債務の免除でしかなく、L社は譲渡後無資産となったことを指摘して請求を認容した。

(540) 20 Cal. 2d. 839, 129 P. 2d. 390 (1942).

被告は証券取引と家屋の建築・販売を業とするS社の支配株主・社長である。同社の株主の一人である原告の妻は同社に一万二〇〇〇ドルを貸し付け、そのために担保信託証書付きの手形を所持していた。この資金の一部は原告が提供したものである。一九二九年以後、S社の業績は悪化し、原告の妻への利息は減額されて支払われていた。この後、原告とその妻を受取人として一万二〇〇〇ドルの手形が旧手形の更改として振り出されている。原告の妻は一九三六年に担保権を実行したが、一九三八年に取り消された。その後、原告が手形金の半額をS社と被告に請求した。

カリフォルニア州最高裁は、被告の責任を肯定した原審を是認しているが、関連する事情の一つとして、原告の妻がS社の株式を買い占めた被告に、会社には複数人の株主が必要なのではないか、S社とは何であるのかと問いかけた際に、被告は自分と妻がS社であると答えたということを指摘している。

この被告の発言を、会社債務について自己が責任を負う旨の表示と一般に評価できるかということには疑問もあるが、原告の妻に対してはそのような信頼を惹起させたということも可能であろう。

(541) 149 Cal. App. 2d. 428, 308 P. 2d. 428 (1957).

原審は以下のような事実を認定して、被告の責任を肯定した。

被告は従来行っていた輸出入業をO社として法人化した。株券は発行されていないが、被告は資本として五〇ドルを払い込んだ。会社は過少資本であり、被告の単なる道具といえる。被告は所有する商品の売却仲介を原告に依頼し、原告はこれを履行した。会社は原告との契約の約一年後に債務超過となり、結局倒産した。

カリフォルニア州中間上訴裁判所は、会社は不動産を有しておらず、その資産の大半は売掛債権であり、また会社に信用を供与していた銀行がすべての資産を担保に取っていたということを指摘したうえで、重度の過少資本、株券の不発行、倒産に陥る速さなどの事情は原審の判決を支持するとしている。もっとも、この他に、証拠には現れていたが原審が認定していなかった事実として、被告は会社設立後に二万五〇〇〇ドルを貸付けとして供与し、これは返還されていないことと、原告は交渉時に取引相手がO社であり法人であるということを認識していなかったということを付け加えている。

したがって、法人格否認に関する最近の判例として Automotriz 判決の株式不発行と過少資本に関する判示を引用しているものの、問題の核心は契約交渉時の債権者の相手方誤認にあると考えるべきではないだろうか。

(542) Foard 判決（前掲（注353））、Oriental Investment 判決（前掲（注356））、Erickson 判決（前掲（注358））、Chesapeake Stone 判決（前掲（注399））、Holbrook, Cabot & Rollins 判決（前掲（注386））、Dixie Coal 判決（前掲（注428））、Wallace 判決（前掲（注470））などである。

(543) 個人責任回避目的での会社設立も適法であるとして法人格否認を拒否した判決としてよく引用される Elenkrieg 判決（前掲（注464））も、建物所有権と敷地の賃借権という事業用資産は会社に移転されており、株主による事業用資産の価値の確保はなかったといいうる事案であった。

(544) 江頭・法人格否認三三七頁も、Automotriz 判決以前は「過少資本が株主の手によって不動産賃貸借その他巨大な設備の賃貸借によって塡補されていた」としており、Automotriz 判決を基準とすることに疑問はあるが、基本的に本稿と同様の認識を示している。
もっとも、江頭は、不動産賃貸借等がある場合にのみ株主への直接請求が認められてきた理由は、①賃貸借契約が会社搾取の手段として使われていたことと、②会社外の第三者からの賃借も可能であり、その場合には株主の権利の劣後化という処理ができないことにあるのではないかと推測しており、この点で本稿と視点を異にする（第一章第一節第二款二(2)を参照)。若干のコメントを付しておこう。

まず①確かに前注542所掲の判決には子会社の搾取が存在していた事案が多い。しかし、その手段は高額な賃料に限らず、高額な経営管理費や子会社からの給付への対価の不十分さなど様々である。賃貸借契約が搾取の手段であったと捉えるよりは、賃貸借契約と各種の搾取の組み合わせによって、子会社に事業を行わせつつ利益・資産が蓄積しないようにすることが目指されていたものと捉える方が適切ではないだろうか。また②については、従前の判決は支配株主や関連会社からの賃貸借であるにもかかわらず直接請求を肯定しているのであるから、説明として成り立っていないというべきであろう。株主ではなく第三者から資産を賃借しているMinton判決の方が稀なケースであり、従前の判決と比較すると、劣後化(取戻権の否定)という救済方法の可能性が低いというだけでMinton判決の結論を説明することはできないと思われる。

(545) 引用されているのはMirabito判決(前掲(注389))のみである。

(546) Dye, supra note 535 at 830. 片木・前掲(注339)四四—四六頁も参照。

(547) 210 Cal. App. 2d. 825, 26 Cal. Rptr. 806 (1962).

(548) 過少資本という要素が存在していた判決としては、すでに紹介したMinton判決(前掲(注536))、Automotriz判決(前掲(注529))、Stark v. Coker判決(前掲(注540))、Shafford判決(前掲(注541))、Shea判決(前掲(注478))のほかに、Talbot v. Fresno-Pacific Corporation, 181 Cal. App. 2d. 425, 5 Cal. Rptr. 361 (1960), Temple et al. v. Bodega Bay Fisheries, Inc., et al., 180 Cal. App. 2d. 279, 4 Cal. Rptr. 300 (1960), Wheeler v. Superior Mortgage Co. et al., 196 Cal. App. 2d. 822, 17 Cal. Rptr. 291 (1961), Claremont Press Publishing Co., Inc. v. Barksdale, 187 Cal. App. 2d. 813, 10 Cal. Rptr. 214 (1960), Engineering Service Corporation v. Longridge Investment Company et al., 153 Cal. App. 2d. 404, 314 P. 2d. 563 (1957), Pan Pacific Sash & Door Co. v. Greendale Park, Inc. et al, 166 Cal. App. 2d. 652, 333 P. 2d. 802 (1958) が引用されている(210 Cal. App. 2d. at 839)。これらを簡単に紹介しておこう。

まずTalbot判決は、材木業を営むF社の単独株主Lに対する納入業者からの代金債権の譲受人による未払代金請求に関するものである。Lは従来からSという商号により個人として材木業を営んでいたが、F社とE社を設立してSという商号で事業を継続していたものであり、F社には材木・売掛債権等の動産と債務、E社には不動産と建物付属の設備が移転されている。被告は否定しているが、この構造はF社の現在・将来の債権者を詐害する意図でなされたものであり、F社の資金がLの個人債務弁済に流用されたこともある。さらに、Lは原告の前主である納入業者に対し買主がF社という会社ではなくSことL個人であると誤信させるような表示を行っていた。この判決は特に過少資本に言及しているわけでもなく、問題の核心がjudgment proofing・会社搾取・不実表示のいずれかの点にあることは明らかであろう。

次にTemple判決は、従来C社により水産物加工業を営んでいた被告Aらが、事業の買収を打診してきた被告Lと共同してB社を設立し、事業拡大のために工場・設備の修繕・拡大等を行ったが、資金不足により破綻したという事案に関するものである。原告らはB社の設立前後に行われた施設の改善等についての請負報酬・代金債権を有する者である。判決はAutomotriz判決の過少資本に関する判示を引用しているが、この事案の問題は過少資本ではなく会社の設立・開業準備費用を誰が負担すべきかというやや特殊なものであり、また契約締結時期からして交渉時に誰が債務者とされていたかという点に関するより詳細な事実認定が必要であったと思われる。

また、Wheeler判決は、二つの法人格を用いて仲介手数料等の形により利息制限法規に違反していた金融企業とその株主・取締役であった個人に対し、超過利息についての三倍賠償責任が認められた事案である。法人格否認については二つの会社が高利貸しのために用いられたものであることのほかに株式の不発行と過少資本が指摘されているが、貸主ではなく仲介者とされた会社は違法な貸付けに直接関与したものとして責任を肯定できるように思われる。他方、株主・取締役である個人の責任に関しては、その役割（違法な貸付けの指示の有無）や会社との財産関係（過大な報酬等による搾取の有無）についての認定が薄い。Automotriz判決の抽象的な判示の影響を強く受けてしまった判決だといえよう。

さらに、Claremont判決は、B新聞社の株主兼取締役に対する印刷会社の請求が認められた事案である。交渉段階で資本として一万ないし二万ドルが必要であると述べた原告に対し、被告株主は、自分が発行について財務的責任を負うと告げている。第一号が印刷・発行された後で被告らはB社を設立した。B社の株式は発行されておらず、資本金として五〇〇ドル、貸付けとして三〇〇〇ドルが拠出された。B社は原告に二〇〇〇ドルの約束手形を振り出したが、後に印刷代の支払がない限り印刷を停止すると原告が述べた際に、被告は原告に一〇〇〇ドルの個人名義の約束手形を振り出し、また原告への支払のため資金を会社に供給している。被告はその後新聞事業を第三者に譲渡したが、その時点で原告は七〇〇〇ドル強の未払債権を有していた。判決は、株式の不発行や一週間にかかる費用が一〇〇〇ドル弱であるのに対し資本は五〇〇ドルであること、被告が事業を完全に支配していたことを指摘しているが、事案としては交渉段階での株主の表示や会社設立後も株主が支払要求に応じていたことが問題であったものと見るべきではないかと思われる。

また、Engineering 判決の事案は次のようなものである。土地の購入・分譲計画のために被告Hらはジョイントベンチャーを結成し、さらにその後分譲者としてL社（資本金二〇〇ドル）を設立した。原告はL社設立前の段階でHから土地についての調査等を請け負った者である。Hは、請求書を会社設立までは一時的に自分に、会社設立後は会社に送付するように原告に指示していた。Hらに対する原告の報酬請求について判決は Automotriz 判決の株券不発行と過少資本に関する判示を引用してL社の法人格を否認しているが、その前の部分で、請求書の送付先についてのやり取りはHら個人が負担していた債務のL社による免責的引受けおよび契約の更改を意味するものではないと述べられている。したがって、過少資本による法人格否認ではなく、L社設立前後での契約当事者変更の合意の有無が真の争点であったといえよう。

最後に、Pan Pacific 判決は、R社（資本金一〇〇ドル）に商品を販売した原告によるR社および株主・取締役をほぼ同一とするG社（資本金五〇〇ドル）に対する代金請求に関するものである。G社は住宅建設用地を取得するために設立されたものであり、土地取得後にR社に建設を委託している。判決は、二つの会社は住宅の建設と販売という単一の事業のための互いの道具であること、株主・役職員・事務所が共通していること、ともに実質的な資本を欠いていること（この指摘に際して Automotriz 判決を引用している）、必要な資金の貸し借りを相互に行っていたこと、原告の供給した商品によりG社も利益を得たことなどを指摘してG社の責任を肯定している。この判決についても原告との契約締結の状況やG・R社間の取引に関する事実認定が不十分であるとの印象を否めないが、原告の給付によりG社が利得しているという点がG社の責任を基礎づけることは考えられる（後注665—666およびそれに対応する本文を参照）。

(549) Philippe M. Salomon, *Limited Limited Liability: A Definitive Judicial Standard for the Inadequate Capitalization Problem*, 47 Temple L. Q. 321, 333（1974）も、鍵は誤解を招く名称の意図的な利用にあったとする。

(550) 8 Cal. App. 3d. 837, 87 Cal. Rptr. 614（1970）.

(551) Dye, supra note 535 at 830, Salomon, supra note 549 at 321-322.

(552) 前掲（注548）。

(553) 前掲（注548）。

(554) 前掲（注548）。

(555) 234 Cal. App. 2d. 577, 44 Cal. Rptr. 476（1965）.

レストラン事業を営む債務超過の会社を買収した被告らは、会社に資金を資本ではなく貸付けとして供給していた。その後、訴外Bが被告らから株式の一部を購入した。被告らは（その主張によると会社のために）レストランのリフォームを指揮監督するためにBを雇用した。Bの友人であった原告は、リフォーム費用を支払う十分な資金があり裕福な個人が計画を支えているというBの表示を信頼して会社からリフォームを請け負った。当初は作業の進み具合に応じて報酬が支払われていたが、その後小切手が資金不足として返還されるようになった。もっとも、原告はBと被告が一割の利息を付した月賦払いを約束したため、すぐには提訴しなかったが、この支払もなされなかったため会社を提訴した。この際に原告は差押えを行ったが、Bと被告が会社の設備についての動産抵当の設定を約束したため半額については解除された。しかし、この動産抵当も優先する租税債権の存在のゆえに無価値であることが判明したため、原告は被告ら個人を提訴した。

この事案の問題点は、会社が大幅な債務超過であったことや被告らが個人資金を出資という形式によらずに事業に供給していたこと（234 Cal. App. 2d. at 583-584）ではなく、Bによる原告への不実表示や被告の動産抵当設定の約束にあると見るべきである（ibid. at 586）。

(556)　原告の請求の経緯の詳細は明らかではないが、買収合意の一過程として行った貸付けを、その後の交渉決裂により返還請求したものと思われる。

(557)　なお、そもそも原告が Minton 判決を援用していなかった可能性も高い（See, 8 Cal. App. 3d. 842）。

(558)　17 Cal. App. 3d. 608, 95 Cal. Rptr. 157 (1971).

(559)　Dye, supra note 535 at 828 note 19 and accompanying text.

(560)　さらに、判決は過少資本との認定に消極的でもある。

(561)　27 Cal. App. 3d. 386, 103 Cal. Rptr. 775 (1972).

(562)　なお、並木俊守・前掲（注339）五—九頁は、Automotriz 判決は株式不発行という要素も挙げているため過少資本のみにより責任を認めるとしたものではなく、Harris 判決は Automotriz 判決と同様に契約債権に関する事案であるから不法行為債権が問題となった Minton 判決とは矛盾していないと説明している。これは、あくまで過少資本のみによる法人格否認の可否という点に着目した整理であり、本稿の整理とは異なるものである。

また片木・前掲（注339）四六頁は、過少資本以外の要素を要求する判決が多い理由を、「法人格否認の要件より会社支配という要素を奪い去ってしまう」ことにより「会社業務に対する事実上の支配を持たない株主や、名目的な株主にまで責任が及ぶ」という不都合を避けるためではないかとしているが、通常過少資本のみによる法人格否認を認めるべきだとする論者にそのような意図はないと思われるため、首肯しえない。

(563)　カリフォルニア州の判決には過少資本のみで法人格否認が認められるかのような判示をするものも存在するが、これらにも大きな意義は認めがたい。

たとえば、Stephen B. Presser, *Thwarting the Killing of the Corporation : Limited Liability, Democracy, and Economics*, 87 N. W. U. L. Rev. 148, 165 note 63（1992）が引用するShapoff v. Scull et al., 222 Cal. App. 3d. 1457, 272 Cal. Rptr. 480（1990）は、法人格否認の要件は予測される責任に比べて会社が過少資本である場合には満たされると述べている（222 Cal. App. 3d. 1470）。しかし、この事案は、被告らの会社の資金調達の斡旋を依頼されていた原告が、決裂後、被告らに会社債務（報酬）についての法人格否認による責任と原告と会社の間の契約侵害についての不法行為責任を請求したというものであった。そして、懲罰的賠償等を含む後者の責任の方が高額となるため、被告らは、会社は被告らのalter egoであるから被告らは第三者ではなく、原告＝会社間の契約を侵害する余地はないと主張しており、法人格否認の成立を争ってはいないのである。したがって、前記の過少資本に関する判示は傍論的な性格が強いものというべきであろう。

また、同じくPresserが引用するカリフォルニア州法を適用したNilsson, Robbins, Dalgarn, Berliner, Carson & Wurst v. Louisiana Hydrolec et al., 854 F. 2d. 1538（9th Cir. 1988）は、弁護士事務所が未払報酬を顧客である会社とその株主に請求した事件であるが、本件では会社が過少資本であることは明らかであり、また原告に依頼した訴訟の費用の借入れに個人保証をし、会社債務を個人口座から弁済していた株主は会社を独立の法人として扱っていなかったといえるとして株主の責任を肯定している。これは過少資本に重きを置いているようにも見えるが、原告が報酬も株主が負担するものであると信頼した可能性を問題としたものと見るべきだと思われる（なお、原告は知識を有する弁護士であり、明確な保証を取りつけておかなかったことに過失があるといえなくもないが、人的信頼関係の醸成が重要な役割を果たす契約であるため個人保証の要求は非現実的であるとも考えられる）。

また、著名なケースブック（Melvin Aron Eisenberg, Corporations and Other Business Organizations, Cases and Materials, 241（9th ed. Unabridged, Foundation Press, 2005））が引用するSlotow et al. v. American Casualty Company of Reading, Pennsylvania, 10 F. 3d. 1355, 1360（9th Cir. 1993）は、Nilsson判決を引用して、カリフォルニア州法においては過少資本は単独で親会社に子会社の行為についての責任を負わせる根拠となりうるとして

いる。しかし、この判決の事案は、ローンプールの受託者となっていた信託会社とその親会社である銀行、両社の取締役を兼任していた個人に対するローンプールへの投資家からの賠償請求について、取締役個人の負担を九六％、信託会社の負担を四％とする和解が成立し、取締役の負担分を支払った銀行がD＆O保険による保険金の支払を求めたというものである。そして、判決の中心は、取締役は第三者に対して個人的責任を負わないはずであり、第一に投資家に対する責任を負うのは信託会社であるから、肩代わりしても保険金により塡補されることを期待して取締役個人の負担分を増額した和解により保険会社を拘束することはできないという点にある。そして、信託会社の負担分が低く抑えられたのは信託会社から回収可能な額が少ないことを考慮したためであるが、法人格否認により銀行から回収できる可能性があるのでそのような考慮は不要であるとし、その際に親子会社間の取引が独立当事者間基準によるものではなかったことや、親会社の資産が子会社の債務をカバーするとの表示があったことと合わせて前記の過少資本についての言及がなされているのである。したがって、支払われるべき保険金の額という問題については法人格否認の議論は傍論的なものであり、過少資本が決定的な要素であったわけでもないというべきであろう。

第三款　学説の反応

前款で検討したカリフォルニア州中間上訴裁判所の判決は、過少資本は契約主体の誤認や株主の表示、意図的な会社財産の搾取や横領、株主の既存債務の会社への移転などとは区別された独立の要素であるということを前提としたうえで、(564)過少資本だけでは株主に責任を負わせる根拠とならないとしていた。学説においては、これらの判決に反対し、過少資本の存在のみを理由に株主の責任を肯定すべきだという議論が有力となったが、これらの議論も前記の前提を受容したうえでなされたものであった。その結果、その他の問題点の存在を顧みずに会社財産や自己資本が少ない事案を広く過少資本に関するものとする傾向はますます強まっている(565)。

まず、これらの学説がこのように抽象化された過少資本のみによる責任をどのように基礎づけていたのかという点から見ていこう。

一　リスク資本の投資促進

カリフォルニア州の諸判決を契機とする論文において、Dye は以下のような理論を展開していた。

有限責任は、「リスク資本の投資を奨励するため」に認められている。裕福な者をリスクのある事業に投資させるには、全財産についての無限責任ではなく、リスクに晒される資産の量を限定できることが必要であったのである。「過少資本の会社に有限責任を認めたのでは、このリスク資本の投資という目的は達成されない」ため、「有限責任を購入する対価」として適切なリスク資本が要求される。設立者がこの対価を支払っておらず、社会もリスク資本投資の増加という利益を受けていない場合には、会社債権者は株主・役員への請求を認められるべきである。「過少資本は、それだけで責任の根拠とされるべきである」と(566)。

Dye は Latty, Dix, Ballantine らの一般論を引用しているが(567)、リスク資本の投資促進という有限責任制度の目的からの過少資本による責任の演繹は従来見られなかったものである(568)。この理論は、その後かなりの支持者を得るに至っている(569)。

しかし、この考え方には疑問がある。確かに、有限責任制度の意義・目的はリスクのある事業への投資の促進にあるということは頻繁に指摘されている。しかし、このように述べられる際に想定されているのは、通常、少人数では調達できない規模の資金を公衆からの少額資本の糾合によって調達するということであると思われる(570)。言い換えれば、多くの者に事業活動に投資させることが目的なのであって（投資する側に着目した議論）、株式会社の自己資本を増加させることが目的なのではない（投資される側に着目した議論）。したがって、この理論によって過少資本による株主の責任を基礎づけることはできないというべきであろう。(571)

もっとも、同時に以下のような注目に値する具体的議論も行われていたことは無視されるべきではない。

二　不法行為債権者について

(1)　不法行為コストの外部化と株主のインセンティブ

法人格否認について不法行為債権と契約債権に分けて検討することは Douglas & Shanks の時から行われていたが、この時期には不法行為債権者の保護に関して重要な指摘がなされている。Dye は、過少資本による責任は不法行為債権の事案において最も説得力を持つとして、不法行為による損失も人件費や原料費と同じ事業上のコストだといえるが、「損害額が資本額を上回る場合には過少資本の会社はこのコストを避けることができる」とする。(572) そして、「有限責任の存在は、危険な性質の事業において資本を低く抑えることを促進する可能性がある」として、(573)「リスクの限定は、責任に対する付保や準備金の積立てを行い、事業をできるだけ安全に経営することによる株主の利益を減じる」ため、「有限責任は、被害者への補償、将来の事故の抑止、有責者の処罰という近代不法行為法の目的を阻害する」という一節を引用している。(574)

これは、会社の事業の危険性に着目し、不法行為コストの外部化とそれによる株主のインセンティブのゆがみという問題を示唆するものであるといえよう。(575) 従来から不法行為債権者による請求に関して事業用資産の賃貸借等による judgment proofing を問題とする見解は多数存在していたが、不法行為コストの外部化と株主のインセンティブを正面から問題とするものはなかったため、この点は画期的であると思われる。

(2) カリフォルニアとニューヨーク

ここには、judgment proofing がなかったにもかかわらず株主の責任が認められた Minton 判決[576]の影響があるのかもしれない。もっとも、Minton 判決に続く判決はこの時期にはなく、むしろ事業の複数の会社への分割を初めとする judgment proofing が行われているにもかかわらず個人株主の責任を否定し、責任を事業体全体の範囲にとどめた判決が登場している。著名なものであるので、紹介しておこう。

Walkovszky v. Carlton et al.[577]

原告は被告S社が所有するタクシーを運転していたS社従業員の過失による事故で負傷した。被告CはS社を含む一〇の会社の株主であり、各会社は二台のタクシーと一台につき法定最低限の自動車責任保険（一万ドル）のみを所有していた。原告は、これらの会社とC個人を被告として損害賠償を請求した。

ニューヨーク州最高裁は、会社がより大きな事業体の一部である場合にはその事業体全体が責任を負うことになるが、株主個人が責任を負担するかは株主が個人として事業を行っていたといえるか否かに依存し、事業が複数の会社からなる単一事業体により行われているということは株主個人の責任には関係ないとし、原告はC個人に対する請求原因を主張してはいないとする。そして、Cのタクシー事業全体が一つの会社により行われていたとしたらC個人への請求をすることはできないということや、零細な個人タクシー事業者が最低金額の保険にのみ加入する会社を設立して営業することも認められているということを指摘して、強制責任保険を含めた会社財産が賠償責任の履行に不十分であるというだけで法人格の否認を認めるべきではなく、保険金額が不十分であるとしたら立法による対応がなされるべきであるとする。また、原告は、各会社は過少資本でありその資産も混同されていると主張するが、Cが事業を個人として行い、個人資産を会社に出し入れしていたという主張はないとする（判決の注3によると、原告は会社財産が事業体から搾取されていた（milked out, siphoned off）との主張も行っていたようであるが、判決は、この主張は原告が会社に対する確定判決を得るまでは認められないとしている）。

これに対し、反対意見は、まず唯一の会社財産である車両には抵当権が設定されており、会社はタクシー事業から生じる責任を回避するために設立時から過少資本にされ、また事業上の収益も継続的に会社から吸い出されていたと認定し、本件の問題は、有限責任形態での事業活動を認めるという政策は、その濫用や会社の無責任な経営、社会的コストの発生にもかかわらず維持されるほど強力なものなのかということであると定式化する。そして、Ballantine の著書や Minton 判決、Anderson 判決[578]を引用したうえで、ニューヨーク州の政策は過失事故の被害者への賠償を促進することにあり、一万ドルという責任保険の最低限の定めは十分な資産を持たず、また蓄積できなかった個人・会社からも少なくとも一定額の賠償を受けられるようにするためのものであり、収益から追加的な責任保険の保険料を支払いうるような事業について責任を回避するために会社を設立した者を保護することを意図したものではないとして、C個人の責任を肯定する。

この Walkovszky 判決と Minton 判決を比較して、ニューヨーク州法はカリフォルニア州法に比べて過少資本のみによる法人格否認に消極的であるといわれることが多い[579]。しかし、Walkovszky 判決は株主個人の責任を否定したのみであって、タクシー事業を営む他の会社の責任の余地を否定したわけではない[580]。事業体の分割という judgment proofing への対処の必要性が顧みられていないわけではないのである。このため、本稿の観点、また

Dyeらの不法行為債権者の保護に関する見解から示唆される不法行為コストの外部化と株主のインセンティブへの影響という問題意識からは[581]、両判決・両州の違いは不法行為コストの外部化の防止のため責任をどの範囲で認めるのが妥当であるかという点にあると捉えるべきであるように思われる[582]。

三　契約債権者について

(1)　適切な資本への信頼

他方の契約債権者については、不実表示等がない限り株主の責任は生じないとする見解も主張されていた。たとえば、Barberが、形式的手続の不遵守が債権者をして会社ではなく株主と取引しているのだと誤解せしめた場合や、会社債務について責任を負うと表示した場合にのみ、契約債権者の過少資本による請求は認められるとしていたことは注目されるべきであろう[583]。

しかしDyeは、契約債権者は不法行為の被害者とは異なり会社と取引をするかを選択できるということは認めつつも、「この差異は有限責任の正当化根拠という観点からは無意味である」とする。そして、会社の開示か自身の調査により債権者が会社の過少資本を現実に認識していた場合には禁反言の適用により株主の責任は認められないが、債権者は特に調査をすることなしに設立時に適切な資本が具備されていたと信頼することが認められるべきであるとして[584]、過少資本を認識していなかった債権者には救済を認めるのである[585]。

もっとも、設立時の適切な資本の存在に対する信頼によっては、その後の事業経過により財務状況が悪化していた場合の救済は認められないため[586]、債権者はいずれにせよ会社の財務構成に対する調査を余儀なくされる[587]。また、従来から契約債権者による請求を一定の外観に対する信頼により基礎づけるという考え方は示されていたが[588]、Dye

の見解は何らかの外観への信頼に基づくものではない。これは、適切な資本の具備が有限責任の条件であるという理論に対する信頼にすぎないといえよう。[589] このように、Dye は、契約債権の場合には、具体的な問題点を論じることなく、基礎のあやふやな議論に終始しているのである。[590]

(2)　Penalty default

もっとも、会社が過少資本であることを認識せずに取引した債権者に対しては株主が個人責任を負うとすることにより、株主が個人責任を免れるために会社の財務状況を積極的に開示するようになることが期待されている。[591] これは、債権者の損害の回復よりも株主に情報開示のインセンティブを与えることに主眼を置くものであり、いわゆる penalty default の考え方によるものとも評価できよう。[592]

(3)　債権者の自衛可能性

以上に対し、Hackney & Benson は、Dye のような信頼理論や penalty default 論に依拠することなく、契約債権者が自衛可能性を持たない場合があるという観点から判例を整理している。まず保護されるべき契約債権者としては、取引規模が小さく相手方の財務状況を詳しく調査することが割に合わない債権者や、交渉力が弱いため財務情報を取得してリスクに対する埋め合わせを受けることができない債権者、具体的には労働者、消費者、請負人と契約する家屋所有者、小規模な業者、下請人などが挙げられており、一般的にサービスを提供するサービス業者およびすべての顧客と取引することを義務づけられている公益事業会社なども同様とされている。[593] 他方、保護が不要な契約債権者としては、銀行・社債権者などの洗練された与信者や業界における過少資本の子会社の利用の慣行を知っている法人債権者などが挙げられている。[594]

これは、契約債権者と不法行為債権者の単純な二分論に比べて精緻な分類である。しかし、主として債権者の属性に着目した結果、(595) Hackney & Benson の議論からは、債権者と債務者である会社の具体的な関係(596)および会社と株主等の具体的な関係(597)という視点が抜け落ちてしまっているように思われるのである。(598)

四　小　括

前節で見たように、Latty や Ballantine は、極端な judgment proofing が行われている事案を捉えるために、理論的説明をすることなしに「適切な自己資本」の具備と過少資本による責任を主張していた。Dye らの議論は、このような見解に対し過少資本のみによって株主の責任を基礎づけることはできないと述べる判決への再反論として、Latty や Ballantine の半ば断定的な主張に理論的説明を加えようとしたものと評価できる。しかし、Harris 判決などにおける過少資本という要素の扱いに関する議論が当該事案の問題点とは関係のない抽象論であったのと同様に、Dye らの反論も、過少資本の場合に債権者にとっての問題点が存在することを指摘するのではなく、有限責任制度に関する抽象的な（しかも不正確な）議論にとどまっていたといわざるをえない。(599)

もっとも、不法行為債権者による請求に関しては不法行為コストの外部化と株主のインセンティブのゆがみの問題、契約債権者による請求に関しては penalty default 的発想など、従来とは異なる観点が呈示され始めている。しかし、これらの個別の問題は、リスク資本の投資促進という理論的説明と結びつけられてはいなかった。これは、過少資本による株主の責任という統一的な問題の立て方の限界を示しているように思われる。

(564)　たとえば、Pearl 判決（前掲（注558））は、過少資本とは単純に資本額の大小の問題であると捉えているようである（17 Cal. App. 3d. 617, note 6 and accompanying text)。

（565）　たとえば、Dye, supra note 535 at 824 note 5は、資本構成を考慮要素に含めたカリフォルニア州の判決を二七件列挙しているが、問題類型による整理はまったくなされていない。また Salomon, supra note 549 at 325-326 note 21-23は、判例を、会社がまったく財産を持たない場合、会社財産は皆無ではないが不適切であるうえに形式的手続が遵守されていない場合、会社財産は不適切であるが形式的手続は遵守されている場合に分類して、前二者では株主の責任が肯定されるが、最後の場合には否定されると整理しているが、事案における具体的問題点にはまったく着目していない。Hackney & Benson, supra note 344 at 887 note 223の判決の引用も、過少資本のみで責任を基礎づけられるかという点についての判示のみをもとにしたものである。

（566）　Dye, supra note 535 at 833-835. なお、彼は過少資本の判断基準として会社の総資産の適切さと並んで株主の資本的拠出と非資本的拠出の比率の適切さを挙げているが、後者についてリスク資本の投資促進という観点から少なくとも前者が後者より多いことを要求するLattyに賛同している（ibid. at 843）。また、有限責任の条件が欠けていることを理由に、株主の非資本的拠出の劣後化では足りず、個人責任を課すべきだとする（ibid. at 844）。

（567）　Ibid. at 834 note 53, 835 note 57-58.

（568）　もっとも、Dix, supra note 517 at 491-492（Dyeが引用している箇所とは異なる）には、萌芽的な叙述がある。

（569）　Salomon, supra note 549 at 340-341 ; J. Penn Carolan, III, *Disregarding the Corporate Fiction in Florida : The Need for Specifics*, 27 U. FLA. L. REV. 175, 193（1974）; Hackney & Benson, supra 344 at 858 note 98 and accompanying text.

最初の見解は、過少資本であるかどうかを同業者との比較により判断し、株主の責任を、同種の事業を行う適切な資本を具備した会社から回収可能な額に限定する（Salomon, supra note 549 at 348-349）。これは、適切な資本額と現実の資本額との差額責任という発想（江頭・法人格否認三四五頁注22参照）によるものではなく、過少資本と因果関係のある損害に限るという立場だというべきであろう。

また、最後の見解は、過少資本以外の要素の存在を要求する判決が多く、ほぼすべての事案において不実表示や詐害譲渡法理による対応も可能な株主に有利な条件での会社との取引などの株主の責任を肯定しうる事情があるとするため（Hackney & Benson, supra note 344 at 885-887）、一見、過少資本のみによる株主の責任に否定的なようにも思われる。しかし、これは、過少資本に対する救済は資本の不足額か過少資本による損害額に限られるべきところ、有限責任の否定では過少資本による損害に対する救済を超えて懲罰的な帰結をもたらしかねないとの考えによるものであり、衡平法的劣後化であれば株主による貸付けの額はおおむね不十分な資本の量に等しいため問題はないとしている（ibid. at 888）。したがって、Hackney & Bensonも、過少資本以外の事情が存在しない場合でも対処を要する問題が存在すると考えているといえよう（もっとも、「過少資本による損害」の内容は明らかにされていない）。なお、日本にもDyeの説明を採用する見解が存在する（並木俊守・前掲（注339）一〇頁、一四―一五頁）。

(570)　たとえば、Henry G. Manne, *Our Two Corporation Systems: Law and Economics*, 53 Va. L. Rev. 259, 262, 278 (1967); Jonathan M. Landers, *A Unified Approach to Parent, Subsidiary, and Affiliated Questions in Bankruptcy*, 42 U. Chi. L. Rev. 589, 617 (1975). Richard A. Posner, *The Rights of Creditors of Affiliated Corporations*, 43 U. Chi. L. Rev. 499, 502 (1976) も参照。なお、Hackney & Benson, supra note 344 at 840も、経営に対する支配権を持たない者（つまり少数派株主）でも安心して投資できるようにすることに主眼があることを認識している。

(571)　なお、過少資本による責任が問題になるのは、主として親子会社や親族会社などの閉鎖会社の場合である。この場合、公衆からの資本糾合という目的も達成されていないことにあるが、これを問題視するのであれば、過少資本による責任を認めるのではなく、端的に閉鎖会社について有限責任を否定すべきであろう（このような主張をする見解として、柿崎栄治「閉鎖的小規模株式会社の有限責任の論理と政策――その構造的特質から」山形大学紀要（社会科学）一九巻二号一頁、一四―一五頁（一九八九年）がある）。筆者自身は、有限責任には責任財産の区分などの意義もあるため、資本糾合目的が機能しない閉鎖会社について有限責任を認めることに問題はないと考えている（序章第一節第二款一参照）。

(572)　具体例としては、Mull v. Colt Co., Inc., et al., 31 F. R. D. 154 (S. D. N. Y. 1962) を引用している。これは、次のよ

うな事案であった。

原告は被告C社が所有するタクシーを運転していたC社従業員の過失による事故で負傷し、約三万ドルの医療費等を支出したほか、労働能力を喪失した。事故を起こした従業員の個人資産はわずかであり、またC社の資産も二台のタクシーと法定最低限度の責任保険（事故当時は被害者一人について五〇〇〇ドル）のみであった。C社の支配株主であった被告AおよびGは、同様にタクシー二台と最低限度の保険のみを有する会社を一〇〇社設立していた。そこで、原告はその他のタクシー会社とその支配者であるA・Gに対しても提訴した（このほか、タクシーの製造者・販売者に対する請求もなされているが、割愛する）。

ニューヨーク州南部連邦地区裁判所は、個人責任を限定する目的での会社設立は適法であるとするElenkrieg判決に依拠し、本件では法人格の利用による詐欺や会社による制定法違反はない、agency理論は会社間にのみ適用されるものであり個人株主には適用されない、救済は立法によってなされるべきであるとして、被告A個人に対する請求を棄却した（Mull v. Colt Co., Inc., et al., 178 F. Supp. 720 (S. D. N. Y. 1959)）。

原告はこれに応じる形で主張を修正した。これに対し同裁判所は、タクシー事業の細分化という手段をニューヨーク州の裁判所は道徳的に非難してきたことに言及し、強制保険制度は公衆の保護を目的とするものであって、法人格の利用による責任の回避を認めるものではなく、立法による対応が望ましいが、現行法の下での救済が否定されるわけではないと述べたうえで、個人株主に対する主張の修正を有効と認めた。またC社以外のタクシー会社に対する請求についても、法人格否認の主張は有効であり、特に原告の過少資本の主張についても、一般債権者・不法行為債権者に事業の規模とその性質に内在する公共的責任に比してごくわずかな資産のみを提供しつつ、必要な費用は安全な方法で供給することにより個人責任を逃れることは不衡平であるとして成立の余地を認めた。

いくつかコメントしておこう。まず、この事案は、不法行為発生の危険性の高い事業を複数の会社に分割するというjudgment proofingが行われていた事案であるということができる。しかし、この判決は被告の主張自体失当(failure to state a claim)との申立てについての判断であるため、現実に原告の請求が認められるかは判断されていない。また、過少資本による法人格否認の主張は姉妹会社からの異議についてのみ検討されている。個人株主への請求の修正は業法違反をいうものであり、そこでは過少資本の問題は論じられていないように思われる（詳しくは、31 F. R. D. 160-161, 162-165を参照）。この点を重視すると、後で紹介するWalkovszky判決との矛盾（See, Hackney & Benson, supra note 344 at 868 note 141）はないとも思われるのである（後注577とそれに対応する本文参照）。

（573）Dye, supra note 535 at 836.

（574）引用されているのは、Note, supra note 473 at 1195である。後注675も参照。

（575）See also, Salomon, supra note 549 at 343, Carolan, supra note 569 at 194. なお、個人責任を課すことには賠償基金の積立てや責任保険への加入を促すという機能があるということを指摘するSalomon, supra note 549 at 347, Comment（Richard S. Kohn）, *Alternative Methods of Piercing the Corporate Veil in Contract and Tort Cases*, 48 B. U. L. Rev. 123, 142（1968）も、株主のインセンティブに対する責任制度の影響を考えているものといえる。

もっとも、この考え方が一般化したわけではない。たとえばHackney & Benson, supra note 344 at 867-869は、爆破を伴う事業や船内荷役・請負、公衆プール、ダム、炭鉱、タクシーの経営など一定の危険性のある事業が行われていたということには着目しているが（See, ibid. at 889-890）、過少資本の株主のインセンティブに対する影響を問題としてはいない。また、株主が事業用資産を会社に賃貸している場合についても（たとえば、爆破作業による被害が問題となったWestern Rock Company et al. v. Davis et al., 432 S. W. 2d. 555（Tex. Civ. App. 1968）など）、judgment proofingを特に問題とはしていないようである（See, Hackney & Benson, supra note 344 at 894 note 252-255 and accompanying text）。

また、David H. Barber, *Piercing the Corporate Veil*, 17 Willamette L. Rev. 371, 395（1981）は、不法行為債権者のために一定額の資産保持もしくは責任保険加入を要求する場合に、すべての不法行為債権者が補償を受けられるようにする必要はなく、合理的に予測される損害、つまり稀ではない損害のみを対象とすればよいとする（Hackney & Benson, supra note 344 at 892も同旨であろうか）。この考え方によると、発生確率は非常に低いが破滅的な損害をもたらすような事故を考慮する必要はないことになる。これは、有限責任が否定される場合を限定する意図で主張されているのであろうが、稀にしか発生しない甚大な損害を伴いうる事業に関する株主のインセンティブのゆがみへの対処が当然に不要であるとはいえないように思われる。

さらに、Harvey Gelb, *Piercing the Corporate Veil — The Undercapitalization Factor*, 59 CHI.-KENT. L. REV. 1, 12-13（1982）は、「資本」の額ではなく保険金なども含めた「資産」の額の適切性を問題とすべきであり、契約債権者は基本的に過少資産を理由とする法人格否認による請求を認められないとして不法行為債権者の保護を重視しているが、不法行為コストの外部化と株主のインセンティブに対する影響への言及はない。

なお、Barber と Gelb は投資促進という目的から過少資本による責任を演繹することもしていない。

(576) 前掲（注536）。

(577) 18 N. Y. 2d. 414, 223 N. E. 2d. 6, 276 N. Y. S. 2d. 585（1966）.

(578) 前掲（注457）。

(579) たとえば、Clark, supra note 442 at 551.

(580) また、その後の原告の請求の修正に応じて、株主が個人として事業を行っていたといえるとしてCの責任が肯定されていることも指摘しておくべきであろう（Walkovszky v. Carlton et al., 29 A. D. 2d. 763, 287 N. Y. S. 2d. 546（1968）, *affirmed*, 23 N. Y. 2d. 714, 244 N. E. 2d. 55（1968））。

(581) ただし、Dye ら自身がこのような観点から両判決を比較しているわけではない。

(582) この点については、第四章第四節第三款二を参照。

(583) Barber, supra note 575 at 387-389. このほか、Comment（David C. Cummins）, *Disregarding the Corporate Entity : Contract Claims*, 28 OHIO STATE L. J. 441, 467, 468-469（1968）; Comment, supra note 575 at 136-139, 142 ; Robert W. Hamilton, *The Corporate Entity*, 49 TEX. L. REV. 979, 986-988（1971）も参照。Cummins は、契約債権者による法人格否認の請求が認められる場合を、契約締結前に不実表示がある場合、締結後に会社搾取行為があ

る場合、その他制定法の趣旨に違反する行為がある場合に整理しており、示唆に富む（Comment (Cummins), supra at 452-458)。

(584) これに対し、従来の見解（後注588参照）は、いずれも契約締結時点で会社が利用している事業用資産が会社の所有物であるという契約締結時の状況に対する信頼を問題にしている。また、Barber, supra note 575 at 396は、設立時の資本の適切さには意味がなく、重要なのは契約締結時の資本であるとしており、妥当であろう（ただし、不法行為債権については責任負担時としているが、これには疑問がある）。

(585) Dye, supra note 535 at 837-839.

(586) Dye, supra note 535 at 839-841. 株主による資本構成の操作があった場合を除いて、事後的に過少資本と判断したのでは財務的苦境という有限責任が最も必要とされるときに認められないことになってしまうとして、過少資本の判断基準時は設立時に置くとする。

(587) なお、Dye, supra note 535 at 845は、このことをむしろ肯定的に捉えている。

(588) 賃貸借等の形式での事業用資産・資金の提供により会社に資力があるとの外観が形成されるという見解（前注381—383とそれに対応する本文および前注414参照）や、契約締結時の会社の繁栄がその後も存続すると信頼できるという見解（前注512とそれに対応する本文参照）などである。

(589) この信頼を基礎づける事実があるというためには、会社の設立時に適切な資本具備の有無の審査がしっかりと行われていることが必要である。したがって、特許主義・許可主義の時代ならともかく、準則主義による設立制度下では本文のような信頼は成り立ちえないといえよう。

(590) Dyeと同旨の見解としてRutheford B. Campbell, *Limited Liability for Corporate Shareholders: Myth or Matter-of-Fact*, 63 Ky. L. J. 23, 53（1975）; Salomon, supra note 549 at 343-344. もっとも、後者の見解は貸借対照表等の財務情報は会社の資本構造を常に正確に描写しているわけではないとしているため、契約時の財務情報の開示のみでは責任を否定するに至らないと考えているのかもしれない。

(591) Dye, supra note 535 at 845. ほぼ同旨のものとして、Carolan, supra note 569 at 195.

(592) この考え方については、Ian Ayres & Robert Gertner, *Filling Gaps in Incomplete Contracts : An Economic Theory of Default Rules*, 99 YALE L. J. 87 (1989) を参照。これにより、契約に際して会社の財務情報の開示を要求できない交渉力の弱い債権者などにも情報が供給されることとなるが、情報を取得しても取引中止・担保要求等の措置が採れるとは限らないことに注意を要する。また、財務情報さえ開示されればすべてのリスクが開示されたといえるのかという点についても検討する必要があろう。これらの点については、第四章第二節第一款を参照。

(593) Hackney & Benson, supra note 344 at 863–864.

(594) Ibid. at 861–862.

(595) たとえば、Ibid. at 863–864 note 119 は、Verastique v. Terrace Associates, Ltd., 398 S. W. 2d. 348 (Tex. Civ. App. 1966) を小規模な納入業者による株主への請求を否定した判決として取り上げている。しかし、この事案の被告は原告の納入先に不動産を賃貸していた者であり、被告およびその社員と賃借人である納入先との間に資本関係は一切ないことが認定されており（ただし、住所は同一であったようである）、賃料が特に高額であったとの主張・認定もない。原告が小規模な納入業者であったとしても、これらの事情だけでは請求が認められなくてもやむをえないと思われ、これも、Hackney & Benson が債権者の属性のみに着目していたことの証左といえよう。

(596) Hackney & Benson は、株主による不実表示や取引相手の同一性についての誤信など契約締結時の状況に問題がある場合や、株主に有利な株主＝会社間の取引がある場合については、過少資本という要素が主要な役割を果たすわけではないことは認識している（Hackney & Benson, supra note 344 at 865–866, 886–887）。親会社の契約交渉への関与（ibid. at 866 note 127）、類似の商号・共通の事務所等の利用（ibid. at note 128）、資本出資以外の資金提供（ibid. at 867 note 129. これについては前注383参照）、支配株主による会社の費用・損失の負担（ibid. at 886 note 217）などの事情のみで責任拡張を肯定すべきかという点については疑問もあるが、全体としては正当であるといえよう（彼らが過少資本のみを理由として債権者を保護すべきと考えているかという点については、前注569参照）。

しかし、たとえば、非任意的契約債権者の一つとされている小規模な販売業者の請求を認めた例としてAutomotriz 判決（前掲（注529））が挙げられている（Hackney & Benson, supra note 344 at 863-864 note 119）。これは、この事件の原告は調査能力・交渉力が不十分であったため保護されたものという理解を示すものである。原告がCの信用に依拠する旨を表明していたことは、むしろ原告が相手方の支払能力を分析し、それに基づいて交渉していたことを示唆するが（前注529—535とそれに対応する本文参照）、Hackney & Benson はこの点を顧みていないと思われる。

また、任意債権者については、任意債権者であるというだけで請求を否定されると考えているようであるが、どのような事情の認識が問題とされているのかについて事案ごとに検討する必要があると思われる。

Hackney & Benson が引用する判決には、単純に会社の資本額・財務状態（Critzer v. Oban et al. 52 Wn. 2d. 446, 451, 326 P. 2d. 53 (1958); Moore & Moore Drilling Company v. White et al., 345 S. W. 2d. 550 (Tex. Civ. App. 1961); Associates Development Corporation et al. v. Air Control Production, Inc., 392 S. W. 2d. 542 (Tex. Civ. App. 1965); White et al. v. Winchester Land Development Corporation et al., 584 S. W. 2d. 56 (Ky. App. 1979); Brunswick Corporation v. Waxman, 599 F. 2d. 34 (2nd Cir. 1979); Co-Ex Plastics, Inc. v. AlaPak, Inc. et al., 536 So. 2d. 37 (Ala. 1988) など）や取引相手の同一性（Bartle 判決：前掲（注521）; Peter R. Previte, Inc. v. McAllister Florist, Inc., et al., 113 N. H. 579, 311 A. 2d. 121 (1973); J-R Grain Company v. FAC, Inc., et al., 627 F. 2d. 129 (8th Cir. 1980) など）を問題とするものが多いが、Fisser v. International Bank, 282 F. 2d. 231, 239 (2nd Cir. 1960) のように、財務情報の調査後に親会社による保証の要求や子会社の債務履行能力（この事案では輸送用船舶の確保）の確認を怠ったことを問題とするものもある。

また、社債権者の請求が否定されたNew York Trust Co. et al. v. Carpenter et al., 250 F. 668 (6th Cir. 1918) では、社債発行会社と親会社との関係の認識が問題とされているようにも思われるが、親子会社間の関係に搾取等の問題があったがそれを認識していたというのではなく、社債は子会社の更生計画の一環として発行されたものであり、社債権者も更生計画の成功に賭けていたといいうる状況にあったことが親会社の責任が否定された要因と見るべきだと思われる。Abraham v. Lake Forest, Inc., 377 So. 2d. 465 (La. App. 1979) も、不動産開発事業は最低資本金で設立した子会社により行うという不動産業界の慣行を熟知していた用地の売主による法人格否認の請求が、売主自身も開発事業の成功に賭けたものであるとして否定された事案である（ただし、事業失敗後に親会社が取得した用地売却代金については責任が認められている）。プロジェクト用設備の購入資金を会社に融資したリース会社のプロジェクト破談後の株主に対する返還請求を棄却した O'Hazza et al. v. Executive Credit Corporation, 246 Va. 111, 119, 431 S. E. 2d. 318 (1993) も、同様にリース会社が利益を得るために財務的基盤の弱い会社にリスクのある融資を意図的にしたものと判示している。

(597) たとえば、多数派株主と対立して持株を会社に売却した少数派株主の多数派株主に対する代金請求が認められた Castleberry v. Branscum et al., 721 S. W. 2d. 270 (Tex. 1986) には、会社の発起人でもあった原告は会社の財務状況をよく知っていたのに多数派株主個人に売却しなかったものであるとする反対意見が付されている。この事案では、株式売却後に多数派株主が他の関連会社の利益を重視した経営により会社の財務状況を意図的に悪化させた形跡があり、売却前の財務状況の認識のみを問題とすることが適切であるとは思われないが、Hackney & Benson はこの点に留意してはいない。

(598) また、債権者の区分についても疑問がないわけではない。消費者による品質保証違反についての責任の追及が認められた事案とされている Service Iron Foundry, Inc. v. M. A. Bell Co., 2 Kan. App. 2d. 662, 588 P. 2d. 463 (1978) の原告は事業者であり（詳しくは、後注632を参照）、高利貸しの被害者が原告となっている Wheeler 判決（前掲（注548））と並置することが適切なのかは疑問である（See, Hackney & Benson, supra note 344 at 863 note 117）。

さらに、前注593に対応する本文で列挙した保護されるべき主体が債権者ではなく債務者として当事者となっている事案までをも引用しており（Hackney & Benson, supra note 344 at 863 note 118 が引用する Auer et al. v. Frank et al., 227 Cal. App. 2d. 396, 38 Cal. Rptr. 684 (1964) では、債権者は「請負人に依頼した家屋所有者」ではなく請負人の側であるし、Hackney & Benson, supra note 344 at 864 note 121 が引用する May Department Stores Co. v. Union Electric Light & Power Co., 341 Mo. 299, 107 S. W. 2d. 41（1937）でも公益事業会社は債権者ではなく過剰な料金徴収について債務者として責任を問われている）、そもそも事案を正確に理解しているのかという点にも疑問が生じかねないのである。

(599) Dye とほぼ同時期に、投資促進理論によることなく適切な資本の具備を有限責任の条件とする論者として、Landers, supra note 570 at 621 がいる。そこで引用されている判決は、賃貸借や担保貸付による judgment proofing と契約債権者による請求が問題となった Luckenbach 判決（前掲（注364））および Fourth National Bank 判決（前掲（注401））、契約締結時に契約責任については親会社が支援するとの表示があった G. E. J. Corporation v. Uranium Aire, Inc., et al., 311 F. 2d. 749（9th Cir. 1962）、十分な責任保険に加入していた子会社の請負工事のミスによる火災についての親会社の責任が否定された American Trading and Production Corporation et al. v. Fischbach and Moore, Inc., et al., 311 F. Supp. 412（N. D. Ill. 1970）と一貫しておらず（Landers, supra note 570 at 621 note 99）、Landers も事案の特徴に着目していないことがうかがわれる。

第四款　過少資本を重視する判決

ここで、再度判例に目を転じよう。過少資本のみを理由とする法人格否認を認めるような判示をする判決は、少数であるが、存在しないわけではない。また、過少資本単独では法人格否認を基礎づけられないが、その他の要素も存在する場合には株主の責任が認められるとする判決も少なくない。その他の要素がごく形式的なものでもたりるとされる場合には、事実上過少資本のみによる法人格否認の肯定と大差ないともいいうる。(600) しかし、ここまでの検討結果からは、これらの判示部分のみを額面どおり受け取ることは妥当ではないといえよう。そこで、以下ではこれらの判決を、事案や判決全体に着目して整理することを試みる。

一　傍論的判示

まず、過少資本を重視するかのような判示が株主の責任の肯定に結びついておらず、傍論にすぎないと評価できる判決がある。

たとえば、Frigidaire Sales Corporation v. Union Properties, Inc., et al.(601)は、「会社が過少資本である場合には債権者の利益は法人格否認の法理により適切に保護される」と述べているが、これは合資会社（limited partnership）の無限責任社員である会社の取締役・株主は無限責任を負うべきという支配と責任の一致原則のような主張を排斥する際の補足的根拠として述べられているものにすぎず、また過少資本であるとの主張もなされていない事案であった。同判決を引用するTruckweld Equipment Company, Inc. v. Olson et al.(602)も、原告は経営状況の思わしくなかった会社が信用力のある被告に買収されたことを受けて被告本人による個人保証や資本注入の確認をすることなく会社との取引を決定した事案であり、過少資本が株主の詐欺的な意図を示すこともありうるが、本件はそのような事案ではないとして責任を否定するものである。

また、Consumer's Co-op of Walworth County v. Olsen(603)も、過少資本の重要性を指摘し、契約債権者は一律にリスクを引き受けたとみなすべきであるという主張を斥け、さらに会社法の形式の無視は重要ではないとしている(604)。しかし、設立時の資本額（七〇〇〇ドル）は開業時の事業規模に照らして不十分ではないとし、その後の規模拡大により不十分となった可能性はあるが、原告は会社の弁済が滞り始めてからも自身の方針に反して与信を継続していたため過少資本を主張する権利が放棄されたものといえるとして、結局株主の責任を否定しているのである。[605] 契約債権者のリスク引受けの有無を具体的に検討している点は評価に値するが、このような結論に至るのであれば、過少資本に関する判示は不要であったように思われる。

他方、Wesco Manufacturing, Inc. v. Tropical Attractions of Palm Beach, Inc., et al.[606] は、被告株主が支配する会社が代金不払により原告との販売代理店契約を解除された後も原告の商標を用いて商品を販売していたという事案において、会社は債権者を欺くために用いられた殻にすぎず、過少資本であるとして法人格否認の余地を認めながらも、手続法的な理由により株主への請求の拡張を否定している。この事案では、結論として請求拡張が否定されるために、法人格否認の成否についてはかなり簡素な判示で済まされているように思われるのである。[607]

二　最終的な責任の存否を判断していないもの

次に、過少資本である場合には株主の責任が認められると述べつつ、最終的な責任の存否について判断していない判決がある。

例として、Labadie Coal Company v. Black[608] を見てみよう。

原告はF社に商品を販売したが、代金が支払われないため契約関係を終了し、未払代金をF社社長である被告Bに請求した。本人訴訟により対応していたBはトライアル直前になって、F社の債務について個人責任を負わないとして却下を申し立て、原審はこれを認めた。

コロンビア特別区連邦控訴裁判所は、Bによる証拠提出時期が遅すぎたため、F社の法人格の存在が立証されたとはいえないとしてトライアルの実施を命じた。そのうえで、法人格が認められた場合には法人格否認の問題が生じるとし、この問題は差戻審の判断に委ねられるが、訴訟経済の観点から差戻審のガイドとしてこの問題についても判示しておくとする。法人格否認の要件は、株主＝会社間の利益・所有の一体性と法人格を維持した場合の不衡平な結果の存在の二つに分けられるとして、まず前者については形式面の遵守の程度が問題となるとし、議事録等の整備や株式の発行のほか、原告に資産混同や報酬等を通じた会社財産の横領を立証する機会が与えられるべきであるとする。他方、二つ目の要件については、Anderson 判決(609)を引用しつつ、問題は事業の合理的なリスクに対し適切な資本が具備されていたかであると述べる。そして、Bが証拠を開示しないためF社の財務状況は不明であるが、四年前に五〇〇〇ドルの初期投資がなされていても数年間の赤字経営の後にそれが残っているかは疑問であるとしている。また、契約債権者については調査の機会がありリスクを引き受けたといえるため過少資本は重要ではないとする見解に対して、多くの裁判所はこの見解を採用しておらず、また債権者が洗練されていない場合にはリスク引受けの推定はできないとする。そして、「以上は本件における不衡平要件の一例であり、これは差戻審における事実認定に依存する。他の要素があるかもしれない」と述べ、原告とBの関係の全体像、契約時の表示や法人格の存否、形式面の遵守などがすべて検討されるべきであるとする。

末尾の部分が示しているように、過少資本に関する判示はあくまで存在しうる問題点の一例にすぎず、株主による不実表示が存在した可能性なども示唆されているのである。

次に、Laya v. Erin Homes, Inc. et al.(610)を見てみよう。

MはLとE社を設立し、後日社長に就任した。MとLはそれぞれ額面一〇ドルの株式を一〇〇株ずつ引き受けたが、これについて現金の払込みはなされていない。設立直後にMは事業用資産をE社に譲渡し、E社はそれらの購入代金債務を引き受けている。原告はE社から移動住宅を購入し、代金の一部として一万二五〇〇ドルを支払ったが、原告の主張によると、引渡しが行われず、E社によるモデルとしての展示等により価値が害されたため、契約の解除と代金の返還、出費と精神的損害および懲罰的損害賠償を求めてE社とMを提訴した。原審は、Mに対する請求を詐欺の存在や法人格否認の必要性の立証が不十分であるとして summary judgment により却下した。(611)

ウェストバージニア州最高裁は、Labadie 判決も依拠する二つの基準を紹介した後で、契約債権者によるリスク引受けの議論について原則として契約債権者は極端な過少資本のリスクを引き受けていないと推定されるべきであると述べ、極端な過少資本が基本的に不衡平である形式面の無視と結びついた場合には契約違反の責任について法人格否認が認められるとする。また、証拠によって認定されるべき多様な事実が関係する法人格否認の是非は summary judgment で判断されるべきではない、本件においては極端な過少資本や形式面の無視について事実に関する争点が存在している、summary judgment は事実関係が複雑な事案では用いられるべきではないとも述べている。

この判決は先の Labadie 判決よりも過少資本を重視しているようにも見えるが、全体としては、詳しい事実関係が問題となる法人格否認の法理の適否を summary judgment により判断すべきではないという考え方が中心となっているものといえる。差戻審でのトライアルでの争点も過少資本と形式面の無視に限られるものではないと思われる。

Laya判決と同様に原告の法人格否認の請求をsummary judgmentにより却下した原審判決を破棄する際に過少資本による責任に好意的な判示をするものとして、他にAmfac Mechanical Supply Co. v. Federerが存在する。(612)

原告は当初C社と掛売りにより取引していたが、その後現金払いを要求するようになり、債務残高である一万一〇〇〇ドルをC社の株主である被告らに請求した。被告らはC社の銀行借入れについて個人保証をしている。原審は、原告は相手が会社であると知って取引したものであり、被告らが会社と資産・事業を意図的に混同した証拠はなく、会社が債権者を誤導し詐欺をするために用いられたという一応の立証がなされていないとして訴えを却下した。

ワイオミング州最高裁は、まず資産混同の主張について、C社に譲渡された被告所有車両の名義は移転されておらず、財務諸表上C社の財産と記載されている別の新車の名義も「C社ことF」とされておりFが個人として譲渡できる状態にあったこと、会社の売上げがF個人の口座に入金されることもあったこと、別訴でFはC社財産の横領を証言していること、C社が正式に解散されることなく営業を停止した後はFが個人として事業を行い、その収益を取得していることなどを指摘する。そして、被告は資本としては五〇〇ドルと道具類、さらに車一台を拠出しただけであり、五万ドルは貸し付けられていたということから過少資本についての一応の証明はあるとする。また、裁判所は事業上の責任を免れようとする意図がjudgment-proofな会社の設立と結合した場合には有限責任を否定することを躊躇しないところ、本件では被告らが五万ドルの貸付けの返済として毎月一〇〇〇ドルをC社から引き出していたことについて、債務超過時の支配株主への偏頗弁済にも当たる可能性があるとするようである。結局、法人格否認についての一応の理由は認められるとして却下判決を破棄し、トライアルの継続を命じた。

この判決は、Labadie判決、Laya判決に比べると事実関係を詳しく論じており、差戻審に対する例示にすぎないということは難しいかもしれない。もっとも、この事案の問題点は資産混同と会社財産の横領、定期的な偏頗弁済による judgment proofing の可能性にあるといえ、過少資本に関する一般理論が大きな役割を果たしているとは思われないのである。(613)

以上の三判決は、いずれも当該事案について過少資本による責任を認めたものではない。(614) これらの判決の過少資本に関する判示を傍論と言い切ることは難しいかもしれないが、Minton 判決などの株主の責任を終局的に肯定した判決と同列に並べることは望ましくないといえよう。(615)

三　その他の問題点が存在する事案

以上に対して、過少資本についての判示が株主の責任の肯定に大きな役割を果たしているように見える判決も存在する。しかし、これらの中には過少資本以外の問題点の存在などにより説明できるものも含まれていると思われる。

(1)　詐害譲渡・偏頗弁済的な財産移転・会社の搾取

まず、多くの説明を要しないのが、原告の会社に対する訴状が送達された六日後にそれまで返済されたことのない株主からの貸付けが返済されたという Tigrett v. Pointer et al.(616) のように、財務状況悪化時に株主に対する詐害譲渡・偏頗弁済的な財産移転があった事案である。(617) また、会社の契約債権者による株主への請求について過少資本を考慮要素の中心に置くかのような判示をする DeWitt Truck Brokers v. W. Ray Flemming Fruit Co.(618) や Klokke Corporation v. Classic Exposition, Inc., et al.(619) も、株主が債権者への支払ができなくなることを認識しえたであろうにもかかわらず役員報酬等の形式で多額の金銭を引き出していた事案である。さらに、Kilpatrick Bros., Inc. et al.

v. Poynter et al.[620]では、会社の負債が増加すると株主が設立した新会社に事業用資産を移転するということが繰り返され、会社財産は最終的には株主が個人保証をしている債務の弁済に当てられたという事案であった。[621]

また、Fentress v. Triple Mining, Inc., et al.[622]の事案は、H・D・Bの三者が設立したT社がP社の生産した石炭派生物資を仲買人として販売するという事業に関連して石炭の輸送を行うこととなった原告が、許認可権維持費としてP社に一万ドルの小切手を振り出し、その代わりにBが署名したT社の約束手形[623]を受け取ることによりT社に融資したというものである。もっとも、その約一カ月後にHらはP社に与信していた二万五〇〇〇ドルの返還を要求し、石炭事業は破綻した。T社は、原告に一万ドルを支払わないまま、年次報告書の不提出により翌年解散させられている。判決は、T社は過少資本であり形式面も無視されていたと指摘した後に、原告は取引相手がHら個人ではなくT社であることとT社の資産状況を認識していたという主張に対して、原告は会社がある程度の払込資本を有していると合理的に信じたものといえるとしており、Dyeのような理論に基づく過少資本による責任を肯定しているかのようにも見える。もっとも、判決は、これと合わせて、HらはP社に対して二万五〇〇〇ドルをT社ではなくHら個人に支払うよう要求しており、Hら自身が会社の存在を重視していなかったといいうるとも述べている。ここからは、問題の本質は、Hらが事業の破綻を認識しながら会社財産を取得しようとしたことにあるように思われるのである。

このほか、支配株主による会社の搾取が認定されている事案についても、[624]過少資本との判示は重要な意味を持たないというべきであろう。

(2)　破綻が確実な状態での取引継続

次に、Hystro Products, Inc. v. MNP Corporation[625]は、従来からA社に商品を納入していたH社が最後の注文についての未払代金をA社の親会社であるM社に請求した事案である。A社は最後の注文の二カ月後に倒産した。原告の、A社を倒産させることを決意したM社が取引債権者に対する支払が不可能であることを知りつつ注文を継続させたにもかかわらずM社の責任を否定することは不正義な結果をもたらすとの主張に対し、第七巡回区連邦控訴裁判所は、Ballantine の過少資本に関する記述を引用する判決を引用して[626]、イリノイ州法は本件のような事案で法人格が否認されうることを認めているとし、M社がH社への注文を支持していた証拠はないが、それを容認していたとはいえるとしてM社の責任を肯定している[627]。これは破綻状態にある会社による取引継続による新債務の負担という、アメリカにおいてはあまり重視されてこなかった事情を問題とするものである[628]。破綻状態にある会社の資本は確かに少なくなっているであろうが、資本の額ではなく、そのような状況における株主・親会社の行為が問題であるとみるべきではないだろうか[629]。

(3)　株主による保証

また、会社に法律事務を提供した弁護士の株主に対する報酬請求が認められた McCracken v. Olson Companies, Inc., et al.[630] は、過少資本は法人格否認の判断の主要な考慮要素であるとして被告の責任を肯定しているが、この判決では被告による会社債務についての個人保証が認定されているため[631]、法人格否認の可否の検討は不要であったといえよう（その意味では、これも傍論的判示である）。先に触れた DeWitt 判決においても、支払の遅延について債権者が不満を述べた際に、支配株主が支払について個人的に責任を取るとの表示をしていたことが認定されている。また、汚染防止装置を従業員に開発させ、従業員と共同出資により装置の販売会社を設立した被告M社に対し、装置の購入者から州法の規制基準に合致していなかったことについての責任が追及された Service Iron Foundry, Inc. v. M. A. Bell Company et al.[632] でも、過少資本の問題に先立って、従来から原告と取引関係のあった

M社が装置の基準適合性について保証をした可能性がまず認定されているのである。[633]

(4) 株主自身の詐欺・義務違反等

Berlinger's, Inc. v. Beef's Finest, Inc., et al.[634] の原告は、交付した小切手について支払停止の指示を出すなどの詐欺的手法により会社に商品を納入させられた者である。判決は、被告である株主兼取締役による支配の存在と形式面の無視のほかに、資本として五〇〇〇ドル、貸付けとして一万四〇〇〇ドル、会社の借入れへの担保として一万五〇〇〇ドルという株主の投資は毎月一万ドル以上の費用がかかることを考えると不適切であるということを指摘して法人格否認を肯定しているが、原告の主張からは被告個人も詐欺行為に関与していたか否かが真の争点ではないかということがうかがわれる。[635] より株主自身の詐欺があると評価しやすい事案としては、取引の一方当事者と密接な関係のあるエスクロー会社の支配株主の一人が当該関係を他方当事者に開示せずにエスクロー業務を行ったことにより被害が発生した事案である Gardner, et al. v. First Escrow Corporation, et al. が挙げられる。[636]

また請け負った作業を途中で中止した建設会社の株主に対する依頼人の賠償請求が問題となった Gallagher et al. v. Reconco Builders, Inc., et al.[637] は、Anderson 判決[638]や Ballantine の理論に依拠して過少資本を重視するような判示をしているが、詐欺類似の不公正さという要件に関しては、過少資本は問題とされておらず、株主が作業中止前に供託されていた作業用資金を虚偽の申出により銀行から引き出したことや、作業中止を脅しに使って必要な費用を上回る額を原告から引き出そうとしたことが挙げられている。さらに、原告の依頼した作業は金額にして被告が経験したことのある作業の一〇倍以上の規模であり、そのような事業を資金の借入先の確保もせずに引き受け、さらに報酬の当初の要求額から約二五％の引下げに応じたことはギャンブルであると評価されている。[639] ここからは、判決が問題としているのは資本の額の低さよりも、[640] 作業を完成させるに足る資金を有していたかという点ではないかと考えられる。言い換えれば、資金不足により完成できない危険性を認識しうるのに作業を引き受け、その後資金不足を理由に報酬増額を要求することは一種の詐欺に当たるという評価が下されているのではないかと思われるのである。

また、フランチャイジーによるフランチャイザーの親会社に対するフランチャイズ契約違反についての賠償請求を認容したCarte Blanche (Singapore) Pte., Ltd. v. Diners Club International, Inc. et al.(641)も、法人格否認の考慮要素の一つとして過少資本を挙げているが、フランチャイザー側の組織再編により子会社は活動を停止しフランチャイザーの機能が親会社に引き継がれていたという事案であるため、親会社自身が子会社から承継したフランチャイズ契約上の義務に違反したものと評価された事案と見るべきではないかと思われる。

さらに類似する事案として、被告の経営者としての義務違反が問題であったと思われる事案も存在する。すなわち、資格を有する船長を確保せずに操業したため遭難した船舶の船員からの賠償請求に関して、Bergen et al. v. F/V St. Patrick et al.(642)は、船舶所有会社の過少資本を理由に法人格否認を認めるかのような判示をしている。しかし、その直後になされている「船員はその安全に関する法規の遵守が確保されるに十分な資本が会社に具備されていると期待する権利がある」という説明は、資本額よりも安全確保についての期待を問題とするものと読むのが自然であると思われる(643)。この判決の原審は株主の責任を基礎づける理由として法人格否認と並んで会社による不法行為に経営者として参加したことを問題としており、さらに株主らは控訴に際して責任の存在自体については争っていないのである(644)。したがって、控訴審は法人格否認が認められるため経営者としての責任には言及しないとしているが、問題の本質は過少資本による株主としての責任ではなく、労働者に対する安全確保義務違反についての経営者としての責任にあるというべきであろう。

る事案である。

(5) 不法行為債権からの judgment proofing と株主自身の不法行為

最も多いのは、何らか違法行為・不法行為についての責任に対する judgment proofing が問題であったと思われる事案である。

まず、連邦法違反の過剰な債権取立行為についての賠償請求が問題となった West et al. v. Costen et al.(645) は、Ballantine を引用して過少資本は法人格否認の根拠となるとしているが、予想される損害賠償請求に比べて会社財産が極端に少なかったことのほか(646)、被告は多額の報酬により会社を搾取しており、違法な取立行為を認識していたはずであることを指摘している。したがって、全体としてみると、違法な活動により利益を得つつ、賠償責任を逃れるために judgment proofing が行われていたことを問題とする判決と見ることができる(647)。

また、会社が過少資本であり、法人格を否認しないと詐欺を承認し不正を促進することになる場合には法人格は否認されると述べる Washington National Corporation et al. v. Thomas et al.(648) は、不当な勧誘等による投資信託の販売と委託者の意思に反した財産処理についての責任が問題となった事案である。そこでは、受託者となっていた子会社は低廉な手数料しか収入がないために意図的に赤字状態にされており、その活動により関連会社が利益を得ていた。本件の具体的な勧誘・財産処理について親会社が直接関与・指示をしていたとは思われないが、歩合給方式により販売員に違法行為によっても売上げを上げようとするインセンティブを与えていたといえ、それによる責任を限定するために信託会社に資産が蓄積されないようにしたものとも評価できよう。

さらに、老人ホームの支配株主である医師に対しての診療報酬返還請求が認められた United States of America v. Pisani(649) においては、事業資金を貸付けとして提供することによる過少資本があったとされているが、これは不実報告により過大なメディケアの診療報酬を受領した後で貸付けとして供与していた資金を回収し、会社を倒産させることで返還請求を逃れるというスキーム全体の不当性を問題としたものである[650]。また、親会社株主が従業員等と結成したジョイントベンチャーのために子会社と親会社株主が行った詐欺的な公的補助金申請と補助金の流用について親会社の責任を肯定したUnited States of America v. Jon-T Chemicals, Inc.[651]も、特に子会社が過少資本である場合の不法行為の事案においては詐欺の立証は不要であるとしており、親会社からの多額の貸付けによる支援なしに存続できないという意味での過少資本による責任を認めたものであるようにも思われるが、子会社が破産した経緯が明らかではないものの、Pisani判決のように貸付けの引上げによるjudgment proofingが行われていた可能性がある。また、親会社自身の不実申請への不関与は法人格否認による責任には関係ないとされているが、親会社の個人株主の違法行為への関与についての責任が認められていたという点で少し特殊な事案であるということを念頭に置いておくべきであろう[652]。

また、先述のService Iron Foundry判決でも、過少資本による責任に関しては、売上金を従業員と被告にボーナスとして分配することにより販売会社に資産が蓄積しないようにし、装置の品質に関する責任の回避が図られていた可能性もあると指摘されている[653]。

このように、judgment proofingの態様としては、不動産や設備等の賃貸借という初期の見解が引用していた判決においてよく見られた手段が問題である事案が減少し、利益の搾取等による資産蓄積の阻害が問題となっている事案が中心となってきていることが特徴的であるといえよう。

以上のほか、66, Inc. v. Crestwood Commons Redevelopment Corporation, et al.[654]は、自治体から土地収用権限を授与された会社がある土地の収用を試みたが、高額の査定を受けたために収用手続を放棄し、それを受けて土地所有者が一連の経緯により負担した費用等の賠償を会社とその株主であるジョイントベンチャーの構成員に請求したという事案について、会社が過少資本であったことを重視してジョイントベンチャー構成員の責任を肯定した。この会社は当該土地の収用のみを目的として設立され、収用が失敗に終わった場合には損害賠償責任を負担することを見越して無資力にされていたものである。ジョイントベンチャーが他にも同様の会社を多数設立して再開発事業を行っていたのであれば事業の分割があったといいうるが、事業用資産の賃貸借や会社利益の搾取による judgment proofing が行われていたのかは定かではない。もっとも、この事案では、会社はまったくの器にすぎず、収用手続の開始・放棄の意思決定は、ジョイントベンチャー構成員が被収用者からの請求を受ける可能性が低くはないことを認識したうえで行っていると思われるため、株主自身の不法行為[655]があったと捉えることができよう[656]。また、McKibben, et al. v. Mohawk Oil Company, Ltd., et al.[657]では、採鉱権者から採鉱権を賃借したＴ社がＭＬ社の完全子会社であるＭＩ社とのジョイントベンチャーとして採掘を開始し、おそらく賃料の基準を引き下げる意図で賃貸期間の終了間際に過剰な採掘を行ったという事案において、採鉱権者からＭＩ社に対する損害賠償請求を肯定するに際して、ＭＩ社が過少資本でありＭＬ社に対する無担保債務が存在することと、ＭＩ社の資産がＭＬ社の負債の担保に供されていることなどが指摘されている。ここでも、judgment proofing が行われている可能性とともに、ＭＬ社が器にすぎないＭＩ社を介して過剰な採掘による採鉱権の侵害を自ら行ったものと捉える余地があると思われるのである。

(6)　契約債権からの judgment proofing

また、契約上の金銭債務の回避を問題とする判決も存在する。

まず、Laborers Clean-up Contract Administration Trust Fund v. Uriarte Clean-up Service, Inc., et al.[658]は、過当競争により賃金の支払が滞りがちだった清掃業界において、業界団体と労働組合との合意により業者は信託基金に対して賃金等を支払う旨の合意が成立したが、これを履行していなかった会社の株主に信託基金が支払を要求した事案である。判決は、株主が定期的に無利息で会社に融資をしていたこと、および会社は事業に必要な財産を保有していなかったことを指摘したうえで、会社は通常発生することが予測される債務の支払に足りる収入も資本も欠いていたとして、請求を認容した。

また、Segan Construction Corporation v. Nor-West Builders, Inc., et al.(659)は、建設工事の大工作業の下請企業が、工事全体の元請であるN社の単独株主でもある発注者Cに対し未払報酬を請求した事案に関するものである。この工事がN社の唯一の事業であった。原告の作業量・報酬額をめぐる争いが生じた結果、原告は作業を中止し、これに対してN社も支払を停止した(660)。コネチカット州連邦地区裁判所は、一〇〇〇ドルの資本・資産しかないのに一五〇万ドルの作業を請け負ったN社は利益獲得を放棄したといえることやCがN社の事業を支配していたことを指摘したうえで、「N社は、過少資本の会社の形成により有限責任を得ることでリスクを避けるべく株主が自己の利益のために利用した形態にすぎない」と述べてCの責任を肯定している。

さらにKinney Shoe Corporation v. Polan(661)では、自ら利用しなくなっていた賃借中の建物をPの一人会社であるI社に転貸していた原告が、P個人による初回分の支払以降は転貸料の支払がなかったためP個人に未払転貸料を請求した事案に関するものである。財産の払込みをまったく受けていないI社は、転借した建物を同じくPの一人会社であるP社に原告への賃料の半額で再転貸しており、この再転貸料が唯一の収入であったが、これも結局は支払われていない。第四巡回区連邦控訴裁判所は、極端な過少資本と形式面無視の組み合わせは事業に参加していた株主に契約違反についての個人責任を負わせるのに十分であるというLaya判決を引用し、Pは個人資産をP社に保有させることで守ろうとし、またI社をKとP社の間に挿入することでKが資産のある会社に請求することを防ごうとしたと指摘する。そして、契約債権者による過少資本のリスクの引受けという理論については、金融機関以外の債権者に適用されるとしても強行的ではなく任意的なものであるとして、当該事案への適用を否定し、Pの個人責任を肯定しているのである。

これらの事案では、株主による事業用資産の賃貸借や会社資産の担保化は行われていないものの、株主の個人資産が予想される債務の引当てとならないように会社を債務者としているという点で事業の分割に類似したjudgment proofingがあるということができよう。しかし、原告はいずれも契約債権者であり、不法行為コストの外部化は問題となっていない。では、なぜこれらの判決では契約債権者が自己責任を問われることなく救済されているのであろうか。(662)

まず、Laborers判決については、過当競争による恒常的な賃金不払いがあったという当該業界の背景事情からは、労働者の交渉力には組合が組織されていたとしても限界があり、株主の個人保証を取れなかったことを簡単に批判することはできないと思われる。また、認定事実からは明らかではないが、会社が収入すらも欠いていたという判示からは、株主が労働者・信託基金への支払を回避するために収益を搾取していたのではないかとの疑いも生じるのである。

他方、Segan Construction判決の原告とN社は形式上下請と元請の関係にあるが、規模の大きな事業者から継続的に仕事を受注しているというわけではないため、それほど交渉力に差のある状況ではなかったと思われる。(663) しかし、作業が問題なく行われている限り被告側には支払の意思があると考えられるため、何らかの争いを原因として支払が停止されることを想定して個人保証等を要求することは、事前の段階でかえって信頼関係をこじらせる可能性もあり、困難であったかもしれない。(664) また、Kinney Shoe判決においても、両者の交渉力に大きな差があるような事情は看取されない一方、不明瞭ではあるが、契約時には被告側にも支払意図があった可能性があり、Segan Construction 判決と同様の説明が可能である。

　また、株主側の保護の必要性を減少させる要因として、次のような事情があると考えられる。すなわち、Segan Construction 判決における会社の事業は単独株主の所有不動産についての建設工事のみであり、Kinney Shoe 判決の会社も製造事業の再建を目的として設立されてはいるが本件転貸契約以外の財産・収入を有していない。そして、いずれの事案においても、会社は間に挿入されているにすぎず、原告の契約上の給付による便益を実質的に享受しているのは株主もしくはその支配下の別会社だと評価しうるのである[665]。前記の二判決は、このような場合にまで契約債権者に自己責任を要求し、株主を保護する必要はないと考えるものであるとも評価できよう[666]。

　これらの二つの判決は現在のところ判例全体に影響を与えているわけではないが[667]、Kinney 判決のケースブックでの引用頻度[668]からは、今後大きな影響力を持つ可能性も否定できない[669]。その際にも、過少資本に関する一般論的な判示に引きずられることなく、前記のような事案の特徴に留意しておくことが必要であろう。

(7) 転用物訴権

　契約債権者からの過少資本による法人格否認を認めるかのような判示をするものとしては、他に National Marine Service, Inc. v. C. J. Thibodeaux & Co. et al.[670] がある。事案は次のようなものである。船舶の所有・運航事業に乗り出そうとしたT社は、顧客と競合関係に立つことが明らかになることを防ぐためにG・MとP組合を結成し[671]、これに船舶を保有させ、第三者に賃貸させていた。従来の賃借人との関係を解消した際に、T社従業員が設立したR社（資本金一〇〇〇ドル）が新たな賃借人とされ、T社社長の旧友であるSに運航が委託された。原告は、Sに船舶の修理を依頼された業者であり、財務的困難に陥っていたR社からの回収も火災により沈没していた船舶への執行も失敗したためP組合の構成員に代金を請求したものである。

この事案において、R社が賃借人となったのは半ば偶然でもあり、P組合およびT社がR社をjudgment proofingのために利用したと評価できるかは定かではない。もっとも、R社の依頼による船舶の修理は船舶所有者であるP組合にとっても直接利益となるものである。R社とP組合・T社の間に支配関係はあっても資本関係がないことを踏まえると、この事案は、不当利得法において転用物訴権として論じられている状況に非常に類似している。その意味で、株主の有限責任の限界のみが問題とされたわけではなく、不当利得法的な考慮が影響している可能性があり（この点は前項に挙げたSegan Construction判決とKinney Shoe判決についても当てはまる）[672]、判決の文言をそのまま受け取ることは妥当でないと思われる[673]。

四　小括

以上のように、過少資本に言及し、それを重視するかのように見える判決は少なくないが、判決全体や事案をよく分析すると、本当に過少資本という要素が重要なのか疑問であるものが多い[674]。また、それらの事案における具体的な問題点は、多様なものであった。このような観点からは、過少資本への言及は事案における問題の本質を認識しにくくするものであり、望ましいものではないと評価することができると思われる。

(600) これは、「過少資本は考慮要素の一つにすぎない」とする判決に比べると、かなりのニュアンスの違いがある。

(601) 88 Wn. 2d. 400, 404, 562 P. 2d. 244 (1977).

(602) 26 Wn. App. 638, 645, 618 P. 2d. 1017 (1980).

(603) 142 Wis. 2d. 465, 419 N. W. 2d. 211 (1988).

(604) 142 Wis. 2d. 477-482, 490.

(605) 類似の事案として、Bostwick-Braun Co. v. Szews, 645 F. Supp. 221, 226 (W. D. Wis. 1986) がある。この判決は、ウィスコンシン州裁判所は過少資本による法人格否認の請求を受け入れる可能性があるとしているが、過少資本は被告株主側の「原告は会社の資本構成を調査・評価する機会を有していた」との主張から推認されているにすぎず、また原告は会社の資本構成についての財務書類を一度要求していながら与信を継続したものであるとして株主の責任を否定しているものである。

(606) 833 F. 2d. 1484 (11th Cir. 1987).

(607) この事案には、当初は被告株主が別の者と構成する組合との間で代理店契約が締結されており、組合が解消された後で被告株主が組合と名称の類似する会社を設立して代理店契約を継続したという事情があり、この経緯が原告側においてどのように認識されていたのかという点こそが重要であると思われるが、この点についての判示はない。

(608) 672 F. 2d. 92 (D. C. Cir. 1982).

(609) 前掲（注457）。

(610) 177 W. Va. 343, 352 S. E. 2d. 93 (1986).

(611) Summary judgmentとは、重要な事実に関する真正の争点がない場合に、トライアルによる事実認定を経ないで下される法律問題についての判決である。浅香吉幹『アメリカ民事手続法』九六頁（弘文堂、二〇〇〇年）参照。

(612) 645 P. 2d. 73 (Wyo. 1982).

(613) Amfac Mechanical判決を引用するEastridge Development Company v. Halpert Associates, Inc., et al., 853 F. 2d. 772 (10th Cir. 1988) も、子会社の過少資本に言及してはいるが、より重要なのは、親会社が子会社を買収した後で子会社の責任保険を解約し、子会社の収入を親会社が直接取得していたことや、子会社を吸収合併するためにした出資を原告からの賠償請求訴訟の可能性を認識した後に引き上げたことであろう（これらは、次項で検討する偏頗弁済的な財産移転や不法行為債務からの judgment proofing であると評価しうる)。

(614) なお、残念ながら以上に掲げた三つの判決の差戻審判決を発見することはできなかった。

(615) このほか、Iron City Sand & Gravel Division of McDonough Company v. West Fork Towing Corporation, 298 F. Supp. 1091, 1098-1099 (N. D. W. Va. 1969) が、全株式の所有が「他の要素、特に過少資本と結合された場合には」法人格の否認に困難はないと判示している。これは、預かっていた原告の艀を洪水時に流出させてしまった会社とその株主の責任が追及された事案であり、この判決自体は保管についての過失が存在しないため会社の責任が認められないとした。先の判示は、上級審で過失があるとされた場合に備えてなされた傍論的なものである。その後の控訴審 (Iron City Sand & Gravel Division of McDonough Company v. West Fork Towing Corporation, 440 F. 2d. 958 (4th Cir. 1971)) では、実際に原審が覆され、会社の過失を認定して損害額について差し戻されているが、株主の責任についての判示はなされておらず、差戻審判決もないため、前記の傍論部分が現実に機能したのかは定かではない。また、株主個人・姉妹会社が会社に事業用地・建物を賃貸し、その他の事業用資産の取得費用も貸し付けていたということが認定されているので、仮に株主の責任が肯定されたとしても、預託物に十分な注意を払わないという営業を judgment proofing によって行っていたことが問題であったと解することもできる事案だと思われる。なお、この事件の原告は契約債権者ではあるが、艀の保管というサービスの購入者であり、相手方の保管能力についての調査は期待しうるが賠償資力についての調査を期待しにくいという考え方もあることについて、前注397を参照。

(616) 580 S. W. 2d. 375 (Tex. Civ. App. 1978).

(617) 類似の事案として、J. L. Brock Builders, Inc. v. Dahlbeck et al., 223 Neb. 493, 391 N. W. 2d. 110 (1986), Terren, et al. v. Butler, et al., 134 N. H. 635, 597 A. 2d. 69 (1991) がある。なお、Nerox Power Systems, Inc., et al. v. M-B Contracting Company, Inc., et al. 54 P. 3d. 791 (Alas. 2002) では、経営状態悪化時に会社の唯一の資産である鉱山を支配株主の親族による財団や経営者を含む一部の債権者への担保に供したという事案について、担保権が劣後化させられているほかに、会社の過少資本と会社資産の親族への担保提供を理由に支配株主個人の責任も認められているが、担保権の劣後化という救済を認めたうえで支配株主の責任をも基礎づけうる事情が認定されているようには思われず、結論に疑問がある。

(618) 540 F. 2d. 681, 685–687 (4th Cir. 1976).

(619) 139 Ore. App. 399, 912 P. 2d. 929 (1996). この判決では、株主の責任額も会社から引き出した財産の額に限定されている。他方、旧会社が債権者に差押えを受けた直後に設立した新会社に事業を移転したという事案であったSansone v. Moseley, 912 S. W. 2d. 666 (Mo. App. 1995) では、被告株主の責任額は旧会社から移転された設備等の財産の額に限定されるべきであるとの主張を斥けるに際して、旧会社が過少資本であったことが意味を持つかのような判示がなされている。しかし、旧会社の所有設備等の価額が高くはなかったとしても旧会社から移転された契約関係の価値まで考慮すると、過少資本との判示がなくても設備の価額を超える責任を認めることは可能であったように思われる。

(620) 205 Kan. 787, 473 P. 2d. 33 (1970).

(621) なお、C. Mac Chambers Company, Inc. v. Iowa Tae Kwon Do Academy, Inc., et al., 412 N. W. 2d. 593 (Iowa Sup. 1987) では、同様に新設会社への詐害的な事業移転が行われた事案において、旧会社の経営には関与していなかったが新会社の株主・役員となった者の責任を肯定するに際して新会社が過少資本であったことが重視されているが、反対意見が指摘するように、この者が事業移転を企画・主導したことを根拠とすべきであったように思われる。

(622) 261 Ill. App. 3d. 930, 635 N. E. 2d. 102 (1994).

(623) このBの署名権限についても争われているが、その後社長であったHが署名した手形に書き換えられており、問題はないものと思われる。

(624) たとえば、Schoenberg et al. v. Romike Properties et al., 251 Cal. App. 2d. 154, 59 Cal. Rptr. 359 (1967), Kvassay v. Murray, et al., 15 Kan. App. 2d. 426, 808 P. 2d. 896 (1991), Dwyer, et al. v. ING Investment Company, Inc., et al., 889 S. W. 2d. 902 (Mo. App. 1994), Commodity Futures Trading Commission, et al. v. Topworth International, Ltd.,

et al., 205 F. 3d. 1107 (9th Cir. 1999) など。また、Directors Guild of America, Inc. v. Garrison Productions, Inc., et al., 733 F. Supp. 755 (S. D. N. Y. 1990) では、記述の多くが被告による会社の支配の強度に割かれているが、映画制作会社のほぼ唯一の資産であった映画の権利を支配株主が安価に取得し、また映画を自らの利益のために活用していたということが、労働者からの未払賃金請求についての支配株主の責任が肯定された主因であったように思われる。

(625) 18 F. 3d. 1384 (7th Cir. 1994).

(626) Stap v. Chicago Aces Tennis Team, Inc., et al., 63 Ill. App. 3d. 23, 28–29, 379 N. E. 2d. 1298 (1978). この判決は、法人形態を取るテニスチームと契約していたプレイヤーの、他の所有会社を利用した株主の資金操作による過少資本を理由とする法人格否認の請求を却下した原判決を不当として差戻しを命じるものである。

(627) なお、M社は上述の Bostwick-Braun 判決（前掲（注605））と Consumer's Coop 判決（前掲（注603））を引用して原告は権利を放棄したものであると反論しているが、判決は、本件の原告はA社の財務的困難を認識したうえで与信を継続したものではないとして退けている。

(628) 強いて挙げるとすれば Dix の見解があるが、彼は過少資本状態での事業継続によりどのような問題（新債務の負担や財産状態のさらなる悪化など）があるのかを論じてはいなかった（前注517―521およびそれに対応する本文を参照）。

(629) なお、アメリカにおいては、一九九一年の Credit Lyonnais Bank Nederland, N. V. et al. v. Pathe Communications Corporation et al., 1991 Del. Ch. LEXIS 215 以降、倒産直前状態（vicinity of insolvency）にある会社の取締役が株主のみならず債権者に対しても誠実義務を負うかという問題が活発に議論されるようになっている（最近の文献として、Rutheford B. Campbell, Jr. & Christopher W. Frost, *Manager's Fiduciary Duties in Financially Distressed Corporations : Chaos in Delaware (and elsewhere)*, 32 J. CORP. L. 491 (2007)）。Hystro Products 判決にはこの問題に関する判決・学説の明示的な引用はないが、このような状況の影響もあったのではないかと思われる。

(630) 149 Ill. App. 3d. 104, 500 N. E. 2d. 487 (1986).

（631）　149 Ill. App. 3d. at 112-113.

（632）　2 Kan. App. 2d. 662, 588 P. 2d. 463 (1978).

被告M社は従業員Pに安価な汚染防止装置を開発させたが、Pの希望により特許はPが九割、M社が一割を出資して設立したP社（資本金一〇〇〇ドル）が有することとし、M社はP社から装置の独占販売権を取得し、P社自身が販売した場合にも売上げの一割を取得することとされた。PはP社設立後もM社の従業員である。従来からM社と取引のあった原告は、カンザス州の環境基準に合致するためにこの装置を購入しようとした。交渉過程において、州当局から不十分さを指摘された原告からの問い合わせに対し、PはM社従業員の立場において、別の会社に設置したデータからは問題がないと思われると回答した。この後で正式な契約が締結された。その際、M社は「P社からの書面を送る」としており、その中に「P社は装置がカンザス州法に合致すると診断する」との記述があった。また、請求書と契約書の名義はP社となっている。その後、結局規制基準を達成できないことが判明したため、原告はP社とM社を提訴したが、原審は法律問題としての判決（judgment as a matter of law）としてM社に対する請求を棄却した。

カンザス州中間上訴裁判所は、以下のように述べて原審を破棄している。M社は契約当事者ではなくP社の代理人であったが、代理人が独立して商品を保証することは可能であり、口頭証拠排除法則は代理人には適用されないとして、M社自身による独立の品質保証の有無についての証拠が検討されるべきであるとし、保証があったと認定される可能性もあるとする。またM社とP社の関係についての証拠を原告に有利に検討すると法人格の否認も認められる可能性があるとして、P社は過少資本ではないという原審の認定についても、販売代金はPとM社にボーナスとして分配されており、装置の機能不全による責任から売上金を隔離するためになされたものという意味を与えることもできるとした後で、株主は予期される責任に適切な資本をリスクに晒すべきであり、過少資本である場合には法人格否認の根拠となるとする。

（633）　このほか、Minnesota Power v. Armco, Inc., 937 F. 2d. 1363 (8th Cir. 1991) も、被告親会社が最終的な責任を負う

との理解でよいかとの債権者からの問い合わせに明確な返答をせず、また債務者であった子会社の組織変更について債権者に通知していないという、債権者との交渉過程に問題がある事案に関するものである。また、Inryco, Inc. v. CGR Building Systems, Inc., et al., 780 F. 2d. 879 (10th Cir. 1986) についても、過少資本に関する判示ではなく、法人成り以前から契約関係にあった債権者に対して法人成りを通知していなかったと評価しうるとされていることの方が重要である。

(634) 57 Ill. App. 3d. 319, 372 N. E. 2d. 1043 (1978).

(635) 57 Ill. App. 3d. at 324. 被告側の証拠提出が乏しいため、事実認定は詳しくない。

なお、Hart v. Steel Products, Inc., et al., 666 N. E. 2d. 1270 (Ind. App. 1996) は、会社の営業譲渡に際して経営者が買主に虚偽の財務情報を開示したため買主が会社・経営者のほか経営には関与していなかった単独株主に代金の返還を請求したという事案について、経営者による詐欺的行為のみによって営業譲渡の受益者であった単独株主に対する請求も基礎づけうるとしたうえで、会社は過少資本でもあったと指摘している。判決の構造自体から読み取れるように、この事案の本質も株主側の者による詐欺的行為にあるといえよう（株主自身が直接詐欺的行為を行ったわけではないが、経営者が当該取引により受益する単独株主の意を受けて行動した可能性は高いと思われる）。Mobridge Community Industries, Inc. v. Toure, Ltd., et al., 273 N. W. 2d. 128 (S. D. 1978) も、同様に経営者による会社の財務状況の不実開示が中心的問題であった事案であるといえよう。また、H.E.D. Sales, Inc. et al. v. Szalc, 596 S.W. 2d. 299 (Tex. App. 1980) の被告も、原告に販売する自動車に第三者の担保権が付着していることを知りつつ、このことを開示していなかった可能性がある。

(636) 72 Ore. App. 715, 696 P. 2d. 1172 (1985). ただし、本文の観点からは、エスクロー業務に関与していない株主にも会社の過少資本を理由に責任を負わせたことには疑問があるといわざるをえない。

(637) 91 Ill. App. 3d. 999, 415 N. E. 2d. 560 (1980).

(638) 前掲（注457）。

(639) 91 Ill. App. 3d. 1006.

(640) なお、資本額に関しては、払込資本が法定最低額である一〇〇〇ドルしかないのに株主が時折一〇〇―二五〇ドルを引き出していたため表示資本・払込剰余金が法定最低額を違法に下回っていたといえるということを問題としているが、これがイリノイ州の最低資本金・資本減少制度の適切な理解であるのか疑問もあるところである。

(641) 2 F. 3d. 24 (2nd Cir. 1993).

(642) 816 F. 2d. 1345, 1351-1352 (9th Cir. 1987).

(643) 会社の資本額が不足していたため資格を有する船長を雇用できなかったというわけではなさそうである。また、遵守が問題とされている船長の資格に関する 46 U. S. C. 224 (a)（現在は、46 U. S. C. 7101）には会社の資本額への言及はない。

(644) 816 F. 2d. at 1347.

(645) 558 F. Supp. 564 (W. D. Va. 1983).

(646) 連邦法上の違法な取立行為についての賠償請求は一件でも一〇〇〇ドルを超えるのに、会社の資本金は一〇〇〇ドルで、他の財産は事務用品のみであった。おそらく、取立対象である債権は会社に譲渡されてはいないものと思われる。

(647) このほか、子会社の貸金の過剰な取立行為についての親会社の責任を肯定した Gentry v. Credit Plan Corporation of Houston et al, 528 S. W. 2d. 571 (Tex. 1975) は、不法行為債権者は契約債権者とは異なり親会社への請求に際して詐欺を立証する必要はなく、問題の本質は損失の分担であり、子会社の財務的な強さが重要な考慮要素となると述べており、過少資本を重視しているようにも読める。しかし、この事案では子会社は欠損状態であり、貸付資金は別の子会社から貸付形式で供給されていたため、West 判決と同様に judgment proofing を問題にする余地があった可能性は否定できない。

(648) 117 Ariz. 95, 101, 570 P. 2d. 1268 (1977).

被告WN社は被告A社とT信託会社の親会社であり、AF社はA社の子会社であり、FはA社が運営している投資信託である。一件年一〇〇ドルの信託手数料のみを収入源とするT社は年一〇万ドルの赤字を出していたが、T社の活動を通じたA社・Fの投資信託の販売による利益を勘案すると許容範囲であった。原告夫妻は、Fの投資信託販売により手数料を得ていたAF社従業員Wの勧誘により、W個人を信頼し、T社と年一〇〇ドルという低額な手数料と引換えに財産の二割以上をF社の投資信託に投資することを条件とする信託契約を締結した。原告らの信託契約締結の動機は租税負担と管理費の節約にあったが、これらの点についてはWがミスリーディングな表示をしていたものである。なお、原告らは所有している株式の販売を禁止する条項を信託契約に入れることをWに要求したが、これは反映されていない。もっとも、T社は原告らの同意なく株式を販売しないとの念書を送っている。その後、原告らはファンド購入という条件に応じるために株式を売却したが、それにより譲渡益課税が生じた。また、Wは原告の臨終時に原告夫人に契約条件の変更書類に署名させ、原告の死後株式を売却し、投資信託を購入させた。これらの譲渡益課税を生じさせる株式販売とその対価による投資信託購入は州証券法違反に当たる。これに気づいた夫人は信託契約を解除したが、損失を被った。

アリゾナ州中間上訴裁判所は、T社は収益を搾取される代わりに、意図的に損失を出すように仕組まれていたとして、WN社の責任を肯定したが、A社の責任は否定した。

(649) 646 F. 2d. 83 (3rd Cir. 1981).

(650) 646 F. 2d. at 88-89.

(651) 768 F. 2d. 686 (5th Cir. 1985).

連邦政府は補助金の返還を親会社株主Tと子会社F社に請求したが、F社は破産し、おそらくTも無資力であったため、親会社であるC社を提訴した。

(652) もっとも、個人株主が所有する親会社株式に執行した債権者は親会社の債権者に劣後することになるため、このことのみにより親会社の責任が肯定されるわけではない。

(653) 前掲（注632）参照。2 Kan. App. 2d. at 676. この事件の原告は物品の購入者という契約債権者ではあるが、相手方の信用力を注意深く調査しない可能性があることについて、前注397を参照。また、住宅に瑕疵があることを認識した株主が会社を設立したうえで会社を通して住宅を販売し、その代金を株主の口座に入金していた場合に、瑕疵について株主の責任が認められた事案として、Dana et al. v. 313 Freemason, a Condominium Association, Inc., 266 Va. 491, 587 S. E. 2d. 548 (2003) がある。

(654) 998 S. W. 2d. 32 (Mo. 1999).

(655) 土地収用手続は一方的に開始されるものであり、被収用者は収用者を選択できないのであるから、被収用者は一種の不法行為債権者であるといえよう。

(656) 悪意の提訴についての責任が問題となったSampson v. Hunt et al. 233 Kan. 572, 665 P. 2d. 743 (1983) についても同様の指摘が可能であろう。また、Glenn, et al. v. Wagner, et al, 67 N. C. App. 563, 313 S. E. 2d. 832 (1984) についても、建物を所有する会社とそれから建物を賃借して貸アパート事業を営む会社を分離して入居者の不当な閉め出し等を行っていた株主・経営者の責任は、入居者への不当な扱いに基づく賠償請求からの建物の隔離というjudgment proofingと株主・経営者自身の不法行為という観点から基礎づけられると思われる。

(657) 667 P. 2d. 1223 (Alas. 1983).

(658) 736 F. 2d. 516, 524-525 (9th Cir. 1984).

(659) 274 F. Supp. 691 (D. Conn. 1967).

(660) 原告の作業中止は契約違反ではないが、これに対するN社の支払停止は契約違反であるとされている。274 F. Supp. at 697.

(661) 939 F. 2d. 209 (4th Cir. 1991).

(662) すでにいくつか契約債権者からのjudgment proofingが問題となったものと見うる事案（Luckenbach判決（前掲（注364））、Fourth National Bank判決（前掲（注401））など）を検討してきたが、これらについても、契約債権者が救済される理由が問題となるはずである。この点については、本章第六節第二款二(2)で再度検討する。

(663) この点で、Hackney & Benson, supra note 344 at 864 note 120 の整理は形式的にすぎるといえよう。

(664) このことは、逆に被告株主の側に「弁済について心配する必要はない」などの保証と評価できるかが微妙な、しかし相手方の信頼を惹起するような言動があった可能性も示唆している。そのため、契約締結時の状況についてのより詳細な事実認定が望まれるところである。なお、Kinney Shoe 判決とほぼ同様のスキームにおいて株主による信頼惹起行為があった事案として Weisser 判決（前掲（注461）参照）が、賃貸借契約上転貸が禁じられており、賃貸人が賃借人と現実の占有者が異なることを認識していなかった事案として Real Estate Investors Four, Inc. v. American Design Group, Inc., et al., 46 S. W. 3d. 51 (Mo. App. 2001) がある。他方、第三者による信頼惹起はあるものの親会社の関与がうかがわれない事案として、Darling Stores 判決（前掲（注521）参照）がある。また、四対三の僅差であるが、同様の事案で親会社による信頼惹起行為がない場合に親会社の責任が否定されたものとして、North et al. v. Higbee Co. et al., 131 Ohio St. 507, 3 N. E. 2d. 391 (1936) がある。

(665) 過少資本による責任への言及はないものの、請負人による発注者である会社の個人株主と姉妹会社に対する請負報酬残額の請求が認容された Zaist et al. v. Olson et al., 154 Conn. 563, 227 A. 2d. 552 (1967) や、すでに紹介した Pan Pacific 判決（前掲（注548）参照）も類似の事案といえよう。前者においては、発注された作業は個人株主と姉妹会社の所有地に関するものであり、原告の作業が個人株主と姉妹会社の利益となっていた旨が認定されているほか、原告は取引相手や土地の所有者が会社であるのか株主であるのかを正確に認識していなかったとも認定されている（なお、発注会社は本件請負契約の一〇年以上前に設立されたものであり、その他の建設事業をも行っていたという事情があり、この点を重視する反対意見が付されている）。また、Agway, Inc. v. Brooks, 173 Vt. 259, 790 A. 2d. 438 (2001) は、農場主が不動産・家畜・設備等の資産を保有したまま無資力の会社を設立し、その後は飼料等の納入業者との取引を会社名義で行うようになったが、納入業者が残代金を株主である農場主に請求したという事案について、納入業者側が取引主体の変更を正確に理解していなかったことをうかがわせる事情を指摘しつつ（173 Vt.

261）、会社が過少資本であったことを重視して株主の責任を肯定している。

他方、Segan Construction 判決と類似の事案について株主の責任を否定したものとして、Bartle 判決（前掲（注521）参照）がある。この判決を批判するものとして David Millon, *Piercing the Corporate Veil, Financial Responsibility, and the Limits of Limited Liability*, 54-57（2006, available at http://ssrn.com/abstract=932959）がある（株主の資金力の限界により会社に資金提供がなされないリスクを債権者が引き受けていたとはいえないとする）。

（666）なお、これらの事案の日本法上の処理を考えた場合に本文とは異なる理解も考えうることについて、本章第六節第二款二⑵を参照。

（667）Segan Construction 判決、Kinney Shoe 判決について、Lexis Nexis（http://www.lexis.com）の Shepard's 機能によりこれらを引用している判決を検索したところ、それぞれ一〇件と四件のみであり、しかも当該事案において過少資本を理由に株主の責任を肯定したことを評価・指摘しているものは見当たらなかった（二〇〇七年九月二一日現在）。

（668）See, William T. Allen, Reinier Kraakman & Guhan Subramanian, Commentaries and Cases on the Law of Business Organization, 156（2nd ed., Aspen, 2007）, Jeffrey D. Bauman, Elliott J. Weiss & Alan R. Palmiter, Corporations Law and Policy, Materials and Problems, 348（5th ed., West, 2003）, Jesse H. Choper, John C. Coffee, Jr. & Ronald J. Gilson, Cases and Materials on Corporations, 261（6th ed., Aspen, 2004）, Melvin Aron Eisenberg, Corporations and Other Business Organizations, Cases and Materials, 248（8th ed. Unabridged, Foundation Press, 2000）（ただし、同書の第九版（前掲（注563））では、Kinney Shoe 判決とそれに続く Hackney & Benson, supra note 344 の引用がなくなっている。これがどのような意図に基づくものかは不明である）.

（669）もっとも、学説上は、本文で指摘した事情を考慮することなく Kinney Shoe 判決を批判する見解が少なくない（Stephen M. Bainbridge, *Abolishing Veil Piercing*, 26 J. Corp. L. 479, 519（2001）（この論文は Stephen M. Bainbridge, Corporation Law and Economics, Chapter 4（Foundation Press, 2002）に収録されている）, Vincent

M. Roche, *"Bashing the Corporate Shield": The Untenable Evisceration of Freedom of Contract in the Corporate Context*, 28 J. Corp. L. 289, 301-302 (2003))。

(670) 501 F. 2d. 940, 942 (5th Cir. 1974). 契約債権者による法人格否認は詐欺の立証がない限り許されないとする主張に対して、過少資本もしくは完全な支配が存在する場合には詐欺の立証は不要であると述べている。もっとも、その直後に引用されている原審の判示は会社が被告らの手足となっていたと指摘するものであり、過少資本よりも支配の要素が問題とされていたとも考えられる。

(671) 当初は法人として組織されたが、本件の取引が行われる以前に法人は解散され、組合として存続している。

(672) たとえば、Francis O Day Co., Inc. v. Shapiro et al., 267 F. 2d. 669, 674 (D. C. Cir. 1959) は、元請会社の姉妹会社所有地についての作業報酬について下請会社が元請会社の株主と姉妹会社を提訴したというSegan Construction 判決と類似の事案につき、契約は株主自身の利益のためのものであり、不当利得を防止することも裁判所の任務であるとして、請求却下判決を破棄して原審に差し戻している。

(673) なお、転用物訴権という名称は大陸法的なものだと思われる（この問題については、加藤雅信『財産法の体系と不当利得法の構造』七〇三頁以下（有斐閣、一九八六年）を参照）。本稿では、アメリカの不当利得法（unjust enrichment）上、契約関係から利得を得た契約外の第三者に契約当事者の一方が請求権を有するかという問題がどのように取り扱われているのかということを調査するには至らなかった。この点については今後の課題としたい。また、そもそも転用物訴権による請求を認めるべきかという点についても検討が必要であろう。

(674) もちろん、中には事実認定が薄く、具体的な問題点が何であったのかが不明瞭な判決も見受けられた。また、本稿で検討した判決は過少資本に関する主要な文献・判決において引用されているものに限られており、過少資本に何らかの形で言及しているアメリカの判決をすべて網羅しているものではない。

第五款　小　括

本節では、Latty と Ballantine によって確立された、「適切な自己資本」の具備を有限責任の条件とし、過少資本の会社の株主に責任を課すという立場をめぐる学説・判例の展開を追ってきた。その検討により浮かび上がってきたのは、一言で言い表すならば「混乱」ともいうべき状況であった。

まず、学説においては、極端な judgment proofing を捉えるための便法として理論的な説明なしに導入されたにもかかわらず judgment proofing 以外の事案にも適用されうる抽象的な観念であった過少資本という枠組みに、一貫性のない多様な議論が盛り込まれてきた。これらの中には独立した検討に値する観点も含まれているが、過少資本による責任を理論的に基礎づけようとする試みは概して失敗に終わっていたといえよう。

他方、判例においても過少資本による責任の理論に関する判示が増加したが、その多くは株主の責任を基礎づけるには至らない一般論としてなされたものにすぎず、また株主の責任が肯定された事案も過少資本以外の観点による説明が可能なものがほとんどであった。特に、後者の場合には過少資本への言及によって真の争点が見えにくくなる可能性もあり、過少資本による責任という議論の弊害を示すものともいいうる。

このような状況のゆえか、近年では Latty や Ballantine の理論の影響力は弱まっているように思われる。この様相を次節で検討しよう。

第四節　「適切な自己資本」からの離脱

前節で見たように、一九八〇年代前半までは、「適切な自己資本」の具備を有限責任の条件とする見解が非常に有力であった。しかし、他方で七〇年代末から異なる見解も登場し始めており、近年ではこちらの方が有力となっている。これらは、過少資本による責任という考え方の問題点を指摘するもの、過少資本を株主のインセンティブがゆがみやすい状況と捉えるもの、過少資本という観点から離れて有限責任の是非自体を問うものに分けることができる(675)。また、子会社による環境汚染についての責任という株主・親会社に対する責任追及のうちかなりの比重を占める分野でも、過少資本以外の要素が中心的役割を果たしている。以下では、これらの議論を順に見ていこう。

第一款　過少資本による責任の問題点

まずは、過少資本による責任という考え方の問題点を指摘する見解から検討しよう。これは、過少資本を基準とすることの不当性を指摘するものと、過少資本による責任は債権者保護の手段として他の手段よりも優れているわけではないことを指摘するものに分かれる。

一　基準としての不適切性

まず Krendl & Krendl は、「過少資本を唯一の基準としているように見える判決は、少なくとも黙示の表示やその他の法人格否認を基礎づける事情が存在する事案に関するものである」とし、「そのような追加的事情がない場合には、債務の支払が会社の成功に依存することを理解したうえで会社と取引をした者に法人格否認による救済を否定すべきである」とする。[676] これは主に契約債権者を念頭においた指摘だといえるが、不法行為債権者についても、「会社の付保・資本具備が不適切な場合にはすべての不法行為訴訟において法人格否認を認めるという政策は、不法行為被害者の権利を有限責任制度に対する社会的利益の上位に置くもの」であり、そのような政策の転換を判例法である法人格否認の法理により行うことは妥当ではないとしている。[677] 他方で、「その他の法人格否認を基礎づける事情」があった判決として、子会社に利益が生じないような条件で子会社と取引を行っていた親会社の子会社による環境保護法規違反についての責任を連邦政府が追及するという不法行為類似の事案を引用している。[678] また、危険性の高い事業が複数の会社に分割されて営まれる傾向があることについても、最も効率的なリスクの分配は企業組織体全体に責任を負わせて完全・適切に付保するように仕向けることであり、不法行為責任の回避のみを目的とする会社の増加を促すような政策は行政コストの点からも望ましくないとしている。[679]

この見解の特徴は、不法行為債権者の請求についても過少資本という要素を重視しない点にある。[680] その代わりに問題とされているのは、子会社の搾取や事業の分割であった。これは、Latty や Ballantine の議論の出発点にあった judgment proofing という状況を、過少資本という理論によらずに捉えるものといえよう。

二　他の優れた手段の存在

また、Clark は、契約債権者については取引費用が一切かからない仮想的交渉においてどのような契約条件が設定されるかという観点から、不法行為債権者については事故による社会的費用を最小化するための社会契約としてどのようなものが望ましいかという観点から検討を行う。そして、前者については、個人事業として順調に営んできた比較的堅実な事業を法人化した場合には設立時の過少資本を禁止する条項は入れられず、企業家が経験もなく製造物責任訴訟も稀ではない分野に乗り出そうとしている場合であっても、適切な資本の具備よりも利率の引上げや物的担保・個人保証、頻繁な事業報告などを要求するであろうとしている。(681) また、後者については、強制責任保険の増額や不法行為債権の優先債権化、無過失責任保険（no fault insurance）などもあるため、裁判所は過少資本による法人格否認に抑制的になることも考えられるとするのである。(682)

この見解は、社会的に効率的な資源・損失の分配という目的を実現するための手段を検討するものといえる。そこでは、「適切な自己資本」の具備や過少資本による法人格否認は、もはや有限責任の正当化条件に関する抽象的な理論としてではなく、具体的問題(683)への対策の一つとして位置づけられており、他の手段に比して優れたものではないとされているのである。(684)

三　小　括

以上の二つの見解は、過少資本による法人格否認という手法が特に不法行為債権者の保護という問題に対する解決として不適切であるということを主張するものである。その方向性は、有限責任を否定すべき場合を選別する基準として過少資本は緩すぎるとして judgment proofing を問題とする Krendl & Krendl と、不法行為債権者保護の手段としては強制保険制度などの方が優れているのではないかとする Clark とで異なってはいるが、いずれも有限責任の条件としての「適切な自己資本」の具備という抽象的命題から導かれた過少資本による法人格否認という考え方を拒絶するものといえよう。

（675）　一九六七年の時点で「『過少資本』理論は不法行為の事案についての解決とはならない」としていたものとしてNote, supra note 473 at 1193–1194があるが、これは会社財産に対する株主の資本的拠出の比率ではなく、会社の総資産額を問題とすべきであるという趣旨のようである（なお、判断基準として資本的拠出の比率に加えて総資産の額も考慮すべきとする見解は従来から主張されていた（See, Dye, supra note 535 at 841–842 ; Barber, supra note 575 at 391））。

また、Presser, supra note 563 at 166は、有限責任の除去には過少資本だけでは不十分であるとしている。彼がこのように述べる背景には、過少資本のみで法人格の否認が認められるとしたとされるMinton判決（前掲（注536））やそこでの引用判決には形式面の不遵守や株主による不実表示、会社財産の搾取や既存債務免脱目的での会社設立など、過少資本以外の問題点も存在していたということ（Presser, supra note 563 at 165 note 63）の他に、有限責任制度には小規模の企業家の参加により市場を競争的・民主的にするという機能があるため簡単に否定されるべきではないという理論（ibid. at 155, 163）が存在している（論文全体からは、後者の理由が中心であるような印象を受ける）。

（676）　Cathy S. Krendl & James R. Krendl, *Piercing the Corporate Veil: Focusing the Inquiry*, 55 DENV. L. J. 1, 37 (1978). 過少資本は会社と株主の一体性（unity）を示すものにすぎず、過少資本で会社を経営しただけで法人格否認の要件としての詐欺（fraud）があったとはいえない、詐欺は契約時に会社の過少資本性に関して嘘をついた場合に認められるとするRoche, supra note 669 at 303も類似の見解だといえよう。

（677）　Krendl & Krendl, supra note 676 at 38 note 140 and accompanying text.

（678）　Ibid. at 36, 37 note 135. 引用されているのは、アスベスト類似の物質を大気中・水中に排出していた会社の親会社に対する差止請求が認められたUnited States of America et al. v. Reserve Mining Company et al., 380 F. Supp. 11 (D. Minn. 1974)である。この事案においては、子会社製品の購入価格を市場価格ではなく実費のみとすることにより子会社に利益を生じさせないというスキームが取られていた（後注719も参照）。

このような親子会社間の取引があった事例としては、ほかに複数の子会社が運行する船舶からの原油流出について親会社に対する防止措置命令が認められたUnited States of America v. Ira S. Bushey & Sons, Inc., et al., 363 F. Supp. 110 (D. Vt. 1973)（後注717も参照）や、姉妹会社に建設工事を予想される費用額よりもかなり低廉な価格で請け負わせた会社の責任が肯定されたYacker v. Weiner et al., 109 N. J. Super. 351, 263 A. 2d. 188 (1970) およびErickson判決（前掲（注358））が引用されている（Krendl & Krendl, supra note 676 at 35 note 128）。

(679) Krendl & Krendl, supra note 676 at 45-47. 事故による損害賠償請求の可能性がある旅客運送業が複数の会社に分割して行われていた場合について、事故を起こした輸送手段を所有する会社以外の会社に対する乗客の請求が認められたBlack & White, Inc. v. Love, 236 Ark. 529, 367 S. W. 2d. 427 (1963)（タクシー）を、請求を棄却したSteven v. Roscoe Turner Aeronautical Corporation, 324 F. 2d. 157 (7th Cir. 1963)（航空運送）よりも優れているとする。

(680) 契約債権者の請求は不実表示がないと認められないとする見解は従来から存在していた（前注583とそれに対応する本文を参照）。

なお、Krendl & Krendl, supra note 676 at 47には、ある事案においては極端な過少資本だけで法人格を否認する十分な基盤となる可能性の存在を認めるかのような記述があるが、それ以外の部分とは整合的でないと思われる。

(681) Clark, supra note 442 at 77-78.

(682) Clark, supra note 442 at 78-79.

(683) もっとも、Clarkが具体的にどのような問題を想定しているのかは必ずしも明確ではない。契約債権については、経験不足や偶発債務の発生可能性への言及からは、失敗に終わるリスクが高い事業への参加を問題としているようでもあるが、株主にそのような事業を行うインセンティブがあるということは指摘されていない。また、不法行為債権については、コストの外部化による株主のインセンティブへの影響は論じられておらず、被害者の救済による損失の分散のみを問題としているようである。

(684) Clarkの論文の主眼は、衡平法的劣後化や法人格否認の法理の大部分は詐害譲渡法の制限を克服するための手段として説明できる（Clark, supra note 442 at 506）という点に置かれており、過少資本による責任が検討の中心となっているわけではない。もっとも、過少資本を問題とするかのように見える法人格否認の判決には倒産直前の利益相反的取引が問題であった事案が多いとしており（ibid. at 542 note 98）、本稿と共通する視点からの検討もある程度は行なわれている（ただし、カリフォルニア州の Automotriz 判決（前掲（注529））と Minton 判決（前掲（注536））を「Ballantine による先例の楽観的な理解に依拠」したものとして批判しているが（ibid. at 547 note 108）、これらの事案の特徴は分析されていない）。

なお、江頭・法人格否認三四五頁注22は、適切な資本と現実の資本の差額責任という構成を採るものとして Clark, supra note 442 at 547 を挙げるが、Clark が過少資本による責任を肯定しているわけではなく、同箇所は懲罰的な結果を避けるという観点から導かれた記述であることに注意を要する。

第二款　過少資本とインセンティブ

また、自己資本が低いという状況に従来とは異なる位置づけを与える見解も見られるようになる。(685) これは、不法行為責任について言及されることもあった有限責任制度の株主のインセンティブへの影響という観点を、(686) 過少資本に関する議論の中心に置くものである。

一　Easterbrook & Fischel

最初に取り上げるべきは Easterbrook & Fischel の見解であろう。彼らは、「会社の資本の量が少ないほど、過度にリスクの高い事業（excessively risky activities）に従事するインセンティブは大きくなる」とする。(687)

この「リスクの高い事業」としては、まず不法行為責任を発生させるような事故の可能性の高い事業を問題としているが思われるが、(688)これについては株主のリスク回避性や取締役・従業員の人的資本の投資促進などの責任保険への加入がなされるインセンティブも存在するため、不法行為コストの外部化は緩和されると論じている。(689)ここでは、judgment proofing が行われている場合などへの限定はなく、不法行為コストの外部化自体が問題とされているといえよう。

また任意債権者が直面する危険性には「債務者が契約条件確定後により高いリスクを取る」という問題もあるとしているので、(690)資産代替の可能性も「リスクの高い事業」への従事として問題とされているといえよう。そして、このリスクプロファイル変更の危険性を認識している任意債権者は利率の引上げなどにより自衛できるが、(691)債務者の財務状況の調査がコストの観点から割に合わない少額または短期の債権者は、債務者が適切に資本具備されていると推測することが認められるべきであるとして、債務者に異常な資本構成を開示するインセンティブを与えるために過少資本による責任を認めている。(692)

この最後の点は、Dye においてその萌芽が見られた(693)penalty default の考え方に基づくものである。(694)Easterbrook らと Dye との違いは、前者はもはやリスク資本の投資促進という理論により基礎づけられる適切な自己資本具備の要請とそれに対する債権者の信頼を前提としていないという点にある。(695)Easterbrook らは、契約締結後に会社が事業のリスクプロファイルを変更すると債権者に不利になるという問題と、このような機会主義的行動は過少資本の場合に取られやすいということを前提として、そのような可能性があることを債権者に認識させ自衛をさせるために過少資本による責任を論じているのである。このように、株主のインセンティブを問題とする Easterbrook & Fischel においては、もはや「適切な自己資本」の具備自体は問題とされていないのである。(696)

二 Franklin A. Gevurtz

また、Gevurtz は、過少資本の判断基準として事業上の需要・債務の弁済に十分かどうかを問題とすることは誤っており、支配者に合理的な事業上の判断をするインセンティブを与えるために十分な資本があるかを考えるべきであるとする。[697] これは、Easterbrook & Fischel と同様に株主の出資が少ないとリスクの高い投資を行うインセンティブが生じることを問題とするものといえよう。[698] もっとも、契約債権者については、長期の債権者は会社の資本が適切なインセンティブを確保するのに十分なのかを判断することができ、[699] また少額または短期の債権者にとっては株主の初期投資よりも会社の信用履歴や運転資金・キャッシュフローの方が重要であるのだから、過少資本による責任を課すことで財務状況を開示させる必要はないとする点[700]で Easterbrook & Fischel とは異なっている。

他方、不法行為債権者については、株主の投資額よりも責任保険金の額に着目し、合理的に予測される損害についての付保を要求している。[701] これは、被害者への弁済可能性を問題としているように見えなくもないが、保険料を通じた事故費用の内部化により事故防止措置が行われる可能性に言及し、過少資本・過少保険の会社を利用した意図的な事故費用の外部化による不法行為法の目的の阻害を問題としていることからは、[702] ここでも株主のインセンティブを問題としているということができよう。

三 小括

以上の見解においては、自己資本額の低さは、それ自体が有限責任の条件の欠如として問題にされるのではなく、株主のインセンティブをゆがませる状況と捉えられるようになっている。そして、契約債権者については、会社が過少資本でありインセンティブがゆがみうる状況にあるということの認識さえあれば、過度にリスクの高い事業への従事という問題に対して債権者は自衛できるということが前提とされていた。この状況を認識していない債権者のために株主に開示義務を課すかという点については見解が分かれていたが、これは少額・短期の債権者にとっての事業のリスクプロファイルに関する情報の重要性についての評価の違いによるものであった。他方、不法行為債権者については、（賃貸借等による judgment proofing ではなく）危険性の高い事業における事故費用の外部化自体を問題とするようになっていた。

(685) これは、Jensen & Meckling によって資産代替の問題が指摘されたことにより、株主のインセンティブの影響が不法行為債権者に限られないことが明らかになったことの影響が大きいと思われる。たとえば Paul Halpern, Michael Trebilcock & Stuart Turnbull, *An Economic Analysis of Limited Liability in Corporation Law*, 30 U. Toronto L. J. 117, 144-145 (1980) は、契約債権者にとっての問題として株主が貸付契約後に事業のリスクを高めるインセンティブを持つこと、不法行為債権者にとっての問題として事故の抑止という不法行為法の目的が阻害され、責任保険に加入するインセンティブが弱まることを指摘している。

(686) たとえば、Dye の見解などである（前注573—575とそれに対応する本文を参照）。また、Roger E. Meiners, James S. Mofsky & Robert D. Tollison, *Piercing the Veil of Limited Liability*, 4 Del J. Corp. L. 351, 366 note 82 (1979) は、会社の純資産が多いほど責任保険に加入するインセンティブが増加すると指摘しているが、過少資本（もしくは過少付保）の問題を株主のインセンティブという観点から説明してはいない。

(687) Frank H. Easterbrook & Daniel R. Fischel, *Limited Liability and the Corporation*, 52 U. Chi L. Rev. 89, 113 (1985). この論文は、Frank H. Easterbrook & Daniel R. Fischel, The Economic Structure of Corporate Law, Chapter 2 (Harvard University Press, 1991) に収録されている。

(688) Easterbrook & Fischel, supra note 687 at 113. また、ibid. at 104 note 24 が引用する文献は、すべて不法行為責任

に関するものである。

(689) Ibid. at 107-108.

(690) Ibid. at 105.

(691) Ibid. at 105.

(692) Ibid. at 113.

(693) 前注591―592とそれに対応する本文を参照。

(694) Ian Ayres, *Making a Difference : The Contractual Contributions of Easterbrook and Fischel*, 59 U. CHI. L. REV. 1391, 1398 (1992).

(695) 前注584―590およびそれに対応する本文を参照。

(696) なお、非任意債権者については、会社の資本具備はこの場合に最も問題となるとしながらも、どのような論理で株主の責任を認めるのかということは、明確には述べられていない（前注692に対応する本文のような構成は、事前の開示を受けられない不法行為債権者による請求については当てはまらないと思われる）。

(697) Franklin A. Gevurtz, *Piercing Piercing : An Attempt to Lift the Veil of Confusion Surrounding the Doctrine of Piercing the Corporate Veil*, 76 OR. L. REV. 853, 890 (1997). この論文は、FRANKLIN A. GEVURTZ, CORPORATION LAW, §1.5（West, 2000）に収録されている。

(698) Gevurtz, supra note 697 at 889.

(699) Ibid. at 891-892. 債権者の方が裁判所よりも資本の適切さを判断できる理由としては、判例・立法上の確立された基準がないことに加えて、事業の失敗がインセンティブの欠如に由来するものかを事後的に判断することはできないということが挙げられている。

(700) Ibid. at 884-886, 891-892. ただし、支配者が、会社は短期債権すら弁済できないほど深刻な状況にあるということを認識していたにもかかわらず取引をした場合には、詐欺として責任を認めるようである（at 886）。

(701) Ibid. at 892-894. 具体的には、合理的な人間が事業上の不法行為責任から個人資産を守るために加入するであろう保険金の額を基準とするようであり、Walkovszky 判決（前掲（注577））のような事業の細分化は、保険金額が適切ではないと支配者自身が考えていた証拠となるとする（Ibid. at 901）。また、株主の投資額よりも保険金額が重要であるとする判決として、Radeszewski v. Telecom Corporation et al., 981 F. 2d. 305 (8th Cir. 1992) が引用されている（Gevurtz, supra note 697 at 893 note 96）。この判決は、交通事故の損害賠償請求について親会社に対する管轄権の有無に関して法人格否認の是非が問題となり、多額の責任保険への加入を理由にこれを否定したものである。ただし、この事案における保険者は被告の子会社であること、被告は高額な保険に対しわずかな保険料しか支払っていなかったこと、被告の保険契約締結は保険者の経営状態が悪化していた際に締結されたものであること、保険者は事故の二年後には破綻したことなどの問題点が存在しており、この点を問題視する反対意見が付されていることに注意する必要がある。

(702) Gevurtz, supra note 697 at 887.

第三款　不法行為債権者に対する株主無限責任

以上のように、過少資本による責任という考え方に対する批判とそれ自身の変容が見られる中で、過少資本による責任の主要な領域であった不法行為債権者の保護という問題に関しては、過少資本という観点を離れた議論がなされるようになってきている。

このうち最も著名なのは Hansmann & Kraakman の議論であろう(703)。彼らは、その導入部分においては、いわゆるＬＢＯによって買収された純資産が相対的に少ない会社がキャッシュフローを最大化するために過度の危険な事業に従事するインセンティブを持つ可能性や、責任を限定するために事業を分割し個々の会社の規模を縮小するという各種の業界の手法を紹介しており、[704]自己資本もしくは会社財産の額の低さを問題としているかのようにも見える。しかし、彼らが問題としているのは、自己資本の水準よりも株主のインセンティブ、すなわち不法行為についての賠償責任を株主が負担しなくてよいことになるため、まず①株主に事故防止に費用をかけないよう指示するインセンティブが生じること、②不法行為被害を考慮すると社会的にマイナスの価値しかない危険な事業（hazardous industries）への投資を助長することにもなり、また不法行為債権者への責任財産を最小化するために個々の会社への投資を小さくするインセンティブも生じるということ、そして、③このインセンティブは負債による資金調達[705]や不法行為責任追及前の会社の清算・財産分配の可能性[706]などによりさらに増幅されるということである。[707]

また、本論においては、特に過少資本という状況に限定することなく、事故防止への投資・事業の危険性の選択・責任保険への加入などに関するインセンティブのゆがみを問題とし、[708]閉鎖会社・公開会社の別を問わず不法行為債権に対する株主の有限責任を正当化することはできないとする。[709]そのうえで、弊害が生じない無限責任の態様としては出資比率に応じた分割責任が望ましいということの論証に紙幅の多くを割いているのである。[710]

このHansmann & Kraakmanの問題提起を契機として、アメリカの学界においては華々しい論争が展開された。[711]しかし、そこで問題とされているのは分割責任の実現可能性や全株主に責任を負わせることの妥当性などの点であり、LattyやBallantineのように責任の拡大を過少資本の場合に限るという議論はもはや見られなくなっているのである。[712]

(703)　Henry Hansmann & Reinier Kraakman, *Toward Unlimited Shareholder Liability for Corporate Torts*, 100 YALE

L. J. 1879 (1991).

(704) Ibid. at 1881.

(705) Ibid. at 1884.

(706) Ibid. at 1884-1885. この問題については、会社解散後は数年間株主への請求を認める法規定や事業ごと売却された場合の継承者責任（successor liability）などの手当ても存在することが指摘されている。

(707) Ibid. at 1882-1883.

(708) Ibid. at 1882-1883, 1889. もっとも、負債による資金調達の比率が高い場合にはインセンティブのゆがみが増幅されることも指摘されている（ibid. at 1884）。

(709) Ibid. at 1880.

(710) Ibid. at 1890-1906. 出資比率に応じた分割無限責任制度の導入をHansmann & Kraakmanよりも早期に主張したものとしてChristopher D. Stone, *The Place of Enterprise Liability in the Control of Corporate Conduct*, 90 YALE L. J. 1, 74 (1980) が、ほぼ同時期に主張したものとしてDavid W. Leebron, *Limited Liability, Tort Victims, and Creditors*, 91 COLUM. L. REV. 1565, 1578-1584 (1991) がある（もっとも後者は、上場会社については取立費用の問題があるとして若干の留保を付し（ibid. at 1610-1612）、また閉鎖会社については個人株主のリスク分散能力確保という観点から同一の事業を細分化した場合を除いて有限責任を維持すべきであるとしている（ibid. at 1627-1630））。

(711) この議論を詳しく紹介する最近の文献として、向井貴子「株主有限責任のモラル・ハザード問題と非任意債権者の保護」九大法学九一号二六七頁（二〇〇五年）がある。その一部については、第四章第四節第二款二で検討する。

(712) もっとも、Leebron, supra note 710 at 1634-1635は、閉鎖会社に十分な付保をさせないことが経営に関与する株主個人の不法行為となりうると述べるに際して、過少資本を法人格否認の独立した要件と位置づける学説（DixとHackney & Bensonを引用している）も参考になるとしている。

第四款　株主・親会社の環境汚染についての責任

また、不法行為には様々な類型があるが、その中には独立した領域を形成して議論が行われているものもある。ここでは、損害・原状回復費用が多額に上ることが多く、汚染を直接引き起こした会社以外の主体への請求が試みられることも少なくない[713]、事業活動による環境汚染の問題を取り上げよう。[714] なお、会社の汚染行為についての株主・親会社の責任をめぐる議論全体に関してはいくつかの先行研究が存在するため[715]、本稿では過少資本という要素・構成にどの程度重きが置かれているかという点に着目して検討を行うこととする。

一　ＣＥＲＣＬＡ制定以前

この問題については特に連邦法である包括的環境対処補償責任法（Comprehensive Environmental Response, Compensation, and Liability Act of 1980. 以下ではＣＥＲＣＬＡと表記する）[716]に基づく責任が重要であるが、まずは同法制定以前の環境汚染責任に関する判例をいくつか見てみよう。

まず、水上運送事業による油濁汚染が問題となったUnited States of America v. Ira S. Bushey & Sons, Inc., et al.[717]では、親会社がそれぞれ船舶を所有する約四〇の子会社を利用して事業を行っており、子会社の利益はすべて配当として親会社に送付されていたという事案において、子会社は親会社が不法行為責任を逃れるための殻にすぎないとして法人格否認が認められている。[718] また、アスベスト類似の物質の排出が問題となったUnited States of America et al. v. Reserve Mining Company et al.[719]でも、親会社による支配と子会社の利益獲得の余地・賠償資力の不存在に言及して、子会社は親会社が汚染の責任から逃れるための道具にすぎないとされている。これらは、特に過少資本という構成を採ることなしに、会社への資産蓄積の阻害による judgment proofing を直接問題とするものといえよう[720]。

さらに、水銀処理工場の廃棄物による河川・地下水汚染が問題となった New Jersey Department of Environmental Protection v. Ventron Corporation et al.[721] は、親会社には子会社による廃棄についての認識と全株式の所有による廃棄行為のコントロール可能性があり、また親会社の役職員が子会社の日常業務に関与していたことなどを指摘して法人格否認を認めている。そして、極端な過少資本という事情が存在する必要はないと述べているのである[722]。

二　CERCLAによる管理者（operator）としての責任

このように子会社による環境汚染についての親会社の責任に関しては過少資本という要素が重視されない傾向があったと思われるが、これに拍車をかけたのがCERCLAの責任主体に関する規定である。

CERCLAによる浄化責任を負担すべき主体[723]は同法一〇七(a)条[724]に規定されている。これには、施設の現在の所有者（owner）および管理者（operator）、有害物質処分時に施設を所有または管理していた者、有害物質の処分・輸送を手配した者（arranger）、有害物質の施設への輸送を引き受けた者（transporter）の四種類が含まれるが、株主・親会社の責任に関して重要なのは現在もしくは過去の管理者（operator）という類型である。

この類型の主要な要件は施設の「管理」であるため、株主の責任についてもこの要件の意義が問題となり[725]、判例上、株主による現実の支配[726]（actual control）の行使があることを要するか、それとも支配権限（authority to control）の存在で足りるかが争われていた[727]。さらに、連邦最高裁[728]は、子会社に対する支配・監督ではなく施設自体についての管理、具体的には汚染物質の流出・廃棄に関する作業や環境法の遵守と関連する判断についての経営・指揮・実行が問題であるとしている。このほか、過少資本による法人格否認は認められないとしつつ管理者としての責任を認めた判決や、会社は過少資本ではないので法人格否認は認められないという被告の主張を管理者としての責任であるから関係ないとして退けている判決などが存在する。また、前記の連邦最高裁判決を親会社の積極的支配（作為）がある場合にのみ責任が生じるという趣旨に解すると環境に関する事項には関与しないという態度を取るインセンティブを与えてしまうため、不作為の場合であっても、汚染を認識しますべきであった場合や環境事項に関与せずとも施設の運営を支配している場合には責任を認めるべきであるとの主張も展開されている。[729][730][731]

これらの議論を見ると、管理者という類型には、会社の資本構成よりも株主・親会社の行為とその内容に目を向けさせる効果があると思われるのである。

三　法人格否認の法理による責任

もっとも、子会社のＣＥＲＣＬＡ上の責任についての法人格否認による責任が主張される場合には、過少資本が考慮要素に挙げられることもある。しかし、その大半は過少資本を株主・親会社の支配を基礎づける要素の一つにすぎないと位置づけるものであり、しかも当該事案において過少資本の存在を認定していないものが多い。これらは、結論として親会社の責任を否定するもののほかに、管理者としての責任と同様の子会社に対する支配や、子会社の搾取等による財産の移転と汚染についての責任の回避を問題としている。また、過少資本であるとの認定をしてはいるが、その内実は汚染についての責任を問われる可能性を認識した後に会社を解散して株主が会社資産を取得することを問題としていると思われるものもある。さらに、責任限定目的での子会社利用は違法ではなく、法人[732][733][734][735][736][737][738][739]

格否認には過少資本や過度の支配が存在することが必要であるとする判決もあるが、(740)これは親会社に対する人的管轄権を確立するために法人格否認の法理が援用された事案であり、(741)また結論としても、資金・支出の管理等は異常ではなく、子会社の純資産が一七〇〇万ドル強であり、親会社による搾取の形跡もないとして法人格否認は否定されている。結局、これらの判決も過少資本という要素に重きを置いてはいないといえよう。

以上に対し、Browning-Ferris Industries of Illinois, Inc., et al. v. Ter Maat, et al.(742)のPosnerによる法廷意見は、支配株主が汚染施設の管理者であったとはいえない場合には法人格否認による責任が問題となるとし、任意債権者と非任意債権者に区分して検討を行う。そして、後者について責任を認める理論構成として、形式面の無視により有限責任の保護を放棄したとみなすという説明のほかに、「潜在的に危険な活動に従事している企業によるコストの外部化は、その活動が責任を生じさせるような損害を引き起こした場合に不法行為訴訟に応じられるのに十分な資本のクッションを維持もしくは維持の努力を要求し、それを怠った場合には有限責任を否定することによって防止されるべきである」という考え方に言及し、これを過少資本と結びつけている。(743)しかし、この考えはどの法域でも受け入れられていないと考えたPosnerは、結局、過少資本を理由とする有限責任の放棄が認められたのは法定最低資本金すら欠いているような場合でしかなく、また当該事案での過少資本の動機は税法上のものであるとして、結局法人格否認を否定している。(744)

このPosnerの見解は、過少資本を中心的な考慮要素に据える可能性を示唆するものとも評価できるが、不法行為責任の賠償資力を問題としているため、過少資本よりは過少「資産」を問題とするものというべきであろう。(745)そして、この賠償責任の弁済可能性は、不法行為コスト外部化の防止という観点から問題とされており、究極的には外部化を行う株主のインセンティブに焦点が当てられていると思われるのである。(746)もっとも、最終的に法人格否認を否定する際の理由づけに見られるように、資本金の額に着目する立場との明確な区別がなされておらず、不明瞭さを残しているといえよう。

四　小　括

法人格否認による責任については汚染施設自体ではなく子会社と株主との関係が問題となるという連邦最高裁判決の整理に加え、法人格否認一般に関する学説が過少資本は不法行為債権者による請求にとって重要な意義を持つとしてきたこと、過少資本を賠償責任の履行可能性の問題と解する余地もあることを考えると[747]、過少資本という観点から株主・親会社の環境汚染についての責任を論じる判決・請求が多くてもおかしくはないと思われる[748]。しかし、ＣＥＲＣＬＡ上の「管理者」としての責任のみならず、法人格否認による株主・親会社の責任についても、過少資本という要素・構成は、ＣＥＲＣＬＡ制定の前後を通じて重要な役割を果たしているとはいいがたい[749]。

この理由は明らかではないが、以下のようなことが考えられる[750]。環境汚染、特にＣＥＲＣＬＡの対象となるような有害物質の廃棄の原因となる事業には、化学薬品の製造など、高額の設備を必要とするものが少なくない[751]。そして、ＣＥＲＣＬＡは汚染施設の所有者にも責任を課しているので、事業用資産の株主・親会社からの賃借という judgment proofing の手法は排除されている。この結果、子会社が相当額の事業用資産を所有することになるため、過少資本・資産であると評価することが感覚的に困難となるのではないだろうか。もちろん、これですべての場合を説明できるわけではないだろうが[752]、かなりの事例に妥当すると思われる。この説明を前提に考えると、過少資本という要素は会社の資産・純資産が少なすぎると感覚的にいいやすい場合に指摘されてきたものにすぎず、問題の本質を捉えていたものではなかったということができると思われる。他方で、会社による環境汚染についての株主・親会社の責任の議論からは、株主らの不法行為への関与という観点の方が重要であるという示唆が得られるといえよう。

環境法による責任の拡張傾向は、全体として、不法行為による損害のコストを内部化することによって汚染者の行動・インセンティブを規律しようとする汚染者負担の原則（Polluter-Pays-Principle）[753]に基づくものであると考えられる。そこでは、もはや自己資本の水準の適切さ自体が問題とされることは稀なのである。[754]

(713)　Hansmann & Kraakman, supra note 703 at 1880.

(714)　環境汚染以外にも、製造物責任などが重要である。子会社の製造物責任についての株主・親会社に対する請求の許否を考えるに当たっては、法人格否認（特に過少資本を理由とするもの）よりも製造物責任の法理による規律を検討すべきであると思われ、そのような方向性を示す判決も存在する。たとえば、Nelson v. International Paint Company, Inc., 734 F. 2d. 1084, 1092 (5th Cir. 1984) は過少資本ではないことが重視されているようにも見えるが、準拠法（テキサス州法）における製造物責任に関する一般理論によっては製造者の親会社の責任を肯定できなかったという事情が影響しているように思われる（See, 734 F. 2d. 1086–1091)。また、Vaughn et al. v. Chrysler Corporation, 442 F. 2d. 619 (10th Cir. 1971) においては、親会社の責任を肯定することが「急速に進化する製造物責任の領域における望ましいトレンドを反映している」ということが指摘されている（442 F. 2d. 621)。

(715)　次注に引用する文献を参照。

(716)　CERCLA全般に関する邦語文献としては、東京海上火災保険株式会社編『環境リスクと環境法・米国編』一五四頁以下（有斐閣、一九九二年）、由喜門眞治「土壌汚染における浄化責任システム」神戸法学雑誌四三巻一号二五一頁（一九九三年）、加藤一郎＝森島昭夫＝大塚直＝柳憲一郎監修『土壌汚染と企業の責任』三九頁以下（有斐閣、一九九六年）、大坂恵里「アメリカ合衆国における土壌汚染問題への取組み――スーパーファンド法とオルタナティヴな手法」早稲田法学会誌四八巻一頁（一九九八年）などがある。また、特にCERCLAについての株主・親会社の責任に関する邦語文献としては、ケニス・ベルリン（北沢義博訳）「米国環境法における親会社および少数株主の責任（上）（下）」NBL四六八号一四頁、四六九号四八頁（一九九一年）、今川嘉文「親子会社の責任論に関する一考察――CERCLAと法人格否認の法理（一）（二・完）」神戸学院法学三二巻二号一四九頁、三号八三頁（二〇〇二年）、吉川栄一「環境損害と親会社の責任」『企業結合法の現代的課題と展開　田村諄之輔先生古稀記念』二四一頁（商事法務、二〇〇二年）がある。

(717)　前掲（注678）。

(718)　もっとも、この事案では今後の汚染防止措置命令の名宛人に親会社を含めうるかが問題となっており、既発生の汚染損害についての金銭的賠償責任が認められたわけではないことに注意を要する。今後の防止措置は事業運営の態様にかかわることであり、事業体全体に命令することが合理的であると考えられるほか、有限責任制度と衝突するわけではないため、過去の損害についての賠償責任よりも緩やかに法人格否認が認められる可能性がある。

(719)　前掲（注678）。

(720)　なお、Ira S. Bushey 判決では子会社に独自の従業員がおらず、親会社もしくは管理子会社から船員を派遣されていたということも認定されており、汚染につながった行為は親会社従業員の行為であるとして親会社の責任を問題とすることも不可能ではないと思われる。

(721)　182 N. J. Super. 210, 440 A. 2d. 455 (1981).

(722)　182 N. J. Super. 225. 子会社は工場を所有経営していた会社の財産を買収するために設立されたものであるが、その資本構成や財産状況についての詳しい認定はない。

なお、上告審は、当該事業の買収のみを目的とした子会社の設立と親会社の役職員の日常業務の関与のみを理由に法人格を否認することは認められないとしつつ、州環境法規の文言を理由に、有害物質の廃棄を容認していた親会社の責任を肯定している（94 N. J. 473, 501-503, 468 A. 2d. 150 (1983)）。この判決は、子会社が違法な目的のために設立されたわけではないということを問題とするもののようであり、法人格を否認するためには過少資本が必要だと述べているわけではないと思われる。

(723) これは潜在的責任当事者（potentially responsible party（PRP））と称される。

(724) 42 U. S. C. 9607 (a). 訳文が加藤＝森島＝大塚＝柳・前掲（注716）一二六頁に掲載されている。

(725) United States of America v. Kayser-Roth Corporation, Inc., 910 F. 2d. 24 (1st Cir. 1990), Jacksonville Electric Authority v. Bernuth Corporation et al., 996 F. 2d. 1107 (11th Cir. 1993) など。

(726) Nurad, Inc. v. William E. Hooper & Sons Company et al., 966 F. 2d. 837 (4th Cir. 1992), United States of America v. Carolina Transformer Company et al., 978 F. 2d. 832 (4th Cir. 1992) など。なお、支配権限の存在を基準とすれば親会社の責任が認められやすくなるわけではない。たとえばNurad判決では、社長である父親が全権を握っていたため副社長であった息子には廃棄物貯蔵庫を支配し廃棄物の処分を防止する権限がなかったとして、息子らの責任が否定されている。

(727) これらの判例についての優れた分析としては、次注に挙げた連邦最高裁判決にも大きな影響を与えたLynda J. Oswald, *Bifurcation of the Owner and Operator Analysis under CERCLA: Finding Order in the Chaos of Pervasive Control*, 72 WASH. U. L. Q. 223 (1994) がある。

(728) United States v. Bestfoods, et al., 524 U. S. 51, 118 S. Ct. 1876, 141 L. Ed. 2d. 43 (1998). 著名な判決であるので紹介しておこう。

ＣＰＣ社は、Ｏ社の事業を買収し、新たに設立した子会社に事業を継続させていた。Ｏ社の役員は新子会社の役員に引き継がれている。その後ＣＰＣ社は事業をＳＣ社に売却した。ＳＣ社の倒産後、事業用地を検査した州当局が汚染を発見し、汚染除去投資をする意図のある買い手として被告ＡＧ社が選ばれた。ＡＧ社は子会社であるＣＣＣ／Ｃａｌ社にＳＣ社の破産管財人から事業を譲り受けさせ、さらにその子会社であるＣＣＣ／Ｍｉｃｈ社が経営していた。この間、連邦環境保護庁が汚染除去の検討を行い、長期的修復措置費用をＣＰＣ社、ＡＧ社、ＣＣＣ／Ｃａｌ

社、ＣＣＣ／Ｍｉｃｈ社、Ｏ社の旧支配株主個人に請求した。

まずミシガン州西部連邦地区裁判所は、子会社の機能と意思決定への親会社の参加と支配を重視し、ＣＰＣ社が子会社の役員を選定し、幹部職員に自社従業員を送り込み、ＣＰＣ社従業員の一人が子会社の環境政策の決定について重要な役割を果たしていたことを指摘して、ＣＰＣ社に管理者としての責任を認めた。これに対し第六巡回区連邦控訴裁判所は、親会社が、子会社に代わって独自に、もしくはジョイントベンチャーとして子会社と共同して施設を管理していた場合以外に管理者としての責任を親会社が負うのは法人格否認が認められる場合のみだとして、本件では子会社の独立性が維持されており、詐欺等のために用いられたものではないとしてＣＰＣ社の責任を否定した。

連邦最高裁は、親会社が子会社の行為についてＣＥＲＣＬＡ上の責任を派生的責任として負う場合には法人格否認の要件が具備されることを要するという点では原審は正当であるとしつつも（524 U.S. 63-64）、親会社が子会社の行為についての派生的責任を負う場合と自身の行為として直接責任を負う場合とを区別し、法人格否認の要件が満たされていなくても、親会社自身が管理者として直接責任を負うことはありうるとする（ibid. at 64-65. 向井・前掲（注711）三三二頁の紹介は、この点を見落としており、不正確であると思われる）。そして、派生的責任については親子会社間の関係が問題となるが、管理者としての責任については施設についての関与が問題であるとする（524 U.S. 68）。具体的には、汚染物質の流出・廃棄に関する作業や環境法遵守と関連する判断についての指揮、監督、実行が問題とされている（ibid. at 66-67）。また、親子両社に籍を持つ役職員の行為は子会社の役職員としてのものと推定されるため、親会社の役職員としての行動であったことの立証が必要であるとする（その指標としては当該行為が子会社の利益に反するかというものが挙げられている）（ibid. at 68-70）。このように述べたうえで、原審の基準は限定しすぎであり、専ら親会社の利益のために行動する子会社の役職員や子会社に籍を持たない親会社役職員が施設に関与していたかどうかについて差戻しを命じた。

差戻審（Bestfoods v. Aerojet-General Corporation et al., 173 F. Supp. 2d. 729（W. D. Mich. 2001））においては、汚染問題への対処を引き延ばすことを主張していたＣＰＣ社の環境担当従業員の影響力は大きくなかったとして、Ｃ

PC社の責任は否定されている。

なお、この結論には疑問の余地がないわけではない。差戻審は、CPC社の意向と金銭的支援により買収後の事業規模は急速に拡大し、それに伴い廃棄物量も増加したことを認定している（ibid. at 737）。この汚染拡大への「関与」もCPC社の責任を基礎づけるに足る事情ではないかと思われる。もっとも、これは「施設」への関与としては間接的であるともいえ、管理者としての責任に取り込むことが困難であったのかもしれない（施設への関与に限定したことに批判的な見解として、Nina A. Mendelson. *A Control-Based Approach to Shareholder Liability for Corporate Torts*, 102 COLUM. L. REV. 1203, 1268（2002）も参照）。このような場合に補充的な役割を果たすことが期待されるのが法人格否認の法理であるが、最高裁の截然とした直接責任と派生的責任の二分論からは、法人格否認の法理に事業拡大の指示という特定の行為を取り込みえないおそれもある。

また、親会社役職員としての関与でなければならないという理論にも疑問がある。これでは問題となる行為を行う役職員に子会社の籍を与えることにより容易に回避が可能であり、また直接子会社の財産を減少させないような環境事項に関する行為は子会社の利益に反しないと評価される可能性もあるからである。

(729)　New York v. Shore Realty Corporation et al., 759 F. 2d. 1032, 1052 (2nd Cir. 1985).

(730)　United States of America v. Northeastern Pharmaceutical & Chemical Company, Inc., et al., 810 F. 2d. 726, 744 (8th Cir. 1986).

(731)　Cindy A. Schipani, *Taking it Personally : Shareholder Liability for Corporate Environmental Hazards*, 27 J. CORP. L. 29, 55–57（2001）; Cindy A. Schipani, *The Changing Face of Parent and Subsidiary Corporations : Enterprise Theory and Federal Regulation*, 37 CONN. L. REV. 691, 704（2005）. このような主張がなされるのは、CERCLAによる管理者としての責任が無過失責任と構成されているため（加藤＝森島＝大塚＝柳・前掲（注716）六二一―六三頁、ROBERT L. GLICKSMAN, DAVID L. MARKELL, DANIEL R. MANDELKER, A. DAN TARLOCK & FREDELICK R. ANDERSON, ENVIRONMENTAL PROTECTION : LAW AND POLICY, 854（4th ed. Aspen, 2003））、株主らの行為・支配内容の

当否が問題とされていないことの影響だと思われる（なお、具体的事案との関係では行為内容が不当といえる事案も存在する（See, Lynda J. Oswald, *Strict Liability of Individuals under CERCLA: A Normative Analysis*, 20 B. C. ENVTL. AFF. L. REV. 579, 613–620, 632 (1993))）。

Schipani の危惧は理解できるものであるが、環境汚染の認識可能性がなく汚染の原因行為等に関与していなかったにもかかわらず、汚染を発生させた施設への一般的関与のみで株主・親会社に責任を負わせるという趣旨であれば、その部分には、直ちには賛同しがたい（Oswald, supra も会社の役員・株主に無過失責任を拡張することに批判的である）。また、ＣＥＲＣＬＡ以外の法的根拠（たとえば法人格否認の法理）に基づいて株主・親会社の責任を問う場合に、株主・親会社が環境事項の適切な管理を懈怠したという不作為を問題とすることができれば、Schipani の危惧は回避できよう（ＣＥＲＣＬＡ上の責任についても、Schipani が懸念するインセンティブの発生を抑制する方向に働く要因が存在するという指摘もある。See, Lucia Ann Silecchia, *Pinning the Blame & Piercing the Veil in the Mists of Metaphor: The Supreme Court's New Standard for the CERCLA Liability of Parent Companies and a Proposal for Legislative Reform*, 67 FORDHAM L. REV. 116, 178–188 (1998)）。以上については、第四章第三節第二款三も参照。

(732) 法人格否認による株主・親会社の責任は、施設の所有者としての責任と位置づけられることが多いが、所有者ではなく手配者、輸送者などとしての責任を負う子会社の法人格否認が問題とされることもある（たとえば、AT & T Global Information Solutions Company et al. v. Union Tank Car Company et al., 29 F. Supp. 2d. 857 (S. D. Ohio 1998)）。

(733) Oswald, supra note 727 at 282 も、過少資本は管理者としての責任を基礎づけることはないが、法人格否認による所有者としての責任を基礎づける余地は認めている。

(734) たとえば、ＣＥＲＣＬＡではなく州環境法に基づく責任が問題となったものであるが、People of the State of Illinois v. V & M Industries, Inc., 298 Ill. App. 3d. 733, 700 N. E. 2d. 746 (1998) を参照。この事案は、賃貸用の土地

以外の資産を持っていない会社の支配株主が会社所有地上の廃棄物燃焼による環境汚染についての責任を問われたものであるが、廃棄物の問題が生じた後に所有地の大半が支配株主を受益者とする信託に移転されており、また支配株主が廃棄物の燃焼を容認していた等の事情も存在していた点に注意が必要である。また、State ex rel. Celebrezze et al. v. Specialized Finishers, Inc. et al., 62 Ohio Misc. 2d. 516, 604 N.E. 2d. 842（1991）も、過少資本を重視するかのように見えるが、株主等が危険物質による汚染の可能性を認識しながら放置していた事案である。

(735) United States of America v. Kayser-Roth Corporation, 724 F. Supp. 15（D. R. I. 1989）, Lansford-Coaldale Joint Water Authority v. Tonolli Corporation et al., 4 F. 3d. 1209（3rd Cir. 1993）, LeClercq v. Lockformer Company et al., 2002 U. S. Dist. LEXIS 7988（N. D. Ill. 2002）, United States of America et al. v. Friedland, 173 F. Supp. 2d. 1077（D. Col. 2001）, United States of America v. Union Corporation et al., 259 F. Supp. 2d. 356（E. D. Pa. 2003）など。

(736) Lansford-Coaldale 判決および Friedland 判決。後者の事案は、子会社は大幅な資産超過であったが戦時中の政府命令により業務を停止し解散していたという、やや特殊なものである。

(737) Kayser-Roth 判決は、子会社の業務全般に対する支配に加えて環境事項についても親会社が支配していたことを問題としている（724 F. Supp. 24）。他方、Bestfoods 判決後に下された LeClercq 判決は、業務全般の支配のみを問題としている（2002 U. S. Dist. LEXIS 7988 at 14-15）。なお、Schipani, supra note 731 at 697 も判例の本質は支配にあるとしている。

(738) Union Corporation 判決は、親会社による子会社の搾取、意図的に子会社の汚染施設を所有しないようにしていたと思われること、子会社を廃業させ資産の売却代金を全部親会社が取得したことなどを指摘して、親会社の行為は汚染についての責任を免れるための意図的なものであるとしている（259 F. Supp. 2d. 389-390）。

(739) AT & T Global 判決（29 F. Supp. 2d. 867）。

(740) In re Acushnet River & New Bedford Harbor, 675 F. Supp. 22, 34-35（D. Mass. 1987）.

(741) 人的管轄権についての法人格否認の議論は親会社の実体法上の責任を認定する際にも援用されうるとする判決とし

て、Idaho v. Bunker Hill Company et al., 635 F. Supp. 665, 671 (D. Ida. 1986) がある。この判決は、授権資本額が一一〇〇ドルでしかないのに親会社が七年間に二七〇〇万ドルもの配当を子会社から受け取っていたという事情を指摘している。これを親会社による搾取の問題と捉えれば、授権資本額への言及には搾取の深刻さを強調するだけの意味しかなく、過少資本を問題とした判決と位置づける（See, George W. Dent, Jr., *Limited Liability in Environmental Law*, 26 Wake Forest L. Rev. 151, 159 note 55 (1991) ; Lynda J. Oswald & Cindy A. Schipani, *CERCLA and the "Erosion" of Traditional Corporate Law Doctrine*, 86 Nw. U. L. Rev. 259, 330 note 411 and accompanying text (1992)）必要はないであろう（判決自身も過少資本という表現は用いていない）。

(742) 195 F. 3d. 953 (7th Cir. 1999). これは、土地浄化費用を負担した原告が、廃棄物処理業者であるM社とその支配株主兼社長であるT個人、姉妹会社であるA社に対して求償を求めた事案である。M社の資本は租税上の考慮から少なく、また資金も乏しかった。差戻審（2000 U. S. Dis. LEXIS 16805）は、T自身も廃棄物処理作業に関与し、契約相手や当局との交渉を行っているため、管理者に当たるとしている。

(743) 195 F. 3d. 960.

(744) Ibid. at 961.

(745) 過少資本による責任をこのように構成すべきだという見解も存在する（前注575のGelbの見解を参照）。

(746) 最終的に法人格否認を否定する根拠として、過少資本の動機が（責任回避ではなく）税法上のものであると指摘していることも、株主の主観面に着目しているものと評価しうる。

(747) ただし、会社が賠償責任を履行しきれない場合をすべて「過少資本」であるとして問題にすると、当該種類の賠償責任について有限責任制度を否定するに等しいことになるため、この考え方は容易に受け入れられないことが予想される（たとえば、環境汚染に関する事案ではないが、Browning-Ferris判決が引用するJacobson et al. v. Buffalo Rock Shooters Supply, Inc., et al., 278 Ill. App. 3d. 1084, 664 N. E. 2d. 328 (1996) は、会社が経営していた射撃場での爆発事故により死亡した従業員の遺族による株主への損害賠償請求を、会社は事業用資産を株主からの賃借ではなく購入していること、事業による収益が出ていたことから、会社が資産をできるだけ少なくしようとしていたとはいえないとして、労災保険への加入がなかったにもかかわらず棄却している）。

（748）　学説上は、資本もしくは弁済資力の不十分さを問題とする見解も存在している。See, Note（Richard S. Farmer）, *Parent Corporation Responsibility for the Environmental Liabilities of the Subsidiary: A Search for the Appropriate Standard*, 19 J. Corp. L. 769, 805（1994）; Harvey Gelb, *CERCLA Versus Corporate Limited Liability*, 48 Kan. L. Rev. 111, 120–122（1999）; Note（Aron M. Bookman）, *Transcending Common Law Principles of Limited Liability of Parent Corporation for the Environment*, 18 Va. Envtl. L. J. 555, 575–578（1999）. 最後のものは、過少資本は法人格否認を基礎づけうるが、資本が通常の責任を考慮すると十分であるがＣＥＲＣＬＡによる多額の責任には足りないという場合には対応できないとしている点で、ニュアンスが前二者とはやや異なっている。

（749）　Note, *Liability of Parent Corporations for Hazardous Waste Cleanup and Damages*, 99 Harv. L. Rev. 986, 987–988（1986）は、過少資本の子会社による有害廃棄物の処分を懸念しているが、親会社に浄化費用と損害についての責任を負わせるべきとする具体的な検討はモニタリングやリスク負担能力の点から行われており（ibid. at 993–996）、過少資本についての分析はない。

（750）　本文の理由以外に、次のような事情の影響も考えられる。

ＣＥＲＣＬＡ一〇八条(b)項一号（42 U. S. C. 9608（b）（1））は、大統領は同法施行から五年経過後三年以内に有害物質の製造・輸送・取扱い・貯蔵・処分に伴うリスクの程度と期間に応じた財務的責任を果たしうることの証拠（evidence of financial responsibility; これは保険、保証、保証証書、自家保険者としての認定により確立されうる（42 U. S. C. 9608（a）（1））の確保と維持の要求に関する規則を制定すべき旨を定めているが、この規則は二〇〇四年現在で制定されていないようである（See, South Carolina Department of Health & Environmental Control et al. v. Commerce and Industry Insurance Company et al., 372 F. 3d. 245, 252（4th Cir. 2004））。この財務的責任を果たしうることの証拠の確保は、適切な自己資本の確保という考え方に通じるものともいえるが（See, Erika Clarke Birg,

Redefining "Owner or Operator" under CERCLA to Preserve Traditional Notions of Corporate Law, 43 EMORY L. J. 772, 786-787 (1994)）、これに関する規則が制定されていない以上、CERCLAによる責任に関しては適切な資本・資産の具備という構成は望ましくないと考えられているのかもしれない。ただし、この規定はそもそもあまり注目されていないようであるため（See, THOMAS J. SCHOENBAUM, RONALD H. ROSENBERG & HOLLY D. DOREMUS, ENVIRONMENTAL POLICY LAW, PROBLEMS, CASES, AND READINGS, 587-588 (4th ed. Foundation Press, 2002)）、決定的ではないと思われる。

(751)　タクシー一台とは比べ物にならないであろう。

(752)　第三者の所有地に許可を得ずして有害物質を廃棄するという事業は、運搬用車両以外の資産を持たずとも可能であると思われる。

(753)　大塚直『環境法（第二版）』六〇—六一頁（有斐閣、二〇〇六年）、吉川栄一『企業環境法（第二版）』三二頁以下（ぎょうせい、二〇〇五年）参照。

(754)　なお、以上の議論は環境法という政策的色彩のある特殊な一領域にのみ当てはまるものにすぎないとの批判も考えられる。確かに、事業活動による不法行為には環境汚染以外にも様々なものがあり、株主・親会社の関与の度合い、付保の可能性、被害者保護の必要性など多様な考慮要素が存在している。本文は、すべての不法行為について環境汚染の場合と同様の取扱いをせよと主張するものでは決してなく、株主のインセンティブという観点に基づいて不法行為への関与という要素が重視される（社会的に重要な）領域が存在しており、他方で過少資本という要素が普遍的な考慮要素ではないということを確認するものである。

第五款　小　括

本節で検討してきた議論は、それぞれ独立したものである。しかし、全体的な方向性としては、特に不法行為債権について「適切な自己資本」もしくは過少資本という考え方からの離脱傾向を示しているように思われる。自己資本の水準に代わって焦点となっているのは、不法行為責任を子会社等に限定すること自体の是非であり、また危険性の高い事業を選択する株主のインセンティブや株主の当該事業・行為への関与であった。そして、このような有限責任制度の限界、株主の事業への関与という観点は契約債権者による請求についても問題となりうると思われるのである。

第五節　最近の「適切な自己資本」具備義務肯定説

近時は前節で紹介したような議論が有力であるが、「適切な自己資本」具備義務を肯定する見解は今日においても存在している。そこで、アメリカ法の検討の最後に、これらの見解を簡単に紹介しておこう。

まずRandsは、Landersに依拠して親会社に子会社を適切に資本具備する義務を課している。(755) この背景には、支配という要素を親会社の責任の基準とすると、親会社に子会社に対する支配の行使を控えるという望ましくないインセンティブを与えかねないという意識があるようである。(756) しかし、抽象的な支配の存在ではなく支配の具体的内容の当否を基準とすれば、子会社への介入を控える一般的インセンティブが生じるとは限らないと思われる。

またMichaelは、不法行為債権者による請求について、適切な自己資本の具備義務を問題とすることにより会社法的対処ではなく不法行為法による対処が可能になるとするが、(757) その意味するところは明らかではない。会社の過少資本は形式面の遵守よりも適切な考慮要素であるという理解が基礎にあるようだが、Michael自身が言及している原告と被告のリスク負担能力やリスク判断・付保の可能性や、原告の受傷と因果関係のある行為自体といった要素に比べて適切であるとの論証はなされていない。(758)

以上からは、「適切な自己資本」を要求する最近の論者は、その必要性を積極的に論じているのではなく、他の要素を基準とするのでは不都合であるという消極的な理由を基盤としているものであるといえよう。これは、前節の諸見解への応答としては不十分であるというべきであろう。したがって、今後も「適切な自己資本」からの離脱傾向は加速していくものと推測される。

(755) William J. Rands, *Domination of a Subsidiary by a Parent*, 32 Ind. L. Rev. 421, 456 (1999).

(756) Ibid. at 451-454. 特に、子会社の環境政策への関与により連邦法上の責任を問われる可能性が重視されている。この問題については、前注731とそれに対応する本文を参照。

(757) Douglas C. Michael, *To Know a Veil*, 26 J. Corp. L. 41, 50 (2000).

(758) See, ibid. at 50-52.

第六節　小　括

第一款　議論の変遷

以上がアメリカにおける議論の変遷である。繰返しになるが、まず概要をまとめておこう。(759)

初期の段階では「適切な自己資本」の具備義務もしくは過少資本による責任という問題の立て方はされておらず、会社の財務面全体が問題とされていた。具体的には、株主による事業用資産の賃貸借や金銭の貸付けと会社資産の担保化、事業の複数の会社への分割、搾取による資産・利益の蓄積の阻害などが行われていた事案に関する判決が主な検討対象となっていたのである。もっとも、この時点ではこれらの手法による不法行為責任の回避という側面がクローズアップされていたわけではない（第一節）。

その後の見解により、これらの手法によって主に不法行為責任からの回避を目論むこと、まさにjudgment proofing自体が問題視されるようになった。しかし、同時に、これらの見解は、責任限定目的での有限責任形態の会社の利用は本来適法であるという前提の中で例外的に有限責任を排除するための理論構成として、「適切な自己資本」の具備が有限責任の条件であるという考え方を導入した。このように捉える限りでは、「適切な自己資本」の欠如とは、極端な事例であることを表現するための説明にすぎず、自己資本の水準自体に意義が与えられたわけではないともいいうる。しかし、このように定式化された「適切な自己資本」とその裏返しである過少資本が一人歩きを始め、契約締結段階で株主が相手方の信頼・混乱を惹起するような言動をしたという異なる問題として処理されうるようなものについてまで、過少資本が問題であると指摘されるようになってしまった（第二節）[760]。進歩的と評されることもあるカリフォルニア州の判決における議論も、このような抽象化された過少資本理論の一般論としての採否に関するものであり、当該事案の問題点は何であるのかという観点からは必要性の低いものであった（第三節第二款）。

その後の学説では、過少資本だけでは法人格否認は認められないという多くの裁判所の抽象的な命題に反論しつつ、不法行為債権者と契約債権者の保護をそれぞれ論じるようになった。不法行為債権者に関しては、不法行為コストの外部化とそれによる株主のインセンティブへの影響という問題が指摘され始め、今日では過少資本という構成とはほぼ切り離された形で不法行為債権者の保護が論じられるようになっている[761]。他方、契約債権者に関しては、当初は適切な自己資本具備義務の存在を前提とした議論が行われていたが、近年では契約債権者についても株主の機会主義的行動への対処が問題とされるようになり、その可能性を契約債権者に与えるために個人責任によって財務状況を開示させるべきかという点が争点となっている（第三節第三款、第四節）。

判例においては、一九八〇年代以降も過少資本による責任への言及がなされることが少なくないが、これらは株主の責任肯定に結びつかない傍論や他の問題点が存在する事案についての判示であり、判例上、過少資本という要素が株主の責任に関し重要な役割を果たしていると評価することも困難である（第三節第四款）。学説においても、有限責任の条件としての「適切な自己資本」の具備と過少資本による責任を肯定する議論は、縮小傾向にある（第五節）。

(759)　初期の学説と後期の学説とで引用判決に対する意味づけが違うように思われるかもしれないが、これは以下のような理由によるものである。まず、過少資本による責任という考え方が確立される以前の学説については、過少資本による責任について理論的説明が十分になされていないことが多く、引用されている判決から、それらの学説がどのような事案に対処するために「過少資本による責任」を考案していったのかを探ることが必要となる。他方で、過少資本が問題であるということが確立された以降は、論者自身がある程度の理論的説明を行い、また判決をそれに従って整理しているので、学説の理解のためには、引用されている判決の事案よりも論者自身の理論に重きを置くことになるのである。

(760) 法人格否認に関する判決についての実証研究によると、過少資本に言及する法人格否認肯定判決のうち、約三割は不実表示があった事案である（See, Robert B. Thompson, *Piercing the Corporate Veil: An Empirical Study*, 76 CORNELL L. REV. 1036, 1067 (1991)）。本稿の観点からは、残り七割の過少資本への言及がある法人格否認肯定判決および過少資本への言及がある不実表示のない法人格否認否定判決がどのような事案であったのかということこそが興味深いが、これらに関する分析はなされていない（Thompson の関心は、事案の具体的な分析ではなく、法人格否認に関する判決全体および否認肯定判決の中で過少資本という要素が指摘される頻度と指摘された場合に否認が肯定される確率にあるようである）。

(761) 不法行為債権者による請求については、過少資本は判例上あまり重視されていないように見えるということも（前注340参照）、本文のような観点からは理解が困難ではない。

第二款　第四章への示唆

以上の議論の展開からは、過少資本による責任の是非という問題の立て方は不要に議論を混乱させるものであり、否定されるべきではないかという示唆が得られる。これは、第一章第四節第一款で提示した本稿の仮説を基本的に支持する結論であるといえよう。以下では、第四章での解釈論的検討に向けて、不法行為債権者の保護と契約債権者の保護とに分けて、アメリカ法の議論から示唆される検討すべきポイントをまとめておく。

一　不法行為債権者の保護

第四章では、不法行為債権者の保護が認められるべき状況・範囲を、不法行為コストの外部化の防止と株主のインセンティブという観点から検討することになる。保護されない被害者と保護される被害者、許される外部化と許されない外部化の境界線をどこで引くのかというのは困難な問題である[762]。過少資本による責任という「仮想理由」[763]を用いてこの問題への解答を回避し続けることが適切であるとは思われないが、過少資本による責任をめぐるアメリカの議論からは以下のような検討課題の存在が示唆される。

(1)　責任の要件

アメリカの議論が初期の段階から問題としてきたのは、株主による事業用資産の賃貸や会社資産の担保化、事業の分割等による不法行為債権からの judgment proofing であった。株主の責任の要件に関してまず検討されるべきなのは、責任の拡張を株主が事業用資産等の価値を確保するために judgment proofing を行っている場合に限るべきか（Krendl & Krendl の見解。Latty や Ballantine の真意もここにあったと思われる）、それがない場合にも認めるべきか（Hansmann & Kraakman の見解）という問題であろう。

Judgment proofing が行われていない場合に株主の責任を認めた判決は多くないが（Minton 判決[764]）、不法行為発生への株主の関与（66, Inc. 判決[765]、ＣＥＲＣＬＡの管理者責任）という観点から株主による不法行為コストの外部化を認定することは可能である。

また、そもそも株主に責任を課すという方策が適切であるかという点について、強制責任保険制度や危険な行為に対する行政規制等の他の手段との競合関係も問題となる（Clark の見解）。

(2) 責任の効果

さらに、judgment proofing がある場合には株主に責任を課すとした場合、責任の範囲について、不法行為債権者の請求から隔離された事業用資産に限るべきか（Walkovszky 判決[766]）、事業用資産の範囲を超えた個人責任まで認めるべきか（Mull 判決[767]）ということが問題となる。

二　契約債権者の保護

(1) 不実表示・詐害譲渡等

他方、学説によって契約債権者による請求について過少資本による責任を認めたものとされる判決の多くは、株主による不実表示、詐害譲渡・偏頗弁済的な会社財産の移転、株主自身の詐欺・義務違反等への関与などが問題の本質である事案であった。これらの事案には、過少資本という観点よりもそれぞれの問題点の是正という観点からアプローチするのが適切であると思われる。

(2) 契約債権からの judgment proofing

この中で注意を要するのは、契約債権者に対する judgment proofing が行われていたと評価しうる事案について株主の責任を肯定し、また株主債権等の劣後化を認めた判決の持つ意義である。これらについては、不法行為コストの外部化の防止という観点からは説明しがたいと思われるからである。

まず、株主による事業用資産の賃貸や会社資産の担保取得が行われていた場合には、外部債権者と同順位、もしくはこれに優先する株主の投資回収が問題視されていると考えることができるかもしれない。しかし、第一章第三節第四款で検討したように、不実表示や会社搾取、倒産直前の抜駆け的債権回収等の問題がない場合に、前記の投資回収の不当性を基礎づけうる理論的な説明は見出されなかった。そこで、問題となる判決を今一度検討すると、株主の会社に対する債権が架空であるか会社の搾取に基づくものである事案（Deep Rock 判決[768]、Pepper 判決[769]）、他の債権者が株主による賃貸や株主債権の存在を認識していなかった可能性がある事案（Luckenbach 判決[770]、Albert Richards 判決[771]）、破産直前に資金を引き上げた事案（Wilkinson 判決[772]、Amfac Mechanical 判決[773]）、破産直前に担保目的物を廉価に競落した事案（Arnold v. Phillips 判決[774]）、会社資金の流用や取引主体に関する不実表示が行われていた事案（Talbot 判決[775]）などが多く、純粋に株主の債権者と同順位、もしくはこれに優先回収のみが問題となっていたわけではないということに気づく。また、前記の手段による judgment proofing を重視した Latty も、不注意ではない契約債権者に対しては、親会社が子会社債権者よりも上位もしくは同等の地位を確保していたとしても問題はないと示唆していた[776]。これらの点から、アメリカ法の検討のうえでも、なお外部債権者と同順位、もしくはこれに優先する株主の投資回収それ自体には問題性を見出せないというべきであろう。

また、事業用資産の賃貸がなくても、資力のない会社を債務者とする一方で、原告債権者による給付は事実上株主や姉妹会社が直接受益している事案（Segan Construction 判決[777]、Kinney Shoe 判決[778]、Zaist 判決[779]、Pan Pacific 判決[780]）においても、契約債権者に対する judgment proofing があるといえよう。この事案では外部債権者と同順位、もしくはこれに優先する株主の投資回収すら問題となっておらず、株主の責任を肯定する根拠に欠けるとも思われるが、債権者の給付による株主の利得を問題視することが考えられないわけではない。このような問題意識は、過少資本による責任に関する従来の日本の学説では示されておらず、興味深いものである。これは株主が直接利得している場合には有限責任による保護を与える必要はないという観点からの説明であり、一見、有限責任制度の弊害がある場合にのみ株主に責任を課すという本稿の基本的な立場にはなじみにくいものであるとも思われる。もっとも、日本法の下での処理を考えると、これらの事案を有限責任制度の例外を認めたものと捉える必要性がないと思われることにも注意する必要があろう。すなわち、これらの事案では会社が株主・関連会社に対して契約関係に基づく報酬・賃料等の債権を有していることが多いため、会社が無資力である場合には、原告債権者は会社の株主等に対する債権を民法四二三条により代位行使する、もしくは民事執行法一四三条以下によりこの債権に執行することが考えられる。また Kinney Shoe 判決のように会社から株主への転貸が行われている事案は、民法六一三条に基づく賃貸人の転借人への直接請求により解決されうるものであると思われる。そのため、これらのような事案における法人格の否認等は、有限責任制度に関する本稿の基本的な立場と矛盾するものではなく、債権者代位・債権執行制度や転貸借法制による救済の不十分さを克服する手段であると位置づけることも可能であろう。(781)(782)(783)

(3)　株主のインセンティブのゆがみ

さらに、近時の学説には、過少資本という状況における株主の事業上の判断に関するインセンティブのゆがみという問題に着目し、リスクプロファイルの事後的変更に対する債権者の自衛可能性と合わせて検討する者も存在していた（Easterbrook & Fischel や Gevurtz の見解）。そこでは、債権者にこの問題を認識させるための情報開示を促す手段として過少資本による責任が論じられていたが、これは過少資本＝財務構成・財務情報に関する問題という思考枠組みの影響を受けたものであるように思われる。過少資本という観点を離れて株主のインセンティブ・行動に着目した場合には、財務情報の開示で債権者の保護として十分なのかを再検討する必要があると思われる。(784)

他方で、判例においてはこのインセンティブのゆがみという問題が扱われることは少なかった。特に、契約締結後のリスクプロファイルの変更が問題となった事案は、筆者が調べた限りでは見当たらなかった。(785) 資産代替のインセンティブへの対処を検討する際には、まずこの点についての説明を考える必要があろう。(786)

(762) この点については、境界線を引く権限を有するのは誰か＝立法府に限られるべきか、司法府にも認められるべきかという問題点も存在する。
(763) 筆者は、具体的事案に際して被害者救済の必要性に迫られた裁判所が「過少資本による法人格否認」に依拠することを一切禁じるべきと主張するものではない。「仮想理由」としての法人格否認の法理の意義は、まさにこのような事案の解決を通じて現行法制の問題点を浮かび上がらせる点にあると考えられるからである（江頭・法人格否認一二八頁、四一六頁参照）。問題があるとすれば、「仮想理由」性が認識されないことにより問題点がかえって不明確になった場合である（本章第三節第二款および第四款の諸判決を参照）。
(764) 前掲（注536）。Minton 判決においては、事業用資産は第三者から賃借したものであり、事業用資産や関連事業の価値が株主によって確保されている場合とは異なっていた。
(765) 前掲（注654）。
(766) 前掲（注577）。
(767) 前掲（注572）。
(768) 前掲（注437）。
(769) 前掲（注446）。
(770) 前掲（注364）。Latty が指摘するように（前注397参照）、この事件の原告のような物品・サービスの購入者は債務者の物品・サービス提供能力には注意を払うであろうが、金融債権者とは異なり、債務者が物品・サービス提供を怠った場合の賠償責任の履行資力にまでは注意を払わないことも考えられる（ただし、このような「不注意な」債権者をどこまで保護すべきかという点については、検討の余地があろう。特に、債権者が消費者である場合と事業者である場合とを分けて考える必要があると思われる）。このため、原告の認識欠如が判決中で問題とされているわけではないが、原告は被告による事業用資産の賃貸を認識していなかった可能性があると思われる。Fourth National Bank 判決（前掲（注401））、Iron City 判決（前掲（注615））、Service Iron 判決（前掲（注632））も同様の観点からの説明が考えられる。

(771) 前掲（注452）。

(772) 前掲（注377）。

(773) 前掲（注612）。

(774) 前掲（注499）。

(775) 前掲（注548）。

(776) 前注414—415に対応する本文を参照。また、会社の無資力や被告への担保設定に関する原告の認識を理由に原告の請求を棄却した Hanson 判決（前掲（注480））も参照。

(777) 前掲（注659）。

(778) 前掲（注661）。

(779) 前掲（注665）。

(780) 前掲（注548）。

(781) たとえば、株主に対する会社の債権が、株主による会社の搾取の結果として低額にされていたり、また搾取がなかったとしてもその存在の立証が困難であったりする場合には、その代位行使では十分な救済を得られないと思われる。

(782) このほか、転用物訴権等の不当利得法的見地からの理解も考えられる（前注670—673とそれに対応する本文を参照）。

(783) Segan Construction 判決や Kinney Shoe 判決自体を本文のように位置づけることも不可能ではないが、そのためにはアメリカにおける債権執行制度や転貸借法制の検討が必要となる。この点については、他日を期したい。

(784) このほか、Robert B. Thompson, *Piercing the Veil: Is the Common Law the Problem?* 37 CONN. L. REV. 619, 630

(2005)が、過少資本の判断時期に関連して、契約債権者について過少資本が最も問題となるのはそれが支配株主による一方的な変更の反映である場合だとする。ここでの「変更」がリスクプロファイルの変更を指しているようにも思われるが、会社財産の移転を意味すると解することも可能であり、不明確である。

(785) 先物取引のようなギャンブル的性質のある事業を営んでいる会社の債権者による請求が問題となった事案(Wilkinson 判決。前掲(注377)参照)や破綻状態での取引継続による新債務の負担が問題となった事案(Hystro Products 判決。前掲(注625)参照)は存在する。

(786) なお、取締役の債権者に対する誠実義務などの他の法理論の下で、取締役を兼任する株主の責任の問題が論じられている可能性もある(前注629を参照)。リスクプロファイルの変更は事業内容に関する判断の問題であるため、株主に特殊の責任と捉えるよりは経営者の責任と捉えた方が適切であるともいいうる。このような観点から検討するのであれば、経営判断原則の適用等を含めて(これを示唆するものとして、Gevurtz, supra note 697 at 880-881)、アメリカ法における経営者の債権者に対する責任全体を踏まえた分析が必要となろう。これは別稿に委ねざるをえない。

第三款　株主債権劣後・財産移転規制の影響

最後に、株主債権の衡平法的劣後化や会社財産移転規制に関する議論の過少資本による責任への影響の有無について検討しておこう。

まず株主債権の衡平法的劣後化については、Deep Rock、Pepper の両連邦最高裁判決を初めとするいくつかの判決が過少資本による責任の根拠としてしばしば引用されていた(787)。ここまで見てきたように、これらの判決の多くは過少資本とは異なる観点からの説明が可能なものであり、これらを過少資本による責任の根拠として引用する議論には、この点を見落としているという問題があると思われる。もっとも、株主債権の取扱いに特殊な観点が過少資本による責任の議論全体の動向に影響を与えた様子はうかがわれなかった。

また、アメリカ法においては、会社財産移転規制としての資本制度の役割はドイツや日本ほど大きくない。配当規制と類似の機能を有する詐害譲渡規制に関する統一詐害譲渡法五条の規定に引きつけて過少資本による責任が論じられることはあるが、(788) これも付随的な理由とされているにとどまるといえよう。

(787) Albert Richards 判決（前掲（注452））、Hanson 判決（前掲（注480））、Arnold v. Phillips 判決（前掲（注499））、In re V. Loewer's 判決（前掲（注521））などである。

(788) 前注417の Latty のほか、Hackney & Benson, supra note 344 at 859-860 が、非合理的に少ない資本しか残らないような財産の移転が認められないなら、非合理的な資本で事業を開始することも認められないとしている。

他方、Bainbridge, supra note 669 at 521 は、搾取による事後的過少資本は詐害譲渡法で処理すれば足りるとしており、詐害譲渡法の規定から過少資本による責任を正当化することはしていない。

第三章　ドイツ法

序

アメリカ法に続いて、本章においてはドイツ法を取り上げる。

ドイツの議論についてもすでに紹介がなされているが、[789] そこでも過少資本が問題であるということを前提として学説の理論構成の優劣を検討するものが多い。しかし、過少資本という問題の立て方自体を疑問視する本稿の立場からは、理論構成よりも、ドイツの議論がどのような問題状況に対処するために「過少資本による社員の責任」[790] を論じてきたのかということが重要であると思われる。そこで、本章では、以上のような観点から、[791] ドイツの議論が実質的過少資本[792] という状況にどのような問題があると考えていたのかということを、学説の展開過程に沿って検討していくこととする。[793]

具体的な検討順序は以下のとおりである。

まず、自己資本の水準の適切さを最初に問題とした組織瑕疵責任論の議論と（第一節）、これらが批判の対象としていた主観的濫用論の議論を検討する（第二節）。次いで、実質的過少資本による責任を肯定する理論として通説化した規範目的論の議論を検討する（第三節）。この後で、主に規範目的論者によって過少資本による責任を

（理論上）肯定したものと評価されるいくつかの判決を取り上げ、果たしてそのような評価が妥当であるのかを検討する（第四節）。そのうえで、規範目的論に反対する近時の有力な見解の議論を検討する（第五節）[794]。そして、以上の学説の流れ[795]の理解に資するための補論として社員が会社に不動産等の事業用資産を賃貸借等の形式で提供している事案の処理に関する議論を紹介したうえで（第六節）、過少資本による責任を導入したとも考えられる最近の環境保護立法について検討する（第七節）。

なお、再度確認しておくと、過少資本による責任の議論において問題とされてきたのは[796]、自己資本の水準の低さではなく株主による会社倒産のリスクが高い事業や不法行為被害の発生可能性が高い事業の選択ではなかったか、会社財産移転規制や社員債権の取扱いに関する議論の（悪）影響はなかったか、ということが分析に当たっての着眼点である。

(789)　ドイツ法を扱う近時の先行研究として、青木英夫「過少資本と社員の有限責任――アメリカ法およびドイツ法を中心として」『現代会社法・証券取引法の展開　堀口亘先生退官記念』三頁、九頁以下（経済法令研究会、一九九三年）、泉田栄一「過少資本に基づく社員の責任（一）（二）（三・完）」富山大学経済論集二二巻二号九二頁（一九七六年）、二二巻三号六三頁、二三巻一号一頁（以上、一九七七年）、上原敏夫「会社の倒産と内部債権の劣後的処遇――西ドイツにおける資本代替的社員貸付の法理――（上）（中）（下）」判例時報一二七七号三頁、一二八〇号三頁、一二八三号三頁（以上、一九八八年）、片木晴彦「過少資本会社とその規制（一）（二）・完」法学論叢一一二巻二号七七頁（一九八二年）、加美和照「過小資本の法理」『現代商事法の重要問題　田中誠二先生米寿記念論文』二七五頁（経済法令研究会、一九八四年）、篠田四郎「過少資本における社員の責任（一）（二）（三）未完」名城法学三三巻三号一頁（一九八四年）、三四巻三号四三頁（一九八五年）、三九巻三号一頁（一九九〇年）、清水忠之「子会社の過少資本に対する親会社の責任について」明治学院論叢五三五号（法学研究五四号）五三頁、七二頁以下（一九九四年）、松山三和子「小規模会社における資本の確保と支配株主の責任――名目的過少資本の場合について」北見大学論集一三号三三頁（一九八五年）などがある。

(790) ドイツにおいては、過少資本は株式会社ではなく有限会社について問題とされることが多い。そのため、本章においては「株主の責任」ではなく「社員の責任」と表記する。

(791) ドイツの学説は過少資本の発生時期や責任主体の範囲、責任額の範囲などといった個別の解釈論上の論点についても百家争鳴の感を呈しているが、論旨を明確にするため、本章ではこれらの論点についての議論をすべて紹介することはしない。もっとも、各論者が念頭に置いていた問題状況を明らかにするという本稿の観点は、これらの論点についての対立状況の整理にも役立つと思われる。これらの論点の一部は第四章第四節において検討する。

(792) 名目的過少資本、すなわち株主・社員の対会社債権（以下、社員貸付ということがある）の取扱いの問題に関するドイツの議論は、篠田・前掲（注789）等の先行研究からも明らかなように、特に一九八〇年の有限会社法改正以降、独自かつ複雑な発展をたどっており、その全容を検討対象に取り込むと議論が混乱するおそれがある。そのため、序章第二節第一款二で述べたように、名目的過少資本に関する議論は過少資本の問題性という視点から意義があると思われるものに限って取り上げることとする。社員貸付の取扱いをめぐる議論に関しては、現在検討されている有限会社法の規制の改正（Referentenentwurf des Gesetzes zur Modernisierung des GmbH-Rechts und zur Bekämpfung von Missbräuchen (MoMiG), Artikel 1, Nr.13, Artikel 9, Nr.7）前後の議論の検討と合わせて、別稿を期したい（改正案の簡単な説明として、神作裕之「ドイツにおける『会社の存立を破壊する侵害』の法理」『企業法の理論　上巻　江頭憲治郎先生還暦記念』八一頁、一二九頁注100（商事法務、二〇〇七年）を参照）。

(793) ドイツでは、名目的過少資本に関しては立法のもとともなった判例法理が形成されているが（詳しくは、篠田・前掲（注789）三三巻三号を参照）、実質的過少資本に関しては「判例法理」が存在するとはいいがたい状況にある（詳しくは本章第四節を参照）。また、判例の数も、アメリカに比べると僅少である。そのため、本章では、学説を主要な検討対象としている。

(794) 本稿の批判の対象であると同時に検討の基盤をも形成している江頭・法人格否認は、法人格否認の法理について、それまで並列的に紹介されてきたドイツの諸学説（規範目的論の前半までに相当する）に一つの流れを与え、その中で論じられてきた様々な問題を整理した点で、それ以前の研究とは一線を画しているものである。本稿は、その問題群の中の一つである過少資本について、江頭論文以降の展開を踏まえて、学説に流れを与えることを試みるものでもある。

(795) 学説の分類は、主に Thomas Eckhold, Materielle Unterkapitalisierung (2002) を参考に、株主の責任を基礎づける理論構成の相違によって行った（ただし、本稿の関心がこれらの理論構成の詳細・優劣にあるわけではない）。この他にも、ＢＧＢ八二六条に基づいて株主の責任を肯定する見解などが存在するが、学説の議論の大勢に影響を与えているとはいいがたいため、関連する箇所の注等において紹介するにとどめている。

(796) 個々の見解には、どのような状況を問題としているのかということを明確に述べているものと、いないものとが存在する。後者については、それが引用している判決の事案などから論者の問題意識をうかがうことになる。他方、前者については、引用されている判決の事案が論者の理論的説明に即したものであればよいが、説明に沿ったものでない場合には、論者が、過少資本が問題類型であることを自明視したうえで事案とは関係のない抽象的な判示により過少資本に関する判決と位置づけている可能性がある。この場合には、そのような判決の事案よりも、論者自身の理論的説明に依拠した方が適切であろう。

第一節　組織瑕疵責任論(797)

第Ⅰ款　Rudolf Reinhardt

社員貸付の取扱いという問題は、これに関するライヒ最高裁の判例の影響もあって会社法の学説においても早くから論じられてきたが、(798)責任資本を適切に補充すること、(799)つまり自己資本の水準の適切さを初めて問題としたのはReinhardtであると思われる。(800)

彼は、「経済生活において企業家的活動を営む者は、その企業と結びついたリスクを負担しなければならない」という原則の存在を前提に、(801)企業家が事業上の利益を取得する一方で事業のリスクは第三者に課すような構造の企業はこの原則に違反するものであるとする。一人会社は、この原則に違反するものであるようにも思われるが、「人的責任の代わりに強固にされた資本的基盤を有し、いわゆる責任資本をリスクの補償として債権者に提供する」場合には違反しないとする。(802)そして、会社の業務と会社資本の高さの関係の決定は基本的に社員の自由に委ねられているとしつつ、「自己資本と企業リスクの正しい関係についての例の原則（Jenem Grundsatz des rechten Verhältnisses zwischen Eigenkapital und Unternehmensrisiko）には、取引経済の指導原理として、公序の構成要素としての意義が相応しい」として、結局、「極端に不十分な責任資本で有限会社を経営している一人社員は、全体の主催者として、企業の目的と企業リスクとが経済的に正しい関係になるように、その責任資本が適切に補充されるまで個人的に責任を負う」と述べている。(803)

Reinhardtが過少資本による社員の責任の根拠としている自己資本と企業リスクの正しい関係についての「例の」原則の内容・根拠は、それ以前の部分を通じても説明されていない。彼の主眼は責任資本の保持という代償を要求することによって「支配と責任の一致」理論から本来要求される社員の無限責任を否定することにあり、要求すべき責任資本の額に何らかの基準が必要であったために、おそらく当時のドイツ経営経済学上の原則を借用したということではないかと思われる。[804] このReinhardtの論理には、このような借用が適切であるのか、[805]「支配と責任の一致」理論という原則自体に疑問が呈された場合には成立しえないのではないか、[806] といった難点があると思われる。

また、彼が具体的な問題状況として描写しているのは、資金を基本資本の何倍もの社員貸付により提供されていた資本集約的な事業を営む会社の倒産時に社員が破産債権として届け出ると他の債権者が害されるという状況のみである。[807] これは、社員貸付に対して他の債権と同順位の配当がなされることにより社員以外の債権者への配当が減少することを問題視するものと思われるが、第一章第三節第四款で検討したように、不実表示・会社搾取・偏頗弁済等の問題がない場合に社員貸付の配当加入を否定すべき理由は明確ではなく、Reinhardtも何ら説明を加えてはいない（おそらく、「支配と責任の一致」理論から支配者である社員が債権者としての地位を併有することを疑問視しているのであろう）。また、仮にこれが問題であるとしても、社員貸付の劣後的取扱いを基礎づけることはできるが、実質的過少資本による責任を基礎づけることはできないと思われる。

以上からすると、Reinhardtにはしばしば「適切な自己資本」という考え方の最初の提唱者としての地位が与えられることがあるが、なぜそのような考え方を採る必要があるのかということについては説明をしていなかったということができよう。[808]

（797）　この組織瑕疵責任（Organisationsfehlerhaftung）論という呼称は、その責任の発生根拠についての理論的特徴に着目したものである。本稿の関心は、責任の発生根拠ではなく、過少資本状況の問題の所在にあるため、この理論的特徴には立ち入らない（詳しくは、江頭・法人格否認三六三頁を参照）。にもかかわらず、ここで款を分けて取り上げるのは、彼等の議論が過少資本会社の規制に関する活発な議論の契機となったという点に鑑み（Vgl. Paul Hofmann, Zum "Durchgriffs" — Problem bei der unterkapitalisierten GmbH, NJW 1966, 1941, 1944）、その見解を詳しく検討するためである。

（798）　たとえば、Friedrich Klausing, Die Neuordnung der Gesellschaft mit beschränkter Haftung — Erster Arbeitsbericht zur "Reform" der GmbH, s.31ff.（1938）, Wolfgang Siebert, Einmann-GmbH und Strohmann-Gründung, BB 1954, 417, 418 など。

（799）　Rudolf Reinhardt, Gedanken zum Identitätsproblem bei der Einmanngesellschaft ; in FS für Heinrich Lehmann s.576, 592（1956）.

（800）　Ulmer in Hachenburg, GmbHG, 7.Aufl., Anhang nach §30, Rn.40（1979）, 江頭・法人格否認三六三頁参照。また、Reinhardt は、「いわゆる責任把握理論の基礎を提供した」ともいわれる（森本滋「いわゆる『法人格否認の法理』の再検討（三）」法学論叢八九巻五号一頁、六頁注26（一九七一年））。

なお、Hans-Jürgen Sonnenberger, Das Darlehen des GmbH-Gesellschafters als Mittel der Gesellschaftsfinanzierung, NJW 1969, 2033, 2034 Fn.10 は「この考え方は Klausing, GmbH s.20 に由来する」としているが、それがどの書物を指すのかは不明である（Friedrich Klausing, Reichsgesetz betreffend die Gesellschaften mit beschränkter Haftung sowie die wichtigsten die GmbH berührenden Nebengesetze und Verordnungen, s.20（1929）には、過少資本規制と関連するような記述は見当たらない。最低資本金額の変遷に関する記述（s.16ff.）の中にも、自己資本の適切性の要求は見られなかった。なお、同書は第三版（一九三六）まで出版されているようであるが、確認できたのは一九二九年の版のみである）。

(801) この Reinhardt の出発点は、Müller-Erzbach などの「支配と責任の一致」理論と同一であるとされる。Jutta Limbach, Die beschränkte Haftung in Theorie und Wirklichkeit, GmbHR 1967, 71, 72 Fn.11, 12.
(802) Reinhardt, a.a.O. Fn.799, s.589f.
(803) Reinhardt, a.a.O. Fn.799, s.591f.
(804) たとえば、邦語文献であるが、池内信行『経営経済学総論（全訂版）』二二八頁（森山書店、一九五八年）は、「固定資産と流動資産の一部を買い入れるにたるだけの金額は、自己資本をもってまかない、それ以上必要な資本は、他人資本でまかなうのが健全である」としている。
(805) この点については、第四章第三節第一款三を参照。
(806) ドイツでも「支配と責任の一致」理論に反対する論者が少なくないことについては、江頭・法人格否認一五六頁を参照。また、序章第一節第二款一で述べたように、今日ではむしろ有限責任制度を原則と捉えた方が適切であると思われる。
(807) Reinhardt, a.a.O. Fn.799, s.590.
(808) なお、Reinhardt は結局ＢＧＢ八二六条に依拠することによって主観的構成に傾斜していったと指摘されることがある。しかし、この主観的要件もなぜ必要なのかは説明されていない。

第二款　Peter Erlinghagen

では、Reinhardt の理論を継承し発展させたといわれる Erlinghagen は、過少資本を規制する理由を述べているであろうか。

Erlinghagen は、まず支配と責任の一致を説く Müller-Erzbach などに対し、法定代理人や財団の理事、典型的な株式会社の取締役など現行法上この理論が当てはまらない場合もあると批判したうえで[809]、資産の管理を受任者に委ねる場合に経済的利益の帰属しない受任者にリスクをすべて負わせるのは不合理であるとし[810]、行為者＝受任者がその決定について自己の資産により人的責任（personenbezogene Haftung）を負うのではなく[811]、受任者の決定について資産の所有者が責任を負うことになるとし、これを行為者とは独立した一定の資産が責任を負う物的責任（vermögensbezogene Haftung）と呼ぶ[812]。そして、責任の手がかりは資産に対する支配・管理権限や事業を直接的に執行する企業家的活動ではなく「一定の資産の経済過程への投入」にあるとして[813]、Reinhardt を引用しつつ、投入された資産の範囲の適切さ、すなわち自己資本の水準に着目するのである[814]。

以上の Erlinghagen の見解は、Reinhardt とほぼ同様に、自己資本の水準の適切さを取締役等の受任者の責任を限定する代償として問題としているものだといえよう。そのため、「支配と責任の一致」理論を批判してはいるものの、それは現実の制度に対応するための修正を加えているにすぎず、基本的発想としてはなお「支配と責任の一致」理論に立っているものと思われる。そのため、「支配と責任の一致」理論を採らず、取締役等の責任を限定するに際しても特別の代償は必要ないと考えた場合には、Reinhardt と同じく、その基礎が揺らいでしまうことになる。

また、Erlinghagen は具体的な問題状況を直接描写してはいないが、自己資本の適切性の判断基準として資金・資本市場における第三者からの長期的資金の借入可能性の有無という基準を提案する際に[815]、自己資本が不足しているため第三者からの借入れを受けられない企業は資金不足により早期に市場から退出することになるという資本市場による規律が社員貸付により機能しなくなり、また社員が社員貸付により市場経済が経済活動の前提として要求する水準よりも低いリスクしか引き受けないことになると指摘している[816]。

この部分からは、Erlinghagen が具体的に問題視しているのは、Reinhardt と同じく、社員貸付が行われている状況のみであるということがうかがえる。また、社員貸付により社員が引き受けるリスクが低くなるという指摘は、外部債権者の配当額減少を問題とする Reinhardt の見解よりもさらに抽象的であるし、Erlinghagen が重視する資本市場の規律が社員貸付により本当に害されるのかという点にも疑問がある。[817] さらに、第三者からの借入可能性という基準についても、社員の内部者としての情報優位性を考慮すれば、第三者が融資しない場合に社員が融資するということは、特におかしなことではないとも思われるのである。[818]

結局、Erlinghagen は Reinhardt の主張を発展させたといわれるが、それは責任の時期的・人的範囲の限定等の問題にとどまり、[819] なぜ「適切な自己資本」を要求するのかという点については進歩を示していないと思われる。

(809) Peter Erlinghagen, Der Organschaftsvertrag mit Ergebnisausschluss-Klausel im Aktienrecht, s.81f. (1960).
(810) Erlinghagen, a.a.O. Fn.809, s.85.
(811) 受任者を責任から解放することの危険性に対しては、受任者に資産所有者の利益を考慮するようにさせ、所有者に委任を撤回する可能性を認めることが唯一の適切な規制だとする。Erlinghagen, a.a.O. Fn.809, s.84f.
(812) Erlinghagen, a.a.O. Fn.809, s.83f.
(813) Erlinghagen, a.a.O. Fn.809, s.84.
(814) Erlinghagen, a.a.O. Fn.809, s.85.
(815) Erlinghagen, a.a.O. Fn.809, s.87f. この基準は、その後の学説によっても採用されているものである（後注990参照）。

(816) Erlinghagen, a.a.O. Fn.809, s.89.
(817) 社員貸付がなければ倒産するはずの企業が倒産しなかったという状況を想定しているのであろうが、それによりどのような問題が生じるのかは不明である。外部債権者は株主による出資と貸付けを前提としてリスク評価を行うのであり、それにより貸し付けられる額が必要額に満たない場合には依然として当該企業は市場からの退出を迫られるものと思われる。
(818) Erlinghagen, a.a.O. Fn.809, s.90もこの点は認識している。この点については、第四章第三節第一款四も参照。また、この基準を採用する理由の一つが、資本取引税法三条に関する判例法理を利用できる（Peter Erlinghagen, Haftungfragen bei einer unterkapitalisierten GmbH, Rundschau für GmbH, 1962, 169, 174）という便宜的な観点にあったことも確認しておくべきであろう（ここからは、租税法的問題と会社法的問題とを区別するという意識が欠如していることもうかがえる）。
(819) Erlinghagen, a.a.O. Fn.818, Rundschau für GmbH, 1962, 173ff.

第三款　小　括

以上のように、ReinhardtとErlinghagenには、過少資本の問題状況を明らかにするという問題意識はなかったように思われる。(820) これは、彼らの主たる関心が、次節で紹介する主観的濫用論に対抗して責任が認められる場合を拡張しつつ法的安定性のある客観的な基準を立てることにあったためであると思われるが、(821) 具体的な問題状況の検討が欠けているために、彼らの見解もまた法的安定性のある基準の定立に成功しているとはいいがたい。Judgment proofingという具体的な問題状況への対処を目的として過少資本による責任を理論化したアメリカの

Latty や Ballantine とは、対照的であるといえよう。

(820)　組織瑕疵責任という理論構成を採る論者としては、他に Georg Kuhn, Haftungsprobleme bei der GmbH & Co., EHRENGABE FÜR BRUNO HEUSINGER, s.203, 208 (1968), derselbe, Haften die GmbH-Gesellschafter für Gesellschaftsschulden persönlich? FS FÜR ROBERT FISCHER, s.351, 357 (1979) がいる。また類似の構成として、会社の資本が適切であるか否かを知りえない債権者に対し社員は会社が過少資本ではないことを表示したことになると主張する Walter Erman, Zur Frage der Haftung der Hintermänner überschuldeter Gesellschaften, KTS 1959, 129, 132 が挙げられることがある（江頭・法人格否認三七六頁注46）。Karlfriedrich Woeste, Gesellschafterdarlehen und gesellschafterverbürgte Darlehen an die GmbH in deren Konkurs, Rundschau für GmbH, 1959, 131 も Erman とほぼ同旨である。しかし、これらの見解も、なぜ自己資本の水準が問題となるのかについては述べていない。

(821)　Erlinghagen, a.a.O. Fn.818, Rundschau für GmbH, 1962, 173, 175, 176.

第二節　主観的濫用論

では、Reinhardtらが攻撃の対象とした主観的濫用論は、過少資本の問題をどのように捉えていたのであろうか。

第一款　Rolf Serick

Reinhardtの批判の対象となった主観的濫用論の創始者がSerickである。それまでの判例の体系化を試みた彼の教授資格取得論文[822]は、それ以降の研究の出発点となったものである。[823] しかし、それは透視理論(Durchgriffstheorie)が適用される多様な事例を包括的に論じたものであり、実質的過少資本の問題は付随的に扱われているにとどまる。たとえば、複数の無資産の会社を利用して炭鉱事業を営んでいた株主に対する通勤中の事故により死亡した従業員の遺族の損害賠償請求を肯定したというjudgment proofing的な事案に関するアメリカの判決[824]も、詐害譲渡的事案や財産混同的事案を紹介する項の末尾の注において引用されているにすぎない。[825] これらは債権者が害されているという抽象的共通点によりくくられているものであり、Serickの関心が個々の債権者が害される態様にはなかったということがうかがえる。[826]

Serickは、さらに名目的過少資本について、事業が失敗した場合に債権者として他の債権者と同順位で会社財産に対する請求権を主張する目的で社員が会社に事業に必要な資金を貸付けとして供給することは、「必然的に他の債権者の損害を導く」ため、法人格の濫用による第三者詐害になるとしている。[827] これは、社員の破産手続への債権者としての参加により外部債権者への配当が必然的に減少するというReinhardtが問題としていたのと同じ状況であり、Reinhardtと同様の問題点を有しているといえよう。Serickは、事業失敗時の損失額を減らそうとする社員の目的に対し主観的濫用との非難を加えることで問題性を基礎づけるのであろうが、ここでjudgment proofingが問題とされているわけではないと思われる。

以上のように、Serickにおいては、過少資本を問題とすべき理由についての考察ははなはだ不十分であり、また主観的要素を重視するとはいっても株主のインセンティブが問題となるような状況を念頭に置いたものではなかった。では、Reinhardtらの批判がなされた後の主観的濫用論は、過少資本という問題にどのように取り組んだのであろうか。

(822) Rolf Serick, Rechtsform und Realität juristischer Personen (1955).

(823) Eckard Rehbinder, Konzernaußenrecht und allgemeines Privatrecht, s.90 (1969) は、Serickを「近代的透視理論の創始者」と呼ぶ。また、日本の古い学説（第一章第一節第一款参照）にもSerickの見解に依拠したものが多いということが指摘されている（江頭・法人格否認六〇頁、六五頁注11）。

(824) Dixie Coal Mining & Mannfacturing Co. et al. v. Williams, 221 Ala. 331, 128 So. 799 (1930). 詳しくは、前注428、433を参照。

(825) Serick, a.a.O. Fn.822, s.79ff., 83 Fn.6. Dixie判決と同時に引用されているAlbert Richards Co., Inc. v. Mayfair, Inc., & others, 287 Mass. 280, 191 N.E. 430 (1934) は、会社による支配株主の債権への秘密裏の担保提供が問題となった事案であり（詳しくは、前注452を参照）、こちらは詐害譲渡的事案であると見ることも不可能ではない。

(826) 他にも、運送業を営む姉妹会社に船舶を賃貸していた船舶所有会社に対する姉妹会社の契約債務の不履行責任についての賠償請求が認められたLuckenbach S.S. Co., Inc., et al. v. W. R. Grace & Co., Inc., 267 F. 676 (4th Cir. 1920)（詳しくは、前注364―365とそれに対応する本文を参照）が、クレイトン法三条違反が問題となったUnited States v. United Shoe Machinery Co. et al., 234 F. 127（E.D.Mo. 1916）と同じ箇所で引用されている（Serick, a.a.O. Fn.822, s.85 Fn.1）。

(827) Serick, a.a.O. Fn.822, s.45f., 205. なお、法人格の濫用には、他に法律回避、契約回避という類型がある（s.203）。また、第三者詐害の具体例としては、他に会社の取引相手に対する社員による詐欺や、汚染された土地を会社に拠出し善意の業務執行者に売却させる行為などが挙げられている（s.43）。

第二款　Ulrich Drobnig

一　アメリカの判決の引用

Drobnig[828]は、米仏の判例を参照しつつ有限責任制度との関係で社員が会社債務につき責任を負う場合を包括的に検討しており、会社の資本装備が不十分な場合（ungenügende Kapitalausstattung）、すなわち過少資本の場合を責任事由の一つとして重視している[829]。

彼は「不十分な自己資本具備と隠れた資本剥奪」と題した項において多くの判例を引用しているが、特に、危険な事業を資力のない子会社に必要な事業資産を貸与して営ませ、子会社の利益を賃料等により吸い出していた親会社に子会社の不法行為についての責任が認められたアメリカの事例を紹介していることが注目に値する[830]。これは、まさにjudgment proofingが行われていた事案である[831]。Drobnig自身も、この判決は「過少資本の会社は、その資産が通常の予想される事業のリスクをカバーしていない場合には、危険な事業を営むに際して有限責任に依拠できないという思想」に基づくものであるとし、[832] またタクシー・船舶運行・採石事業と純粋な商事会社を対比するなど、[833] 事故発生の危険性という事業の性質に着目しているように思われる。[834]

しかし、過少資本による責任を危険性の高い事業の場合などに限定することの意義は、極端な場合への限定により自己資本の不十分さの判断を容易にし、商人の判断への裁判官の事後的介入を防ぐということに求められているにすぎず、[835] 責任回避・コストの外部化という社員のインセンティブへの言及はない。また、子会社が親会社の所有する事業用資産を利用している状況を過少資本による責任透視が最もなされる場合だと位置づけているが、恣意的な賃料・納入価格設定による会社から社員への資産移転がある場合や賃貸期間が異常に短い場合のみを問題としており、[836] 子会社の judgment proofing 自体は問題とされていないのである。[837]

二　ドイツの判決の引用

また、ドイツの判決も三件ほど引用されている。[838] 最初に紹介されている事案では、租税上の利益を目的とした個人事業の土地・設備の所有のみを行う合資会社とこれを賃借して経営を行う株式会社への分離が行われていたが、会社債権者に対する judgment proofing が直接問題となったわけではない。これは、合資会社の無限責任社員であった原告が一時的に被告に経営を委ねたところ、株式会社の銀行に対する借入債務について被告が合資会社に保証させたため保証債務の履行により不動産を売却せざるをえなくなったことについて、被告の責任を追及したという事件であり、[839] 前項で紹介したアメリカの判決とはかなり事案が異なるものである。また、争点は姉妹会社の債務の保証が合資会社の目的の範囲内であるかというものであり、過少資本による責任は、二重会社設立の動機と目的によっては保証がなかったとしても合資会社の財産への執行は避けられず、このことは保証についての被告の責任を否定するように作用するとして言及されているのである。[840] 外部からの借入れには何らかの担保提供が必要であったことは原告も認識していたはずであり[841]、被告の責任を否定するために過少資本による責任を持ち出す必要はなかったというべきであろう。

また二つ目の事案は、ある会社の事業の拡張資金として、従来からの単独社員と被告が他一人と五万マルクずつ出し合うことを合意したが、その後出資が完全には行われず、相互に不信感が募り、従来からの単独社員の旅行中に被告が事業用機械と在庫を売却して自己の出資額の返還を受けたことが争われたというものである[842]。原審は、合意は有限会社法三条二項・五三条の条件を満たしていないため無効であり、被告の出資は義務なくして行われたものであるから返還は有効であるとした。これに対し、RGは、合意が無効であっても社員間には事実上の会社関係(de facto Gesellschaft) が成立しており、その解散の際には出資全額の返還を請求できるわけではないとして破棄差戻しを命じた。ここでも会社債権者の保護が問題となっているわけではないことに注意が必要であろう。

さらに三つ目は、戦時中の接収に関連する組織再編が絡む複雑な事案について基本的には子会社従業員の退職年金契約についての親会社の責任が問題となったものであり[843]、結論として責任は否定されているが、Reinhardt の見解の引用と年金債務負担時の会社の資本金が二億マルクだったことの指摘[844]により過少資本による責任の理論上の可能性を認めたものと位置づけられることが多い。しかし、問題の中心は、親会社が年金債務を負担するとの外観惹起があったと評価できるかという点と、子会社をコンツェルンの利益のために経営したことによる責任の有無の点にあるように思われる[845]。債務負担時には十分な財産と収益があり、戦争の結果として履行不能になったにすぎないとの指摘も、搾取があったわけではないという認定に関するものと捉えるのが自然ではないだろうか。この判決に過少資本による責任の肯定の可能性を読み込むのは、かなり強引であるとの印象を受ける。

以上のように、Drobnigは、ドイツの判決については、事案の内容ではなく傍論における一般論的判示に着目しているように思われる。これは、アメリカの判決を検討するときの態度とは異なっているといえよう。この差異にどのような意義が込められているのかは定かではないが、[846] このようなドイツの判例の取扱いの結果としてjudgment proofingという視点がさらに弱まった可能性も否定できない。

三　小　括

以上のように、Drobnigの考察は、社員からの事業用資産の賃貸借と不法行為の危険性のある事業の実施という具体的問題領域[847]を描写している点でSerickやReinhardtの抽象的な見解からの発展を示しているが、この問題点を正面から捉え切れてはいなかった。また、社員の主観面の考慮という点に関していえば、Drobnigも責任透視の過度の拡張の防止と法的安定性の確保というSerickと同様の観点から主観的濫用論を採るにすぎず、[848] 危険性のある事業を行うために会社を過少資本にするという社員の動機に着目することはできていないのである。[849]

（828）　彼は、それまでの学説（特にSerick）が法人格の否認の中で様々な問題を論じていたのに対し、Reinhardtの影響を受けて、有限責任の排除に関する問題群を独立の考察の対象とし、責任透視（Haftungsdurchgriff）問題として概念化したという功績で知られている（江頭・法人格否認八四頁）。なお、DrobnigをSerickではなく次節で扱う規範目的論の創始者であるMüller-Freienfelsに続くものと位置づける見解もあるが（Jan Wilhelm, Rechtsform und Haftung bei der juristischen Person, s.9 Fn.47, s.287（1981））、妥当とは思われない。

（829）　Ulrich Drobnig, Haftungsdurchgriff bei Kapitalgesellschaften, s.47ff.（1959）.

（830）　採石場での爆発事故による労働者の損害賠償請求が認められたChesapeake Stone Co. v. Holbrook, 168 Ky. 128,

181 S.W. 953 (1916)（詳しくは、前注399とそれに対応する本文を参照）、タクシーが起こした交通事故の被害者による損害賠償請求が認められたWallace v. Tulsa Yellow Cab Taxi & Baggage Co. et al, 178 Okla. 15, 61 P. 2d. 645 (1936)（詳しくは、前注470とそれに対応する本文を参照）である（Drobnig, a.a.O. Fn.829, s.48 Fn.9, s.49 Fn.2）。この他にも、タクシー事業や採石事業などと並ぶ危険な事業として海上運送に関するLuckenbach判決が引用されている（Drobnig, s.49 Fn.1, s.53）。これは、契約債権者による請求が認められた事案であるが、取引相手の信用力の調査可能性については疑問もあり、不法行為債権者と類似するものと扱う余地があることについて、前注397を参照。

（831）Chesapeake Stone判決では、親会社の旧単独株主が子会社設立の目的は請求と訴訟に対する楯とすることにあると証言している（168 Ky. 134-135）。また、Wallace判決においては、タクシー事業を細かく分社化した動機は認定されていないが、違う事業を開始するためであったという支配株主の主張には疑問があるとされている（178 Okla. 17）。

（832）Drobnig, a.a.O. Fn.829, s.48.

（833）Drobnig, a.a.O. Fn.829, s.53f. 純粋な商事会社について過少資本による責任透視を認めた唯一の例外として引用されているのは（s.54 Fn.4）、「進歩的な」カリフォルニア州のAutomotriz del Gdfo de California S. A. de C. V. v. Resnick, 47 Cal. 2d. 792, 306 P. 2d. 1 (1957)である（詳しくは、前注529―535とそれに対応する本文を参照）。

（834）Drobnigは異なる場所で引用しているが（Drobnig, a.a.O. Fn.829, s.50 Fn.7）、ダムの管理（Erickson v. Minnesota & Ontario Power Company, 134 Minn. 209, 158 N. W. 979 (1916)（詳しくは、前注358―360とそれに対応する本文を参照））や灌漑事業（Garden City Co. et al. v. Burden, 186 F. 2d. 651 (10th Cir. 1951)（詳しくは、前注500を参照））も水害を引き起こす危険な事業といえよう。

（835）Drobnig, a.a.O. Fn.829, s.53f.

（836）Drobnig, a.a.O. Fn.829, s.50, 54. Drobnigが賃料設定を通じた資産移転等に重きを置いているのは、施設等を自ら所有していなかった会社形態を採る病院の支配株主に対する職員の過失による傷害についての賠償請求を棄却した

Hayhurst v. Boyd et al, 50 Idaho 752, 300 P. 895 (1931) が、親会社からの事業用資産の賃借のみでは過少資本とはならないことを示したと考えたためである (DROBNIG, a.a.O. Fn.829, 49f.)。しかし、原告自身も資産の保有状況には重きを置いていないうえ (50 Idaho 758)、この事件では病院の施設等を所有していたのは支配株主ではなく姉妹会社だと思われる (江頭・法人格否認三四九頁注33参照)。このような場合、姉妹会社への請求であれば認められた可能性もあるため (前注579―581に対応する本文を参照)、この判決のみからDrobnigのような結論を導く必要はないと思われる。

(837) 高額な賃料や短い契約期間は、発生した利益への執行を防ぎ、また子会社が債務を負担するに至った場合に貸与していた資産を回収しやすくするという judgment proofing の手段と解することもできるが、Drobnig がこのような効果に着目しているようには見受けられない。

(838) DROBNIG, a.a.O. Fn.829, s.51f. なお、ドイツの判例を以下のように事実関係に着目して分析することについては、法律論が重視されるドイツの判例の取扱い方として不当であるとの批判がなされるかもしれない。しかし、ドイツにおける「判例の先例的意味は、ある紛争類型をどのような法律構成で捉えたのか、という点に求められる」(北村一郎編『アクセスガイド外国法』一八三頁 (海老原明夫) (東京大学出版会、二〇〇四年)) としても、前章までの日・米の検討からもわかるように、過少資本による責任に関してはそもそも「紛争類型」の特定が十分になされてはいないと思われる。この特定を可能にするため、本稿ではドイツの判例についても法律論より事実関係の面を重視して分析しているのである。

(839) RG民事第二部一九三八年一〇月二二日判決 (RGZ 158, 302)。詳しい紹介が江頭・法人格否認三六八頁注13にある。

(840) RGZ 158, 310.

(841) RGZ 158, 309.

(842) RG民事第二部一九四一年一月一三日判決 (RGZ 166, 51)。詳しい紹介が、江頭・法人格否認三六九頁注14にある。

(843)　ＢＧＨ民事第二部一九五六年一一月二九日判決（BGHZ 22, 226）。詳しい紹介が、江頭・法人格否認三七〇頁注20にある。

(844)　BGHZ 22, 230, 231.

(845)　BGHZ 22, 232ff.

(846)　これは、ドイツ法学とアメリカ法学において判例という素材の取扱い方が異なっていることに起因するものかもしれない。なおDrobnig自身も、一つ目の判決の過少資本による責任についての判示が傍論であることは認識している（DROBNIG, a.a.O. Fn.829, s.52）。

(847)　この他にも、いわゆる銀行株主の二重責任を回避するために銀行株式の保有のみを目的として設立した会社に銀行株式を移転した銀行株主に銀行債務についての責任が認められた判決も多数引用されているが（DROBNIG, a.a.O. Fn.829, s.47 Fn.6, s.48 Fn.7）、特殊な議論であるため本稿では取り上げなかった。

(848)　DROBNIG, a.a.O. Fn.829, s.95.

(849)　なお、Drobnigは、名目的過少資本における社員債権の劣後化の問題を、直接的請求が制限されたもの（beschränkte Haftungsdurchgriff）と位置づけたうえで検討している（DROBNIG, a.a.O. Fn.829, s.77ff.）。そのため、原則的形態である実質的過少資本の議論が名目的過少資本の議論の影響を受けている様子はないが、名目的過少資本については、私法と租税法の一致という点のみから租税法上の基準への依拠を説くなど（s.81）、実質的過少資本の場合に比べて問題点の把握がさらに不十分である印象が否めない（江頭・法人格否認三八〇頁注66は、この点を捉えて、Drobnigは名目的過少資本の場合には客観説に接近しているとする）。

第三款　その他の論者

一　Paul Hofmann

責任の要件として社員の主観的要素を要求するこの時期の論者としては、他にHofmannがいる。(850) Hofmannは、債権者の自衛可能性や資産のない個人商人などとの比較から、過少資本自体に良俗違反性があるのではなく、過少資本が良俗違反の行為の「手段として」用いられうるのであるとしている。(851) この指摘は自己資本の水準自体が問題ではないことを示唆するものとして興味深いが、残念ながら、どのような行為の手段とされるのかについての叙述はない。

二　Christoph Kamm

さらに、名目的過少資本の問題を主観的濫用論から考察したものとして、Kammの研究がある。(852)

Kammは、社員貸付を規制する主な必要性として、(853) 会社倒産時の社員の配当加入による他の債権者への配当額の減少、社員による秘密裏の債権回収、少額債権者の信頼が資本の額ではなく外見上の投資・取引関係の範囲に向けられていることが多いこと、一人株主・支配株主に対する債権者の不利益において不当な利益を得ようとするのではないかという一般的な不信感などの事情を挙げている。(854)

これらのKammの問題意識は、自己資本の水準の低さを問題とするものではない。また、それぞれの内容についても、次のような問題がある。まず、一つ目の一般債権者の配当額の減少については、すでに繰返し述べているように、会社の搾取等がなく、一般債権者が社員貸付の存在を認識しえたのであれば、問題とする必要性はないと思われる。[855] 他方、二つ目の秘密裏の債権回収も、基本的には否認権・詐害譲渡規制等により対処すべき問題である。また、三つ目の債権者の信頼の保護という観点についても、その要保護性について疑問があることは、Powell, Latty、片木らの見解に関してすでに述べてきたところである。これに対し、四つ目の事情は、抽象的な叙述であるためまったく不当とは言い切れないが、支配社員が高額な利息等により会社から直接利益を搾取するような事情を考えているのであれば、会社財産移転規制の問題として検討すべきであろう。

また、Kammは、主観的要件の具備に関しては会社設立の目的と動機を考慮するとし、[856] また条件付故意が認められる具体的場合として「もはや自力では存続できない」有限会社が「事業の継続から生じる債務を返済できないということを社員が認識できるにもかかわらず事業を継続する場合」というBGH判決[857]の一節を引用している。[858] もっとも、Kammが主観的要件を要求する根拠は法的安定性の確保にあるため、[859] 株主のインセンティブに着目するには至っていないのである。[860]

(850)　Hofmannは Durchgriff という理論構成を否定するため（Hofmann, a.a.O. Fn.797, NJW 1966, 1946）、主観的濫用論に分類しないのが通常である（たとえば、泉田・前掲（注789）二二巻三号七九頁）。本稿では、BGB八二六条の枠組みにおいて社員の故意を要求している点に着目して、（便宜的に）主観的濫用論と合わせて紹介した。

(851)　Hofmann, a.a.O. Fn.797, NJW 1966, 1945f.

(852)　Christoph Kamm, Gesellschafterdarlehen an Kapitalgesellschaften (1970).

(853)　なお、規制の内容としては、社員貸付の劣後化ではなく、会社の資本・組織構造に影響を与えられる社員の直接責任を主張している（Kamm, a.a.O. Fn.852, s.145f.）。

(854)　Kamm, a.a.O. Fn.852, s.98. これらは、第一章第一節第三款二で検討した片木の見解が名目的過少資本について列挙していた問題点にほぼ相当するといえる。

(855) ただし、Kammは、社員貸付は企業再建をめぐる事前交渉において一般債権者から和解的な債権免除（vergleichsweisen Nachlaß）を得る目的でのみ主張されることが多いと指摘している（Kamm, a.a.O. Fn.852, s.98）。これが、社員貸付がPepper v. Litton, 308 U. S. 295, 60 S. Ct. 238（1939）（詳しくは、前注446―456とそれに対応する本文を参照）のように架空性の強いものであることを懸念しているのであれば、理解できなくもない。

(856) Kamm, a.a.O. Fn.852, s.138.

(857) ＢＧＨ民事第八部一九五七年一一月二六日判決（BB 1958, 169＝WM 1958, 460, 462＝GmbHR 1958, 111）。有限会社が単独社員の所有地上でベーカリーを営んでいた。社員の所有地は、従来の納入業者等への担保に供されていたが、すでに取引を停止していた従来の納入業者の仲介により在庫とともに売却された。これを受けて、有限会社にしばらく前から小麦粉を納入するようになっていた新しい業者が代金債権を単独社員に請求した。

原審は社員による土地の担保提供を捉えて社員の個人財産と会社財産の経済的一体化という観点から社員の責任を肯定したが、ＢＧＨは「客観的に引き起こされた権利の外観のみでは原則として単独社員の財産への透視を基礎づけることはでき」ず、「基本的に社員の行動を信義誠実もしくは良俗違反とするような主観的観点が付け加わらねばならない」として破棄差戻しした（なお、社員が業務執行者を兼ねている場合には有限会社法六四条の倒産申立義務違反の問題になるとされている）。

この事案は、新しく取引関係に入った債権者からの請求が問題となっているため、事業の無益な継続による会社財産の減少よりも、経営悪化状態を秘匿しての取引による新債務の負担が問題となったものだと思われる（第一章第四節第二款一も参照）。

(858) Kamm, a.a.O. Fn.852, s.138f. ほぼ同様の指摘をする見解として、Klaus Unger, Die Inanspruchnahme des verdeckten Kapitalgebers, KTS 1959, 33, 35も参照。

(859) Kammは、立法者が定めた法人制度・有限責任制度を尊重すべきことと（Kamm, a.a.O. Fn.852, s.160）、立法者が適切な自己資本についての規定を置かず、経営経済学によっても必要な自己資本額についての客観的基準が導かれていないため（s.136, 160）、自己資本の適切性についての客観的基準のみに依拠することは法的不安定性を招くことから（s.89, 131, 161）、主観的濫用論を採用する（s.132, 160）。

(860) Kamm とほぼ同時期に、社員が会社を意図的に過少資本にし、必要な資金を社員貸付で供給した場合には権利濫用として自己資本と同視されると述べる論者として、BALDUIN KAMPRAD, GESELLSCHAFTERDARLEHEN AN DIE GMBH ALS VERDECKTE STAMMEINLAGEN, s.67ff.（1968）がいる（彼の考察の対象も、その題名からも明らかなように、名目的過少資本における社員貸付の取扱いに限られている）。彼は「会社債権者に事業リスクの一部を故意に転嫁すること」を問題とするようであるが（s.67）、具体的な問題点として考えられているのは、貸付けの返済請求による会社からの資産価値の剥奪にすぎず（s.68）、主観的要件にどのような意味があるのかという問題意識は見られない。過少資本の判断基準として、類似業種の企業との投資用資産・総資産と自己資本の比率の比較という統計的基準を理論的に裏づけることなしに提案しているのも（s.75, 80）、問題の本質への考察が欠けているからであろう。なお、Kampradは、他に矛盾挙動禁止の原則という観点からの社員貸付の自己資本補充化についても論じている（こちらは過少資本の問題とは捉えられていない（s.81））。

第四款　小　括

以上の検討からは、初期の Serick はともかく、後期の主観的濫用論者は、組織瑕疵責任論よりも具体的な問題状況を意識して、議論を展開していたといえよう。しかし、Drobnig や Kamm も、その問題意識を十分に整理・検討していたとまでは評価しがたい。

客観的要素のみに依拠して過少資本の問題を解決しようとする見解に対する主観的濫用論の批判は、主にその客観的要素が抽象的であることに向けられており、[861] 主観的要素には法的安定性を確保する以上の役割は与えられていなかった。そのため、具体的な客観的要素が導入された場合には、その批判の説得力は弱まってしまう。ドイツにおける主観的濫用論の影響力の低下[862]の要因には、このような事情も影響しているものと思われる。[863] そこで、次に客観論による具体化の試みを見ていくことにする。

(861) ROLF SERICK, DURCHGRIFFSPROBLEME BEI VERTRAGSSTÖRUNGEN, s.22 (1959), Unger, a.a.O. Fn.858, KTS 1959, 36f., KAMM, a.a.O. Fn.852, s.89, 131, 161 など。

(862) 泉田・前掲（注789）二二巻三号七三頁。

(863) ほかの要因として、主唱者であるSerickが前提としていた法人観への批判（これについては、江頭・法人格否認八一頁以下を参照）や、権利濫用論における主観説から客観説への移行という事情（磯村哲「シカーネ禁止より客観的利益衡量への発展——ドイツにおける『二二六条・八二六条から二四二条への展開』の意義——」『権利の濫用（上）末川先生古稀記念』六〇頁（有斐閣、一九六二年）参照）も考えられるが、過少資本という問題を適切に解決できるかという点からは、本文のような事情が重要であると思われる。

第三節　規範目的論

この客観的要素の具体化を試みる見解は、規範目的論（Normzwecktheorie）と称される[864]。わが国においても過少資本による社員の責任を主張する論者にはこの理論に属する見解の影響を受けている者が少なくなく[865]、詳細な検討が必要であろう。

第一款　Ottmar Kuhn[866]

規範目的論は、様々なDurchgriffの問題を法人格の濫用という抽象的な基準で解決するのではなく、具体的事案において適用が問題となっている個々の規範の目的を考慮して結論を導くべきだという理論である[867]。この理論を過少資本の問題に初めて適用したのが、Ottmar Kuhnである[868]。

一　財産移転と過少資本の類似性

彼は、社員が会社債務について共同責任を負う場合についての具体的な検討を、違法配当等を受領した株主の会社債権者に対する直接的責任を規定する一九三七年株式法五六条[869]を手がかりとして進める。まず、同条は社員への違法な会社財産の移転を規律するものという理解の下に、会社資産の払戻し禁止と債権者保護という同条の目的は株式会社と有限会社とで共通しているとして、同一内容の規定を欠く有限会社法に株式法五六条を類推適用する[870]。

そして、社員貸付のある名目的過少資本の場合について、会社に永久的になくてはならない必要な最低資本を具備するためになされた給付は機能的に貸付けではなく出資であるとして、その違法な返還には株式法五六条が類推適用されうるとする。(871) 他方、社員貸付を伴わない実質的過少資本の場合には、会社財産の移転がなく、株式法五六条に包摂されえないことを認識しつつも、「濫用的な資産剥奪と、十分な資本的基盤創出の懈怠とは内面的に類似している」として、(872) BGB二四二条に基づく支配社員の責任を肯定するのである。

このようにKuhnは、社員貸付の返済という会社財産移転行為がある名目的過少資本の議論を媒介項にして、実質的過少資本の問題を財産移転の問題に引きつけることで社員の責任を肯定している。(873) これは、単に適切な自己資本の具備を要求するReinhardtらの抽象的な見解からは議論を深めているといえよう。

もっとも、なぜ会社財産の違法な移転と実質的過少資本とが類似しているといえるのかということについては明確な説明がなされておらず、疑問もある。(874)

二　Judgment proofing

他方、Kuhnは、資本の剥奪と過少資本の交差点にある事例として、会社が危険な研究のためにわら人形として設立した子会社の従業員が爆発事故を起こしたという事例を検討し、このような事例については、十分な初期資本の具備、子会社の研究成果に対する適切な報酬の支払、十分な準備金の形成、適切な保険の締結と保険料の供給などがあれば社員の責任は生じないとしている。(875) また、わら人形としての会社を設立する一つの動機として、特別な危険の伴う製造を新しく開始するに際して、製造設備等を親会社が所有し子会社に賃貸して製造を行わせることにより（いわゆる二重会社：Doppelgesellschaft）、製造・販売のリスクを親会社ではなく子会社に負わせるという目

的を挙げてもいる。(876)

以上からは、Kuhn が念頭においていた問題状況は、社員のリスク排除という動機に基づく judgment proofing であったということができよう。そして、前項の財産移転と過少資本の類似性という点に関しても、Kuhn は、アメリカの判例にしばしば見られたように judgment proofing が行われている事案においては子会社を無資産に保つために財産移転が存在することが多いという点を類似性と捉えているのかもしれない。

しかし、確かに会社の自己資本が最初から少ない場合と財産移転の結果少なくなった場合とは結果のみを見れば類似しているが、この場合に重視すべきは共通項である過少資本状態であって、それを生じさせる一手段としての財産移転行為を問題の中心に据えることが妥当とは思われない。(877) にもかかわらず、おそらく方法論として主観的濫用論に反対していたがために(878)、Kuhn は judgment proofing による責任の回避という社員の目的よりも財産移転規制との比較を軸とした理論を形成してしまったのであろう。(879)

(864)　規範目的論に分類される論者の中には、特に制度濫用論・制度的考察方法と呼ばれるグループが存在する。このグループの特徴は法人制度やその競争秩序との関係についての見解にあるが、本稿の関心からは離れるため一括して規範目的論として扱うことにする（詳しくは、江頭・法人格否認九五頁以下を参照）。

過少資本の問題を考察している代表的な制度的考察方法論者は Kuhn と Immenga であるが、ここに Reinhardt らが含められることもある（森本・前掲（注800）三八頁、泉田・前掲（注789）二一巻三号八二頁以下など。江頭・法人格否認九八頁注２も参照）。確かに Kuhn の理論には Reinhardt の影響が強く（Ottmar Kuhn, Strohmanngründung bei Kapitalgesellschaften, s.208, 210 (1964)）、また本稿は組織瑕疵（Organisationsfehler；Reinhardt ら）と規範の目的（Zweck der Norm；Kuhn）という理論構成の違いに着目するわけでもない。にもかかわらずReinhardtらの見解とKuhn以降の学説とを分けているのは、議論の具体性の度合いが両者で異なるように思われるからである。

(865) 江頭の他に、木内宜彦『会社法（企業法学Ⅱ）』八九頁以下（勁草書房、一九八三年）などがいる。

(866) 江頭・法人格否認三七六頁注46では組織瑕疵責任論に好意的なGeorg Kuhnと同一人物であるかのように引用されているが、誤りであろう。

(867) 規範目的論は、本来本文で述べたような一般的な理論であるが、本稿ではこの名称を特に断りのない限り過少資本という特定の問題についての一連の学説を指すものとして用いることにする。なお、規範目的論の創始者としては、Wolfram Müller-Freienfels, Zur Lehre vom sogenannten "Durchgriff" bei juristische Personen im Privatrecht, 156 (1957) AcP 522（特に536f., 542f.）が挙げられることが多い（泉田・前掲（注789）二二巻三号七七頁、清水・前掲（注789）八八頁注35など；Kuhnも使用する「規範の目的」という用語はMüller-Freienfelsに由来するものと思われる）。しかし、Müller-Freienfelsの主張の力点は法人制度の理解に向けられており、過少資本を初めとする有限責任制度についての具体的検討はほとんどなされていないため、本稿においては検討を省略する。詳しくは、江頭・法人格否認八一頁以下、森本・前掲（注800）三二頁以下を参照。

(868) HACHENBURG/ULMER, GMBHG, 8.Aufl., Anhang nach §30, Rdn.44 (1992).

(869) 同条一項の規定を以下に記しておく（森本滋「いわゆる『法人格否認の法理』の再検討（四・完）」法学論叢八九巻六号八二頁、一〇二頁注1（一九七一年）による）。Die Aktionäre haften den Gläubigern für Verbindlichkeiten der Gesellschaften, soweit sie entgegen den Vorschriften dieses Gesetzes Zahlungen von der Gesellschaft empfangen haben. Dies gilt nicht, soweit sie Beträge in guten Glauben als Gewinnanteile oder Zinsen bezogen haben.

(870) KUHN, a.a.O. Fn.864, s.212f.

(871) KUHN, a.a.O. Fn.864, s.214f.

(872) KUHN, a.a.O. Fn.864, s.215.

(873) ＢＧＢ二四二条による社員の責任の額を、会社から客観的・濫用的に取り去られた資本の価値に限定していることもその表れといえよう（KUHN, a.a.O. Fn.864, s.219）。

(874) 序章第二節第一款二⑵参照。この点は、すでに森本・前掲（注869）一〇一—一〇二頁、一〇五頁注39によって批判されている。

(875) KUHN, a.a.O. Fn.864, s.229.

(876) KUHN, a.a.O. Fn.864, s.30.

(877) 本文の議論は、judgment proofing の手段としての財産移転行為に対して詐害譲渡法理等の財産移転に着目した規制をかけることまで否定するものではない。財産移転行為があると評価できない場合にまで、財産移転と「類似する」としてそのような規制をかけることに反対するものである。

(878) KUHN, a.a.O. Fn.864, s.209, 235. ただし、主観的濫用論を批判する理由は、主に権利濫用に関する一般的理論としては客観的濫用論が通説であるという形式的な点に求めているようである。

(879) このほか、Kuhn は、過少資本の判断基準を、自己資本には長期的な資金需要をカバーしたり営業利益が少ない開業時の利払い負担を減少させたりする機能があることから導出することを考えているようであるが（KUHN, a.a.O. Fn.864, s.226f.）、これらの機能を考慮して定まる最適資本負債比率から社員が逸脱したとしても、債権者保護の観点から当然問題があるということにはならないと思われる（第一章第三節第二款三⑵、第四章第三節第一款三、四も参照）。

第二款　Herbert Wiedemann

Kuhn に遅れること数年、有限責任の条件として「適切な自己資本」の具備を要求する論文を発表し、江頭に大

きな影響を与えたのが、Wiedemann である。[880][881]

一　資本制度の機能確保

彼は、有限責任制度は「自然法的現象でも定款による自由でもなく、法秩序により与えられた『特権』である」という前提を基礎に、[882]「有限会社の社員は設立時に企業の目的に比して適切な資本の投入を引き受けねばならず、そうでない場合には有限責任は認められない」という命題を立てている。[883] この命題の根拠として第一に挙げられているのが、名目資本制度の役割の確保のためには自己資本の額が予想されるリスクに照らし適切であることが必要であるということである。[884] また、保証基金としての名目資本制度を要求していないアメリカの判例においても「適切な資本」が資産分離の存在の根拠として認識されているとして、[885] この考え方は、債権者保護のための資産拘束の思想があるドイツにおいてはよりよく当てはまるとしている。[886]

次いで挙げられているのが、（一般的に認めるか追加的条件を課すかを問わず）社員貸付の破産手続参加を否定するドイツにおける優勢な見解は、事業リスクに応じた資本基盤を要求する場合にのみ正当化できるということである。[887] これは、名目的過少資本の規制を「適切な自己資本」の具備という観点の現れと理解することを前提として、同様の観点に基づく実質的過少資本の規制を説くものであろう。[888] しかし、名目的過少資本の規制は Kuhn のように会社財産移転規制として捉える余地もあるのであるから、社員貸付の返還・破産手続参加が規制されていることのみから「適切な自己資本」の具備義務が認められていると論じるのには無理があるように思われる。[889]

では、名目資本制度の役割の確保という Wiedemann の第一の問題意識について、確保されるべき対象としての名目資本制度の役割はどのように考えられているのであろうか。彼によると、資本充実・維持制度により、「定款に記載された会社の資本が現実に存在し、社員に返還されていないという債権者の信頼が保護される」。また、債権者がより確実に引当財産を発見できるように、「損失のクッション（Verlustpolster）」としての事業の範囲に応じた特別財産を確保しなければならないとされている。(890)

しかし、前者については、債権者の信頼は定款記載の資本額に向けられるのであり、(891)債権者の信頼保護の観点から資本額の高さの適切さが問題になることはないといえよう。また、後者の「損失のクッション」という役割は、第一章第三節第一款で検討した考え方のいずれにも当てはまりうるような抽象的な表現で述べられているが、(892)どれに当たるにせよ、説明として不十分であることに変わりはない。確かに、資本充実・維持制度は定款記載の資本額が高いほど債権者にとって実質的意義を有することになるであろうが、同制度の実質的意義を確保する必要性があるのかどうかは自明の事柄ではない。(893)名目資本制度に対し「社員の個人的負担を企業の信用性の確保と理想的な方法で結びつけるヨーロッパの会社法による第一級の文化的業績である」という評価を与えているWiedemannは、(894)その役割の確保という理由づけで十分であると考えたのであろうが、資本制度に対して批判的な見解が有力になってきている今日においては、Wiedemannの立場をそのまま維持することは不可能であろう。

二　引用判決からの検討

以上のように、「適切な自己資本」を要求する根拠からは、資本充実・維持制度の重視以外に、Wiedemannが何を問題としているのかをうかがうことはできなかった。もっとも、実質的過少資本の判断基準について、(895)Wiedemannは、過少資本かを判断する「本質的な基準は企業の種類とリスク志向性（Risikogeneigtheit）」であると述べ、過少資本の具体例として、タクシーが起こした交通事故の被害者による、タクシー事業を自動車二台からなる会社を一〇〇社設立して営んでいた株主と一〇〇社すべてに対する損害賠償請求が認められたアメリカの判決を紹介している。[896] ここからは、彼が不法行為発生の危険性が高い事業の人工的分割による judgment proofing という問題を認識していたということがうかがえる。

もっとも、親会社から子会社への事業用資産の賃貸借という judgment proofing の典型的手法については、会社を財務的に膨張させ「過少資本ではない」という外観を作出する手法として社員貸付と同列に位置づけており、不法行為責任の回避という観点が貫かれているわけではない。[897] また、不法行為コストの外部化に対して適切な付保を要求するという対処を採る場合、被害者にとって重要なのは会社に保険料相当額の資金があることではなく会社が責任保険に加入していることであるが、[898] Wiedemann は「事業に典型的な損害を十分な保険でカバーするために十分な資金を会社に提供していない場合には、会社が過少資本であることは明白である」としており、[899] あくまで自己資本の水準にこだわっているように思われるのである。

また、その後の体系書において引用されているドイツの判決については、その事案への着目は見られない。[900] ここでは、彼が引用している著名な二つの判決を紹介しておこう。まず、過少資本による責任を肯定したものとして引用されているのが、ＢＧＨ民事第八部一九七〇年七月八日判決（いわゆる Siedlerverein 判決）である。[901]

賃貸人から登記法人である居住者社団（Siedlungsverein）が土地を賃借し、それを社団の構成員である入居者に転貸していた。原告は賃貸人から土地の一部を取得した者であり、賃料増額を要求して社団に対する増額判決を取得し、未払増額分を構成員に請求したものである。

ＢＧＨは、この請求を認容するに当たって二つの理由を示している。まず、この社団は個々の入居者との間での賃料の精算の手間を省くために挿入されたものであり、当初から資産やその獲得の見込みを有しておらず、構成員からの転貸料の支払がなければ賃貸人への支払が不可能であったことを指摘し、このような状況を認識している構成員は原告の増額請求訴訟が正当であると判明した場合には社団がそれを履行できるように配慮しなければならないとする。これに加えて、構成員である被告が適正な賃料を支払うことなしに土地の賃借という利益を享受することをも信義則に反するとしている。

一つ目の理由づけからは、この判決は社団の財産状態のみを問題として構成員の責任を肯定するものであるようにも読める。[902] しかし、二つ目の理由づけが付されていることを考えれば、この判決は、社団の構成員が転貸により直接利益を享受していることを問題とする特殊なものであるということができよう。[903] また、債権者の自衛可能性という点からは、原告は当初からの賃貸人ではなく途中から賃貸人の地位を取得した者である点にも注意する必要があろう。Wiedemann は、この判決を非典型的事案であるとはしているが、その非典型性の内容の説明はなく、また当初の論文で引用していた不法行為責任が問題となった事案との違いにも言及していないのである。

次に、過少資本による責任の余地を否定した判決として引用されているのが、同じくＢＧＨ民事第八部の一九七七年五月四日判決（いわゆる Typenhäuser 判決）である。[904]

従来自ら規格家屋を建設していた被告は、一九七三年末に基本資本二万マルクの有限会社を子会社として設立し、これに建築事業を譲渡して家屋の販売事業に専念するようになった。被告は、建築機械等の事業用資産を子会社に売却し、その資金を貸し付け、所有権留保を行っている。家屋の販売代金は一〇％の手数料を差し引いて子会社に送金されている。一九七四年の中ごろから子会社は財務的苦境に陥り、救済の試みが失敗したため、被告は子会社に売却していた資産の一部を取り戻した。原告は子会社にガラスを納入していた債権者であり、被告は子会社を最初から過少資本で設立し、事業用財産を取り去ったとして未払代金を被告に請求した。

ＢＧＨは、社員が会社の基本資本をできるだけ低く抑えて必要な資金を貸付等の形式で提供する場合には、破産に陥る直前に会社の資金を取り去るという危険があるとしつつ[905]、この危険への対処はDurchgriffによる社員の債権者に対する直接責任ではなく、有限会社法三〇、三一条や倒産法の規定による会社に対する補償義務でなされるべきであるとしている[906]。

この判決が否定したのは、貸付等により提供していた資産の倒産直前の回収という問題について契約債権者に対し社員の責任という救済を与えることである[907]。したがって、たとえば不法行為責任に対するjudgment proofingが行われている場合の社員に対する責任追及までもが否定されたわけではないと読むことができると思われる[908]。にもかかわらず、Wiedemannはこの判決を過少資本によるDurchgriffを一般的に否定したものと評価しており[909]、具体的な問題への対処という観点の欠如を示しているのである。

三　Karl WinklerのWiedemann理解

以上のように、Wiedemann[910]は、同じくアメリカの判例を検討対象としたDrobnigと同様に、不法行為責任についてのjudgment proofingという問題状況を一応認識していた。しかし、この問題状況とは直接関係のない資本充実・維持制度の機能維持という概念を責任の理論構成の中心に据えたため[911]、その議論は曖昧なものとなっているよ[912]

うに思われる。[913] この結果として、Wiedemann の見解は、その理論構成の面においてのみ注目されることとなったのである。[914]

このことを如実に示しているのが、Wiedemann の理論構成をほぼそのまま受け入れている Winkler の論文である。[915] Winkler が Wiedemann に賛同する主な理由は、過少資本と債権者の損害との因果関係や社員の過失の立証が不要になるという点にあり、過少資本の場合になぜ責任を認めるべきかということについてはほとんど関心を示していない。[916] その結果、過少資本の判断基準についても、具体的に検討することなく経営経済学の基準に依拠しており、[917] Wiedemann が経営経済学を名目的過少資本に関してのみ基準とし、実質的過少資本については事業の危険性を考慮していたということはまったく顧みられていないのである。

(880) 江頭・法人格否認一五九頁注18、一六〇頁注20参照。

(881) Herbert Wiedemann, Haftungsbeschränkung und Kapitaleinsatz in der GmbH, in DIE HAFTUNG DES GESELLSCHAFTERS IN DER GMBH, s.5ff. (1968).

(882) Wiedemann, a.a.O. Fn.881, s.6.

(883) Wiedemann, a.a.O. Fn.881, s.17.

(884) 「名目資本の意義は、債権者にその請求権の返済のためにリスク負担資本を提供することにある」。「これは必然的に保証基金（Garantiefond）の観念と結合」するが、「保証資産（Garantievermögen）の目的は、名目資本の額とその用途との間に何の関係もない限り、達成されない」。また、「ヨーロッパの会社法が、資本不可侵の原則を実施し、資本の充実維持を確保する数百の規定をおいていることは、名目資本が儀式的意味しか持たないのだとしたら理解しがたい」。「債権者保護規定は、自己資本と予期されるリスクの結合によって初めて意義と効果を維持する」のである

(Wiedemann, a.a.O. Fn.881, s.18)。

(885) Wiedemann, a.a.O. Fn.881, s.19 Fn.6, 7. 引用されているのは、Pepper 判決（前掲（注446））、Anderson v. Abbott et al., 321 U. S. 349 (1944)（詳しくは、前注457―461とそれに対応する本文を参照）、Berkey v. Third Avenue Railway Company, 244 N. Y. 84, 155 N. E. 58 (1926)（詳しくは、前注361を参照）、Automotriz 判決（前掲（注529））、Riddle et al. v. Leuschner et al., 51 Cal. 2d 574, 335 P. 2d 107 (1959)（詳しくは、前注538を参照）、Mull v. Colt Co., Inc., et al., 31 F. R. D. 154 (S. D. N. Y. 1962)（詳しくは、前注572を参照）である。これらは、架空の内部債権の届出による外部債権者の排除、銀行株主の二重責任の回避、親会社から車両を賃借しての路面電車の運行、支配株主による搾取的な会社との取引、タクシー事業の細分化など、互いに事案を異にするものであるが、Wiedemann はまとめて引用している。

(886) Wiedemann, a.a.O. Fn.881, s.19. しかし、資本制度がない国で「適切な自己資本」の具備が要求されているという前提からは、資本制度とは異なる要因により要求されているという考え方を導くことも可能であると思われる。

(887) Wiedemann, a.a.O. Fn.881, s.19.

(888) これは、名目的過少資本の規制を会社財産の移転という独自の観点から基礎づけ、実質的過少資本の問題を会社財産の移転に引きつけて理解しようとする Kuhn の論理展開とはまったく異なるものである。

(889) Wiedemann は、このように解する理由として、自己資本がリスクに比べて少なすぎるという観点によらずに社員貸付けの破産手続参加を規制するとしたら、単に会社が破綻したというだけで社員に責任を課すことになってしまい、そうであるとすれば責任額を社員貸付の額に制限することは恣意的になってしまうからであると述べている (Wiedemann, a.a.O. Fn.881, s.19, 29)。しかし、社員貸付の破産手続参加を規制する根拠としては、他にも、社員による会社搾取に対する簡易な救済方法としての利用や、社員貸付を利用した資産代替や judgment proofing の防止なども考えられるため、Wiedemann のような理解が必然的なものであるわけではない。また、本稿が賛成するわけではないが、社員が外部債権者と同順位、もしくはこれに優先して会社に対する投資を回収することを問題視するという立場もありうる（この場合、社員の投資回収さえ抑制されればよいので、会社債権者が社員に請求することを認める必要はない）。さらに、Wiedemann 自身も、返済期限や利息の定めがないなどの点から経済的に自己資本といえる貸付けについて破産手続に参加することは矛盾挙動であるという説明を提示しているのである（Wiedemann, a.a.O. Fn.881, s.33）。ただし、返済期限や利息の定めがないとしても、当然に破産手続への不参加を表明したことになるとは思われないので、この説明自体の妥当性には疑問がある（なお、ＢＧＨ民事第二部一九五九年一二月一四日判決（BGHZ 31, 258）も社員貸付の劣後化を矛盾挙動禁止という観点から説明しているが（詳しくは、江頭・法人格否認三七一頁注22を参照）、これは倒産回避目的で行った貸付けを倒産状態が解消される前に回収することを矛盾挙動としているものであり、Wiedemann の見解とはやや異なるものである）。

(890) Herbert Wiedemann, Gesellschaftsrecht Band I, s.557 (1980).

(891) また、事業上の損失による資産の喪失の可能性を考えると、そもそも名目資本制度は資本に相当する財産が確実に存在することを保証するものではないため、定款記載の資本に相当する財産が存在するということが「告示された事実」であるともいえないと思われる（ただし、株式法九二条三項や有限会社法四九条三項に基づく資本欠損時の総会招集義務が確実にエンフォースされると仮定すれば、当該総会が招集されていない段階では資本金額の半分に相当する財産が存在するという信頼を基礎づけうる）。このことは、Wiedemann が引用する Rudolf Müller-Erzbach, Deutsches Handelsrecht, s.246 (2./3. Auflage, 1928) や Karl Wieland, Handelsrecht Band II Die Kapitalgesellschaften, s.18 (1931) も認識している。

(892) Wiedemann, a.a.O. Fn.890, s.557 Fn.5 が引用する Wieland, a.a.O. Fn.891, s.51 は、「株式法は有限会社法とは異なり、基本資本は責任基金として十分な執行の対象を提供すべく、総事業資本に対し適切な関係にあるべきであるという原則を維持している」としているが、これも名目資本がどのようにクッションとして機能するのかを明確に述べているとはいいがたい。

(893) 藤田友敬「Law & Economics 会社法　第五回　株主の有限責任と債権者保護（二）」法学教室二六三号一二二頁、

一二七頁（二〇〇二年）は、最低資本金制度に意味があるとすれば、それを確保するために資本充実制度も意味があるとしているが、これは最低資本金に意味があるか疑問であるため、資本充実制度にも疑問があるという趣旨であろう。

(894) WIEDEMANN, a.a.O. Fn.890, s.558. 当時の有限会社法改正に関する連邦法務省の報告者草案において資本充実・維持規制の強化が提案されていたため、Wiedemann にとっては、資本充実・維持規制には意義があるということが前提となっていたものと思われる。

(895) なお、名目的過少資本については、まず租税法の目的は商法とは異なるものの、租税上の社員貸付の取扱いに関する基準からは、出資者の主観が重要でないこと、取引上通常かという基準は適切な客観的基準ではないこと、判断基準時は貸付供与時であること、債権の性格は譲渡されても変わらないこと、第三者からの借入可能性という基準はまったく未知数の基準であることなどの個々の知見を利用できるとする。また、債務の満期到来より早く事業を清算した場合の費用や価値低下の損失額を自己資本額が上回ることを要求する Stützel の経営経済学的基準（Wolfgang Stützel, Ist die "Goldene Bankregel" eine geeignete Richtschnur für die Geschäftspolitik der Kreditinstitute? in VORTRÄGE FÜR SPARKASSENPRÜFER, s.34, 43 (1959, hrsg. Deutschen Sparkassen-und Giroverband)）を応用できるとするほか、期間制限や利息などの社員貸付の条件、社員貸付額と資本額の比率などを間接証拠とするとしている（Wiedemann, a.a.O. Fn.881, s.31ff.）。

(896) Mull 判決（前掲（注572））である。この他、類似の事案として Dixie Coal 判決（前掲（注428）や Wallace 判決（前掲（注470））も引用されている（Wiedemann, a.a.O. 881, s.23, Fn.18, 19）。

(897) Wiedemann, a.a.O. Fn.881, s.33f. ここでは、Luckenbach 判決（前掲（注364））と、ホテル内のエレベーターからの転落事故が問題となった Oriental Investment Company v. Barclay et al., 25 Tex. Civ. App. 543, 64 S. W. 80 (1901)（詳しくは、前注356—357とそれに対応する本文を参照）が引用されている（Wiedemann, a.a.O. Fn.881, s.34 Fn.52）。

(898) 第一章第三節第三款三(1)も参照。

(899) Wiedemann, a.a.O. Fn.881, s.23. これに対して、後述するImmengaは、保険料相当額の出資ではなく、付保の強制を主張している（後注947とそれに対応する本文を参照）。

(900) Wiedemann, a.a.O. Fn. 890, s.566.

(901) BGHZ 54, 222.

(902) Lutter/Hommlhoff in Lutter/Hommelhoff, GmbHG, 16.Aufl., §13 Rdn.11 Fn.1（2004）.

(903) これは、アメリカのKinney Shoe Corporation v. Polan, 939 F. 2d. 209（4th Cir. 1991）（詳しくは、前注661、663—666とそれに対応する本文を参照）と類似の事案であるといえよう。

(904) BGHZ 68, 312.

(905) BGHZ 68, 316.

(906) BGHZ 68, 319.

(907) このほか、親会社の支配による搾取という問題に対する救済としても債権者に対する直接責任を認めるべきではないともしている（BGHZ 68, 320f.）。

(908) この事案では、所有権留保による子会社の事業用資産の契約債権者からのjudgment proofingがあったとも考えられるが、原告による所有権留保の認識可能性の欠如や被告による保証類似の表示（原告が事業分割前から取引関係にあるならば分割時になされている可能性は少なくはない）等の付随的事情がない限り原告の請求は認められがたいと思われることについて、第二章第六節第二款二⑵を参照。

(909) もっとも、このような評価は一般的なものであり（Vgl., Eckhold, a.a.O. Fn.795, s.254f. Fn.23）、Wiedemannのみを責めるのは不当かもしれない。

(910) Wiedemannの論文は、「有限会社の社員の責任」と題した比較法シンポジウムにおける報告をもとにしたものであるが、シンポジウムでの議論においては、Wiedemannの見解に対して批判的な意見が多かったことも指摘しておく（W. Schilling（Die Haftung des Gesellschafters in der GmbH, s.145）、E. Gessler（s.147）、F. Rittner（s.149）

などにより、適切な資本の投入を命じる法規定はない、明確な基準がないため法的安定性を欠く、有限責任の原則に反する、有限会社形態を使いにくくするなどと批判されている)。

(911) 確かに、不法行為コストの外部化を防止するために被害額に相当する現金の自己資本としての出資・保管を要求するとした場合には、この規制の潜脱を防止するための手段として資本充実・維持制度は重要な役割を果たすことになる。しかし、不法行為コストの外部化防止という観点からは、あくまで被害額相当の現金の維持(すなわち全額賠償の確保)が規制の中心であって、資本充実・維持制度は潜脱防止手段にすぎない。本稿は、潜脱防止手段の必要性を軽視するものではなく、規制の理由づけとして潜脱防止手段の実効性確保を中心とするのは理論的に誤っており、規制の対象となる問題を直接捉えるべきだと主張するものである。

(912) これは、Kuhn が機軸とした財産移転行為と旧株式法五六条よりも抽象的なものである。

(913) Judgment proofing の防止策として不法行為被害者への弁済を可能とするような他の債権者に供されていない財産の保有を要求した場合、その潜脱を防ぐために資本充実・維持規定には意味があるといえるが(前注911参照)、Wiedemann は資本制度にもう少し大きな意義を与えているように思われる。

(914) 江頭も、タクシー事業の細分化のような事案は保険により処理すべきだとする見解として後述する Immenga に言及してはいるが(江頭・法人格否認三四八頁注30)、Wiedemann がこの問題を認識していたことに対する言及は見当たらない。

(915) Karl Winkler, Die Haftung der Gesellschafter einer unterkapitalisierten GmbH, BB 1969, 1202, 1204ff. もっとも、Wiedemann が正確な額の決定の困難さを理由に責任の範囲を限定していないことに対しては、適切な自己資本額と現実の自己資本額との差額責任とすべきだと批判している。

(916) たとえば、社員貸付の劣後についても、「企業を貸付けにより支えた社員がなぜ罰せられなければならないのかという疑問が提起されるが、それに対する答えは発見されえない」とすら述べている(Winkler, a.a.O. Fn.915, BB 1969, 1207)。

(917) Winkler, a.a.O. Fn.915, BB 1969, 1206, Fn.68 は、Wiedemann が租税法の基準としては用いうるが商法上は利用できないとする Holst Albach, Zur Finanzierung von Kapitalgesellschaften durch ihre Gesellschafter, Zeitschrift für die gesamte Staatswissenschaft, 118 (1962), 653 を具体例として挙げている。

第三款　Eckard Rehbinder

過少資本による責任の構成に関して江頭に大きな影響を与えたのが Wiedemann だとすれば、江頭の法人格否認の法理の構造の理解に関して影響を与えたのは Rehbinder である。(918) では、Rehbinder は過少資本の問題をどのように考えていたのであろうか。

一　Durchgriff の補充性

Rehbinder は、「社員が会社に事業の種類・目的からして永久的に欠かせない資本を持たせる意図」でした貸付けを、社員の適切な自己資本供給義務の存否という「論理的に先行する問題」を検討せずに、「機能的に自己資本と理解して早期の返済を株式法六二条・有限会社法三一条の類推や権利濫用（リスク転嫁の禁止）の観点から拒絶する」ことを疑問視している。(919) 次いで、この社員の適切な自己資本供給義務の肯定を支持する要素として、極端な過少資本により株式会社・有限会社制度の機能可能性が害されないようにすることが近代的制度的考察方法の関心事であること、および、適切な現存資本の吸出しと適切な責任基盤の創出の懈怠との間には一定の内部的な類似性があることを挙げている。(920) そして、適切な自己資本供給義務を肯定することの問題点として、この点について沈黙している一九六五年株式法は当事者の自由に委ねたとも解しうること、制度濫用という考え方の機能は基本的に権利制限的であり権利根拠的ではないことなどを挙げてはいるものの、[921]法的効果を無限責任ではなく株式法三一一条や有限会社法三一条などに見られる補償責任（Ausgleichshaftung）だと解することにより問題は緩和されるとして、[922]結局は社員の適切な資本を供給する義務を肯定するようである。

以上のようなRehbinderの論理は、Kuhnの見解に近いものだといえよう。[923]しかし、Kuhnは、財産移転と過少資本の類似性を指摘する一方で、不法行為責任からのjudgment proofingという具体的状況を問題としていたが、このような言及はRehbinderにはない。

Rehbinderの関心は、具体的な問題状況の描写ではなく、[924]Durchgriffについての彼の一般理論の適用という点にあったように思われるのである。すなわち、まず彼は、Durchgriff一般について、「一般民事法の適用可能性が常に最初に検討されるべきである」として、[925]安易にDurchgriffに頼ることを拒絶する。そして、例外的にDurchgriffの適用の余地が認められる制度的権利濫用の場合についても、[926]「株式会社・有限会社制度の機能の保護は、第一にはこれらの制度を規律する法律の任務」であり、株式法五七、五八、六二条と有限会社法三〇、三一条などの資本維持規定、株式法のコンツェルン法がカバーする限りで、Durchgriff理論の適用の余地は基本的にないとする。[927]そして、法律のカバーが及ばない場合でも、その欠缺は「われわれの法システムにおいてはまず既存の規定の類推の方法により埋められるべき」であり、[928]分離原則についての規範の制限によって生じる「規範の空白」域は、「Durchgriffの法的効果に関する内容を持つその他の規範の解釈・類推もしくは法の継続的形成によって満たされねばならない」[929]として、補充規範を限定する。そして、このDurchgriffの法的効果とされるのが会社からの財産移転の補償である。このように解する理由としては社員の私的債権者の保護の必要性なども指摘されているが、[930] 主な根拠は補償責任が一九六五年株式法改正により会社法における支配的な考え方となったことに求められている。[931]

このように、Rehbinder の主眼は、既存の法体系と近い解決をすることにある。そして、Rehbinder が資本の吸出しと責任基盤創出の懈怠の類似性を指摘し、名目的過少資本の処理に有限会社法三一条のような資本維持制度に関する規定の発想を利用しているのは、Wiedemann のように資本制度自体に価値を置いているからではなく、[932] Durchgriff の適用範囲を限定し、Durchgriff によらねばならない場合にもなお現行の実定法の体系との連続性を維持しようとする Durchgriff についての一般理論の現れであるということができる。Rehbinder の論文は、Müller-Freienfels が提唱した規範目的論を具体的問題について徹底したものであり、実定法の規範を基本とした解釈を旨とする規範目的論の通説化に大きく貢献したといえる。この実定法への依拠という一般理論が、Wiedemann に代表される過少資本の問題を実定法上の一制度である資本維持規定に引きつけて理解するという規範目的論を受容しやすい環境の形成に一役買ったという推測も、あながち的外れではないと思われる。[933]

二　問題点と変化

社員貸付の返還を問題とする限りでは、Rehbinder の理論によっても問題は事実上生じないともいえる。[934] しかし、実質的過少資本の問題を財産移転行為の問題と同様に取り扱うためには、[935] 財産移転に関する規制が実定法上に存在していること以外に実質的正当性の証明が必要だと思われる。[936] さらに、過少資本の問題を既存の実定法上の規定の類推により解決しなければならないという命題についても疑問がある。仮に現行法が基本的にすべての問題を考慮しており、規制回避への対処のみが必要であるというのであれば、現行法の規律の類推のみにより解決することで問題はない。しかし、現行法が一定の問題類型しかカバーしておらず、異なる類型の問題があるという場合にはどうであろうか。立法者がそのような問題類型しか規制しないという判断をしたのだと考えることは可能であるが、[937]立法者が裁判所による事後的規律に委ねるという判断をしたのだとすれば実定法の規定のみに拘束されることは不当であるように思われる。この問題の背後には立法者と裁判官のいずれを信頼するかという容易に解決しがたい問題があるためこれ以上立ち入らないが、（少なくとも今日においては）Rehbinder の立場が唯一のものではないということは可能であろう。

なお、Rehbinder は、その後の論文においては、資本維持制度との関連性を強調してはいない。[938]この論文が公表された一九九七年には、Durchgriff 一般については規範目的論が通説となっていたが、[939]過少資本の問題については次節で紹介する理論の登場により規範目的論の地位はすでに揺らいでいたといえる。この変化について Rehbinder は特に説明を加えていないが、[940]資本制度自体に対して強いコミットメントを持たず、[941]また過少資本の問題状況の分析を主要な研究対象とはしていなかった[942]Rehbinder は、このような学界の変化を取り入れやすかったのかもしれない。

(918) 江頭・法人格否認六七頁注18、一七二頁注13参照。Rehbinder の主著（REHBINDER, a.a.O. Fn.823）は、コンツェルンに関する法律関係を Durchgriff という一般条項ではなく一般私法によって解決することを提唱するものである。
(919) REHBINDER, a.a.O. Fn.823, s.123.
(920) REHBINDER, a.a.O. Fn.823, s.123.
(921) REHBINDER, a.a.O. Fn.823, s.123f. これらの問題点は、いずれも形式的なものであるといえよう。
(922) REHBINDER, a.a.O. Fn.823, s.124.

（923）　泉田・前掲（注789）二三巻一号五頁参照。

（924）　強いていえば、Rehbinderは、むしろ過少資本においても会社財産の移転こそが問題であると捉えていたようにも思われる。たとえば、主著の一〇年後に公表された論文では、「過少資本の中核的問題点」の内容を明らかにしてはいないが（Eckardt Rehbinder, Zehn Jahre Rechtsprechung zum Durchgriff im Gesellschaftsrecht; in FESTSCHRIFT FÜR ROBERT FISCHER, s.579, s.584, Fn.18（1979）が引用しているのは、コンメンタールの過少資本に関する項目全体や、過少資本に関連する多数の文献を列挙している脚注である）、その直後では、社員貸付に対する返済が問題となったＢＧＨの判決（BGHZ 67, 171, BB 1972, 111, BGHZ 31, 258）が検討されている（これらの結論は正当であるが、射程距離の広い判断は裁判所ではなく立法者によってなされるべきであると批判している）。

また、Rehbinder, a.a.O. Fn.924, s.584, Fn.15では倒産申立ての遅延を「過少資本の周辺的問題（Randfragen）」と位置づけて、ＢＧＨ民事第八部一九七三年一〇月二四日判決（DB 1973, 2440）を引用している。倒産遅延の問題がどのように過少資本と関連するのかは述べられていないが、この判決の事案は、倒産申立てを遅延する間に支配社員が自己の保証債務の減額を図るために会社として保証債権者に対して弁済させたという、株主への間接的な会社財産の流出が問題だと思われるものである。

さらに、REHBINDER, a.a.O. Fn.823, s.373 Fn.43は、過少資本のみによる法人格否認が認められていないニューヨーク州において、その硬直性をagency法理の適用により回避しようとした判決として、Majestic Factors Corporation v. Latino et al., 184 N.Y.S.2d 658（1959）を引用している。この事案の中核的な問題は、原告の債権は株主が会社のために引き受けた買主引受手形（trade acceptance）によるものであり、しかも会社は手形上株主らが構成する組合の一部門と記されていたという点にあると思われるが、会社の株主らが構成する組合が会社の売上金を取得していたという財産移転行為も存在していたのである（なお、江頭・法人格否認二五八頁注33は、この事案において過少資本が問題であったとするRehbinderの理解に疑問を示している）。

（925）　REHBINDER, a.a.O. Fn.823, s.109, derselbe. a.a.O. Fn.924, s.581.

(926) 特定の個人ではなく、法制度により権利を害され、法秩序が保護すべきと認めている人の総体を保護するためにDurchgriffが認められる（REHBINDER, a.a.O. Fn.823, 119f.）。過少資本によるDurchgriffはその一類型とされている（s.122ff.）。

(927) REHBINDER, a.a.O. Fn.823, s.120ff., derselbe, a.a.O. Fn.924, s.583.

(928) REHBINDER, a.a.O. Fn.823, s.120.

(929) REHBINDER, a.a.O. Fn.823, s.101f. Derselbe, a.a.O. Fn.924, s.583も、法律による保護の補完（ergänzen）を機能とする責任透視は、厳格にコントロールされた例外として「法律による規制の近くにとどまらねばならない」としている。

(930) REHBINDER, a.a.O. Fn.823, s.102.

(931) REHBINDER, a.a.O. Fn.823, s.124.

(932) Eckard Rehbinder, Die GmbH als Konzernunternehmen; in GMBH-REFORM, s.127, 140f.（1970）は、有限責任制度の承認は自己資本の投入・拘束なしに事業を経営できることを意味せず、損失負担者の序列（Rangordnung der Verlustträgers）を定めるため、すなわち企業家にリスクの適切な一部を割り当てるための規定が必要だとして、資本維持規定・社員貸付の自己資本化を定める規定、コンツェルン法などがこの役割を果たすとしている。ここからは、資本維持制度の機能確保のために適切な自己資本を要求するというWiedemannのような考え方ではなく、企業家が適切な自己資本の投入によりリスクを負担するために資本維持制度が機能するという考え方が採られているということがわかる。

(933) もちろん、両者は異なる理論なのであるから、この結合はまったく必然的ではなく、両者を明白に結びつけている見解があるわけでもない（江頭も独立の場所で論じている）。

(934) もっとも、有限会社法三一条等の資本維持規制の社員貸付への適用にも、同条の趣旨などからする解釈論が別途必要になることはいうまでもない。本文の議論は、違法配当等と社員貸付・利子の返済が現象として類似しているといいやすいということを意味するにすぎない。

(935) Rehbinder, a.a.O. Fn.924, s.585 では、実質的過少資本の場合にも問題があることが認識されているが、名目的過少資本の場合と同様の理論構成を採るとは明示されていない。そのため、以下の本文の議論は Rehbinder が実質的過少資本についても財産移転行為との類似性から補償責任を課すという見解を採るとの仮定に基づくものであることを断っておく（江頭・法人格否認三七九頁注61は実質的過少資本による社員の責任に関して、Kuhn の他に Rehbinder をも引用している）。

(936) この点については、前注874を参照。

(937) この場合には、逆に立法者が規制しないと判断した問題（過少資本）について、異なる問題類型に対する規制（資本維持規制）を適用することにより部分的な規制をしてしまっているのではないかという問題が生じる。

(938) Eckard Rehbinder, Neues zum Durchgriff unter besonderer Berücksichtigung der höchstrichterlichen Rechtsprechung ; in WIRTSCHAFTS- UND MEDIENRECHT IN DER OFFENEN DEMOKRATIE, FREUNDESGABE FÜR FRIEDLICH KÜBLER ZUM 65. GEBURTSTAG, s.493ff.（1997）.

(939) Rehbinder, a.a.O. Fn.938, s.495.

(940) 理論的説明よりも判例の紹介を主眼とした論文であったという理由も考えられるが、資産混同については資本維持規定の機能が害されるという理論的説明をしているため（Rehbinder, a.a.O. Fn.938, s.501）、本文のように解することができよう。

(941) Wiedemann が資本制度を半ば美化していたことを想起されたい。この後で紹介する Lutter にも同様の傾向がある。

(942) Vgl. REHBINDER, a.a.O. Fn.823, s.28.

第四款　Ulrich Immenga

一　不法行為責任と事業用財産の賃貸借

Rehbinder の主著に続いて公表された Immenga の閉鎖的な有限責任の会社に関する教授資格取得論文[943]においてまず目を引くのは、過少資本の問題に関して事業上発生した不法行為賠償責任が問題となった事例[944]が大きく取り上げられている点である。そこでは、まさに judgment proofing の典型例ともいうべきタクシー事業の細分化の事案を初めとするアメリカの判例が引用されており[945]、Immenga が不法行為の発生可能性が高い事業の過少資本の会社による実施という問題を認識していたことがうかがわれる[946]。もっとも、Immenga は、この問題については、彼が「会社法的解決」と位置づける差額責任（Diffrenzhaftung）の根拠である過少資本による有限責任の正当化根拠の喪失という原則が当てはまらないのではないかということを理由として、責任保険の強制による解決を主張し[947]、その他の過少資本の場合と区別してしまっている。もちろん、不法行為コストの外部化に株主の責任ではなく強制保険により対処するということも一つのありうる考え方ではあるが、Immenga の主張は手段としての適切性の比較によるものではなく、差額責任という理論構成に由来するものと考えるべきであろう。

他方で Immenga は、judgment proofing のもう一つの典型的手法である社員（親会社）から会社（子会社）への事業用資産の賃貸借（物的金融：Sachfinanzierung）という事例を、不法行為責任の問題としてではなく[948]、社員貸付と並ぶ（ただし、会社破産時に取戻権を有する点で一般破産債権者となる社員貸付よりも有利な[949]）資本補充的性格（kapitalersetzenden Charakter）を有するものとして位置づけている[950]。そして、社員貸付と同じ規律の適用、具体的には会社破産時の取戻権の否定を主張しているのである[951]。

二　資本制度からの理論構成

以上のように、Immenga は judgment proofing による不法行為発生の可能性が高い事業の実施という問題状況を認識していながら、結局これを過少資本一般の議論に結びつけることには失敗していた。[952] この類型を特殊な事例と位置づける原因となっていた差額責任という理論構成は次のようにして導かれている。

彼は、責任資本の形成が会社債務についての社員の個人責任の代替物となり、「基本資本の保証機能（Garantiefunktion）が有限責任を正当化する」という理解を前提に、基本資本がこの目的を果たしえなくなることを防止するために、「基本資本は会社において利用されている財産と適切な関係に立たなければならない」とする。[953] この保証機能の内容は明言されていないが、アメリカ法の検討に際して、会社が破産した場合、名目資本（stated capital）はまず債権者に供される（Verfügung stehen）ため、「名目資本の額は、破産時に債権の満足が得られる見込みを決定する」[954] ということを前提に、過少資本の場合にはこの基本資本の補償機能（Ersatzfunktion）が危険に晒されるとしていることが参考になると思われる。この破産時に「債権者に供されている」という表現は、会社の破産時に資本に相当する財産が残存しているというイメージを想起させるが、資本が名目上の数額にすぎず、資本充実・維持制度によっても資本に対応する財産が確保されているわけではないことは早くから指摘されている。[955] そうすると、Immenga が理論の機軸としている資本の機能は、配当制限のような具体的制度ではなく、[956] Wiedemann のような抽象的イメージとしての[957]「資本制度」であるといえるであろう。[958] そして、過少資本による責任を「資本制度」に引きつけて理解する結果、[959] 有限会社法三一条などの財産拘束システムへの順応性という観点から、責任の範囲として差額責任を導いているのである。[960]

以上のように、Immenga も、社員の責任を「資本制度」に依拠した理論構成により導こうとしたため、不法行為が発生する可能性の高い事業の過少資本の会社による実施という問題意識を生かすことができなかった。[961] この背景には、支配と責任の一致原則から導かれる個人責任の対価としての責任資本という位置づけや、[962] 権利の行使は法制度の秩序により定められた客観的な目的に合致していなければならない（制度的考察方法・制度濫用論[963]）というImmengaの方法論的前提が影響したと考えられる。Immengaも、WiedemannやRehbinderとは異なる観点からであるが、資本制度に縛られていたのである。[964]

（943）Ulrich Immenga, Die personalistische Kapitalgesellschaft (1970).

（944）Immenga, a.a.O. Fn.943, s.376f, 417f.

（945）Mull 判決（前掲（注572））および Walkovszky v. Carlton, et al., 18 N. Y. 2d. 414, 223 N.E. 2d. 6 (1967)（詳しくは、前注577―582とそれに対応する本文を参照）である。この他にも、手すり等の安全設備が不十分なビルの階段から転落した者がビル所有会社の支配株主を訴えた Elenkrieg v. Siebrecht, 238 N. Y. 254, 144 N. E. 519 (1924)（詳しくは、前注464を参照）、トランポリンの利用者が負傷事故についての賠償責任をトランポリンや土地を所有していた支配株主に請求した Banks v. Jones, 239 Ark. 396, 390 S. W. 2d. 108 (1965)、船舶沈没事故による損害賠償の責任制限に関して荷主等が沈没船舶所有者が一部出資する他の会社所有の曳船をも対象とするよう求めた In re Sheridan, 226 F. Supp. 136 (S. D. N. Y. 1964) などが引用されている（ただし、いずれの事件においても過少資本との主張・認定はなされておらず、また株主の責任は否定されている）。

（946）製造物責任の承認による小規模な会社が不法行為請求を受けることの増加が、この問題を詳しく検討する動機のようである（Immenga, a.a.O. Fn.943, s.418）。

（947）Immenga, a.a.O. Fn.943, s.418. 差額責任を適用できない具体的な理由としては、不法行為賠償責任の発生の可能性は、それが高い会社であっても事業に必然的に結びついている契約債権の発生可能性よりは低いということと、社員の免責の可否を、基本資本の提供に際しての社員による不確実で額の計算が困難なリスクの考慮に依存させるのは疑問であるということが挙げられている。一つ目の理由については、発生可能性が低い不法行為債権者の保護を考える必要性は低いというものであれば、この類型を大きく取り上げている全体の傾向とそぐわないように思われる。

(948)　アメリカの判例として事業上の不法行為が問題となった Dixie Coal 判決（前掲（注428））なども引用されているが、ここでは不法行為に対する judgment proofing という点よりも、Drobnig と同じく高額な賃料等による会社の搾取が問題とされているように見受けられる（IMMENGA, a.a.O. Fn.943, s.374f.）。Dixie Coal 判決が、下請会社が元請会社の元所有者である元々請のジョイントベンチャーの構成者に未払報酬を請求した事案である Rosen et al. v. E. C. Losch Company, Inc., 234 Cal. App. 2d 324, 44 Cal. Rptr. 377（1965）（下請会社に対する judgment proofing があると評価できる事案でもあるが、主な争点は下請＝元々請間のジョイントベンチャーの成否である）と並べて引用されている（IMMENGA, a.a.O. Fn.943, s.374 Fn.105）ことも参照。

(949)　この取戻権という物的金融の利点は、事業上必要で再調達が困難な財産の返還はすぐにはできず、また技術的設備等は換価しなければ社員にとって価値がないという物的金融の不便さを埋め合わせるものとして理解されている（IMMENGA, a.a.O. Fn.943, s.416）。

(950)　IMMENGA, a.a.O. Fn.943, s.373ff, 416f.

(951)　IMMENGA, a.a.O. Fn.943, s.416.

(952)　過少資本一般については、危機時に債務のかなりの部分が返済されえないため、債権者の利益はさらに危険にさらされるという問題を指摘しているが（IMMENGA, a.a.O. Fn.943, s.351）、会社が危機的状況に陥った場合には当初過少資本であったか否かにかかわらず債務の返済が滞るものと思われる。

(953)　IMMENGA, a.a.O. Fn.943, s.403.

(954)　IMMENGA, a.a.O. Fn.943, s.367. Immenga 自身による定義がないため不明確ではあるが、論理の運び方からすると、ここでいう補償機能は、ドイツ法の検討における保証機能と同じことを指しているのであろう（アメリカ法とドイツ法とで「補償（Ersatz）」と「保証（Garantie）」の区別をした理由は不明である）。資本充実・資本維持制度についての検討においても、この「補償・保証機能」についての説明・定義はされていない。

(955) 前注891のMüller-ErzbachやWielandの指摘を参照。

(956) Immengaは、過少資本の問題を、現物出資や配当制限などの具体的な資本充実・維持制度とは区別している（アメリカ法についてIMMENGA, a.a.O. Fn.943, s.366ff. ドイツ法についてs.400ff.）。また、会社財産の直接的減少を対象とする点で資本維持制度と共通する経営ミスや会社搾取などの問題とも区別しているようである（Vgl. IMMENGA, a.a.O. Fn.943, s.370, 381f.）。

(957) Immengaは方法論として制度的考察方法に立脚し（IMMENGA, a.a.O. Fn.943, s.23f, 402）、またKuhnの見解を「特に説得的である」と評してもいるが（s.404）、議論の内容についてはKuhnやRehbinderよりもWiedemannの影響を強く受けていると思われる。

(958) なお、このような抽象的な資本制度ではなく、具体的な制度、たとえば配当制限基準としての資本の機能確保のために資本額が適切な水準であることを要求するというのであれば、まだ説得的である（ただし、この場合、他の適切な配当制限基準を模索するという方法も考えられるため、配当制限基準を資本に求めるという大前提の正当性を論証する必要が出てくる）。

(959) IMMENGA, a.a.O. Fn.943, s.412では社員貸付に有限会社法三〇・三一条を類推適用する見解を批判しているが、これは、過少資本による社員の責任は会社が倒産した場合に初めて認められるべきものであるが、両条は会社が倒産していない場合にも適用されるものであるため、そのまま類推すると過少資本による責任の補充性に反すると考えているからだと思われる。

(960) IMMENGA, a.a.O. Fn.943, s.410f. 具体的には、不十分な資本具備により客観的に債権者に転嫁されたリスクの額を、不足する資本額を手がかりに判断するとしている。もっとも、資本の不足額の判断は経営経済学の助力を得たとしても困難であり、立法論としては差額責任を採用しないことも仕方ないと考えているようである（s.413）。

(961)　なお、Immenga は、社員貸付の問題点としては、たとえば社員が経営状態に関する情報・経営者への影響力を利用して他の債権者より早く債権を保全・回収できることを指摘している（Immenga, a.a.O. Fn.943, s.414ff., derselbe, Konkursanfechtung und Gesellschafterdarlehen, GmbHR 1970, 258, 259）。また、これとは別に、社員の責任拡大が競争秩序にとって望ましいという観点（Immenga, a.a.O. Fn.943, s.419）や、社員として事業成功の利益を全部享受しつつ破産時には債権者として配当加入できるという二重の地位は不当であるという In re V. Loewer's Gambrinus Brewery Co., 167 F. 2d. 318（2nd Cir. 1948）の Hand 補足意見（詳しくは、前注521を参照）の影響を受けた観点（Immenga, a.a.O. Fn.943, s.380f., 422）から、社員債権の一般的劣後を主張している（s.421f.）。これらは、過少資本の問題とは異なるものと考えられているようであり（s.412 は、過少資本による責任は社員貸付の有無とは関係なく生じるとしている）、この点は妥当というべきである。

(962)　Immenga, a.a.O. Fn.943, s.117ff., 128f. この点は Reinhardt の見解と類似している。このように社員の責任拡張に原則として親和的な立場も、過少資本による社員の責任を肯定することに一役買っていたのではないだろうか。

(963)　Immenga, a.a.O. Fn.943, s.23f., 402.

(964)　同じく制度的考察方法を採る Kuhn にもこの傾向は存在するが、社員貸付の返還と利益分配の制限の類似性という具体的な資本維持制度を理論の基礎においていた点で、Immenga の抽象的な理論とは異なっているといえよう。

第五款　Peter Ulmer

一　資本制度への依拠から社員による投機へ

Immenga に続く規範目的論者とされるのが、Ulmer である。[965] Ulmer は、確かに規範目的論が妥当であると明言し、[966] 自己資本の具備が危機時に十分な保護を提供できないほど小さい場合には基本資本の保証機能が達成されないことを問題とするImmengaの見解を引用している。[967] しかし、他方で過少資本による責任の範囲としては、適切な資本額と現実の資本額との差額責任を、有限会社法一三条二項による個人責任排除への依拠を禁止するという規範目的論の理論的手がかりと調和しないことを理由に否定している。[968] この差額責任という構成は、資本制度を過少資本による責任の理論的機軸とするUlmer以前の規範目的論者が原則としてきたものであった。[969] ここからは、Ulmerが規範目的論を採用するのは、それ以前の規範目的論者のように資本制度への依拠を重視するからではなく、[970] 適切な自己資本具備義務を前提とせずに客観的基準により責任を基礎づけられるという、資本制度とは関係のない形式的理由によるものであるように見受けられる。[971]

もっとも、Ulmerは、組織瑕疵責任論者のように単に基準が客観的であるというだけで過少資本による責任を肯定しているわけではない。[972] 彼は、過少資本状況における問題の所在に関して、次のように述べている。

> 「有限会社の法形式は、社員が事業活動のリスクを見通せる範囲に限定し、債権者の執行を会社に投資した財産に限定することを可能にする」が、「一方的に債権者のコストの下で投機をすることや、事業が予想外に発展した場合には高い利益を享受し、通常の事業経過の場合には会社を倒産させながらも相対的に少額の損失でとどめる意図で事業を明らかに不十分な自己資本で営むこと」を認めているわけではない。[973]

ここでは、貸付後のリスクプロファイルの変更により債権者が損害を被るという仕組みや社員のインセンティブのゆがみが論じられているわけではないので、資産代替そのものが問題とされているとまではいいがたい。しかし、単に自己資本の水準の低さを問題とするのではなく、社員によるハイリスク・ハイリターンなギャンブル的事業の実施を問題としている点で、大いに注目に値するものだと思われる。[974] 事後的過少資本[975]の場合における過少資本と会社の破産の間の因果関係[976]は、通常の事業リスクを明らかに超える損失による破産の場合には存在しないが、資本の大幅な減少を招く重大な損失を被ったにもかかわらず事業活動を従来どおり継続することにより会社債権者の負担において投機をしたという場合には認められるとしているのも、[977] この問題意識の現れであるといえよう。

また、社員貸付を規制する有限会社法三二a、b条の目的としても、もはや信用能力のない会社の社員貸付による存続の結果としての危機の引延ばしにより残存会社財産がさらに減少させられることの防止や、失敗時に貸付けとしての性格に依拠するような投機的な会社の救済の試みの防止を挙げており、[978] 名目的過少資本に関しても社員による投機という問題意識を持っていると考えられる。[979]

しかし、Ulmer が彼以前の規範目的論者には見られなかった[980]このような問題意識を持っているということは、これまで顧みられてこなかった。これには、彼が過少資本という概念を次のように定義したことが影響しているように思われる。

二　過少資本の定義

Ulmer は、事業の範囲と種類、事業活動の基礎にある財務計画からは会社の資金需要（Finanzbedarf）を導くことはできるが、それを他人資本と自己資本のいずれで調達すべきかを決定することはできないとして、過少資本による責任にとって重要なのは会社の信用能力（Kreditfähigkeit）だとする。そして、事業の分散化や特別の利益獲得能力などにより、社員の保証を要求されることなく、会社が資金需要を市場において通常の条件で第三者からの中長期的借入れでカバーできる状態にあるのであれば、自己資本と他人資本との関係が当該事業分野において通常の比率から明らかに離れている場合や、投資用財産が自己資本によって少ししかカバーされていない場合でさえも、会社法的観点からは自己資本を増加する必要性は存在しないとする。(981) ここから、会社の「自己資本が、その計画上もしくは実際の事業活動の種類と範囲、資金調達方法を考慮して導かれる、第三者の貸付けによってはカバーされえない中長期的資金需要を満たすのに足りない場合」という過少資本の定義が導かれている。(982) そして、名目的過少資本における社員貸付の劣後化等は、単純過少資本（einfache Unterkapitalisierung）、すなわち会社に信用能力が欠如しており、資金需要を第三者からの借入れにより充足できない場合に認められるとされ（以下、この基準を信用能力基準と呼ぶ）(983)、実質的過少資本による社員の責任については、特別過少資本（qualifizierte Unterkapitalisierung）、すなわち自己資本が明白かつ内部者が明確に認識できるほどに不十分であり、債権者の負担となる失敗が通常の事業経過においても高い確率で見込まれることが必要とされている。(984) 信用能力基準は名目的過少資本の場合を第一に対象として定められたものであるようにも思われるが、単純過少資本と特別過少資本は程度の違いであるとされているため、実質的過少資本についても信用能力基準が基本となると理解すべきことになろう。

では、この信用能力基準は、Ulmer の社員による投機という問題意識に対応したものであろうか。Ulmer は、第三者からの借入可能性について、「市場の通常の条件」を基準とし、また銀行実務上用いられている与信ガイドラインなどを参考にすることを示唆している。(985) これは、銀行等がリスクの高い事業を行う会社に対しては貸付けを行わないことを前提として、ハイリスクな事業の資金を社員貸付により供給することを問題視するものかもしれない。しかし、債権者であっても、適切な利息を要求することによりリスクの高い事業を行う会社に融資することは可能であるから、(986) 自己の利益を目的とする銀行の実務を基準とすることが他の債権者の保護に資するのかという疑問がある。(987) また、具体的な事業への貸付けの可能性ではなく、単に会社の財務状況が悪いために借入れが困難であるとされている場合には、社員による投機という問題意識とは関連がないというべきであろう。(988) また、具体的事案については、そもそも信用能力基準とは関係なく資本の不十分さを検討しているということも指摘しておくべきであろう。(989)

このように、Ulmer の過少資本の定義は、Ulmer の社員による投機という問題意識に対応したものではなかった。にもかかわらず、この定義が相当数の賛同を集めた結果、(990) 社員による投機という資産代替的な問題意識は埋没し、Ulmer とその他の規範目的論者が同一に扱われてきたものと思われる。(991) 本稿の着眼点からは、Ulmer にはむしろ後で紹介する Wilhelm の見解に類似する点も存在するといえよう。(992)

(965) Vgl. ECKHOLD, a.a.O. Fn.795, s.186.

(966) HACHENBURG/ULMER, GMBHG, 8.Aufl., Anhang nach §30, Rdn.51 (1992). Ulmer の見解が初めて述べられたのは Ulmer in HACHENBURG, GMBHG, 7.Aufl., Anhang nach §30 (1977) においてであるが (Peter Ulmer, Gesellschafterdarlehen und Unterkapitalisierung bei GmbH und GmbH & Co KG, FS FÜR KONRAD DUDEN, s.661ff (1977) に要約がある)、新しい判例・学説へのコメントや社員からの土地等の賃貸借に関する点を除いて、大きな見解の変更はない。よって、以下の引用は第七版との明示がない限り第八版によるものとする。

(967) HACHENBURG/ULMER, Anhang nach §30, Rdn.52.

(968) HACHENBURG/ULMER, Anhang nach §30, Rdn.62. これは、額の決定の困難さ（Wiedemann）や補償としての不十分さ（Lutter：こちらは Ulmer も指摘している）という実際的な理由とは異なる。

(969) KUHN, a.a.O. Fn.864, s.219, Winkler, a.a.O. Fn.915, s.1205, IMMENGA, a.a.O. Fn.943, s.410f. なお、Wiedemann は差額責任ではなく無限責任を主張しているが、これは差額の決定が困難であるという理由に基づくものであり、Ulmer のように原理的に反対しているわけではない（理論的には差額責任を妥当とするものと思われる）。

(970) Ulmer in HACHENBURG, 7.Aufl., Anhang nach §30, Rdn.47では、特にKuhnの見解に賛成しているように述べているが、これはWiedemannやWinklerが単純な過少資本のみで責任を認めるのに対しKuhnは極端な過少資本の場合にのみ責任を肯定するという違いによるものにすぎない。

(971) HACHENBURG/ULMER, Anhang nach §30, Rdn.50ff. 規範目的論が資本充実・維持規定の立法者の目的に依拠するという点も指摘されてはいるが、この目的に即した検討はなされていない。なお、規範目的論に賛同する根拠が詳細には述べられていないのは、この見解がほぼ通説化していたため説明を要しないとUlmerが考えたからであるという可能性もある。

(972) Ulmerは、現行法上社員の適切な自己資本を具備する義務が規定されていないことを強調し、この義務を前提とするものとして組織瑕疵責任論を批判している（HACHENBURG/ULMER, Anhang nach §30, Rdn.50）。

(973) HACHENBURG/ULMER, Anhang nach §30, Rdn.11.

(974) Ulmerは、資産代替と並ぶ問題点である不法行為コストの外部化には言及していない。Judgment proofingの代表的手段である社員からの事業用資産の賃貸借という類型は、自己資本補充性の有無という文脈でのみ論じられている。この点については本章第六節を参照。

(975) 設立時は過少資本ではなかったが、その後の事業範囲の拡張や損失の発生による自己資本需要により過少資本となった場合である。HACHENBURG/ULMER, Anhang nach §30, Rdn.22.

(976) このように過少資本と会社の倒産との因果関係を要求する点も（HACHENBURG/ULMER, Anhang nach §30, Rdn.58）、因果関係の証明が不要となることを規範目的論の利点とするWiedemannやWinklerと異なっている。

(977) HACHENBURG/ULMER, Anhang nach §30, Rdn.59.

(978) HACHENBURG/ULMER, §32a, b, Rdn.8, 9, 46. これは次の数値例のような状況を問題とするものと理解することもできよう。

負債額二〇〇〇、資産額一〇〇〇という事業に失敗した債務超過の会社があるとする。この段階で会社を清算すれば、債権者のペイオフは一〇〇〇、株主のペイオフはゼロである。しかし、一五〇〇の資金があれば、成功確率二〇％、会社財産が成功した場合には四〇〇〇、失敗した場合には七〇〇となる事業を実施できるものとする（この救済事業全体のペイオフの期待値は$4{,}000\times0.2+700\times0.8=1{,}360$である）。

株主が追加資金五〇〇を株式として出資する場合、株主のペイオフの期待値は$2{,}000\times0.2+0\times0.8=400$となり追加資金を回収できないので、この事業は実施されず、会社は清算されることとなる（債権者のペイオフの期待値は$2{,}000\times0.2+700\times0.8=960$である）。他方、追加資金を社員貸付として提供した場合、劣後化がされないとすると株主のペイオフの期待値は$(500+1{,}500)\times0.2+700\times500/2{,}500\times0.8=512$となるので、社会的に非効率な救済事業が債権者の負担において行われることになるのである（債権者のペイオフの期待値は$2{,}000\times0.2+700\times2{,}000/2{,}500\times0.8=848$である）。

（979）もっとも、社員貸付については社員の投機以外の問題意識も示されている。

まず、Ulmer in Hachenburg, 7.Aufl., Anhang nach §30, Rdn.84においては、成功時の利益に参加し会社の財務情報等を取得しやすい地位にある社員が債権者の地位を併有することへの批判的な態度が示されていた（社員には会社に追加的資金を供給するか否かについての自由はあるが、それをどのような法形式で供給するかについての自由はないとするRdn.12, 85も参照）。これは、Immengaも影響を受けていた（前注961参照）In re V. Loewer's判決におけるHand補足意見（前注521参照）に類似する問題意識であると思われるが、有限会社法三二a、b条制定後の第八版においては、このような社員の二重の地位を問題とする叙述は見られなくなっている。

他方、社員貸付には会社倒産前の偏頗弁済的な回収という問題があることは、第七版、第八版を通して認識されている（7.Aufl., Anhang nach §30, Rdn.90, 8.Aufl., §32a, b, Rdn.21f.）。

（980）後述するLutterは、一時期社員の動機に着目するような叙述をしているが（後注993およびそれに対応する本文参照）、具体的にどのような動機を問題とするのかは述べていない。

（981）HACHENBURG/ULMER, Anhang nach §30, Rdn.15.

(982) HACHENBURG/ULMER, Anhang nach §30, Rdn.16.

(983) HACHENBURG/ULMER, Anhang nach §30, Rdn.19, 23. なお、有限会社法三二a条により社員への返済の返還が要求されるための要件は、「通常の商人（ordentliche Kaufleute）であれば自己資本を供給したであろう場合」にした貸付というものであり、過少資本（Unterkapitalisierung）や自己資本補充的（eigenkapitalersetzende）という文言は用いられていない。Peter Ulmer, Die neuen Vorschriften über kapitalersetzende Darlehen und eigene Geschäftsanteile der GmbH, DAS NEUE GMBH-RECHT IN DER DISKUSSION, s.55, 62f.（1981）は、信用能力基準は「通常の商人」基準と一致はしないがその最低限を形成するとする。

(984) HACHENBURG/ULMER, Anhang nach §30, Rdn.23. この限定は、資金需要の存在は社員貸付がない場合には容易に推定することができず人によってその判断が異なってしまうことから、法的不安定性を防止するために導入されている（Rdn.17ff.）。

(985) HACHENBURG/ULMER, Anhang nach §30, Rdn.17, §32a, b, Rdn.49.

(986) たとえば、前注978の数値例において、追加資金五〇〇を銀行から借り入れるとした場合、銀行としては$x \times 0.2 + 700 \times x/(2{,}500 + x) \times 0.8 = 500$を満たすxの返済を要求できればよいのである（この式を解くと、$x \fallingdotseq 1{,}360$（$x > 0$）、利息は一七二％となる）。

(987) 第三者からの借入可能性を基準として社員貸付の劣後化や社員の責任を論ずることの問題点は、第四章第三節第一款四(1)で改めて検討する。

(988) もっとも、近時は、この信用能力基準が社員に特別な行為義務が生じる危機的状況を画する基準として用いられるようになってきている。詳しくは、後述するRoth（後注1114参照）やEckhold（後注1137参照）の見解を参照。

(989) たとえば、HACHENBURG/ULMER, Anhang nach §30, Rdn.18では、五万マルクでの雑誌出版社の設立や最低資本金での私立テレビ会社の設立は資本具備が不十分だとしており、第三者からの借入可能性が検討されているようには見えない。

（990）清水・前掲（注789）七二頁。もっとも、そこで引用されている文献には、信用能力基準には触れずに特別過少資本の基準のみを問題とするもの（Kuhn, a.a.O. Fn.820, FS für Robert Fischer, s.359）も含まれている（Heiner Drüke, Die Haftung der Muttergesellschaft für Schulden der Tochtergesellschaft, s.30（1990）も同様である）。また、信用能力基準の適用を名目的過少資本の場合に限る見解もある（Marcus Lutter & Peter Hommelhoff, Nachrangiges Haftkapital und Unterkapitalisierung in der GmbH, ZGR 1979, 31, 34, 39f., dieselbe in Lutter/Hommelhoff, GmbHG, 16. Aufl., §13 Rn.8（2004））。

これに対し、実質的過少資本についての基準として信用能力基準に賛成するものとしては、Friedrich Kübler/Heinz-Dieter Assman, Gesellschaftsrecht, 6.Aufl., s.296（2006）, Thomas Raiser, Konzernhaftung und Unterkapitalisierungshaftung, ZGR 1995, 156, 166, Karsten Schmidt, Gesellschaftsrecht, 4.Aufl., s.240f., 524（2002）, Günther Wüst, Wege des Gläubigerschutzes bei materieller Unterkapitalisierung einer GmbH（Teil I）, DStR, 1991, 1388, 1389などがある。また、信用能力基準は、Ulmer以前にもErlinghagenによって主張されていた（前注815とそれに対応する本文を参照）。

（991）たとえば、Ulmerの過少資本の定義を採用するWüstは、Ulmerの見解を規範目的論の代表として紹介しており、Ulmerとその他の論者の違いにまったく着目していない（Günther Wüst, Die unzureichende Eigenkapitalausstattung bei Beschränkthaftern, JZ 1995, 990, 992, 994f.）。

（992）Wilhelmは、Ulmerの見解を基本的にWiedemannの見解と同質のものと位置づけており、Ulmerの社員による投機という問題意識にも着目していないが（Wilhelm, a.a.O. Fn.828, s.313f.）、Ulmerが過少資本と会社破産の因果関係を責任の要件としている点については、社員の注意義務違反の行為が会社の損害を引き起こしたことを要求する自身の見解と類似するものとしている（s.358）。

第六款　Lutter 学派

一九七〇年代から今日に至るまで、過少資本の問題に関し規範目的論による解決を主張し続けているのがLutter 学派である。

一　Marcus Lutter

(1) クッション理論

初期の Lutter は、有限責任の正当な機能である損失の社会化も、通常の業務執行の範囲を超えるリスクを冒した場合には認められないと述べている[993]。ここで問題としているリスクの内容は詳しく述べられていないが、社員のリスク出資を、自己の財産が損失を受けることへの配慮を通して社員の動機を操作するという観点から要求していることを考えると[994]、資産代替や不法行為コストの外部化を問題とする方向もありえたと思われる。現に、Lutter は、その後も労働者や不法行為債権者に対する judgment proofing の問題に言及しているのである[995]。

しかし、資本会社の利用によるリスクの分割自体は合法であるという前提を採用した Lutter の関心は[996]、次第にリスクのある事業の実施から資本具備の不十分さへと移っていった[997]。もっとも、彼は、資本会社の利用は正当なリスク限定の手段であるということから、社員には適切な自己資本を具備する義務はないということをも導いている[998]。この点を乗り越えるために、Lutter は規範目的論に依拠し、以下のような議論を展開している。

Lutter は、会社が破産すると会社の事業は原則として解体され、暖簾・ノウハウといった無体的事業価値が失われてしまうということ[999]、そして会社が債務超過となると必ず破産を申請しなければならないことを前提に[1000]、自己資本には、わずかな損害によっても会社が債務超過となり、その必然的結果として開始される破産において無体的事業価値の喪失が生じることを防止する財務的クッション（Finanzpolster）としての機能があると理解する。そして、この財務的クッション機能を果たせないほど低額の自己資本を「完全に不十分な自己資本」と位置づけ、社員の有限責任を否定するのである。(1001) Lutter は、このクッション機能は基本資本全体の中心的な法的機能であるともしているが、特に最低資本金制度にこの破産防止の役割を求め、(1002) 過少資本は有限会社法五条一項の規範目的に違反するとしている。(1003)

以上の Lutter のクッション理論は、Wiedemann のものよりもはるかに具体的であり、また最低資本金の規範目的に依拠するように自己資本の水準自体を問題としている点で、評価に値する。しかし、その内容には、第一章第三節第一款二で述べたように疑問がある。要約すると、Lutter の理論の中核をなす「会社が債務超過になると無形資産価値の喪失を招く破産手続が必ず開始される」という理解は、債務超過による破産申立義務の存在と厳格なエンフォースメントを前提とし、また再建型倒産手続の可能性を無視するものであり、簡単に受け入れることはできないということである。

以上のように、Lutter は資本制度に関してしばしば用いられてきた「クッション」という機能を具体的に考察し、それに基づいて過少資本による社員の責任を論じていた。彼は規範目的論に賛成するに当たって、特に Wiedemann と Ulmer の名前を挙げているが、(1004) このクッション理論が両者の議論とかなり異なっていることは容易に見て取れるであろう。(1005) このクッション理論という構成が採られるようになった経緯は明らかではないが、(1006) 資本制度の目的を掲げる規範目的論が隆盛になる中で、資本充実・維持制度に関する包括的な論文の著者として、(1007) 過少資本の問題を何らかの形で資本制度と結びつけようとしたのかもしれない。

(2) 名目的過少資本との関係

なお、Lutter は、クッション理論のほかに、名目的過少資本における社員貸付の劣後化が行われているのであるから、社員貸付すら行っていない実質的過少資本の会社の社員の負担が社員貸付を行った者の負担よりも軽いのはおかしいという理由を挙げて、実質的過少資本による社員の責任を肯定している。[1008]

しかし、Lutter は、社員貸付の自己資本的取扱いの理論的根拠を、クッション理論ではなく、[1009] 本来は事業を停止しなければならない会社が社員貸付により継続させられたことにより惹起される、会社が現在も将来も履行能力を有するであろうという商取引一般の信頼の保護に求め、より具体的には、債権者のリスクが、社員貸付により①貸付けにより提供された資金が浪費され債権者の損害となること、②本来は財務状態が良くない会社との取引に誘引される債権者が現れること、③社員が債権者となることで債権者全体の弁済率が低下することの三点で増加することを問題としている。[1010] このように名目的過少資本の場合と実質的過少資本の場合とで問題が異なると考えるのであれば、社員貸付を劣後させる一方で実質的過少資本の場合に責任を認めないということが理論的に矛盾していることにはならないと思われる。[1011]

二　Lutter 学派

Lutter のクッション理論は、彼の弟子たちに受け継がれている。しかし、そこでは、クッション理論は具体的な事案とは関係のない過少資本による責任を基礎づける抽象的な理論として援用され、クッション機能の内容が問題とされることはほとんどないように思われる。[1012]

(1) Heiner Drüke

まずDrüke[1013]は、過少資本による親会社の責任の議論にアメリカの判例の検討[1014]から導き出した債権者の性質による区別を導入した。具体的には、任意的契約債権者（銀行など）と不法行為債権者・非任意的契約債権者（労働者・消費者・小規模な納入業者など）を区別し、前者には過少資本の子会社とわかって契約した以上親会社の責任を認める必要はないが、後者については常に親会社の責任を認めるべきであるとする[1015]。ここで興味深いのは、Drükeはアメリカの判例を多数引用しているが、具体的事案において行われている事業の性質や不法行為の内容に着目はしておらず、過少資本として論じられている問題の本質は何であるのかを問題としているようには見えないということである[1016]。Drükeにおいては、「規範目的論」としてのLutterのクッション理論[1017]が、過少資本＝自己資本の水準の低さが債権者保護上問題であるということを自明の前提とするものとして作用し、その結果として過少資本の認識の有無のみが問題とされたものと思われる[1018]。

(2) Nirmal Robert Banerjea

またBanerjeaは、有限会社法六四条一項の倒産申立義務が存在することを理由に実質的過少資本のみに基づく責任構成要件を否定した判決[1019]に対して、過少資本による責任という構成要件が認められるべきであると主張する[1020]。その根拠は、倒産申立義務違反による規律では破産適状前からの債権者が不利に取り扱われており[1021]、また義務主体も業務執行者に限定されているため不十分であるということと、ＢＧＢ八二六条に基づく責任も社員が会社の苦境を知らない場合やまったく不合理とはいえない会社再建の希望を持っている場合には主観的要件が具備されないため認められないということに求められている[1022]。しかし、果たして二つ目の理由に挙げられている場合に社員の責任を認める必要はあるのだろうか。Banerjeaの議論からは、事案の解決ではなく、クッション理論的な規範目的論[1023]

に基づく過少資本という構成要件を維持するということが自己目的化しているような印象を受けるのである。

(993) Marcus Lutter, Rechtsverhältnisse zwischen den Gesellschaftern und der Gesellschaft; in PROBLEME DER GMBH-REFORM, s.63ff., 78（1970）.

(994) Lutter, a.a.O. Fn.993, s.68.

(995) Lutter & Hommelhoff, a.a.O. Fn.990, ZGR 1979, 58は、「特にリスクのある企業家的機能の一部が社員から分離・独立される事例」として、最低資本金しか具備していない会社が親会社の人的・物的手段を利用して事業を営む場合の、会社や社員から追加的担保を獲得する交渉手段を持たない経済的に劣位にある債権者や会社と偶然的に関係を持った債権者の保護を問題としている。

なお、Lutter/Hommelhoff in LUTTER/HOMMELHOFF, GMBHG, 16.Aufl., §13, Rdn.16（2004）は、過少資本による責任との重なり合いが指摘される会社の存立を破壊する侵害（existenzvernichtender Eingriff）による責任（これについては、本章第八節第一款三を参照）は異常なリスクテイクの場合にも生じうるとしているが、そこで具体例として挙げられているのは、企業買収において当初から客観的に非常にリスクが高いものと考えられている債務を目的会社の資産に負担させるというＬＢＯ的な事例であり、会社が実施する事業のリスクの高さとは異なっている。

(996) Marcus Lutter, Die zivilrechtliche Haftung der Unternehmensgruppe, ZGR 1982, 244ff., 247, 252.

(997) Lutter, a.a.O. Fn.996, ZGR 1982, 253は、タクシー事業の細分化と交通事故という典型的なjudgment proofingの事案（Walkovszky判決（前掲（注577））を引用している）について、問題なのはリスクの分割ではなく、リスクと比較した資本具備の不十分さであるとしている。

(998) Lutter & Hommelhoff, a.a.O. Fn.990, ZGR 1979, 58.

(999) Lutter & Hommelhoff, a.a.O. Fn.990, ZGR 1979, 59.

(1000) Lutter, a.a.O. Fn.996, ZGR 1982, 249.

(1001) Lutter & Hommelhoff, a.a.O. Fn.990, ZGR 1979, 59.

(1002) 最低資本金に債務超過による破産を防止する機能があるとするものとしては、他にUwe H. Schneider, Das Recht der Konzernfinanzierung, ZGR 1984, 497, 509がある。他方、Walter Stimpel, Rückblick auf das "Gervais"-Urteil, in : Probleme des Konzernrechts s.11, 23（1989, hrsg. Peter Ulmer）は、資本制度全体の機能としている。

(1003) Lutter & Hommelhoff, a.a.O. Fn. 990, ZGR 1979, 59, Lutter, a.a.O. Fn. 996, ZGR 1982, 249 Fn.15.

(1004) Lutter, a.a.O. Fn.996, ZGR 1982, 249.

(1005) 社員の責任の範囲について必要な資本額の事後的出資（つまり差額責任）ではなく無限責任を主張するなど、両者に従っている点もある（Lutter/Hommelhoff, GmbHG, 16.Aufl., §13, Rdn.10でもＨＧＢ一二八条による無限責任とはされているが、事後的出資では不十分であるという記載は消えている）。なお、Lutter の議論からは、適切なクッションの形成を怠ったことによる責任は、適切なクッションとの差額にはならなくても、僅少な損害の発生により開始された破産手続において失われた無体的事業価値に相当する額に限られるのが筋であるようにも思われる。

(1006) Georg Winter, Die Haftung der Gesellschafter im Konkurs der unterkapitalisierten GmbH, s.29f（1973）は、Karl-Heinz Maul, Die durch die Sachlage gebotene Kapitalzuführung, BB 1969, 307, 309を引用しつつ、損失の発生による債務超過を防止するための自己資本のクッション機能に言及しているが、Lutter はこれらの文献を引用してはいない。

(1007) Marcus Lutter, Kapital, Sicherung der Kapitalaufbringung und Kapitalerhaltung in den Aktien- und GmbH-Rechten der EWV（1964）. Lutter, ZGR 1982, 249, Fn.12は、この論文の資本制度の機能を論じている部分（s.42ff., 50ff.）を引用しているが、そこでは「クッション（Polster）」や「緩衝器（Puffer）」という用語は用いられていない。Lutter の「クッション機能」理論が初めて提唱されたのはLutter & Hommelhoff, a.a.O. Fn.990, ZGR 1979, 58f. においてであると思われるが、そこではクッション機能の説明に関して脚注は付されていない。

(1008) Lutter & Hommelhoff, a.a.O. Fn.990, ZGR 1979, 57.

(1009) Lutter & Hommelhoff, a.a.O. Fn.990, ZGR 1979, 41f. は、名目的過少資本についても破産防止のための財務的クッションの形成に言及しているが、これは社員貸付を会社倒産前の段階でも自己資本として扱うことの効果として述べられているものであり、社員貸付に対する規制の理由とはいえない。

(1010) Lutter & Hommelhoff, a.a.O. Fn.990, ZGR 1979, 36f., 38. それぞれについて若干のコメントを付しておこう。まず①については、何をもって浪費とするのか定かではないが、社員が追加的資金を利用して投機的事業を行う資産代替的なケースを問題としている可能性もある（Lutter & Hommelhoff, a.a.O. Fn.990, ZGR 1979, 40）。また②については、なぜ社員貸付の供与のみにより債権者の信頼が惹起され、取引締結へと誘引されるのかが問題である。契約法的な観点から、債権者の要保護性について詳しく検討すべきであろう。財産状況の悪化を秘匿しての契約締結を問題とする場合も同様である。さらに③は、Reinhardt 以降指摘されてきた問題であり、不実表示や会社搾取、偏頗弁済等がない場合に、これだけを根拠に社員貸付の劣後化を導くのは困難であろう（この点は Lutter 自身も認識している（ZGR 1979, 38 Fn.21））。

(1011) Lutter 自身、社員貸付の劣後化の場合に採用する信用能力の欠如という基準を実質的過少資本の場合に適用することを否定しており（Lutter/Hommelhoff, in LUTTER/HOMMELHOFF, GmbHG, 16.Aufl., §13, Rdn.8.）、問題が異なることの自覚をまったく持っていなかったわけではないと思われる。

(1012) 他方で、規範目的論に反対し、ＢＧＢ八二六条による解決を主張する論者によって、債務超過への陥りやすさが過少資本における問題であるとされている(Ulrich Kahler, Die Haftung des Gesellschafters im Falle der Unterkapitalisierung der GmbH, BB 1985, 1429, 1432f.)。

(1013) DRÜKE, a.a.O. Fn.990. 邦語による紹介として、青木・前掲（注789）がある。

(1014) DRÜKE, a.a.O. Fn.990, s.23ff.

(1015) DRÜKE, a.a.O. Fn.990, s.59. 債権者に過少資本との認識があった場合に責任を否定すべきだということは、従来から指摘されていた（たとえば、HACHENBURG/ULMER, GMBHG, Anhang nach §30, Rdn.65）。Drüke の貢献は、契約法理論も参照して非任意的債権者の情報の評価能力や取得可能性などについて詳しく論じた点（DRÜKE, a.a.O. Fn.990, s.52ff., 55ff.）にあるといえよう。

（1016）　Drüke は、Walkovszky 判決（前掲（注577））を初めとするタクシー会社の分割の事例を引用し（DRÜKE, a.a.O. Fn.990, s.6ff.）、また「債権者のコストにおける社員の一方的な投機」というフレーズを用いたりもしているが（s.21）、不法行為コストの外部化と judgment proofing や資産代替などの問題点を詳しく分析しているわけではない。また、これらの問題点とクッション理論との関係についても言及はない。

（1017）　DRÜKE, a.a.O. Fn.990, s.43, 50. なお、クッションという機能への言及のない Ulmer が Lutter と並べて引用されている（s.43 Fn.77）。

（1018）　筆者は、契約債権者と不法行為債権者の区別という基本的方向性には賛成であるが、任意的契約債権者であれば常に過少資本による責任を否定し、不法行為債権者であれば常に肯定するという Drüke の結論には、疑問を持っている。過少資本の問題の本質が自己資本の水準の低さ以外の点にあると考える本稿の立場からは、不法行為コストの外部化や資産代替という問題点を踏まえて、契約債権者が認識・自衛すべき対象を明らかにし、またあらゆる不法行為債権者に保護を与える必要があるのかを検討する必要があるように思われる。この問題は第四章第二節で検討する予定である。

（1019）　ＢＡＧ第八部一九九八年九月三日判決（ZIP 1999, 24 = NJW 1999, 740 = NZG 1999, 116）。
　これは、経営難の海運会社の社員が事業再建のために有限会社を新設し、旧会社から賃借した船舶により事業を営ませたが、結局新会社も破産したため旧会社時代からの従業員が社員に未払賃金を請求したという事案に関するものである。ＢＡＧは、過少資本は有限会社法六四条一項の倒産申立義務により規律されているとして実質的過少資本だけでは責任は発生しないと述べているほか、変態的事実上のコンツェルンによる責任も会社固有の利益が個別の侵害を超えて害されたという要件の立証がないとして否定している。

この事案について問題とする余地があるとすれば、成功可能性の低い会社の再建の試みにおける事業用資産のjudgment proofing的なスキームの利用と、再編過程における労働者の扱い（原告は旧会社時代からの従業員であり、移転の交渉などがあったと思われる）などが考えられよう。

このほか、倒産した会社の従業員に倒産補償金を支払った連邦機関による社員への請求に関するＢＡＧ第五部一九九九年二月一〇日判決（ZIP 1999, 878）は、過少資本のみによる責任を、概念・要件の不明確性と立法者が適切な資本の具備を規定していないことを理由に否定している。認定されている事実からは、特に問題となる事情も見出しがたい。

（1020）　Nirmal Robert Banerjea, Haftungsfragen in Fällen materieller Unterkapitalisierung und im qualifizierten faktischen Konzern, ZIP 1999, 1153ff.

（1021）　有限会社法六四条に違反して倒産申立てが遅延された場合、倒産申立義務発生後に会社に対する債権を取得した新債権者は倒産遅延がなければ会社と契約することもなかったとして債権全額についての賠償請求をすることができるが、倒産申立義務発生前から会社に対する債権を有していた旧債権者は倒産遅延により配当が減少した分についての賠償請求しか認められないと解されている（Lutter/Kleindiek in LUTTER/HOMMELHOFF, GMBHG, 16 Aufl., §64 Rdn.47ff.）。

（1022）　Banerjea, a.a.O. Fn.1020, 1154f., 1157.

（1023）　Banerjea, a.a.O. Fn.1020, 1157f.

第七款　小　括

以上が、一九七〇年代から八〇年代にかけてドイツの通説としての地位を占めていた[1024]規範目的論の検討である。

まず指摘できるのは、「規範目的論」と称される一群の学説は、過少資本という問題については、決して一枚岩の存在ではなかったということである。これらの見解は、社員の主観的要素を責任の要件とせず、何らかの形で資本制度に言及するという点が共通しているにすぎないのである。資本制度への関連づけ方を見てみても、資産の流出と拠出の懈怠の類似性に依拠する者（Kuhn, Rehbinder）、抽象的な資本制度の役割確保を重視する者（Wiedemann, Immenga）、最低資本金制度から適切なクッションの確保という要請を導く者（Lutter）など、様々な理論構成が混在していた。また、特筆すべきであるのは、judgment proofing 的構造による不法行為発生の危険性がある事業の実施（Kuhn, Wiedemann, Immenga）や投機的な事業の実施（Ulmer）という本稿の観点と一致する問題点も認識されていたように思われるが、これらの論者自身がその相違にもかかわらず互いに「規範目的論」という同旨の見解として引用し合っていたため、これらの具体的問題状況の指摘は注目されてこなかったということである。[1026] また、債務超過による破産を防止するクッションの確保（Lutter）という問題意識も、破産防止という目的から離れて、クッションという比喩のみが受け継がれているように思われた。

しかし、本稿の観点からは、これらの具体的問題状況の指摘こそが重要である。そのため、「規範目的論」を、Immenga までの初期の論者、Ulmer, Lutter の三種類の見解に区分しておくことが有益であろう。なお、規範目的論に賛成する論者としては他に Stimpel, Raiser, Kübler などが存在するが、[1027] これらは前款までで取り上げた諸見解に依拠しているにすぎず、独自の問題意識を示してはいない。

Müller-Freienfels に始まる規範目的論は、そもそも法人格の濫用という大まかな基準で問題を処理しようとする Serick の主観的濫用論に反対する立場から唱えられたものであり、事案の具体的な問題点を考察しようとするものであった。この理論は、法人格否認の法理に関する一般理論としては揺ぎない説得力を持っており、会社債権者の保護以外の問題の分析には非常に有用であった（Rehbinder、江頭）。しかし、考察の基準として現行法上の規範への依拠を重視したために（たとえばRehbinder）、過少資本状況における会社債権者保護の問題については、本来過少資本とは異なる問題状況を対象とする資本制度に引きずられた感がある[1028]（Lutter、江頭）[1029]。そのため、主観的濫用論よりも精緻な理論構成を提供した規範目的論も、具体的問題状況から目をそらした結果[1030]、議論を逆に抽象化してしまったともいえる[1031]。規範目的論が、ＢＧＨの会社法担当部の首席裁判官の賛同を得ながらも[1032]、結局判例に受け入れられず勢力を弱めていった一因は、このような点にあるのかもしれない。

(1024) WIEDEMANN, a.a.O. Fn.890, s.566, 571 によると、一九八〇年の時点で、適切な資本具備の原則が定着（durchsetzen）し始めており、その中でも保証資本制度の意義と目的を根拠とするのが優勢であるという評価がなされている。

(1025) なお、資産代替的な問題点に言及している Ulmer は、資本制度に依拠する度合いが他の規範目的論者よりも低い。他方で、不法行為に対する judgment proofing を問題にしていた Wiedemann や Immenga は、資本制度の機能の維持を主張する。この違いの原因は定かではないが、本稿の視点からは、会社財産の十分さという問題の立て方をすることが容易な不法行為の問題に比べて、資産代替については財産の量よりも事業内容のギャンブル性・投機性に目を向けやすいという説明も考えられるところである。

(1026) Wiedemann などが不法行為債権者の保護を問題としていたことは認識されていないわけではないが、債務者選択の可能性の存否という次元で論じられているにすぎず、judgment proofing 的な構造は問題とされていない（Vgl. Kahler, a.a.O. Fn.1012, s.1434）。

(1027) Walter Stimpel, "Durchgriffshaftung" bei der GmbH: Tatbestände, Verlustausgleich, Ausfallhaftung, FS FÜR REINHARD GOERDELER, s.601, 607ff.（1987）, Raiser, a.a.O. Fn. 990, ZGR 1995, 165, KÜBLER, a.a.O. Fn.990, s.297. Stimpel と Raiser は、それぞれ会社の損失を吸収する「財務的クッション（Finanzpolster）」、取引相手のための

「責任のクッション（Haftungspolster）」を問題としている。StimpelはLutterを引用しているが、Raiserは引用・説明をしておらず、Lutterの債務超過による破産防止機能を想定しているのかは不明である。また、Küblerは主観的要件の立証の困難さを指摘するのみで、規範目的の内容を具体的に述べてはいない（なお、第三版（一九九〇）までは、大規模な事業やリスクのある事業を最小限の資本投入により営むことによる債権者の負担での投機を問題とする表現が見られるが（s.250）、これは第四版（一九九四）以降削除されている。この変更の理由は不明である）。

（1028）もっとも、Lutterは、財産移転を規律する資本維持制度ではなく自己資本の額自体を規律する最低資本金制度の規範目的に依拠している点で、財産移転規制に依拠するKuhnや抽象的な資本制度に依拠するWiedemannに比べて、実質的問題点を探ろうとしていると評価できる。

（1029）江頭・法人格否認三六六頁は、「制度濫用論にみるとおり、特別な立法的処理のなされないかぎり、ドイツの過少資本規整を吸引していくものは、……資本維持規定」であると述べている。

（1030）規範目的論からの立法提案として有限会社法改正作業グループ（メンバーはGötz Hueck, Lutter, Hans-Joachim Mertens, Rehbinder, Ulmer, Wiedemann, Wolfgang Zöllnerである）によるものがあるが（Arbeitskreis GmbH-Reform, Thesen und Vorschläge zur GmbH-Reform Band 2, s.13ff.（1972））、そこでは、現行法上も資本充実・維持に関する規制と有限責任との間には機能的関係があるが、資本の額の決定が社員に委ねられているので不十分な結果しかないとし、適切な資本具備による社員のリスク出資を保証しなければならないという結論が述べられているのみであり（s.14f.）、過少資本において何が問題なのかについての説明はほぼ皆無である。

（1031）規範目的論を採用する根拠としても、Müller-Freienfelsの目的であったはずの事案の具体的問題に即した解決ではなく、立証の困難な主観的要件が不要であるという消極的論拠のみが挙げられることも多い（UlmerやKübler）。しかし主観的要件は客観的状況から証明することも不可能ではなく、立証の難易のみでは説得力に乏しいというべきであろう。

（1032）Stimpel, a.a.O. Fn.1027.

第四節　過少資本による責任を認めたとされる判決

もっとも、主に規範目的論者によって、会社の過少資本を理由として株主の責任を肯定した、もしくは理論上の余地を認めたとされる判決や、異なる理論構成を採ってはいるが結論として同様の結果を認めたとされる判決がいくつか存在する。本節では、これらの判決を検討しておこう。

第一款　連邦通常最高裁判所

まず、連邦通常最高裁判所（以下、ＢＧＨとする）の判決から検討しよう。一九七〇年の Siedlerverein 判決については すでに紹介したので[1033]、ここでは以下の二つの判決を取り上げる。

一　ＢＧＨ民事第二部一九七八年一一月三〇日判決

ＢＧＢ八二六条に依拠しているため理論的には過少資本による責任とは異なるが、具体的な事案における結論としては大きく異ならないものとして Lutter によって引用されているのが[1034]、ＢＧＨ民事第二部一九七八年一一月三〇日判決（いわゆる Architekten 判決）である[1035]。

被告およびＨは、基本資本二万マルクの有限会社を設立し、この有限会社を無限責任社員、自分たちを有限責任社員

（五〇〇〇マルクずつを出資）とするH合資会社を設立し、業務執行社員となった（被告は一九七三年に引退している）。一九七〇―七一年に、被告らはH社と、H社が被告の所有地上に四一戸の即時入居可能な区分所有住宅を自己の費用で建設するという契約を締結した。その対価は金利・材料費等の上昇による変更の余地を排除した二〇五万マルクの固定価格とされ、建設後に支払われるものとされている。また、建設された住宅販売もH社が代行するが、二〇五万マルクを超える販売利益はすべて被告らが取得するものとされている。当時、建設業界は好況期にあり、価格高騰の結果、建設費用は最終的に二八〇万マルクとなった。原告は、この建設計画に関して建築家としての作業を行ったものである。一九七五年にH社は解散した。

BGHは、被告らとH社との契約内容が会社に一方的に不利なものであること、会社に利益が蓄積される可能性がなく、債権者への弁済原資は建設対価の二〇五万マルクのみであること、建設費用の上昇によりこれでは不十分となることが予想されていたと思われることを指摘して、原告の報酬残額についてBGB八二六条に基づいて被告の責任を肯定した。[1036]

この事案においては、Lutterが問題とするような早すぎる破産による価値の喪失が起きているわけではない。ここでの問題の中心は、会社製品の不当な廉価購入による会社の搾取にあるというべきであろう。[1037]

二　BGH民事第二部一九九三年一二月一三日判決[1038]

次に過少資本による責任を理論上肯定したとされるのが、BGH民事第二部一九九三年一二月一三日判決（いわゆるEDV-Peripherie判決）である。[1039]

資本金五万マルクの有限会社に従来から商品を納入していた原告が、未払代金について買主である有限会社以外にも複数の会社の社員・業務執行者であった単独社員を提訴した。会社破綻の原因は認定事実欄からは明らかではないが、被告の主張からうかがうに、有限会社において非常にコストのかかる新製品の開発作業が行われていたが利益に結びつかなかったことが問題となった事案のようである。(1040)

ＢＧＨは、変態的事実上のコンツェルンを理由として被告の責任を肯定した控訴審判決に対して、自ら事業を営んでいるのではなく他の会社の支配社員である自然人もコンツェルン法的意義における「企業」でありうるが、その者が継続的・包括的に会社を経営しており、会社に生じた損失がコンツェルンの利益のための権限行使によるものではないとの証明がなされないことのみで責任が基礎づけられるわけではなく、原告が会社の利益がコンツェルンの利益のために個別補償可能な個々の侵害行為を超えて害されたといえることの主張立証責任を負うとする。そして、被告が、成功した場合にはその他の支配下の会社の利益となるようなチャンスのために会社を利用したとの認定を引き出すことはできないとして、当事者に控訴審判決後に出されたＴＢＢ判決（BGHZ 122, 123）に従った主張立証の機会を与えるために差戻しを命じた。

判決文から明らかなように、この判決は基本的に変態的事実上のコンツェルンによる責任についてのものであり、過少資本による責任に関するものではない。(1041) にもかかわらず、この判決が過少資本による責任を認めたものと評価されるのは、差戻しを命じた後に、「被告が、責任財産の限定された彼によって支配されている有限会社を、その遂行が債権者の負担における投機であると思われるリスクを初めから負ったプロジェクトのために濫用したか否かを判断できるのは、その後のことである（OLG Hamburg, BB 1973, 1231 も参照）」という一文が加えられているからである。

もっとも、この EDV-Peripherie 判決を過少資本による責任を理論上認めたものと評価する見解が、Ulmer のように社員によるハイリスク・ハイリターンな事業の選択という問題意識を持っているとは限らない。Raiser と Banerjea は従来過少資本による責任を肯定したものと評価されてきた OLG Hamburg 判決[1042]が引用されていることのみを理由とするようであり、また Rehbinder は OLG Hamburg 判決には言及せずに前記の一節を引用しているが、いずれも、なぜ「債権者の負担における投機」による責任が過少資本による責任と結びつくのかという点を明らかにはしていないのである[1043]。

（1033）前注901—903とそれに対応する本文を参照。

（1034）Lutter, a.a.O. Fn.996, ZGR 1982, 250 Fn.17. ただし、ZGR 1982, 252 では、過少資本も財産混同もない場合であっても制度濫用があれば責任を肯定しうると述べるに際して紹介されている。THOMAS RAISER/RÜDIGER VEIL, RECHT DER KAPITALGESELLSCHAFTEN, 4.Aufl., s.460 Fn.68（2006）も参照。

（1035）NJW 1979, 2104 = BB 1979, 339 = WM 1979, 229.

（1036）NJW 1979, 2105. ＢＧＢ八二六条により責任が肯定できるため、過少資本による責任についての一般論および当該事案に際しての検討を論じる必要はないとしている（NJW 1979, 2104）。

（1037）これは、アメリカの Henderson et al. v. Rounds & Porter Lumber Company, 99 F. Supp. 376（W. D. Ark. 1951）と類似しているといえよう（詳しくは、前注502を参照）。また、原告の給付からの利益を社員が実質的に享受していることに着目すると、Segan Construction Corporation v. Nor-West Builders, Inc., et al., 274 F. Supp. 691（D. Conn.

1967)（詳しくは、前注659、663―666とそれに対応する本文を参照）や Zaist v. Olson, 154 Conn. 563, 227 A. 2d. 552 (1967)（詳しくは、前注665を参照）とも類似しているといえよう。第二章第六節第二款二(2)において、これらの事案については、債権者には債権者代位制度を活用する、もしくは会社の株主に対する債権に執行するという手段もあることを指摘したが（ドイツ法には債権者代位権は存在しない（平井宜雄『債権総論（第二版）』二五七頁（弘文堂、一九九四年））、本文の事案のように会社の社員に対する債権が不当に低額に抑えられている場合には、この債権の代位行使・執行だけでは不十分であることも考えられる。この場合には他の救済が必要になろう。

(1038) Raiser, a.a.O. Fn.990, ZGR 1995, 162, Rehbinder, a.a.O. Fn.938, s.502, Banerjea, a.a.O. Fn.1020, ZIP 1999, 1161.

(1039) NJW 1994, 446 = ZIP 1994, 207.

(1040) NJW 1994, 447. 被告は、さらに開発失敗の理由として、共同開発者による成果の濫用を挙げている。

(1041) Karlheinz Boujong, Das Trennungsprinzip des §13 Abs. 2 GmbHG und seine Grenzen in der neueren Judikatur des Bundesgerichtshofes, FS für Walter Odersky, s.739, 745 Fn.40 (1996), Holger Altmeppen in Roth/Altmeppen, GmbHG, 5.Aufl., §13 Rdn.117 (2005), Eckhold, a.a.O. Fn.795, s.297も、これによってＢＧＨが過少資本による責任を認めたといえるかは不確実であるとする。

(1042) 後注1057―1060とそれに対応する本文を参照。

(1043) これらの論者がUlmer の問題意識の影響を大きく受けた形跡も見られない。

第二款　連邦社会裁判所

次に、過少資本による責任を一般的に認める傾向にあるとされる[1044]連邦社会裁判所（以下、ＢＳＧとする）の判決を検討しよう。

一　ＢＳＧ第一部一九六三年三月二六日判決

有限会社の債務についての社員の責任に関するＢＳＧの最初の判決は、ＢＳＧ第一部一九六三年三月二六日判決である。(1045)

解散した有限会社の単独社員兼業務執行者であった原告は、労働者保険から年金を受け取っていたが、月々の支払の一部を会社の社会保険料債務と相殺するという連邦保険庁の決定が下されたため、この取消しを求めて出訴した。ＢＳＧは、会社債務についての社員の責任という問題について社会裁判所にも管轄権があることを確認したうえで、法人格の異別性への依拠が権利濫用となる場合には法人格否認が認められるが、会社に対する支配だけでは不十分であり主観的要素の存在が必要であるとして、法人格否認を否定している。しかし、会社が当該債務の発生以前に生存能力を失っていたことを単独社員もしくは業務執行者として認識していたにもかかわらず、事業活動と保険料支払義務を生じさせる雇用関係を終了させなかった場合には、責任が生じる余地を認めている。

これは、経営が悪化した状態での事業の継続により新しく債権者となってしまった者の保護を問題とするものである。

二　ＢＳＧ第七部一九八三年一二月七日判決

規範目的論に依拠して設立時からの過少資本による透視責任の肯定に一歩を踏み出したとされるのが、(1046)ＢＳＧ第七部一九八三年一二月七日判決である。(1047)有名な判決であるので、やや詳しく紹介しておこう。

原告は一九七四年八月に妻とM合資会社を設立し、無限責任社員となったが、数カ月後、同じく夫妻で設立したB有限会社が原告の代わりにM社の無限責任社員となった。B社の基本資本は二万マルクとされたが、払い込まれているのは五〇〇〇マルクのみである。また、原告夫妻は一九七五年にさらに基本資本一〇万マルクのI有限会社を設立したが、払い込まれているのは二万五〇〇〇マルクのみである。これらの会社は、原告が銀行からの借入れによって約四〇万マルクで購入した土地を月五〇〇〇マルクで原告から賃借しており、機械類も原告が個人的に所有しているものを利用している。

一九七六年三月に、原告はM社の無限責任社員である有限会社の社員として、M社のために作業所新設のための補助金交付を申請し、公共職業安定所は一九七六年末から一九七七年二月初頭にかけて、一九七七年三月末までに申請の基礎にあった七五万マルクの投資がなされたことを証明することを条件に一二万マルクの補助金を貸付金として交付した。この貸付金は、原告への賃料支払に充てられた。

M社は一九七六年の中ごろには約五〇万マルクの債務を抱えて事実上支払不能となっており、一九七七年二月二三日に原告がM社とB社についての破産手続の開始を申し立てたが、これは資産不足により棄却された。同社の事業はI社によって継続されていたが、同年七月にI社についても破産手続開始が申し立てられ、同様に棄却されている。その後は、同年二月一一日に原告の妻が古参従業員と基本資本二万マルクのG有限会社を設立し、原告が従業員となって従前の事業を継続している。M社とB社についての破産申立てとその棄却を認識した政府は、三月一六日に交付決定を取り消してM社に貸付金の返還を請求したが、執行が失敗に終わったため、原告個人に請求した。

原審は、基本資本が二万マルクであるB社はM社が予定している活動に比べて当初から重度の過少資本であったと判断して社員の責任を肯定した。

ＢＳＧも、Ulmer の見解などを引用して、予定されているもしくは現実の事業活動の種類と規模から生じる資金需要と自己資本との間に適切な関係が成り立っていることが必要であると述べている(1048)。もっとも、過少資本のみで社員の責任が認められるかという問題については、以下の追加的事情があるため検討する必要がないとする(1049)。まず、事業用資産を社員の所有とすることで会社債務から隔離し、事業を担当する有限会社を次々と設立する「有限会社リレー（GmbH-Stafette）」によって、会社債権者にのみ事業のリスクを負わせることは、法人格否認を基礎づけるとする。さらに、会社が倒産直前の段階にあったにもかかわらず補助金を申請・受領したことについて、目的の限定された給付をその目的が達成しえないにもかかわらず要求・受領することは信義則に反しており、会社はこの時点での財務状況を開示する義務を負っており、その懈怠も法人格の濫用に当たるとしている。

以上からは、この事案の主要な問題は、事業用資産の judgment proofing と財務状態を秘匿しての倒産直前の補助金申請の二点、特に後者にあるというべきであろう(1050)。

三　ＢＳＧ第十部一九九四年九月二七日判決

また、ＢＳＧ第十部一九九四年九月二七日判決(1051)は、次のような事案に関するものである。

原告は、建設業を営んでいる破産したＲ有限合資会社の無限責任社員である有限会社の単独社員・業務執行者であると同時にＲ有限合資会社の有限責任社員（出資額は一五万マルク）であり、工務店として合資会社と協力しているＲ合名会社の社員でもある。被告連邦機関が、決定により、R有限合資会社の労働者のために支払った破産損害保険金についての義務保険料の支払を原告個人に要求したところ、原告がこの決定を争って提訴した。

原審は、R合名会社に対する不利な内容の債務負担や資産不足による破産申立ての棄却からR有限合資会社の危機を認定し、原告は事業活動や保険料支払義務を生じさせる雇用関係を一九七七年一二月以降の保険料債務が生じる前に終了させる義務を負っていたとして、透視責任による原告の責任を肯定した。

これに対し、BSGは、透視責任の重要な類型である財産混同や過少資本は本件では認定されていないということを確認したうえで、原告は会社の危機と支払不能のおそれを考慮してさらなる義務保険料の発生を防ぐために事業活動と雇用関係を停止しなければならないという原審の主張は法形式の濫用という一般的定式による透視責任の根拠としては不十分であるとして、破棄差戻しを命じた。なお、一九六三年判決との区別としては、会社の危機と支払不能のおそれという原審の認定事実からは、会社にもはや生存能力がなく、原告がこれを認識していたということはできないと述べている。

確かに判決は実質的過少資本を「重要な類型」としているが、どのような場合がこの類型に当たるかということについての具体的な検討はほとんどなされていない[1052]。先に紹介した一九六三年判決、一九八三年判決と合わせて検討すると、BSGの一連の判決において問題となってきたのは経営悪化状態にある会社に対して新たに債権を取得するに至った債権者（すなわち連邦政府）の保護であり、この判決の中心的意義は、姉妹会社との不利な取引や破産時に財産が存在していなかったという事後的事情のみから事業活動を停止して追加債務の発生を防止する義務を導いてはならないとした点にあるというべきであろう。

(1044)　ECKHOLD, a.a.O. Fn.795, s.252, 261.

(1045)　BSGE 19, 18. この判決を引用するものとしては、HACHENBURG/ULMER, GMBHG, Anhang nach §30, Rdn.48 などがあるが、次の一九八三年判決に比べると多くはない。

(1046)　Rehbinder, a.a.O. Fn.938, s.501f. ほかに、HACHENBURG/ULMER, GMBHG, Anhang nach §30, Rdn.48, Lutter/Hommelhoff, in LUTTER/HOMMLHOFF, GMBHG, 16.Aufl., §13 Rdn.11 Fn.1, ECKHOLD, a.a.O. Fn.795, s.256f. なども参照。

(1047)　BSGE 56, 76＝NJW 1984, 2117＝ZIP 1984, 1217＝GmbHR 1985, 294.

(1048)　BSGE 56, 83.

(1049)　BSGE 56, 84f.

(1050)　Altmeppen in ROTH/ALTMEPPEN, GMBHG, 5.Aufl., §13 Rn.117. これに対し、Rehbinder, a.a.O. Fn.938, s.502 は、「有限会社リレー」の点にのみ着目しているが、これでは不十分であるといえよう。

　なお、同様に、補助金の交付申請に際して経営状態の悪化を秘匿し、さらに銀行から与信を受けられるかのような外観を装い、また補助金を目的どおりに利用しなかったことが問題であった事案として、OVG Lüneburg 一九九六年二月二二日判決（MDR 1996, 1024）がある。また、アメリカの United States of America v. Jon-T Chemicals, Inc. et al., 768 F. 2d. 686（5th Cir. 1985）も類似の事案であるといえよう（詳しくは、前掲（注651—652）とそれに対応する本文を参照）。

(1051)　BSGE 75, 82＝ZIP 1994, 1944.

(1052)　有限会社が負担すべき法律上の損害保険料の社員への請求が問題となったＢＳＧ第二部一九九六年二月一日判決（ZIP 1996, 1134＝GmbHR 1996, 604）は、一九九四年判決に依拠したうえで、有限会社の基本資本が一〇万マルクであること、社員が構成する組合からの事業用資産の賃借により設備投資等が不要であったこと、債務は在庫の取得に応じて負担されていたことなどを指摘して過少資本ではなかったと認定している。この事案では、事業用資産の

judgment proofingが行われており、さらに法律に基づいて発生する一種の非任意債権が問題となっているのであるが、この判決の枠組みではこれらの問題点をまったく捉えられていないといえよう。

第三款　下級裁判所

また、下級審判決にも過少資本による責任を肯定したものと評されるものがいくつか存在する。

一　LAG Bayern 一九七〇年五月八日判決

まずLAG Bayern 一九七〇年五月八日判決[1053]から検討しよう。

被告が単独社員であるS有限会社が経営する劇場に出演した原告は、被告個人に対して報酬の支払を求め提訴した。LAG Bayernは、会社が自力ではもはや存続できず、その後の事業活動による債務を弁済できないことが株主に認識可能であるにもかかわらず事業活動を継続させることは信義則に違反するというBGH判決[1054]を引用し、被告は経営状況の悪化を現に認識していたとしてその責任を肯定した。また、被告は会社債務について個人責任を負うと表明していたことや、破産直前に会社財産の譲渡等により自らの会社に対する貸付金を回収していたことも指摘されている[1055]。

この判決が指摘する経営悪化時の事業継続、社員による保証の表示、偏頗弁済的な投資回収という三つの問題のうち、どれが決め手となったのかは定かではないが、いずれにせよ自己資本の水準の低さを問題としたものと見ることは妥当ではない。たとえば Raiser は、この判決をその内容を特に紹介することなく過少資本による責任を認めたものとして引用しているが、[1056]疑問である。

二　OLG Hamburg 一九七三年二月一五日判決

次に、EDV-Peripherie 判決が引用していた OLG Hamburg 一九七三年二月一五日判決を検討しよう。[1057]

被告らが写真雑誌出版のために基本資本五万マルクの有限会社を設立し、七〇万マルクの資金を貸付形式により提供したが、雑誌は成功せずに会社は破産した。このため、会社に対する原稿料債権を有していた原告が、七五万マルクという資本具備は少なすぎ、また貸し付けられた七〇万マルクは破産直前に被告らによって引き出されたとして、被告個人に支払を請求した。

OLG Hamburg は、過少資本による責任という構成に関して、まず、経済生活に内在する通常甘受されるリスクを考慮して、利用できる資金では達成できないことが初めから明白な経済的事業に有限会社が着手する場合には誠実な取引を保護する必要性があるとして、過少資本による責任透視は一般的には可能であるとする。もっとも、雑誌の開始時には基本資本・貸付金の七五万マルクのほか販売収益等が三五万マルク利用でき、これは三号分の発行に十分であったことを認定し、新しい雑誌の発展の見込みを財務的観点から査定する場合には通常の発展の場合には継続的な発行による収入があるということを見落としてはならず、資本は創刊時に予想される損失をカバーするものであれば足りるとして、本件における過少資本の存在を否定している。そして、新雑誌の創刊は誰もが知っているようにかなりのリスクを伴うものであり、細心の注意を払ったとしてもこれを事前に確実に査定しえないため、極端な失敗の場合にも債権者が損失を受けないような資本具備を要求することは不当であるとし、明らかに高い事業リスクを負っている有限会社と取引する者はそのリスクの一部を負わねばならないとしている。

この判決は過少資本による責任の成否を検討しているが、この判決で検討されている、事業が軌道に乗るまでの間の資金の確保の有無を、従来の学説、特に初期の規範目的論が問題としていたわけではなく[1058]、この判決を規範目的論に賛同したものと位置づけることには疑問がある。この判決が究極的に問題としているのは、失敗に終わる危険性が高い事業の実施であると思われる[1059]。EDV-Peripherie 判決が、債権者の負担における投機という問題に関連してこの OLG Hamburg 判決に言及しているのも、このゆえであろう。

そして、このような観点からは、本判決が原告の請求を棄却した理由の中心も、過少資本の不存在ではなく、本件で問題となった新雑誌創刊という事業のリスクの高さは一般的に認識可能であるとの指摘にあると見るべきであろう。これは、ハイリスクな事業を行う会社と取引する債権者の自衛を要求するものである。判決は、「利用できる資金では達成できないことが初めから明白な経済的事業に着手する場合」の「誠実な取引」の保護の必要性を一般論として肯定しているが、これも債権者の自衛の可能性という観点から検討するのが、判決の真意に適うのではないだろうか[1060]。

三　OLG Karlsruhe 一九七七年五月一三日判決

また、Lutter が自分の見解に応じるものであると評価しているのが[1061]、OLG Karlsruhe 一九七七年五月一三日判決[1062]である。これは、次のような事案に関するものである。

従来からD有限会社の社員・業務執行者として石油取引業を営んでいた被告は、新たにG有限会社を設立し、従来からの顧客であるS社との取引をG社によって行うようになった。G社は資産をほとんど有しておらず、D社の事務所と事務員を利用して事業を行っている。G社はS社宛に手形を振り出し、原告銀行がこれを割り引いた。原告の主張によると、これは商品売買等に基づかない融通手形である。その後、S社が倒産したため、原告はG社に対する判決を取得し、被告個人に対して提訴した。

OLG Karlsruhe は、まずG社は設立時から債務超過であり、被告が破産申立義務に違反して事業を継続させたということを指摘する。また、被告は、S社の経営状態が思わしくなく、S社に対する融通手形による信用供与はリスクが高いということを認識していたためにS社との取引を資産のないG社に移転したものであり、G社が融通手形を振り出した場合の債権者にとってのリスクを容認したとして、BGB八二六条に基づいて被告の損害賠償責任を肯定した。また、この事情は法人格の濫用による透視責任をも基礎づけるとしている。

この判決は、資力のない会社に対する債権を取得してしまった債権者の保護を問題とするものということができる。そして、融通手形として第三者に割り引かれることを認識したうえで、あえて資力のない会社に振り出させることにより、D社や自己の資産を確保しようとしたことが特に非難の対象となっているものと思われる(1063)。G社に資産がなかったという点にのみ着目するのでは、この事案の問題点を適切に捉えることはできないと思われる。

(1053) GmbHR 1972, 31.

(1054) BGH BB 1958, 169である（前掲（注857）参照）。
(1055) GmbHR 1972, 32.
(1056) Raiser, a.a.O. Fn.990, ZGR 1995, 164 Fn.36.
(1057) BB 1973, 1231. 上告審はＢＧＨ民事第一部一九七六年一一月三日（WM 1977, 73）である。
(1058) 開業時に十分な資金が存在すれば債務超過に陥ることはないと考えると、この判決が債務超過防止のためのクッションを要求するLutterの見解に影響を与えた可能性も存在するが、そのような明白な引用関係はない。
(1059) 原告の主張からは、倒産直前の社員貸付の偏頗弁済という問題も存在した可能性がうかがわれるが、この点は裁判所に取り上げられていない。
(1060) あくまで推測であるが、たとえば判決では雑誌三号分の発行費用はあったことが認定されているが、仮に一号分の費用にも満たない資金しかなかった場合であっても、原告がこの状態を了知のうえで会社と取引したのであれば、不誠実な取引であるとはみなされないのではないかと思われる。逆に、ある程度の継続発行を可能にする資金がないにもかかわらず、継続発行が可能であるように装って原稿を依頼したのであれば、不誠実な取引ということになり、原告は保護されるであろう。
(1061) Lutter & Hommelhoff, a.a.O. Fn.990, ZGR 1979, 60.
(1062) BB 1978, 1332 = WM 1978, 962. 本文の記述は、より詳細な後者によるものである。
(1063) なお、判決の結論については、手形割引の際に振出人の信用力を調査しなかった銀行をどこまで保護する必要があるのかという疑問もある。

第四款　小　括

以上で、簡単ではあるが、学説によって、過少資本による責任を結論として、もしくは理論上肯定したと評価されている判決の検討を終える。ここからは、これらの事案もしくは判示においては自己資本の水準の低さ以外の具体的な状況が問題となっており、これらを単に「過少資本」として抽象的に捉えることには疑問があるということが指摘できよう。

まず、商品の廉価購入による子会社の搾取（Architekten 判決）や補助金申請時の経営状態悪化の不開示（ＢＳＧ一九八三年判決）、社員による会社債務保証の表示と倒産直前の詐害的な会社財産の移転（LAG Bayern 判決）など、当該事案における問題点が明確であり、特別の理論構成によらずとも社員の責任を基礎づけうると思われるものが存在する。また、経営悪化時の事業継続により法律上発生した債権者の保護（ＢＳＧ一九六三年判決、ＢＳＧ一九九四年判決）や、資産のない会社により振り出された融通手形を取得した第三者の保護（OLG Karlsruhe 判決）を問題とする判決も存在していた。これらについては、社員の責任を肯定して債権者を保護すべきか否かを検討する必要があるが、[1064]少なくとも過少資本による責任の成否として会社の基本資本・財産の少なさにのみ着目するのでは、問題点を捉えた適切な判断をすることは困難であろう。さらに、いずれも社員の責任の肯定に至ってはいないが、失敗に終わる危険性が高い事業の実施を問題とする余地を認める判決も存在していた（OLG Hamburg 判決、EDV-Peripherie 判決）。これも会社の資本の水準に着目するものではなく、また債権者の自衛可能性についての検討が必要であることも示唆されていた。

これらの判決を過少資本による責任を肯定したものとして引用する学説[1065]は、このような具体的問題点に意を払うことなく、会社の基本資本・財産の少なさや一般論としての過少資本による責任への言及に着目してそのような評価を行っているものと思われる。このような扱いもドイツの法律学における判例の位置づけからはやむをえないのかもしれないが、過少資本による責任に関しては、紛争類型の適切な把握を困難にしているとの評価が避けられない。(1066)

(1064)　前者については、ＢＳＧ一九八三年判決の事案と異なり、申請などの行為が介在することなく債務が発生するため、経営状態悪化の開示・不開示が問題となりえず、契約締結上の過失などの契約法理論による基礎づけが困難である。他方、後者については、銀行が手形を割り引く際には振出人の信用力を調査すべきではないかとの疑問が存在する。

(1065)　このような傾向は規範目的論に属する論者に強いという印象があるが、次節で検討する論者にも同じ傾向がないわけではない（たとえば、ECKHOLD, a.a.O. Fn.795, s.261 のＢＳＧの一連の判決についての評価を参照）。

(1066)　前注838も参照。

第五節　規範目的論への批判

ここまで見てきたように、何が問題であるのかが明確にされないまま過少資本による責任の是非が論じられている中で、近年では規範目的論に反対する見解が有力となってきている。[1067] 本節では、まず Benne の見解を取り上げた後で（第一款）、“Trennungslösung”[1068] としてまとめられている一連の見解に着目したい（第二款—第五款）。[1069]

第一款　Dietmar Benne

まず Benne は、過少資本による責任を資本制度から導く Kuhn 以降の規範目的論を批判したうえで、[1070] 自ら企業に投資する判断をした債権者は、社員による自己資本額の自由な決定に対して自衛するのが原則であるとする。[1071] もっとも、債権者は社員が企業というシステムの存続のために不可欠な行為を採ることを期待でき、この期待が自己資本額の恣意的な決定によって害された場合には例外が認められる。そして、この期待される行為が自発的になされうるものか、規範的に強制しなければならないものかを検討すべきであるとし、[1072] 自己資本額を一定としたうえでの社員の投資判断のあり方を、利益額とその獲得確率、損失額とその発生確率の関数として分析している。[1073]

たとえば、損失額が自己資本額をはるかに上回る場合、有限会社の社員は自身の損失を増やすことなく損失発生確率を高めることができる点で個人企業とは異なるようにも思われるが、投資が行われるためには損失発生確率の上昇に伴って成功した場合の利益も増加する必要があるところ、追加投資なしに失敗の可能性の増加のみによって利益額を増やすことは困難であるとして、損失発生確率が高められる可能性を否定する。[1074] さらに、利益が大きくても、少なくない損失が発生する確率が一定の高さを超えた場合には、社員は損失を回避しようとする。[1075] また、損失発生確率が高低の両極端ではない一定の値をとる場合、無限責任の個人企業形態では行われない投資が有限会社を利用した事業分割により行われることがあるが、[1076] 損失額の最大値は契約債権者や不法行為債権者を含むすべての投資家の請求権の額の合計により決まるので、損失額を増やすには追加的投資が必要となるところ、これが自己資本の出資であった場合には過少資本が除去され、外部からの借入れであった場合には債権者のコントロールにより適切なリスクが選択されるとする。[1077] 以上より、自己資本を一定とすると、有限会社は個人企業より高いリスクを選択するわけではないとして、過少資本による責任を不要とするのである。[1078]

以上の Benne の見解は、過少資本による責任の必要性を否定するものであるためか、引用されることは少ない。[1079] また、社員のリスク回避性や不法行為の被害を含む損失額の拡大には追加投資が必要であることなどを前提としているが、果たしてそのように言い切れるのかという点に疑問もある。しかし、事業失敗の確率が高い事業や不法行為を含めた損失額が大きい事業の実施を問題としており、資産代替や不法行為コストの外部化に関する社員のインセンティブという形で論じられているわけではないが、[1080] 社員による投資内容の選択を問題としている点で本稿第一章の視点と共通するものがあり、注目に値するといえよう。[1081]

(1067) この中には、過少資本状況の問題点を明確に指摘せず、方法論的・形式的な理由を中心とするものもある（たとえば、Cornelius Weitbrecht, Haftung der Gesellschafter bei materieller Unterkapitalisierung der GmbH, s.66ff.（1990））。

(1068) Eckhold, a.a.O. Fn.795, s.307. この命名は、会社を社員から分離（Trennung）された主体と捉えたうえで、それを社員による侵害行為から守ることにより社員の責任に関する問題を解決（Lösung）するという理論構成に由来するものと思われる。以下では、さしあたり「分離原則による解決論」と訳することにする。

(1069) この理論も、規範目的論と同様に様々な問題類型を包摂しうる一般的・抽象的なものである。たとえば、Ulrich Burgard, Die Förder- und Treupflicht des Alleingesellschafters einer GmbH, ZIP 2002, 827 は、隠れた利益配当や事業機会の搾取などの問題についても援用している。

(1070) Dietmar Benne, Haftungsdurchgriff bei der GmbH insbesondere im Fall der Unterkapitalisierung, s.64ff.（1978).

(1071) Benne, a.a.O. Fn.1070, s.86f.

(1072) Benne, a.a.O. Fn.1070, s.88ff.

(1073) Benne, a.a.O. Fn.1070, s.95ff., 104.

(1074) Benne, a.a.O. Fn.1070, s.107ff. ただし、純粋に投機的な活動は例外であることも認識されている（s.109)。

(1075) Benne, a.a.O. Fn.1070, s.110ff.

(1076) Benne, a.a.O. Fn.1070, s.124ff.

(1077) Benne, a.a.O. Fn.1070, s.127ff., 131ff.

(1078) Benne, a.a.O. Fn.1070, s.129.

(1079) たとえば、Hachenburg/Ulmer, GmbHG, Anhang nach §30 Rdn.35ff. による学説の概観においては、Benne の見解は取り上げられていない。

(1080) このほか、経営の悪化した企業の所有財産は原則として大口債権者の手中にあるため、無担保債権者にとって社員の無限責任はあまり意味がなく、基本資本の意義も債権者の責任財産の確保よりも企業家的決定への影響に見出されるべきであるとの指摘も参照（Benne, a.a.O. Fn.1070, s.71f.)。

(1081) なお、江頭・法人格否認三五八頁、三七三頁注28は、Benneの見解を過少資本の会社が生じることはないとするものとして引用しているが、Benneの主張としては、会社が過少資本であっても特に問題は生じないとするものであり、過少資本の会社の存在を争っているのではないと思われる。些細な点ではあるが、過少資本自体を問題視するのか、過少資本状態で行われることを問題視するのかという違いが、表現の差異として現れているように見受けられる。

第二款　Jan Wilhelm

以上のBenneの見解とは異なり、その後の主観的要素を手がかりとする一連の学説の基礎となったのが、わが国でもすでに機関責任論（Organhaftung）として紹介されているWilhelmの見解である。[1082][1083]

Wilhelmは、法人格の否定・相対化という手法を採る透視理論を判断基準がなく不確実性を招くものとして批判し、[1084][1085]法人を社員の道具ではなく独立の権利主体として真面目に扱い、法人と社員という二つの法主体間の具体的な法律関係を考慮することによる解決を主張し、[1086]法人は社員のものではなく、社員にとって「他人」であるとする。そして、この考え方は株式法・有限会社法の資産拘束規制に現れているが、[1087]事業の長期的基盤・債権者にとっての弁済原資という立法者が基本資産（Stammvermögen）に与えた意義を確保するためには、現行法の資産拘束規制では不十分であるとする。[1088]そこで、社員を他人の財産の管理者と位置づけ、[1089]「他人に関する権限行使には義務が伴う（jede fremdbezogene Machtausübung ist pflichtgebunden）」という一般的法原則から、[1090]社員は「自分の」法人を好き勝手に扱うことはできないという命題を導く。[1091]この結果として、法人の財産を恣意的に取り扱った場合[1092]には、社員は法人の機関構成員としての義務に違反したものとして、法人に対し責任を負うとするのである。[1093]

以上の一般的理論[1094]に基づいて、過少資本の問題についても、十分な資本を具備したかどうかが問題なのではなく、注意義務を負う社員が会社財産を注意深く扱ったかどうかが問題であるとしている。[1095]ここでは、どのような会社財産の取扱いが注意義務違反となるのかは明確には述べられていないが、別の箇所で、「社員が会社に十分な資本を供給しなかったことが問題なのではない。むしろ、社員は、会社に資産を維持しなかったからではなく、その資産からすると正当化しえないリスクに資産を晒したがために、責任を負うのである」と述べており[1096]、会社財産を用いて是認されえないような高いリスクを冒すことを少なくとも判断要素の一つとしているようである。[1097]

このように、Wilhelm の見解の特徴は、「過少資本」という領域について自己資本の水準に着目した問題の立て方を否定し、高度なリスクの選択という会社財産の取扱い方の問題[1098]へと解消した点にある。彼の議論は、透視理論に対抗する理論の提示を主眼としているため、抽象度の高いものとなっており、具体的にどのような状況を問題とするのかという点では、一部の規範目的論者よりも説明が不足していると評することもできよう。また、なぜ自己資本の水準という枠組みで論じられてきた問題を高度のリスクの選択という問題に解消できるのかということの説明もなされていない。しかし、このような不十分さはあるものの、本稿の観点からはエポックメーキングな見解であるといえよう。

(1082) 青木・前掲（注789）一一頁、清水・前掲（注789）八二―八四頁。

(1083) Eckhold, a.a.O. Fn.795, s.307.

(1084) Müller-Freienfels 以降の規範目的論も、法人の独立性をどの範囲で相対化できるかという思考形式を採る点でSerick らの主観的濫用論と大差ないとしている（Wilhelm, a.a.O. Fn.828, s.8)。

（1085）　WILHELM, a.a.O. Fn.828, s.11f, 14, 291ff.
（1086）　WILHELM, a.a.O. Fn.828, s.12f, 337.
（1087）　WILHELM, a.a.O. Fn.828, s.337f, derselbe, Die Vermögensbindung bei der Aktiengesellschaft und der GmbH und das Problem der Unterkapitalisierung, FS FÜR WERNER FLUME, Bd. II, s.337, 347, 391（1978）. 後者の論文では、さらに業務執行者でもある単独社員の背任罪による処罰可能性を認める刑事判例も手がかりとされている（s.345f., 389f.）。
（1088）　Wilhelm, a.a.O. Fn.1087, s.394ff.
（1089）　WILHELM, a.a.O. Fn.828, s.338.
（1090）　Wilhelm の指導教官である Flume の理論に基づく（WILHELM, a.a.O. Fn.828, s.337 Fn.195）この原則は、代理・法定代理・他人のための業務執行の場合などに当てはまるほか、事実上のコンツェルンにおける責任に関する株式法三一一・三一七条にも現れているとされる（s.349ff.）。
（1091）　WILHELM, a.a.O. Fn.828, s.20f.
（1092）　WILHELM, a.a.O. Fn.828, s.335.
（1093）　WILHELM, a.a.O. Fn.828, s.354.
（1094）　Wilhelm の一般的理論に対しては、これを社員に機関としての責任を負わせる法律構成として業務執行者の責任に関する有限会社法四三条を類推適用するものと位置づけたうえで、立法者は業務執行者の代わりに社員に責任を負わせることを予定しておらず、議決権を行使しているだけの社員に有限会社法四三条を拡張することは有限会社の組織構造に矛盾するとの批判がなされている（HACHENBURG/ULMER, GMBHG, Anhang nach §30, Rdn.39f.）。確かに、基本資本に相当する財産の払戻禁止（同三〇条）と自己持分取得の禁止（同三三条）違反による責任を除いて、社員の指示により行動した業務執行者の責任を排除する同四三条三項第三文などを考えると、社員の責任を同四三条で基礎づけるという Wilhelm の見解には、条文の解釈として難点があるともいえる（この点に対処するための法律構成として、株式法九三条五項第二文、第三文の類推適用が主張されている（Holger Altmeppen, Grundlegend Neues zum "qualifiziert faktischen" Konzern und zum Gläubigerschutz in der Einmann-GmbH, ZIP 2001, 1837, 1844ff.）。また、法人を考察の中心においているため不当であるという批判が規範目的論者からなされている（Lutter, a.a.O. Fn.996, ZGR 1982, 253; Drüke, a.a.O. Fn.990, s.44f.）。しかし、Rehbinder の私法的手段による解決の試みに賛同しているように（Wilhelm, a.a.O. Fn.828, s.11）、Wilhelm は Serick のような抽象的考察ではなく、事案に即した具体的な検討を行っているのである（Wilhelm, a.a.O. Fn.828, s.15ff. 291ff.）。法人格の重視を説くのは、法人理論から結論を演繹するためではなく、債権者の会社財産についての利益を適切に考慮するためなのである（Wilhelm, a.a.O. Fn.828, s.338）。確かに法人格を重視するという表現にはミスリーディングな面もあるが、こちらの批判は的をはずしているというほかない。

（1095）　Wilhelm, a.a.O. Fn.828, s.356f., derselbe, a.a.O. Fn.1087, s.396.

（1096）　Wilhelm, a.a.O. Fn.1087, s.396. なお、derselbe, a.a.O. Fn.828, s.367では、本文の要素のほかに、経営経済学と経営実務により認識されている財務原則を考慮していたかどうかということも判断要素とされている。後者を考慮することの問題点については、第四章第三節第一款三を参照。

（1097）　Wilhelm の指導教官である Flume は、有限責任を利用した債権者の負担における投機を禁止すべきものとして、過少資本による社員の責任は「有限会社の事業活動についての想定が初めから経済的に意味のある根拠を持っていなかった場合、有限会社が経済生活に内在するリスクと通常のものと受け取られるリスクとを考慮すると利用可能な財産では初めから明らかに成し遂げられえないような経済的計画に着手した場合」に認められるとする OLG Hamburg 判決（前掲（注1057））の一般論を正当としている（Werner Flume, Allgemeiner Teil des Bürgerlichen Rechts, Erster Band, Erster Teil, Die Personengesellschaft, s.205, 207 (1977)）。

これに対し、Wilhelm, a.a.O. Fn.828, s.326ff. は前記の一般論が本当に基準として機能しているのか疑問であるとしているが、これは単に投機というだけでは許される場合と許されない場合の区別が困難であるという趣旨であり、社員の投機的行為を問題とするという考え方自体に反対するものではないと思われる。

(1098) Wilhelmは、資産拘束規制についても会社財産の社員による恣意的な取扱いからの保護という観点で捉えているが、これは会社財産からの利得禁止という自明な問題と位置づけられており（Wilhelm, a.a.O. Fn.1087, s.394f.)、「過少資本」における高いリスクの選択とは区別されている。これは、単に財産移転と資本拠出の懈怠が類似するというKuhnの見解とは異なるものである。

第三款　Karsten Schmidt

もっとも、Wilhelmのような考え方が直ちに理解されたわけではない(1099)。

Wilhelmと並んで新しい学説の基礎を形成したとされるSchmidtは(1100)、Durchgriffによる解決を否定し、法人としての有限会社を固有の財産的利益を持つ権利・保護の主体として尊重しなければならないとする点でWilhelmの見解に依拠している(1101)。そして、過少資本についての社員の責任を、（資本制度との関連性によるものではなく）会社と債権者を害する社員の誤った行為についての過失責任として構成する(1102)。より具体的には、社員の決議による会社の解散が可能であるため（有限会社法六〇条一項二号）、会社の存続自体は保護されていないが、社員は会社の存在を脅かすことが認識できる損害を会社に加えてはならないとして、「会社を計画的な過少資本により事前に予想できた破産にさらす」ことによる責任を(1103)、倒産招来責任（Insolvenzverursachungshaftung）の一類型として肯定している(1104)。

この倒産招来責任は、有限会社法六四条一項の倒産申立義務違反による倒産遅延責任（Insolvenzverschleppungshaftung）の難点を克服するために導入されたものであり、[1105] Schmidtにおける過少資本による責任を会社救済・清算の判断の遅延による責任と理解することも考えられなくはない。[1106] しかし、Schmidtはこの二つの責任を区別しており、[1107] 過少資本を独立の責任事由と位置づけている。そして、過少資本により倒産が招来される仕組みについては特に説明することなく、「事業に必要な自己資産の明らかに不十分な具備は、会社にとって、そして反射的にその債権者にとって、存在にかかわる損害となる」と述べている。[1108] この損害についての責任を過失責任と構成する主な理由も過少資本という要件を事前に正確に判断することの困難さに求められているにすぎないことを考え合わせると、[1109] Schmidtは会社財産の取扱いではなく、あくまで自己資本の水準の低さを問題としているように思われる。[1110] Wilhelmの会社財産を運用する会社の機関の責任という構成と比べて、社員の会社に対する誠実義務の違反というSchmidtの法律構成からは、[1111] 独立した法主体としての会社の利益を考慮すべきだという抽象的な考え方につながりやすかったのかもしれない。[1112]

(1099)　Wilhelmに理論的支柱を提供したFlumeも、自己資本が事業のリスクを克服できない場合に事務管理者としての義務違反による対会社責任が認められるとしており（Werner Flume, Allgemeiner Teil des Bürgerlichen Rechts, Erster Band, Zweiter Teil, Die juristische Person, s.89（1983））、自己資本の水準を問題としているように思われる。Flumeは、社員による会社財産の取扱いではなく、社員による会社事業の指揮（die Leitung für die Gesellschaft）を問題としたため（s.89）、Wilhelmの見解の特殊性を対会社責任という点にのみ求めることとなり（s.83）、自己資本の水準が問題なのではないということを重視できなかったのであろう。過少資本について「債権者の負担における投機」を理由にBGB八二六条による対債権者責任を認めるFlumeにとっても（s.87）、自己資本の水準は関係ないとすることには抵抗があったのかもしれない。

(1100) Schmidtの見解もすでに日本に紹介され、一部の賛同を得ている（清水・前掲（注789）八四頁、九八―九九頁）。

(1101) SCHMIDT, a.a.O. Fn.990, s.225f., 1150 Fn.167, derselbe, Konkursverschleppungshaftung und Konkursverursachungshaftung, ZIP 1988, 1497, 1505.

(1102) Karsten Schmidt in SCHMIDT/UHLENBRUCK (HRSG.), DIE GMBH IN KRISE, SANIERUNG UND INSOLVENZ, 3.Aufl., Rz.56 (2003).

(1103) Schmidt, a.a.O. Fn.1101, ZIP 1988, 1506.

(1104) SCHMIDT, a.a.O. Fn.990, s.1150（なお、同書の内容は初版（1986）から大きく変わってはいないが、倒産招来責任（当時は破産招来責任：Konkursverursachungshaftung）という用語が登場するのは第二版（1991）からである）。この倒産招来責任は、隠れた利益配当や業務執行への影響力の行使などの行為により会社が倒産した場合にも認められる（Schmidt, a.a.O.1101, ZIP 1988, 1506）。また、会社の存立を破壊する侵害（existenzvernichtender Eingriff）による責任（本章第八節第一款三を参照）も、過少資本とは異なる倒産招来責任の一類型と位置づけられているようであるが（Vgl., SCHMIDT, a.a.O. Fn.990, s.243f., derselbe, a.a.O. Fn.1102, Rz.1945, 1947）、後注1108に対応する本文のような記述もある。

(1105) Schmidt, a.a.O. Fn.1101, ZIP 1988, 1504. 倒産遅延責任の難点としては、倒産遅延による配当の減少額の確定が困難であることと、個別の債権者への弁済となってしまうことが挙げられている。

(1106) Karsten Schmidt, Konzernhaftung oder mitgliedschaftliche Haftung des privaten GmbH-Gesellschafters? ZIP 1986, 146, 148f. では、明白な過少資本にもかかわらず事業活動を継続することが責任を生じさせる事情の一つとして挙げられている。

ECKHOLD, a.a.O. Fn.795, s.313は、この点を捉えて、Schmidtの見解を「社員が会社を救済するか解散・清算するかの判断を遅延させた場合」に実質的過少資本による賠償責任を認めるものと解するようである。

他方、Hans-Joachim Priester, Die eigene GmbH als fremder Dritter — Eigensphäre der Gesellschaft und

Verhaltenspflichten ihrer Gesellschafter, ZGR 1993, 512は、Schmidtの構成に同調しつつ（s.521f.）、「会社を破産させる（ruinieren）」という要件の具体化が必要であるとする（s.525）。そのうえで、過少資本については、自己資本が極端に不十分になった場合には事業を継続せず清算しなければならないとしており（s.526）、Schmidtよりも明確に過少資本による責任を倒産遅延責任に結びつけている。もっとも、会社を完全に不十分な資本で開始することをも問題としており、次に紹介するRothの見解に比べると徹底を欠いているといえよう。

(1107) SCHMIDT, a.a.O. Fn.990, s.243f., 526.

(1108) Schmidt, a.a.O. Fn.1102, Rz.1947.

(1109) SCHMIDT, a.a.O. Fn.990, s.243, 525, derselbe, Die Eigenkapitalausstattung der Unternehmen als rechtspolitisches Problem, JZ 1984, 771, 778, derselbe, Insolvenzrisiko und gesellschaftsrechtliche Haftung, JZ 1985, 301, 305.

(1110) Vgl. Schmidt, a.a.O. Fn.1102, s.940 Fn.4., ECKHOLD, a.a.O. Fn.795, s.414f. Schmidtは債権者の性質や事業の内容を問題としてもいないため、過少資本状態にすることによる倒産招来という問題意識を不法行為債権に対するjudgment proofingの規制と捉えることも困難であろう。

(1111) 会社と社員の間には社員の誠実義務（Treuepflicht）という特別の法的関係があり、この関係から生じる会社に対する保護義務に有責に違反した場合に積極的債権侵害としての社員の責任が生じるとする（Schmidt, a.a.O. Fn.1101, ZIP 1988, 1505）。

この理論構成に対しては、社員には会社解散権があるため、会社には社員の利益を超える独自の存続に関する利益はないという批判がなされている（DRÜKE, a.a.O. Fn.990, s.48ff.）。Schmidtのように会社の解散と会社の存在を脅かすような侵害とを区別できるかという問題はさておき、会社に社員の利益を超える利益を認めることができるかという問題提起は、実定法上の制度を超える会社債権者保護を認める必要があるかという根源的な問いにつながる重要なものである。しかし、規範目的論者のように別の理論によって結局会社債権者保護を認めるのであれば、この批判は形式的なものにすぎないといえる。

(1112) すでに何度か述べていることであるが、法律構成として機関責任と誠実義務のいずれが適切であるかということは本稿の関心ではないため、検討を省略する。本文のように具体的な問題状況の捉え方に影響する可能性もあるが、これが必然的なものでないことについては次款の Roth の議論を参照。

第四款　Günter H. Roth

Schmidt と同様に会社と社員の間の誠実義務という法律構成を採る論者として、Roth がいる(1113)。彼は、まず判例が名目的過少資本について採用していた市場における通常の条件での借入れ可能性の有無という信用能力(Kreditfähigkeit) 基準を実質的過少資本にも適用し(1114)、このように過少資本を市場の判断による会社の信用能力欠如という外生的な要因に還元すると、会社について責任を負う者の信用能力欠如に対する正当な反応が問題となるとする(1115)。この結果として、過少資本による責任は、構造責任 (Strukturhaftung) ではなく「過少資本状態になった後に命じられる措置の懈怠」による行為責任 (Verhaltenshaftung) と位置づけられ、義務を生じさせる状況の認識・認識可能性と義務に即した行動をとる可能性の存在が要件とされているのである(1116)。

問題なのは、この「過少資本状態になった後に命じられる措置」の内容である。Roth は、「これには、信用能力欠如を深めるような措置や会社を漫然と破産に追いやるような措置を採らずに、会社の救済かできるだけ有利な清算を試みることも含まれる」としている(1117)。これをさらに敷衍すると、まず「会社を漫然と破産に追いやるような措置」としては、奇跡的な回復を期待して救済も清算も行わないことや(1118)、見込みがないにもかかわらず再建を試み続けることなどが問題となる(1119)。他方、「信用能力欠如を深めるような措置」には様々なものが含まれうると思われるが、[1120] Roth が有限責任の会社においては社員や経営者によって過度に高いリスクが取られる可能性があることを認識していることを考えると、[1121] 会社再建を賭けてリスクの高い事業に打って出るような場合も想定されていると思われる。[1122] また、このような会社再建の試みに際して行われる追加的な債務負担によって既存の債権者が害される場合があるため、このような債務負担は成功が見込める救済プランがある場合か、追加債務の劣後が取り決められている場合にのみ認められるとしていることも注目に値しよう。[1123]

さらに、Roth は、会社の経営状態が悪化して債権者にとってのリスクが増加した場合には、債務者は、従来からの債権者と新しく取引関係に入った債権者の双方にその状況を開示しなければならないとしている。[1124] この開示義務は、事後的過少資本における法的状態という項目において前記の会社の救済・清算義務と並ぶものとして扱われており、明示的には述べられていないが、「過少資本状態になった後に命じられる措置」に含まれるものと考えられる。

以上のように、Roth は過少資本を会社の倒産直前の段階と捉え、[1125][1126] その際に問題となる様々な社員の行為についての責任を考えている。[1127] この結果、社員による会社財産の取扱い一般を問題とする Wilhelm や倒産という結果の招来を問題とする Schmidt に比べて、問題となる社員の義務の内容を明確に示しているといえよう。また、信用能力の欠如という基準も、前記の問題が生じる時期の定義として論じられていると見るべきであり、もはや自己資本の水準は問題とされていないというべきであろう。[1128]

(1113) Günter H. Roth, Unterkapitalisierung und persönliche Haftung, ZGR 1993, 170, 200, 202. なお、Roth は、自己資本の機能の一つとして損害賠償責任の発生等の事業損失を破産適状になることなく一定の高さまで受け止めるクッションとしての機能があるとしているが（s.178）、これはLutterとは異なり、記述的命題として述べられているにとどまり、その後の規範的検討には反映されていない（第一章第三節第一款一も参照）。

(1114) Roth, a.a.O. Fn.1113, ZGR 1993, 182f. その理由としては、名目的過少資本の場合には社員が貸付けを行ったため第三者からの借入れの可能性は仮定的判断でしかないのに対し、実質的過少資本の場合には実際の信用供与の許否という現実の事情に基づくことができるということが述べられている。

(1115) Roth, a.a.O. Fn.1113, ZGR 1993, 199.

(1116) Roth, a.a.O. Fn.1113, ZGR 1993, 199f. これに対し、構造責任は、規範的に決定可能な資本構造と事前に何らかの方法で定義可能な自己資本と他人資本の正当な関係という内生的な要素に依拠する客観的責任であるとされている（s.198f.）。

(1117) Roth, a.a.O. Fn.1113, ZGR 1993, 202. DERSELBE, HANDELS- UND GESELLSCHAFTSRECHT, 6.Aufl., s.243f.（2001）も参照。

(1118) Roth, a.a.O. Fn.1113, ZGR 1993, 193f.

(1119) Roth, a.a.O. Fn.1113, ZGR 1993, 195f.

(1120) たとえば、過少資本となった後の準備金の取崩しや自己資本補充的社員貸付の返済などが考えられる（Roth, a.a.O. Fn.1113, ZGR 1993, 190f.）。このような財産移転規制の発動をも過少資本というメルクマールの充足にかからしめることに問題はないが、本文に挙げたリスクの高い事業の選択とは異なる問題というべきである。Rothはこれらの問題を異なる項目において論じているため、この点を認識していたのではないかと思われる。

(1121) Roth, a.a.O. Fn.1113, ZGR 1993, 180f. は、決定権者がリスクを負担していない場合には機会主義的行動の危険が存在すると指摘し、ＭＢＯのように社員の運命が事業と一致している場合であっても危機時には高いリスクを取って清算を回避しようとするおそれがあるとする。

また、Günter H. Roth, Zur “economic analysis” der beschränkten Haftung, ZGR 1986, 371, 378 は、個人責任を負

う個人企業家においては意図的な不当経営や過度に高いリスクが取られることを排除する企業家自身・事業・債権者の間の利益の一致の存在があるが、資本会社においてはそのような利益の一致は所有者や経営者にとって自分の出資や職が危険に晒される限りでのみ存在するとしている。さらに、債務超過にもかかわらず事業活動を継続した場合の責任は、社員のリスク資本投入がゼロになった場合には社員が自己の利益を考えてリスクのブレーキをかけるという仕組みが機能しなくなるおそれがあるという考慮に基づくものだともしている（s.380）。もっとも、この一九八六年の論文の時点では、実質的過少資本の問題についてはあくまで自己資本の水準の不十分さを問題としており（s.379f.）、前記の社員によるリスクの選択の問題とは結びつけられていない可能性もある。

(1122)　Roth, a.a.O. Fn.1113, ZGR 1993, 191 では、事業政策のリスクを高めることが信用能力の欠如を深めることと等置されている（risikoerhöhende — und das heißt: die Kreditunfähigkeit weiter vertiefende — Geschäftspolitik）。

(1123)　Roth, a.a.O. Fn.1113, ZGR 1993, 192f., 194f.

(1124)　Roth, a.a.O. Fn.1113, ZGR 1993, 197f.

(1125)　Rothが、会社が信用能力ありと判断されるのは開業初期の助走期間に倒産しなかった場合であるため、設立時からの過少資本はいうに値するほどの債権者の損害を生じさせないとして、事後的過少資本の場合を重視しているのも（Roth, a.a.O. Fn.1113, ZGR 1993, 189）、過少資本を倒産直前の局面と捉えることの反映といえよう。

(1126)　分離原則による解決を主張するものではないが、Wolfgang Vonnemann, Haftung von GmbH-Gesellschaftern wegen materieller Unterkapitalisierung, GmbHR 1992, 77, 82f. は、実質的過少資本による責任の必要性が論じられてきた事案は、①債務超過の会社による事業継続と破産遅延、②隠れた利益配当、自己資本補充的社員貸付の規律により解決されるような事業分割、コンツェルン法的な支配的影響力の行使などによる債権者の負担におけるリスクの最小化、③弁済可能性がないことを秘しての契約締結による直接的な債権者加害であると整理し、機能しうる債務超過の定義がなされれば過少資本による責任は不要であるとしている。これも、過少資本を会社の倒産直前の段階と捉え、過少資本による責任をそこでの多様な問題状況への救済と位置づけるものであるといえよう。なお、

Vonnemann は、自己資本には損失が発生しても倒産手続開始事由である債務超過の発生を防ぐという機能があるとしているが（s.78）、これは Roth と同様に記述的命題にとどまるものと見るべきである（前注1113参照）。Vonnemann 自身は、すべての会社に一律に適用される最低資本金制度の存在と予測可能性と実効性の両方を実現する基準定立の困難さから、規範目的論により責任を基礎づけることには反対している（s.78f., 79ff.）。

(1127) これは、有限会社法六四条違反による倒産遅延責任的な考え方を倒産事由発生以前の段階に拡張するものといえよう。倒産申立義務違反による責任に関しては、本来であれば倒産を申し立てているべき会社と契約してしまった新債権者の保護と倒産申立ての遅延により配当額が低下させられてしまった旧債権者の保護を区別した議論が行われている（前注1021参照）。

(1128) Eckhold, a.a.O. Fn.795, s.316 は、Roth の見解の特徴を、支配社員のみならず全社員に議決権行使による責任を認める点（Roth, a.a.O. Fn.1113, ZGR 1993, 202ff.）に求めるようであるが、重視すべきは本文で指摘した点であろう。

第五款　会社の危機への対応

最近は、Roth のように社員による会社の危機への対応のあり方を問題とする見解が多くなってきている。(1129)

一　Holger Altmeppen

まず、Wilhelm の法律構成に従う Altmeppen は、(1130) 実質的過少資本における責任の根拠は、自己資本供給の懈怠ではなく債権者の利益を害する社員の行為・事業の経営にあるとする。(1131) そして、その具体的内容として、自己資本の追加供給か事業の停止・縮減・変更をしないと現在の会社財産を債権者のために維持できないことが明白であるにもかかわらず、事業を継続することが挙げられているのである。[1132] また、倒産中立義務違反による責任を強化すれば実質的過少資本による責任の必要性は減少するとして、債務超過転落後に会社に与信した新債権者に対する賠償額を拡大した判決を引用しており、[1133] 新債権者の保護をも問題としているといえよう。[1134] もっとも、会社の再建を賭けたリスクの高い事業の選択という問題については言及がなく、[1135] Altmeppen は、過少資本による責任を Roth よりも倒産中立義務違反による責任に引きつけて理解しているようにも思われる。

二　Thomas Eckhold

また、Eckhold は、最近公表された実質的過少資本による社員の責任についての大部の博士論文において、Wilhelm 以降の学説を分離原則による解決論として統合し、社員の責任を会社に対する義務についての積極的債権侵害と構成した。[1136] この博士論文の冒頭においては過少資本の定義が試みられているが、[1137] Eckhold においては、過少資本は社員の決定を要求する危機の指標として機能するにすぎない。[1138] そして、問題なのは会社を過少資本にすることではなく、実質的過少資本状態に適切に反応する義務への違反であるとされ、[1139] 具体的には、会社の危機の克服を真剣に試みるか秩序に基づいた解散・清算の道を歩むかの判断を遅滞なく行うことが要求されているのである。[1140] ここでは、無為に事業を継続し会社解散の決断を遅延することがまず問題とされているが、自己資本の機能の一つとして社員による機会主義的行動の可能性を減少させ企業発展のモチベーションを与えるということを指摘していること、[1141] 社員と会社・会社債権者の利害の一致を阻害する要因として社員の投機的欲求（Spekulationsdrang）が挙げられていることからは、[1142] 失敗に終わる可能性が高い再建の試みも「真剣」なものではないとして問題としている可能性がある。

三　最近の判例への評価

会社の危機への社員の対応という以上の見解の問題意識は考慮に値するものであるが、ここまでの検討から明らかであるように、過少資本による責任に分類される事案すべてがこの観点により説明できるわけではない。以上の見解は、この点を認識できているであろうか。

ここでは、前節で取り上げなかった二つの最近の下級審判決とそれに対する Eckhold の評価を見てみよう。

(1)　OLG Dresden 一九九九年一〇月二七日判決

まず、OLG Dresden の判決から見ていこう。[1143]

原告はＳＢＩ有限会社からこれから建設される住宅を購入する契約を締結し、ＳＢＩ社は当時姉妹会社であった被告(現在は、当時の親会社であるＳ株式会社からＳＢＩ社の持分を取得してＳＢＩ社の親会社となっている)にその建設を委託した。報酬は、当初は二四〇〇万マルクとされたが、後に費用プラス五％のプレミアムに変更されている。被告はさらに下請業者に作業を委託した。その後、完成した住宅と屋外設備の引渡しが行われたが、その際の記録書には、「将来発生する瑕疵についての責任は、建築主(住宅の購入者のことである)が責任のある大工(下請業者のことである)に直接追及することと」と規定されている。また、被告は下請業者に対する瑕疵担保責任の請求権をＳＢＩ社に譲渡し、これによりＳＢＩ社の被告に対する請求権はすべて弁済されたものとすることが取り決められた。なお、ＳＢＩ社は住宅の引渡しが行われた年に事前配当として一一〇万マルクを被告に支払っている。ＳＢＩ社は現在倒産している。その後、住宅に瑕疵が発見されたため、原告が瑕疵担保責任を被告に追及した。

OLG Dresden は、まず原告被告間には直接の契約関係はなく、契約上の請求権の譲受けもないこと、有限会社法三〇、三一条に基づく責任は会社に対するものであり、この請求権の譲受けもないことを指摘する。

次いで、変態的事実上のコンツェルンによる責任については、まず被告とＳＢＩ社の資本関係・人的結合・事業上の役割分担からコンツェルン関係の存在を認定し、さらに二三〇〇万マルクを超える債務を負担しながら基本資本は二〇万マルクしかなかった点でＳＢＩ社は恒常的な過少資本であったこと、貸借対照表は常に欠損状態にあったこと、にもかかわらず一一〇万マルクもの事前配当が行われたこと、その後も債務を負担し続けたことを認定する。そして、完全に不十分な資本具備の禁止は設立時のみならず成長した会社が追加的なクッションを必要とする場合にも当てはまるとしたうえで、資本の不供給に加えてそれを引き出したことは支配的地位の濫用に当たる、被告はＳＢＩ社をして自らの請負人としての責任から解放させ下請人への請求に甘んじるようにさせた、ＳＢＩ社には生じうる請求に対しての十分な準備金が積み立てられていなかったことなどを理由に、コンツェルン法上の責任を肯定する。

さらに、法人格否認による責任については、過少資本のみでは不十分でありＢＧＢ八二六条に依拠するとしつつ、ＳＢＩ社は一度も利益を獲得しておらず、また被告が残った資本を取り去ったという追加的事情があるとして、これを肯定している。

この事案の問題は、資産を持たない会社を住宅の販売者とし、この販売者の自らに対する損害賠償請求権を放棄させることによって、瑕疵担保責任からの judgment proofing が行われた点にある。(1144) ＳＢＩ社から被告への多額の事前配当も、不要になった資金の引上げという judgment proofing の一環と考えられる。これは、経営悪化時の事業継続や投機とはかなり異質の問題であるといえよう。しかし、Eckhold は、この判決について、過少資本から生じる危険性はコンツェルン的結合により高められるわけではないので、コンツェルン的結合がなかったとしても過少資本による責任が認められるべきであるとしており[1145]、この違いを認識していないように思われるのである。

(2) OLG Oldenburg 二〇〇〇年二月一〇日判決

次に、OLG Oldenburg の判決である[1146]。

原告は、被告が単独社員であり被告の妻が業務執行者であるS有限会社（基本資本五万マルク）から、被告所有地上に建設する新築家屋の建築計画の作成を三五二万マルクで請け負った。S社は財産を有しておらず、原告やその他の建築家・大工等への支払のための資金は被告が随時提供していた。被告は、その所有地を家屋完成後に転売して利益を得ている。また、S社の持分も一マルクで譲渡され、S社の商号・所在地も変更された。その後、S社は資産不存在により解散されている。原告は、未払分の報酬を被告個人に対して請求した。

OLG Oldenburg は、まず、判例は会社から社員の所有地に関する作業を請け負った建築家等の請求についてBGB八二六条を適用してきたとする。この状況の問題点は、債権者が自分の産み出した価値を把握することができない一方で、社員は債権者の作業の利益を享受しつつそれに対応する責任を免れるということにあり、S社が利用されたのは被告らと建築士等の間に直接の契約関係が生じないようにし、報酬が支払われなかった大工が土地の転売を保全抵当の登記により妨害できないようにするためであるとする。そして、原告との契約額のみでも三五二万マルクの負債があることを考えると基本資本が五万マルクであるS社は明白な実質的過少資本であり、債権者が執行できる財産はほとんど存在しないこと、S社は被告の企業グループに組み入れられていること、S社は固有の利益獲得のために運営されていなかったこと、持分譲渡と商号・所在地の変更により債権者の請求が困難にされたことを指摘して、BGB八二六条に基づき被告の責任を肯定した。

原告は、この他にも透視責任、コンツェルン責任、過少資本による責任を主張しているが、前二者については判例上の要件の充足がなく、また過少資本による責任については学説が論じているもののＢＧＨは認めていないとして、いずれも否定した。

この判決は、過少資本による責任を否定しつつも、会社が実質的過少資本であったと認定している。しかし、この事案の問題の本質は、判決自身も強調しているように、自らの所有地の価値を高めるための作業を、他に事業を行っておらず資産もない会社を通じて委託することにより、利益を享受しつつ責任を免れようとした点にあると見るべきである。[1147] このような事案については、社員に有限責任を認める必要性は大きくないということであろう。[1148] Eckhold は、過少資本のみから責任を導くことはできないという判示は正当であると評しているが、[1149] これは債権者にとっての危険は過少資本状態での事業継続により初めて生じるとの自らの問題意識を当てはめているにすぎず、この事案独自の問題点は意識されていないのである。[1150]

(3) 小　括

このように、財務状況悪化時の事業継続とは異なる問題が存在する事案について、Eckhold はその問題の本質が何であるかを検討しておらず、過少資本による責任として論じられている問題群を整除するには至っていないのである。[1151]

(1129) 本文で取り上げる見解のほか、Gerrit Hölzle, Materielle Unterkapitalisierung und Existenzvernichtung — Das Phantom als Fallgruppe der Durchgriffshaftung, ZIP 2004, 1729, 1730ff., Uwe Blaurock, Mindestkapital und Haftung bei der GmbH, FS für Thomas Raiser, s.3, 20f.（2005）, Jochen Vetter, Grundlinien der GmbH-Gesellschafterhaftung, ZGR 2005, 788, 812f. も参照。また、Christian Möller, Die materiell unterkapitalisierte GmbH（2005）は、会社が過少資本状態であることによる問題は事業活動に必要な資金を社員からも外部からも調達できないことにあると考えているようであるが（s.9）、分離原則による解決論に反対しながらも（s.73）、有限会社法六四条の倒産申立義務違反による責任によって過少資本の問題への対処がある程度はなされていることを指摘しており（s.87ff.）、Roth のような問題意識をまったく有していないわけではないように思われる（分離原則による解決論への批判の要点は、会社独自の利益を認めるのは理論的ではなく、債権者ではなく会社に対する責任とすることで債権者の要保護性に応じた区別ができなくなるという点にある）。なお、社員による機会主義的行動の危険への言及も見られるが（s.9, 48f.）、この観点が重視されているわけではない。

(1130) Holger Altmeppen in Roth/Altmeppen, GmbHG, 5.Aufl., §13 Rn.108, 118.（2005）. ただし、社員による免責の可能性を除去するために、有限会社法四三条ではなく、株式法九三条五項第二文を類推適用すべきだとしている（Altmeppen, a.a.O Fn.1094, ZIP 2001, 1844ff.）。

(1131) Altmeppen in Roth/Altmeppen, GmbHG, 5. Aufl., §13 Rn.120.

(1132) Altmeppen in Roth/Altmeppen, GmbHG, 5. Aufl., §13 Rn.119. Derselbe, Zur "finanzplanmäßigen Nutzungsüberlassung" als Kapitalersatz, ZIP 1996, 909, 912 も参照。

(1133) ＢＧＨ民事第二部一九九四年六月六日判決（BGHZ 126, 181）である。

(1134) Altmeppen in Roth/Altmeppen, GmbHG, 5. Aufl., §13 Rn.118.

(1135) なお、彼は、「債権者のコストにおける社員の投機」を問題としたEDV-Peripherie 判決は実質的過少資本による責任を認めたものではないとしている（Altmeppen in Roth/Altmeppen, GmbHG, 5. Aufl., §13 Rn.117）。この理由が、社員による投機行為には問題がないということであるのか、この判示が傍論であることを重視したものであるのかは不明である（前注1038—1041とそれに対応する本文も参照）。

(1136) Eckhold, a.a.O. Fn.795, s.327ff.

(1137) Eckhold, a.a.O. Fn.795, s.11ff. 結論としては、プロの与信者（銀行等）の判断と社員貸付の規制に関する経験を利用できるということを主な根拠として（s.37ff.）、Ulmer の信用能力基準を採用している（s.29ff. ただし、財務的需要の存在という要件は不要としている（s.27ff.））。

(1138) Eckhold, a.a.O. Fn.795, s.420.

(1139) Eckhold, a.a.O. Fn.795, s.421.

(1140) Eckhold, a.a.O. Fn.795, s.516. このような要求のベースには、自己資本が不十分であると会社が債務超過に転落しやすくなること（s.98）や、救済であれ清算であれ早期になされた方が成功確率・配当率は高いこと（s.431）などの考慮があるようである（前者は、Lutter の見解に近いようにも思われるが、Lutter の引用はなく、Eckhold が会社倒産自体の防止を考えているわけではないようである）。また、社員貸付規制に関する判例が認めている、会社の危機時には資本供給を放棄して会社を解散するか事業継続に必要な資金を危機が克服されるまで利用させるかの判断をしなければならないという、資金供給の結果についての責任（Finanzierungsfolgenverantwortung）も援用している（s.425ff.）。

(1141) Eckhold, a.a.O. Fn.795, s.16ff. これは、自己資本の量が社員のインセンティブに影響するという認識があることを示すものと思われる。

なお、この自己資本の機能からは理論的には企業のリスクが過少資本の基準として考えられるとしつつも、実際の企業においては複数のプロジェクトのリスクが積み重なるため測定が困難であること、取引相手のリスク回避性向を考慮すべきかが不明確であること、企業の側のリスク選好性の限界がどこに引かれるかが不明確であることなどを理由に、法的判断の対象とはできないとしている（s.24）。これは、「過少資本」の基準に期待されている機能が社員の行為義務の発生時点の確定であるからであり、事業のリスクという観点の重要性を否定するものではないといえよう。

(1142)　Eckhold, a.a.O. Fn.795, s.478. 他の要素としては、いかなる費用を払ってでも耐え抜こうとする意思と、会社についての単なる無関心とが挙げられている。

(1143)　NZG 2000, 598.

(1144)　この点で、アメリカの Herman v. Mobile Homes Corporation, 317 Mich. 233, 26 N. W. 2d. 757 (1947) と類似するところもあるといえよう（詳しくは前注500を参照）。これらの事案における原告は契約債権者であるが、消費者であり、購入物に瑕疵があった場合の担保責任の履行能力を考慮して売主を選択することは期待しにくいと評価することも可能であろう（前注397、404も参照）。

(1145)　Eckhold, a.a.O. Fn.795, s.270。「過少資本から生じる危険性」については、借入比率の上昇による与信者の影響力行使の結果としての社員による経営の阻害、クレジットベースの収縮、支払不能・債務超過による倒産の防止、利子負担の減少、企業の存立の危殆化など多様な問題点を指摘する部分（s.95ff.）を引用しているが（s.270 Fn.102）、これらの問題が本文の判決の事案とどのような関係に立つのかということも詳しく検討されてはいない。

(1146)　NZG 2000, 555.

(1147)　これは、Segan Construction 判決（前掲（注659））に類似する事案といえよう。また、ＢＧＨ民事第二部一九八八年四月二五日判決（NJW 1988, 1848）も、ほぼ同様の事案についてＢＧＢ八二六条による社員の責任を肯定したものであると思われる。

(1148)　このほか、原告は自衛の可能な契約債権者であるが、当初は被告の資金提供による支払が行われていたようであるから、むやみな信頼関係の悪化を防止するという観点から個人保証を要求することが困難であった可能性もある。さらに、Ｓ社が被告に対して有するであろう債権に執行することも考えられるが、これには Architekten 判決について指摘したのと同様の問題がありうる（前注1037参照）。

(1149)　Eckhold, a.a.O. Fn.795, s.272.

(1150)　また、Altmeppen in Roth/Altmeppen, GmbHG, 5.Aufl., §13 Rdn.117 も、OLG Oldenburg 判決については規範目

的論を採用しなかったものとして引用しているにすぎない。

(1151) なお、OLG Dresden 判決、OLG Oldenburg 判決は、それぞれＢＧＨに上告されているとのことであるが、beck-online (http://rsw.beck.de/bib/default.asp) にて事件番号（前者はⅡ ZR 326/99、後者はⅡ ZR 67/00）により検索したところ、二〇〇七年九月二一日現在において、上告審判決は発見されなかった。

第六款　小　括

以上が、規範目的論に反対する近年有力となりつつある一連の学説の検討である[1152]。その中には問題意識がやや不明確なものもあるが（Schmidt）、全体としては、自己資本の水準が問題ではないことが明示され、また過少資本は社員の行為義務が発生する時間的基準とされることが多かった。そして、社員の責任原因とされる「社員による侵害行為」は、当初は会社財産の取扱いとしてやや抽象的に捉えられていたが（Wilhelm）、その後は特に会社の危機への対応として、会社救済・解散の判断の遅延や再建の試みの態様が問題とされるようになっている（Roth, Altmeppen, Eckhold）。会社財産の取扱いには投資先のリスクの高い資産への変更やその継続という問題も包摂されうるため、これらは第一章で検討した資産代替的なメカニズムによる状況を「過少資本」の問題点と捉えているものと評価できる。また、社員の機会主義的行動という観点も取り入れられており（Roth, Eckhold）、事業の選択に関する社員のインセンティブという問題を考慮しやすい枠組みが形成されているように思われる（ここには、規範目的論とは異なって社員の主観的要素を排除しない理論構成の影響もあろう[1153]）。

もっとも、Eckhold の最近の判決に対する評価についての検討が示唆するように、この学説においては、前記以外の問題点が軽視されがちである。特に、第一章の検討から得られたもう一つの視点、すなわち不法行為コストの外部化と judgment proofing という問題は、ほとんど論じられていない。[1154] これは、初期の規範目的論（Kuhn, Wiedemann, Immenga）においては過少資本の子会社による危険な事業の実施という類型がしばしば問題とされていたことと対照的である。

（1152）HACHENBURG/ULMER, Anhang nach §30, Rdn.36, 39 は、Wilhelm や Schmidt の見解が Reinhardt らの組織瑕疵責任論に似ているとするが、そのような評価が不当であることはこれまでに紹介したところから明らかであろう。

（1153）分離原則による解決論は、現段階においては負債のエージェンシーコストなどの観点を中心として形成されたものとはいいがたいが、今後経済学的な分析を応用しようとする論者が法律構成として分離原則による解決論を採用していく可能性はあると思われる。

（1154）たとえば Roth は、不法行為債権者の保護は、自己資本の具備や過少資本による責任ではなく、責任保険や不法行為債務についての無限責任の導入によって果たされるべきと考えているようである（Roth, a.a.O. Fn.1113, ZGR 1993, 183, Derselbe, Kommentar zu Michael Adams, in : CLAUS OTT & HANS-BERND SCHÄFFER（HRSG.）, ÖKONOMISCHE PROBLEME DES ZIVILRECHTS, s.226, 233（1991）. この立場自体は、正当なものであると思われる）。また、有限責任制度の外部効果としても、公害等の不法行為コストとは異なる会社倒産のリスクの外部化のみが考えられているようである（Roth, a.a.O. Fn.1121, ZGR 1986, 374）。

第六節　自己資本補充的使用貸借

第一款　危険事業の実施と親会社による事業用資産の賃貸

不法行為発生の可能性が高い危険な事業の実施という問題類型は、Drobnigによって早い段階から示唆されていた。ここで注目に値するのは、Drobnigが、そのような事業が問題となったアメリカの判決を、親会社が事業用資産を子会社に賃貸しているという事情に着目して紹介していたということである。[1155]

しかし、WiedemannやImmengaにおいては、過少資本の会社による不法行為の発生可能性が高い事業の実施という類型を依然として重視しているものの、親会社による事業用資産の賃貸という仕組みは別の類型として取り上げられるようになっていった。[1156]特にImmenga以降、社員による会社への事業用資産の賃貸という状況への社員貸付と同一の規律の適用が主張されるようになった。この傾向は、一九八〇年改正により規定された有限会社法三二a条三項[1157]が、同条は「貸付の供与に経済的に相当するその他の行為」にも適用されるとしたことにより決定的となり、自己資本補充的賃貸借・使用貸借（eigenkapitalersetzender Gebrauchs-oder Nutzungsüberlassung）[1158]との論点名の下に議論が展開されている。

以下では、前節までに紹介した論者の、この論点についての見解を概観しよう。

(1155)　前注830およびそれに対応する本文を参照。

(1156) 前注897、948—951およびそれに対応する本文を参照。

(1157) 一九九八年改正により同項に第二文、第三文が新設されたため、現在では三二a条三項第一文となっている。

(1158) 現実には親会社が賃料の支払を受けている場合もあると思われるが、子会社が無料で資産を利用している場合も多い。そのため、両者を含む趣旨で、「使用貸借」と訳しておく。

第二款　自己資本補充的使用貸借の影響

一　規範目的論者

まずUlmerは、当初はこの問題を社員貸付規制の適用ではなく実質的過少資本による責任やBGB八二六条、コンツェルン責任などにより処理することを主張していた(1159)。しかし、その理由は、会社破産時に取戻権が認められるため会社に信用能力がない場合でも利用料が支払われうる限り第三者から貸借を受けられるからという消極的なものにすぎず(1160)、取戻権を利用した不法行為賠償責任についてのjudgment proofingという問題はまったく認識されていない。その後、事業用資産の賃貸借によっても危機的状況にある会社の延命という社員貸付規制と共通する問題が生じるとして有限会社法三二a条の適用を肯定したBGH判決(1161)に従って、適用を肯定するに至っている(1162)。

他方、Lutterは、Ulmerとは異なり、このようなスキームの目的が会社倒産時に事業用資産を取り戻して別の新会社での利用に供することで企業家的リスクを最小化することにあるということは認識している(1163)。しかし、Lutterは、会社債権者一般を保護の対象としており、特に問題となる不法行為債権者への言及は見られない。また、自己資本が不十分なため外部の第三者なら行わないような時点・規模で会社に事業用資産を賃貸する場合には債権者を害するとして同条の適用を肯定しているが、[1164] この基準により不法行為責任からの judgment proofing を適切に捕捉できるかは疑問である。

このほか、学説の大勢は有限会社法三二ａ条適用肯定説であるが、[1165] それらも不法行為責任からの judgment proofing という問題点への対処を考えたものではない。

二　分離原則による解決論者

これに対して、分離原則による解決論者には適用否定説が多い。

まず Wilhelm は、賃貸借・使用貸借に基づく利用権の払戻しの禁止という観点から有限会社法三二ａ条の適用を肯定するＢＧＨ判決[1166]に対して、同法三〇・三一条[1167]は会社財産の払戻しを規律するものであるが、賃貸契約の解約や使用許可の停止によっては会社財産の払戻し・流出は生じないという理由により反対している。[1168] そして、ＢＧＨは社員が認めた期間よりも長期の資産利用権を会社に認めるものであるが、これにより、会社が使用貸借のみに依拠して資本をほとんど持たない場合であっても、社員が資金を持たない会社を活動させる場合には問題が生じるということが排除されてしまうとして、[1169] ここでは実質的過少資本による責任が問題となるとしているのである。[1170]

同じく適用反対説に立ち、実質的過少資本としての解決を主張する Schmidt, Altmeppen, Eckhold らも、賃貸借・使用貸借関係は貸借対照表の貸方に記載されないこと、破産時に実質的価値の喪失のリスクを負担しないこと、利用権の存続期間の決定が困難であること、利用目的が限定されているため評価不可能であること（おそらく利用権の譲渡が制限されていることを指すものと思われる）などの形式的事情を挙げるにとどまっている。[1171]

三　不法行為責任の回避という問題意識の埋没

以上のように、自己資本補充的使用貸借をめぐる議論においては、社員貸付と社員による事業用資産の賃貸の共通点・相違点に争点が集中している。その結果、有限会社法三二ａ条適用肯定説はもちろん、実質的過少資本としての処理を主張する適用否定説によっても、社員が所有する事業用資産の会社への賃貸による不法行為責任からのjudgment proofingという問題は、基本的に顧みられていないのである。

本稿では、自己資本補充法（Eigenkapitalersatzrecht）と称される有限会社法三二ａ条による社員貸付等の規制[1172]の当否を検討していないため、社員からの事業用資産の賃貸借への同条の適用の是非を論ずることはできない。しかし、少なくとも、事業用資産を賃貸借形式で提供することによる不法行為責任の回避という問題意識が、この議論の中で埋没していったということは指摘できるように思われる。判例上、自己資本補充的使用貸借が争点となった事案は、賃貸人である社員（もしくはその債権者[1173]）と賃借人である会社の破産管財人（つまり会社債権者全体）との間で争われており、特定の会社債権者（不法行為被害者）を考慮しうる構造とはなっていないのである。

(1159) Peter Ulmer, Umstrittene Fragen im Recht der Gesellschafterdarlehen (§32a GmbHG), ZIP 1984, 1163, 1173.
(1160) Ulmer in HACHENBURG, GMBHG, 7.Aufl., Anhang nach §30, Rdn.95.
(1161) ＢＧＨ民事第二部判決一九八九年一〇月一六日（BGHZ 109, 55）である。なお、事業用資産の賃貸借による危機的状況にある会社の延命から生じる具体的な問題は、延命による財産状況の悪化や延命中の財産状況を秘匿しての取引行為などであると思われる。この場合の有限会社法三二ａ条の適用は、倒産申立義務違反による取締役の責任と並ぶ救済手段の一つと位置づけるのが妥当ではないだろうか。
(1162) Peter Ulmer, Gebrauchsüberlassung an die GmbH als Eigenkapitalersatz, FS FÜR ALFRED KELLERMANN, s.485ff

(1991), HACHENBURG/ULMER, GmbHG, §32a, b, Rdn.105ff.

(1163) Lutter/Hommelhoff, in LUTTER/HOMMELHOFF, GmbHG, 16. Aufl., §32a/b, Rdn.138.

(1164) Lutter & Hommelhoff, a.a.O. Fn.990, ZGR 1979, 50f., Dieselbe in LUTTER/HOMMELHOFF, GmbHG, 16.Aufl., §32a/b Rdn.139f.

(1165) 本章で取り上げた論者の中では、Herbert Wiedemann, Gesellschaftsrechtliche Probleme der Betriebsaufspaltung, ZIP 1986, 1293ff. が適用肯定説である。Wolfgang Vonnemann, Gebrauchsüberlassung als eigenkapitalersetzende Leistung, DB 1990, 261, Karlheinz Boujong, a.a.O. Fn.1041, s.747 なども参照。

(1166) BGH民事第二部一九九四年七月一一日判決（BGHZ 127, 17）である。

(1167) これらの条文を引き合いに出すのは、有限会社法三二a条のベースとなった判例法が同法三〇・三一条の類推という法律構成を採っていたからだと思われる。

(1168) JAN WILHELM, KAPITALGESELLSCHAFTSRECHT, 2.Aufl., Rz.445f.（2005）.

(1169) WILHELM, a.a.O. Fn.1168, Rz.449.

(1170) Wilhelm は実質的過少資本について社員による会社財産の取扱いの不当性を問題としていたが（前節第二款参照）、社員による事業用資産の会社への賃貸が、どのように社員による会社財産の取扱いの不当性と関連するのかは述べられていない（会社倒産時にも一定の投資を回収できることにより資産代替のインセンティブがより強まるということ（第一章第三節第二款一(6)を参照）を想定している可能性はある）。

(1171) SCHMIDT, a.a.O. Fn.990, s.535, 1160, Holger Altmeppen in ROTH/ALTMEPPEN, GmbHG, 5.Aufl., §32a, Rdn.202ff., ECKHOLD, a.a.O. Fn.795, s.281, 284.

(1172) この自己資本補充法は、社員による貸付けや賃貸借の形式を採った給付を出資であると扱うことにより、第一章第三節第四款で検討した社員の外部債権者に優先する投資回収自体の抑止という機能を実現しようとするものであると位置づけることもできよう。第一章および本節の検討からは、このような機能を実現する必要性を見出せなかったが、その他の自己資本補充法の議論において説得的な考え方が示されている可能性はある。この点については他日を期したい。

(1173)　社員の債権者が賃貸目的物を差し押さえた場合に、会社の利用権との優劣や補償金支払義務の存否が問題となる。

第七節　環境保護法規における過少資本による責任

ここまでの議論の分析からは、一見抽象的な法律構成をめぐる議論に終始しているかに見えるドイツにおいても、「実質的過少資本」という名の下に様々な状況が問題とされてきたということが指摘できる。もっとも、過少資本の会社による不法行為発生の危険性の高い事業の実施という問題は、初期の学説ではしばしば言及されていたものの、最近はあまり顧みられていない。これは、前章で検討したアメリカの状況と対照的である。(1174)

しかし、一九九八年にドイツにおいてもアメリカのＣＥＲＣＬＡのような土壌汚染の浄化責任に関する連邦法（有害な土壌変更の保全及び汚染跡地の浄化に関する法律（Gesetz zum Schutz vor schädlichen Bodenveränderungen und zur Sanierung von Altlasten）：以下、連邦土壌保全法（Bundes-Bodenschutzgesetz）と称する）(1175)が制定され、そこにおいて実質的過少資本による親会社の責任が問われる余地が形成されている。本節では、この点についての議論を簡単に検討しておこう。

第一款　連邦土壌保全法四条三項第四文前段

一　連邦土壌保全法四条の規定

連邦土壌保全法四条は、土壌に影響を及ぼす者の有害な土壌変更を引き起こさないように行動する義務（同条一項）、土地所有者および土地についての事実上の支配力を有する者の自分の土地についてさしせまっている有害な土壌変更に対する防止措置を講じる義務（同条二項）に続いて、三項においてすでに生じてしまった土壌・汚染跡地および有害な土壌変更・汚染跡地から生じた水質汚染についての浄化義務を様々な主体に課している。[1176]

最初に挙げられているのは、有害な土壌変更もしくは汚染跡地の原因者とその包括承継人、汚染された土地の所有者および土地について事実上の支配力を有する者である（同条三項第一文）。これに続いて、有害な土壌変更もしくは汚染跡地の負荷がある土地が帰属する（gehören）法人について商法上もしくは会社法上の根拠により責任を負う者およびそのような土地の所有権を放棄した者も義務主体とされている（同項第四文）。また、土地の譲渡に際して汚染について悪意もしくは過失を有していた旧所有者も義務主体とされている（四条六項）。

本稿で問題となるのは、前記のうち、「有害な土壌変更もしくは汚染跡地の負荷がある土地が帰属する法人について商法上もしくは会社法上の根拠により責任を負う者」という類型である。

二　連邦参議院の問題意識

この類型は、当初の政府草案にはなく、連邦参議院段階での修正により加えられたものである。[1177]そこで、連邦参議院の政府草案に対する意見[1178]を検討しよう。

政府草案に対し前記の連邦土壌保全法四条三項第四文を追加すべきことを主張した連邦参議院は、その理由として以下のように述べている。

提案された四条三項第四文において「最初に規定されているのは、汚染された土地の所有者もしくはその土地に対する事実上の支配者である法人についての浄化義務である。ここで考慮されるのは、特に、過少資本や変態的コンツェルン従属性を理由とする会社法的な透視責任の場合である。

三項により浄化義務を負う過少資本の資本会社は、特に、企業の一部を法定最低資本金しか具備していない新しく設立した会社に分離し、新会社に汚染された土地を移転した場合に存在する。これに加えて、たとえば過少資本の業務執行会社を挿入するという場合もある。また、企業の分割や譲渡によって当初の企業に残る本質的な資産価値が汚染された土地のみになるようにする場合も捕捉される。会社法的組織形態の客観的濫用のために社員への透視を正当化する過少資本の構成要件は、汚染土地の浄化費用を貸借対照表の貸方に記入した際、それに本質的な資産価値が借方として対応していない場合に存在しうる。

過少資本によって、企業は三項による浄化義務を十分に履行することができない状態にされる。ここで予定されている過少資本会社の社員への秩序法的透視がないと、社員は過少資本会社の挿入がなければ負わねばならずまた正しく負担できた浄化義務を軽減される結果となってしまう。同時に、浄化費用は事実上公的負担に移転させられてしまうのである。[1179]」

引用した最初の段落は、「過少資本……を理由とする会社法的な透視責任」を認めるもののように読むことができる。これは、名目的過少資本に対する規律（有限会社法三二a条、三二b条）を導入する一方で、実質的過少資本による責任については、事業の種類・規模に照らして適切な自己資本の額を十分な確実性を持って判断することは困難であるため規定しなかったとする一九八〇年の有限会社法改正時の政府草案[1180]とは大きく異なるものであるように思われる。

もっとも、連邦参議院は抽象的に実質的過少資本による責任を肯定すべきであると述べたわけではなく、以下のような具体的状況を念頭においていたものである。

① 汚染された土地の新設子会社への移転
② 過少資本の子会社による汚染された土地についての業務執行
③ 汚染された土地以外の資産の別会社への移転

これらの類型の内容とそれに関する学説の議論について、款を改めて検討しよう。

(1174) ドイツの過少資本による責任の議論において、不法行為債権者による親会社・支配株主への請求があまり問題とされないことの理由としては、次のようなものが考えられる。
まず、クラスアクションなどの訴訟制度に関する違いのため、ドイツにおいてはアメリカよりも大規模な不法行為損害賠償請求訴訟が少なく、不法行為債権者による請求を検討対象とする必要性が低いという可能性が考えられるが、アメリカにおける株主の不法行為債権者に対する責任が問題となった事案はクラスアクションによるものに限られないため、決定的とはいえない。むしろ、前節で見たように、不法行為賠償責任に対する judgment proofing の主要な手段である親会社・支配株主による事業用資産の賃貸が、自己資本補充的使用貸借として論じられるようになったことの影響が否定しがたいと思われる。さらに、契約債権者に自衛を要求するアメリカにおいては、その反面不法行為債権者の保護がクローズアップされるが、ドイツにおいては契約債権者についても保護を与える必要があるという考え方が根強いため、不法行為債権者の保護のみが問題とされることが少なかったという可能性もある。
他方で、アメリカにおいては法人格否認の法理が使用者責任の拡大に用いられてきたという事情があるため（江頭・法人格否認一五七頁および二五八頁以下を参照）、過少資本による責任も不法行為訴訟において主張されやすかったということも考えられる。

(1175) 条文の翻訳が山田敏之「有害な土壌の変質に対する保全及び汚染された跡地の浄化に関する法律（連邦土壌保全法）」外国の立法二〇四号四三頁以下（一九九九年）、松村弓彦＝安達栄司「ドイツ連邦土壌保全法――有害な土壌変更及び汚染跡地浄化に関する法律――」環境研究一一五号九四頁以下（一九九九年）にある。同法の全体像については、松村弓彦・ドイツ土壌保全法の研究（成文堂、二〇〇一年）を参照。

(1176) この浄化義務には、汚染除去措置と並んで、汚染物質の拡大を長期的に防ぐ保護措置も含まれ、これらの措置が不可能もしくは要求できないものである場合には、その他の保護措置・汚染減少措置を採らねばならない（連邦土壌保全法四条三項第二文・第三文）。

(1177) Sabine Wrede, Durchgriffs- und Konzernhaftung nach dem Bundes-Bodenschutzgesetz, s.71 (2004).

(1178) 政府草案およびこれに対する連邦参議院の意見は、BT-Drs. 13/6701 に収録されている。

(1179) Stellungnahme des Bundesrates, BT-Drs. 13/6701 s.51f.

(1180) Gesetzesentwurf der Bundesregierung, BT-Drs. 8/1347 s.38f.

第二款　連邦参議院の問題意識と過少資本による責任

一　汚染された土地の新設子会社への移転

最初に問題とされているのは、①汚染された土地を親会社が新設した過少資本の子会社に移転した場合である。親会社が汚染の存在を認識したうえで浄化義務を免れるために汚染土地を譲渡した場合には、責任透視を認めることに問題はないとも思われる。(1181) しかし、これについては次のような疑問がある。連邦土壌保全法には、同じく連邦参議院の提案を契機として、汚染された土地の譲渡が一九九九年三月一日以降に行われたものであって、旧所有者が汚染を認識し、または認識すべきであった場合には旧所有者にも浄化義務を課すという規定が挿入されている（四条六項）。親会社が子会社に土地を移転した場合でも「譲渡（übertragen）」と評価しうると思われるため、この類型を責任透視として処理する必要性は低いのではないだろうか。[1182]

したがって、この場合の責任透視に独自の意義があるとすれば、それは譲渡が一九九九年三月一日以前になされたものであるか、親会社に汚染の認識可能性がなかったために、連邦土壌保全法四条六項が適用されえない場合である。しかし、これらの実定法上の条件を過少資本による責任透視という構成によって簡単に除外することには、疑問がある。過少資本による責任に依拠するのではなく、旧所有者の責任について、譲渡が親子会社間でなされているという特殊な場合に、遡及的立法の禁止という憲法的考慮[1183]や旧所有者の信頼保護[1184]という考慮を及ぼせる必要があるのかということを正面から検討すべきではないかと思われる。

二　汚染された土地以外の資産の別会社への移転

次に、最後に挙げられている③汚染土地以外の資産を他の主体に移転するという類型を検討しよう。これは、浄化責任を回避するための詐害譲渡と評価することができよう。したがって、自己資本の水準よりも財産の移転が問題なのである。

学説においても、この類型が過少資本の項目で検討されることは少なく、[1185]むしろ組織変更法上の分割における被分割会社の責任の承継の問題として議論されているのである。[1186]

三　過少資本の子会社による汚染された土地についての業務執行

以上の二つの類型は、汚染された土地もしくはそれ以外の財産の移転が問題というべきものであった。これに対し、財産の移転がなく、過少資本の子会社が当初から汚染土地を所有しているという状況も考えられる。連邦参議院の意見書が二つ目に挙げている②過少資本の子会社による汚染された土地の業務執行という類型は、学説においてはあまり重視されておらず、またその意味するところがやや不明瞭ではあるが、この場合に当たるものと捉えることもできると思われる[1187]。そして、この場合には、旧所有者の責任に関する規定や詐害譲渡規制などにより対処することはできないため、連邦土壌保全法四条三項第四文による責任が意味を持ちうるのである。

まず、連邦参議院意見書の「業務執行」という表現からは、子会社の業務執行が土壌汚染の原因であるという場合が考えられる[1188]。この場合については、親会社の責任を肯定するためには、親会社が汚染に関与していることを要するか、子会社を一般的に支配しているだけで足りるかということが問題となろう。この点を明確に論ずる学説はないが、親会社の汚染への関与を要求するアメリカのCERCLAに関する判例法を参照している見解や、汚染についての指示や自覚的な黙認により支配会社が行為責任を負う可能性を論ずる見解は存在する[1189]。

他方で、子会社は汚染原因者ではないという場合はどうであろうか。まず、子会社は汚染された土地を所有するのみで他の事業は行っておらず、親会社が子会社から土地を賃借して利用しているという場合には、親会社は連邦土壌保全法四条三項第一文の汚染土地の事実上の支配者として責任を負うことになろう[1190]。また、親会社が一切汚染土地を利用しておらず、子会社が汚染土地において別の事業を行っているという場合は、親会社が浄化義務・費用を負担しなければならなくなることを見越して、資力のない子会社に汚染された土地での活動を行わせたものだと考えられる。これは、事業の分割による judgment proofing であると評価できよう。

四　具体的状況の無視

もっとも、前記の諸点はあまり顧みられていない。連邦参議院自身も②の類型を①および③の類型と区別してはおらず、過少資本を浄化費用に対応する資産がない場合として一般的に定義しているのである。また、学説の議論も、会社法一般における過少資本による責任の議論をそのまま紹介するのみであり、判断基準として浄化義務の履行可能性を取り入れる点に独自性があるにすぎない(1191)。

しかし、このような定義・基準からは、子会社が浄化費用を負担できないというだけで親会社が責任を課されることになるように思われる。これは過少資本による責任ではなく、端的に浄化費用について有限責任を全面的に否定するに等しいと考えられる(1192)。果たして、これが連邦参議院の意図した結果なのであろうか。参議院意見書からは、汚染土地の分離や汚染土地以外の財産の詐害譲渡、過少資本会社の挿入など、いくつかの意図的な責任回避行為の類型を問題としていたことがうかがわれる(1193)。過少資本による責任への言及は、このような具体的状況から目をそらさせてしまう効果を持っているように思われる。

(1181) Jürgen Teifel, Durchgriffs- und Konzernhaftung nach §4 Bundes-Bodenschutzgesetz, s.58（2001）は、これは良俗違反の債権者加害に当たるとする。

(1182) 連邦参議院の提案においては、旧所有者の責任について譲渡時期・汚染の認識による制限は付されていなかったため（Stellungnahme des Bundesrates, BT-Drs. 13/6701 s.51）、なおさらである。

(1183) Vgl. Christian Bickel, Bundes-Bodenschutzgesetz, 3. Aufl. §4 Rn. 47（2002）.
連邦土壌保全法四条三項第四文の規定は従来から存在していた透視責任の可能性に言及しているだけであるので、これについて遡及効禁止という憲法的問題は生じないとする論者も存在するが（Christoph Wüterich in Landel/Vogg/Wüterich, Bundes-Bodenschutzgesetz, §4 Rn.107（2000））、そのような形式的説明で十分であるとは思われない（なお、Wüterich in Landel/Vogg/Wüterich, §4 Rn.123 は、過少資本とは異なる類型として社員による会社への汚染土地の現物出資を挙げ、この場合には四条六項が同三項第四文の透視責任の可能性に優先して適用されるとしているが、この類型と連邦参議院の具体例との関連性は意識されていないように思われる）。

(1184) Holger Fleischer & Martin Empt, Gesellschaftsrechtliche Durchgriffs- und Konzernhaftung und öffentlich-rechtliche Altlastenverantwortlichkeit, ZIP 2000, 905 は、この類型における社員の責任を否定するに際して、過少資本とは会社の資金具備が現実の、もしくは予定されている事業に照らして明らかに不十分である場合を意味するが、ここでは定款上の目的とは関係のない浄化費用を事後的に負担したことによる資本不足が生じているにすぎないので過少資本ではないとするようであるが（s.908）、この指摘よりも、立法者は連邦土壌保全法四条六項により善意の譲渡者を行政法的な義務負担から守ろうとしたと指摘していること（s.909）の方が重要であろう。他方、Bickel は、四条六項は、汚染土地の子会社への譲渡には関係ないと考えるべきであるとする（Bickel, a.a.O. Fn.1183, §4 Rn.47）。やや異なる角度からの議論であるが、この点に言及するものとして Wrede, a.a.O. Fn.1177, s.129ff. も参照。

(1185) たとえば、Fleischer & Empt, a.a.O. Fn.1184, ZIP 2000, 907f. は、過少資本による透視責任の具体例として、①と②の場合のみを挙げている。

(1186) たとえば、Fleischer & Empt, a.a.O. Fn.1184, ZIP 2000, 911f., Wrede, a.a.O. Fn.1177, s.133ff. を参照。

(1187) 連邦参議院意見書の表現（Hierzu zählt z. B.）からは、この事案を、企業の一部の分割という一つ目の事案の例示にすぎないと解することも可能であるが（Vgl. Walter Frenz, Bundes-Bodenschutzgesetz, §4 Abs. 3, Rn. 83 (2000)）、親会社が従来所有していた汚染土地を子会社に譲渡する場合と、子会社が当初から汚染土地を所有している場合とでは旧所有者の責任に関する規定の適用の有無が異なるため、本稿では別の事案として扱った。

(1188) ただし、連邦土壌保全法四条三項第一文が汚染の原因者と汚染土地の所有者および事実上の支配力を有する者とを分けて規定しているところ、同項第四文自体は「汚染された土地が帰属する会社」について商法・会社法上の根拠により責任を負う者としているため、同項第四文は、子会社が汚染原因者かつ土地所有者・占有者である場合には適用しうるであろうが、子会社が汚染原因者ではあるが土地所有者・占有者ではない場合には適用できないことになる

(Vgl., Wrede, a.a.O. Fn.1177, s.73, 77f.)。

(1189) Fleischer & Empt, a.a.O. Fn.1184, ZIP 2000, 913f., Bickel, a.a.O. Fn.1183, §4 Rn. 27.

(1190) Florian Becker & Torsten Fett, Verantwortlichkeit für Verunreinigungen nach dem neuen Bundes-Bodenschutzgesetz im Spannungsfeld von Umwelt- und Gesellschaftsrecht, NZG 1999, 1189, 1192は、汚染された土地を過少資本の会社が所有し、事業を担当している姉妹会社に賃貸するという状況を問題としている。この場合、事業担当会社は土地に対する事実上の支配力を有する者として浄化義務を負うことになるが、両社の株主は当然にはその類型に当てはまらないため、透視責任が問題となる。

(1191) たとえば、Teifel, a.a.O. Fn.1181, s.53ff., Frenz, a.a.O. Fn.1187, §4 Abs.3, Rn.82ff. などを参照。他方、Becker & Fett, a.a.O. Fn.1190, NZG 1999, 1192は、浄化義務を履行できない場合を過少資本と評価することに反対しているが、これは連邦土壌保全法による浄化義務は定款上の会社の目的とは関係のない債務であるという前提に基づくものであり、前項までの類型を考慮した結果によるものではない。

(1192) Teifel, a.a.O. Fn.1181, s.61は、社員の個人責任は会社財産が定款目的外の債務に足りないというだけでは発生しないとしているが、連邦参議院意見書の定義を正面から批判しているわけではない。

(1193) Wredeは連邦参議院の目的を繰り返し指摘しているが（Wrede, a.a.O. Fn.1177, s.80f., 116, 123f.)、この点から過少資本による責任の議論を省みることは行っていない（s.103ff.)。

第三款　小　括

以上のように、連邦土壌保全法四条三項第四文の追加を主張した連邦参議院意見書においては過少資本による透視責任が問題とされているが、それによる対処が期待されていた状況には同法の他の規定やその他の法律による規律を考えるべき類型が含まれていた。また、親会社が汚染された土地での活動を資産の少ない会社に行わせ、他の資産の浄化費用債務からの judgment proofing を図るという類型も含まれる余地があった。連邦参議院の理由書が最後に述べているように、この責任の拡張は土壌汚染に関する費用の政府への転嫁を防止するためのものである。連邦土壌保全法は行政法規であるが、これは一種の不法行為コストの外部化を問題とするものと考えられよう。

前節までの検討で見たように、このような不法行為コストの外部化と judgment proofing という観点は、アメリカ法を参照していた初期の議論においては見ることができたが、近時は見られなくなっている。連邦土壌保全法四条三項第四文は、この観点を再びドイツの過少資本による責任の議論に取り込む可能性を持つものと評価することもできよう。ただし、同法が商法・会社法理論を参照するという条文の構造となっていること、連邦参議院自身が前記の問題類型を一括して取り扱い、過少資本を浄化費用に対応する資産の不存在と定義したことなどの結果として、この点はあまり重視されていないように思われる[(1194)]。また、一般の過少資本による責任の最近の議論においては、この連邦土壌保全法の規定に言及するものも見られるが、それらも不法行為コストの外部化などの特殊性に注意を払ってはいないのである[(1195)]。

(1194)　ただし、連邦土壌保全法による連邦の請求権は非任意債権であり、任意の契約債権者よりも保護の必要性が高いということは指摘されている（Teifel, a.a.O. Fn.1181, s.59）。

(1195)　たとえば、Eckhold, a.a.O. Fn.795, s.109 などは連邦土壌保全法が対象とする状況をまったく問題としていないかのように読める。

第八節　小　括

第一款　議論の変遷

一　学説の展開

以上で、ドイツ法の検討を終える。最初に、ドイツにおける学説の議論の変遷の概要をまとめておこう。

実質的過少資本による社員の責任を最初に主張したのは組織瑕疵責任論であったが、そこでは、なぜ実質的過少資本を問題とするのかということについての詳しい説明がなされることはなく、社員貸付の存在による外部債権者への配当額の低下（Reinhardt）などという、それのみでは十分とは思われない事象が指摘されるのみであった（第一節）。これに対する主観的濫用論においては、不法行為発生の危険性が高い事業の実施や賃料等による子会社の搾取という具体的状況に言及する見解（Drobnig）も見られるようになっていた（第二節）。

主観的濫用論はその名のとおり社員の主観的要素を責任の要件としていたが、過少資本という客観的状況のみで責任を肯定しようとしたのが、一九七〇年代に登場し通説を形成した「規範目的論」である。しかし、これに分類される諸見解が問題としていた状況は、単一ではなかった。初期においては judgment proofing による危険な事業の実施がしばしば問題とされていた（Kuhn, Wiedemann, Immenga）のに対し、後期においては社員による投機的な事業の実施を問題とするもの（Ulmer）や、債務超過防止のためのクッションの確保（Lutter）を問題とするものが登場している（第三節）。これらの議論が一括して「規範目的論」と扱われることにより、過少資本による責任によって対処されるべき問題は何であるのかということについての共通理解が失われてしまったともいえよう。

このような「規範目的論」に対し、最近では、会社とは別の法主体である社員の会社に関する行為を問題とする分離原則による解決論が有力となっている。社員による会社財産の取扱いの不当性を問題とする Wilhelm に始まるこの学説は、最近では経営悪化時の清算の遅延やリスクの高い再建の試みを問題とするようになっている（Roth, Altmeppen, Eckhold）（第五節）[1196]。この最近の有力説の中には、問題の本質は自己資本の水準ではないということを明言するものも現れてきている（Wilhelm, Altmeppen）。これは、「過少資本」という問題領域を発展的に解消しようとするものとも評価できよう[1197]。現段階では、社員の行為義務が発生する時点として「過少資本」という概念に意義を与えようとする見解（Roth, Eckhold）も有力であるが、これらも責任を発生させる原因としては社員の行為義務違反を中心に据えている。このように、ドイツにおいても、過少資本＝「適切な自己資本」の欠如による責任という問題の立て方は、もはや自明のものではなくなっているのである。

他方で、連邦土壌保全法四条三項第四文に関して、過少資本による責任が論じられるようになってきている（第七節）。立法者の意思は明瞭ではないが、これは、資力のない子会社を利用した汚染された土地における事業活動という一種の不法行為コストの外部化を防止することを意図したものだと思われる。これは、最近の有力説が問題とする倒産直前時の社員の行為義務とはかなり異質の問題である。この異質性は、過少資本という問題領域をさらに解消する方向に作用する可能性もあるが、一方で、この異質性を克服するために具体的問題状況から離れて「過少資本」という抽象的な構成が復権する可能性も否定することはできない。

二　具体的問題状況とそれに対する理論構成の影響

ドイツの議論を参照する際には、過少資本による社員の責任を肯定するための理論構成をめぐる華々しい論争に目を奪われがちであるが、理論構成から目を離すと、前記のように「過少資本」という題目の下に問題とされてきた状況は一様ではなかったということが指摘できる。しかし、ドイツの学説自身も理論構成の側面を重視しており、過少資本による社員の責任により解決が期待されてきた問題状況の多様性を認識していたわけではない[1198]。たとえば、規範目的論においては、危険な事業の実施を問題としていた初期の見解と社員による投機や債務超過の防止を問題としていた後期の見解とで、その問題意識がかなり異なるにもかかわらず、両者は一括して論じられている。また、判例についても、学説は、判旨の一般論等に引きずられる形で、各々の事案の具体的問題点の相違を見落としてきたのである（第四節、第五節第五款三）[1199]。

また、各論者が対象とする問題状況も、その採用する責任の法律構成・理論構成に規定されてきた可能性もある。たとえば、規範目的論は会社財産維持のための資本制度を理論構成の機軸としているため、危険な事業の実施については発生する被害額と会社財産の多寡の問題として取り込むことが容易であったのかもしれない。また、会社に損害をもたらす社員の行為を問題とする最近の学説においては、事業の選択や清算の遅延という具体的な行為に着目しやすいものと思われる[1200]。他方で、会社に対する責任という構成からは、不法行為の被害者という特定の債権者のみに着目することは困難であろう[1201]。そして、どのような問題状況を包摂すべきかという意識を持って、自覚的に理論構成が採用された形跡はないのである。特に、最近の有力説は、初期の規範目的論者の危険な事業の実施という問題意識を、特に検討することなく、規範目的論の理論構成もろとも否定してしまったように思われる。

三　今後の展望

規範目的論は債権者保護制度としての資本制度の規範目的から過少資本による責任を導くものであるが、今日では資本制度の有効性に疑問が呈され始めている。そのため、今後は近時の有力説である分離原則による解決論が優勢となっていくものと予測される。[1202]この分離原則による解決論においては、自己資本の水準自体が問題なのではないということも指摘されており、理論構成を離れて具体的問題状況に関する議論が展開されていく可能性もあるが、依然として理論構成のみが注目され、想定されている具体的問題状況には注意が払われない可能性も、なお存在すると考えておくべきであろう。[1203]

また、近時のコンツェルン法に関する連邦最高裁判例法理の転換を受けた一連の議論においても過少資本による責任への言及が見られるため、本稿の観点から簡単に検討しておこう。[1204]従来のドイツの学説・判例は、企業集団の中で従属的地位にある有限会社の債権者を保護するために、特に強度の支配従属関係がある場合を変態的事実上のコンツェルン（qualifizierter faktischer Konzern）であるとして株式法上の契約コンツェルン規制を類推適用するという理論を構築してきたが、[1205]これはＢＧＨ民事第二部二〇〇一年九月一七日判決（いわゆる Bremer Vulkan 判決）の傍論において単独社員の責任を基礎づけるための理論としては廃棄され、その代わりに次のような理論が導入された。[1206]

有限会社の保護は、業務執行者も有限会社法四三条三項の枠組みにおいて義務を負う有限会社法三〇条以下の基本資本の維持と、単独社員は会社財産と会社の事業機会を侵害するに際しては当該行為によって会社から奪われうる会社固有の利益を適切に考慮しなければならないという意味での会社の存立の保証（Gewährleistung ihres Bestandsschutzes）

に限定される。単独社員の侵害により会社債務が弁済できなくなった場合には、このような従属会社の固有の利益に対する適切な配慮がなかったものといえる。このような会社の存立を破壊する侵害（bestandsvernichtender Eingriff）は、有限会社法三一条に基づく会社から流出した基本資本の返還によっては会社の返済能力が回復しない場合にのみ、従属会社の債務についての単独社員の責任を導く。

この判決文の引用箇所が示しているように、この理論は、元来、社員による事業機会等の無形資産を含む会社財産の流出・移転行為に対する救済として認められたものである[1207]。もっとも、学説はこの理論を「会社の存立を破壊する侵害（existenzvernichtender Eingriff）[1208]」による責任として受容し、「会社の存立を破壊する侵害」行為の類型化を進めているが[1209]、そこでは会社の存立の保護や会社の債務返済能力維持への配慮といった一般論を手がかりとして構成要件が拡張される傾向にある。

この中で本稿の観点から注目されるのは、会社債権者の犠牲における投機的行為という過少資本による責任をめぐる議論の中でも散見された問題が独立の類型として認識されつつあり[1210]、その内容も過少資本状態における債務の追加的負担による事業の継続[1211]や損失のおそれの大きい商品先物取引（verlustreiche Warenterminkontrakte）の実施など[1212]と具体化されてきていることである。これらは分離原則による解決論者が問題としていた状況であり、会社の存立を破壊する侵害による責任は分離原則による解決論を受容されやすくするものと評価することもできそうである[1213]。しかし、前記の判例の一般論は、一部の規範目的論者による、従来の判例では否定されてきた過少資本による責任が会社の存立を破壊する侵害によって認められるようになるとの主張をも導いている[1214]。ここでは「事後的な資産流出については株主の責任が認められるのに当初の資産不拠出には認められないというのは不当である」という形式的な根拠が挙げられるにとどまっており、過少資本がなぜ問題であるのかという点についての具体化は見られない。

　このように、会社の存立を破壊する侵害による責任の理論は、その「会社の存立保護」という抽象的・包括的な枠組みの結果、各論者が自らの従来からの主張を反映させるための器となってしまっている面がある。債権者の犠牲における投機的行為という類型自体は規範目的論者によっても認められているため、(1215) 分離原則による解決論の問題意識が過少資本の文脈を離れて重視されていく可能性はあるが、過少資本という類型については、依然として混乱が続く可能性がある。(1216) 現に、過少資本による責任を存立破壊的侵害による責任として認めるかのような判示をする下級審判決も存在するが、(1217) これは、会社の私的再建に際して労働法の規制を受けずに人事改革を行うために補償金等の支払を約したうえで従業員を新設会社に移籍させたが、当該新設会社には十分な支払能力が欠けていたという事案に関するものであり、問題の本質は資本の水準ではなく移籍に関する労使交渉における説明の不十分さなどにあると思われるのである。(1218)

　会社の存立を破壊する侵害による責任に関する議論を含めて、今後もドイツの議論を参照する際には、表面的な理論構成だけではなく、その背後で想定されている具体的な問題状況に目を向ける必要があろう。

(1196)　なお、個別に取り上げることはしなかったが、過少資本による責任について倒産遅延責任的な構成をする見解は、従来から散発的に存在している。

　たとえば Wüst は、まず社員貸付供与による会社の延命の結果として企業価値がさらに消耗することを問題とし（GÜNTHER WÜST, GLÄUBIGERSCHUTZ BEI DER GMBH, s.15（1966）、この考え方を実質的過少資本の場合にも拡張している（Derselbe, Wege der Gläubigerschutz bei materieller Unterkapitalisierung einer GmbH（Teil II), DStR, 1991, 1424, 1427)。彼は、多額の自己資金を出資している事業者はチャンスとリスクを慎重に衡量するという「間接的効果」を指摘しており（Derselbe, Beschränkthafter "fast ohne eigenes Geld", JZ 1989, 817, 818)、自己資本の水準の事業上の判断に関する社員のインセンティブへの影響についても認識しているようである。また、いわゆる事業分割の場合に、過少資本の会社に成功するかわからない実験的生産やリスクのある取引を行わせるという問題があることも指摘されている（JZ 1989, 821)。しかし、Wüst自身もこのような問題意識を明確に示しえないまま理論的根拠を論じており（たとえば、derselbe, a.a.O. Fn.91, JZ 1995, 994f. は、Ulmerの「規範目的論」に賛同するようであるが、主観的要件の証明の困難さ以外に積極的な理由は見当たらない)、その結果、Ulmer in HACHENBURG, GMBHG, 7.Aufl., Anhang nach §30, Rdn.40がWüstの見解を組織瑕疵責任論に分類しているように、彼の問題意識に注意が払われることはあまりない。

また、Müllerも、適時の破産申立てにより過少資本による責任を逃れる可能性を認めており、破産遅延が問題だと捉えていることがうかがわれる（Klaus Müller, Zur Haftung des Gesellschafters im Konkurs der unterkapitalisierten GmbH, ZRP 1975, 101, 103)。

(1197) この点を考慮すると、これらの見解が不法行為コストの外部化の問題を取り上げていないのは、不法行為コストの外部化と過度にリスクの高い事業の実施を異なる問題として規律しようとしているためであると解することも（相当な善意解釈を必要とするが）不可能ではない。

(1198) そのため、理論構成の紹介に偏っていた従来の先行研究には不十分な点があるが、その責めはこれらの先行研究よりもドイツの学説自身に帰せられるべきであるともいえよう。また、本稿はドイツの学説の分析から内在的に視点を獲得したものではなく、外在的見地から得られた視点によりドイツの学説を分析したものであるといわざるをえない。もっとも、比較法的研究としては、単に外国学説を紹介するにとどまらず、それを全体として観察し、そこから日本法の研究にとって意味のある示唆を抽出しようとすることも重要であろう。

（1199）過少資本による責任に関するものとされる判決の中には、商品の廉価購入による子会社の搾取（Architekten 判決：前掲（注1035））、社員による会社債務保証の表示（LAG Bayern 判決：前掲（注1053））、倒産直前の偏頗弁済的な会社財産の移転（同）など、コンツェルン法、契約法、倒産法などにより解決されるべき問題が事案の本質であったと思われるものも少なくない。また、経営悪化時の事業継続により法律上直接に発生する債務（ＢＳＧ一九六三年判決：前掲（注1045）、同一九九四年判決：前掲（注1051））についても、契約法による直接的な対処は困難であるが、それを踏まえたうえでの解決を検討すべきであろう。これらは本稿の対象外とする。

（1200）不法行為発生の危険性が高い事業の選択を社員の行為と捉えることは不可能ではないと思われるが、会社に対する行為というよりは潜在的被害者に対する行為と捉えた方が自然であろう。また、社員に会社の資本構成についての裁量があるとすると、judgment proofing という行為を問題とすることはできなくなる。

（1201）もっとも、この傾向は分離原則による解決論者に限ったものではない。たとえば、Arno Maier, Der Grundsatz der Kapitalerhaltung und die Durchgriffshaftung wegen Unterkapitalisierung im deutschen und amerikanischen Gesellschaftsrecht, s.199ff.（1986）は、Drobnig, Wiedemann, Immenga などが紹介してきた危険な事業の実施と不法行為責任に関するアメリカの判決をほとんど引用していない（唯一の例外は Oriental Investment 判決（前掲（注356））であるが（s.200）、これも不法行為被害者による請求であったという点に着目して引用されているわけではない）。

（1202）Wilhelm らの見解に対しては、適用条文などの法律構成に関する批判も加えられているが（前注1094を参照）、この点は基本的な問題意識が受容されれば解決されていくと思われる。

（1203）社員による負の効果の外部化と機会主義的行動を抑止するために社員に責任を負わせるという考え方から、倒産中立義務の違反等に関与した社員の責任を不法行為者である業務執行者への教唆による責任という構成で肯定する論者も（Ulrich Ehricke, Zur Teilnehmerhaftung von Gesellschaftern bei Verletzungen von Organpflichten mit Außenwirkung durch den Geschäftsführer einer GmbH, ZGR 2000, 351, 366）、実質的過少資本については自己資本の適切性を判断する基準の曖昧さや、銀行や保険など特別の業種についてのみ適切な自己資本を要求する法規定の存在からの反対解釈という形式的な理由のみから社員の責任を否定している（Derselbe, Zur Begründbarkeit der Durchgriffshaftung in der GmbH, insobesondere aus methodischer Sicht, AcP 199 (1999), 257, 283ff.）。これには判例による継続的法形成の範囲を厳格に限定する彼の方法論的立場（s.273ff.）や有限責任制度のリスク分割を可能にするための制度としての位置づけ（s.302）も影響していると思われるが、実質的過少資本の議論において本当に問題とされてきた事情は何であったのかという意識を持つことができていれば、社員の機会主義的行動という観点からの検討が可能であったように思われるのである。

（1204）この判例の変遷とその後の学説の議論の全体像について、詳しくは、神作・前掲（注792）のほか、高橋英治「ドイツ法における子会社債権者保護の新展開――変態的事実上のコンツェルンから法人格否認の法理へ――」『ドイツと日本における株式会社法の改革――コーポレート・ガバナンスと企業結合法制』一〇一頁（商事法務、二〇〇七年）（初出は、法学六七巻六号一二四頁（二〇〇三年））、マーク・レオンハルト＝高橋英治「ドイツ有限会社法における債権者保護の現代的問題」大阪市立大学法学雑誌五一巻三号三〇頁（二〇〇四年）を参照。変態的事実上のコンツェルンによる責任と会社の存立を破壊する侵害による責任のいずれが適切な理論構成であるかという問題や、会社の存立を破壊する侵害による責任と資本維持制度との関係をどう捉えるかという問題は、本稿の直接の対象ではないため、立ち入らないことにする。これらの点については、前記の文献のほか、特に前者について斉藤真紀「子会社の管理と親会社の責任――子会社の債権者保護に関する基礎的考察（三）（四）」法学論叢一四九巻五号一頁、一五〇巻三号一頁（二〇〇一年）を参照。

（1205）この理論については、高橋英治『従属会社における少数派株主の保護』一八九頁以下（有斐閣、一九九八年）を参照。

（1206）BGHZ 149, 10, 16.

（1207）神作・前掲（注792）一一二頁。会社財産移転行為について資本維持規定に加えて会社の存立を破壊する侵害による責任を認めることのメリットについては、同一〇五頁および一一二—一一三頁を参照。その後のいわゆるKBV判決（BGH民事第二部二〇〇二年六月二四日：BGHZ 151, 181）によって問題とされるに至った「違法な清算」という類型も、倒産に瀕した会社の財産を正規の清算手続を経ることなく新設した会社に移転するというものであり、社員による財産移転行為が存在する点では共通している（神作・前掲（注792）一一三頁）。

(1208) 判例自身は、その後「会社の存立の保護（Bestandschutz, Existenzschutz）」という用語法を避けているが（神作・前掲（注792）九二頁および九四頁）、学説上は本文の用語で定着しているようである。

(1209) 神作・前掲（注792）一一一頁以下を参照。

(1210) 神作・前掲（注792）一一四頁および一二八頁注91を参照。

(1211) Günter H. Roth, Gläubigerschutz durch Existenzschutz, NZG 2003, 1081, 1082f. なお、神作・前掲（注792）一一四頁は、Rothによる債権者の犠牲における投機的行為の例示として「過小資本の状態にありながらさらに債務を負担する行為」を挙げているが、Rothはこのほかにも倒産に瀕した会社によるリスクの引上げや倒産申立ての遅延を問題としており、債務の追加負担のみならず事業の継続という点にも重点がおかれていると思われる。

(1212) Rüdiger Veil, Existenzvernichtungshaftung, GESELLSCHAFTSRECHT IN DER DISKUSSION 2005, s.103, 107 (2006).

(1213) 債権者の犠牲における投機的行為には会社財産の流出という要素がないため判例の要件に包摂するのは困難であるという懸念を示しつつ、会社の存立を破壊する侵害による責任によってWilhelmやAltmeppenらの主張に対する理論的な批判の説得力が弱められるとするものとして、Wolfgang Schön, Zur "Existenzvernichtung" der juristischen Person, ZHR 2004, 268, 289ff. がある。

(1214) Lutter/Hommelhoff in DIESELBE, GMBHG, 16.Aufl., §13 Rdn.11, Marcus Lutter & Nirmal Robert Banerjea, Die Haftung wegen Existenzvernichtung, ZGR 2003, 402, 419f., 440, Herbert Wiedemann, Reflexionen zur Durchgriffshaftung — Zugleich Besprechung des Urteils BGH WM 2002, 1804 — KBV, ZGR 2003, 283, 295f. これに対し、Schön, a.a.O. Fn.1213 ZHR 2004, 290 および RAISER/VEIL, a.a.O. Fn.1034, s.459, 462 は、過少資本の場合には会

社財産の流出がないことを理由に、会社の存立を破壊する侵害には含まれないとしている。

(1215) Lutter & Banerjea, a.a.O. Fn.1214 ZGR 2003, 415.

(1216) なお、神作・前掲（注792）一一四頁および一二八頁注94―95は、Hölzle, a.a.O. Fn.1129の見解をWiedemannやLutterと同様に会社の存立を破壊する侵害によって実質的過少資本による責任が認められるとするものとして引用している。しかし、確かに実質的過少資本との用語を頻繁に用いてはいるが、HölzleはRothらと同様に経営状態悪化時の株主の行動の当否を問題とするものであり、Wiedemannらと並列するのは妥当ではないと思われる。

(1217) OLG Düsseldorf 二〇〇六年一〇月二六日判決（NZG 2007, 388）である。

(1218) Franz Schaeffer & Stephan Fackler, Durchgriffshaftung wegen allgemeiner Unterkapitalisierung? NZG 2007, 377, 379は、この判決の理論構成を批判しつつ、契約締結上の過失に基づく責任としてなら肯定する余地があるとする。

第二款　第四章への示唆

以上のドイツの議論の混迷を踏まえると、日本においても、法律構成的側面を一度離れて、まずどのような状況をなぜ問題とするのかという観点からの検討を行うことが妥当であると思われる。そして、ドイツの議論からも、会社債権者にとっての具体的な問題は、過少資本という自己資本の水準にではなく、それ以外の点に存在するということが確認できた。特に、不法行為発生の危険性が高い事業の実施、債権者の負担における投機、経営悪化時の清算の遅延やリスクの高い再建の試みなどがドイツにおいても問題とされていたことが注目される。これは、第一章第四節第一款で提示した本稿の仮説を基本的に支持する結論であるといえよう。

もっとも、ドイツの議論はやはり抽象的であり、また取り上げられている判例の数もアメリカに比べてはるかに少ない。そのため、次章での解釈論的検討に対しては、アメリカ法の検討から得られた以上の示唆を得ることは困難であるように思われる。以下では、アメリカ法と比較しつつ、ドイツの議論において問題とされてきた状況を整理しておく。

一　不法行為債権からの judgment proofing

まず挙げられるのは、事業用資産の賃貸借や事業の分割による judgment proofing と不法行為発生の危険性が高い危険な事業の実施という問題状況である。この状況は、アメリカ法の議論を参照していた初期の議論においてよく言及されてはいたが（Drobnig, Kuhn, Wiedemann, Immenga らの見解）、この観点が前面に押し出されることはなかった。近時の連邦土壌保全法の制定により、この問題が再び脚光を浴びる可能性も存在するが、現段階ではアメリカに比べて不法行為被害者保護のあり方等に関する議論は豊富とはいえない[1219]。

二　経営状態悪化時の事業継続・再建の試み

次に、最近の有力な見解によって、会社の経営状態が悪化した時点での、社員による無益な事業の継続・会社再建の試みや、事業リスクの増加が問題とされていた（Roth, Altmeppen, Eckhold らの見解）。これらにおいては、アメリカの議論に比べると不明瞭ではあるが、社員のインセンティブという観点も見ることができる（Roth, Eckhold）。

もっとも、そこでは事業の無益な継続やリスクの増加により弁済額が低下した従来からの債権者の保護という問題に加えて、倒産直前段階に至った後に会社に対する債権を取得した債権者の保護という問題も検討されていることに注意を要する（Roth、Altmeppen）。前者が第一章第三節第二款で検討した資産代替的なメカニズムに基づくものでありうるのに対し、後者は経営悪化時の契約交渉における財務状況の開示義務という契約法的な問題であるといえよう（このような義務をどの範囲で認めるかという問題は、重要なものではあるが、本稿の対象外とする）。

なお、前記の新債権者の保護が中心的問題であった判例は存在するが（ＢＳＧ一九八三年判決[1220]）、従来からの債権者の保護が問題であった事案は、少なくとも過少資本による責任に関するものとされている判例の中には、見当たらなかった[1221]。ただし、この問題は、有限会社法六四条の取締役の倒産申立義務違反に関する判例において扱われている可能性がある[1222]。

三　契約債権からの judgment proofing

また、アメリカと同様に、ドイツの判例にも、契約債権からの judgment proofing が問題となったと見うる事案が存在した。まず、瑕疵担保責任の負担が予想される消費者への販売活動のみを切り離して資産のない会社に行わせていた OLG Dresden 判決[1223]については、債権者である消費者に瑕疵担保責任の履行能力を考慮して売主を選択することは期待しにくいとも考えられ、その点では不法行為責任からの judgment proofing に近い事案であったと評価することもできる。他方、社員が会社債権者による給付の利益を直接享受する一方で責任を資産のない会社に負担させるという状況が問題となった事案（Siedlerverein 判決[1224]、OLG Oldenburg 判決[1225]）については、アメリカ法の検討において指摘したように、有限責任制度の弊害の除去ではなく、転貸借法制や債権者代位制度の不備の克服という観点から説明しうるといえよう。

四　社員貸付への破産財団からの配当

さらに、適切な自己資本の具備を初めて有限責任の条件として論じたReinhardtは、社員貸付に対する破産財団からの配当により、他の外部債権者に対する配当が減少するということを問題としていた。この問題意識は、その後も名目的過少資本の規制に関してKamm、Immenga、Ulmerなどによっても述べられており、有限会社法三二a、b条による自己資本補充法の議論に受け継がれているものと思われる。

しかし、第一章第三節第四款での検討から、不実表示・会社搾取・倒産直前の偏頗弁済等の問題を伴わない場合には、この社員貸付の配当加入自体を問題とすることには疑問があるといえる。本稿では、前記の自己資本補充法についての検討をしていないため、完全に言い切ることはできないが、少なくとも本章で参照した議論からは、前記の疑問を払拭するに足る説明を導くことはできなかったといえよう。

(1219) なお、ドイツにおいては、従属会社の不法行為に関する親会社の責任の有無という問題が民法上の使用者責任（BGB八三一条）などの文脈において議論されている可能性がある（江頭・法人格否認二六七―二六八頁参照）。これらの本稿でフォローすることができなかった議論の分析については、他日を期したい。

(1220) 前掲（注1047）。

(1221) 失敗に終わる危険性が高い事業の実施という問題に言及する判決は存在するが、これは当初からリスクの高い事業を行っていたが失敗に終わったという事例に関するものである（EDV-Peripherie判決：前掲（注1039）、OLG Hamburg判決：前掲（注1057））。また、後者の判決は、債権者が当該リスクを認識可能であったことを理由に社員の責任を否定している。

(1222)　倒産申立義務違反による取締役の会社債権者に対する責任をめぐる議論と判例については、吉原和志「会社の責任財産の維持と債権者の利益保護――より実効的な規制への展望――（三・完）」法学協会雑誌一〇二巻八号一四三一頁、一四三九頁以下（一九八五年）を参照。

(1223)　前掲（注1143）。

(1224)　前掲（注901）。

(1225)　前掲（注1146）。

第三款　名目的過少資本の影響

なお、名目的過少資本の議論は、前記の社員貸付の配当加入の問題視以外にも、いくつかの点で実質的過少資本による社員の責任の議論に影響を与えてきた。(1226)この点を簡単に検討して、ドイツ法に関する分析の結びに代えよう。

一　規範目的論の構築

まず、名目的過少資本の議論は、生成期の規範目的論が理論を構築する際に影響を与えている。規範目的論を初めて過少資本に適用したKuhnは、名目的過少資本の事例を媒介にして導かれた財産移転と実質的過少資本の類似性を根拠に、実質的過少資本による社員の責任を肯定していた。(1227)また、Wiedemannは、名目的過少資本の規制がなされていることにより実質的過少資本規制の必要性を基礎づけている。(1228)さらに、Wiedemannの資本制度への依拠という側面のみを受け継いだWinklerは、名目的過少資本に関するBGH判決[1229]が社員貸付に資本維持に関する有限会社法三〇・三一条を類推適用していることを補強証拠としている。[1230]この名目的過少資本に関する判例は、実質的過少資本についても資本制度に依拠するという理論構成を自然なものとする環境を形成していたのではないかと思われる。

このように、規範目的論の資本制度に依拠した理論構成は、名目的過少資本の議論の助けを得て形成されたといいうる。そして、この理論構成により、KuhnやWiedemannが有していた資産の少ない会社による危険な事業の実施という問題意識は覆い隠されていったのである。

二　自己資本補充的使用貸借

また、一九八〇年の有限会社法改正により導入された社員貸付に関する有限会社法三二a・b条は、親会社から子会社への事業用資産の賃貸借という状況をも取り込みうるものであった（三二a条三項第一文）。このため、事業用資産の賃貸借というjudgment proofingの典型的手法は、Immenga以降、自己資本補充的使用貸借の問題として論じられるようになった。このことも、このスキームによる危険な事業の実施という問題から学説の目をそらさせる[1231]一因となったと思われるのである（第六節[1232]）。

(1226)　この影響力の大きさの理由を明らかにすることは残念ながらできなかったが、筆者は、最初に議論の対象となったのが実質的過少資本ではなく名目的過少資本の場合であったということが少なくとも一因となっているのではないかと推測している。

すなわち、ドイツでは、資本取引税（出資による資本会社に対する権利の取得に課税）、資産税（総資産額と事業上の負債額の差額に課税）、団体税（会社の利益に課税）などを軽減するための手段として用いられてきた社員貸付の取扱いが、戦前から租税法において問題とされてきた（江頭・法人格否認三五四頁、片木・前掲（注789）七八頁、Otto Wilser, Der Durchgriff bei Kapitalgesellschaften im Steuerrecht, s.121ff. (1960), Kamm, a.a.O. Fn.852, s.163ff. などを参照）。このため、最低資本金規制以外に規律がなされていなかった自己資本の水準の問題に比べ、会社法的観点からも社員貸付の規律は問題としやすかったものと推測される（たとえば、Klausing, a.a.O. Fn.798, s.31ff., derselbe, "Beteiligungsdarlehen" bei der GmbH, Zeitschrift der Akademie für Deutsches Recht 1939, 79 など）。

なお、租税法上の過少資本規制の問題は、会社債権者保護という観点からなされる会社法上の過少資本規制とは異なる問題であるということを確認しておきたい。租税法上の過少資本規制は、租税回避の防止や、株式と債権、配当と利子で課税上の扱いを異にする理由（この問題に関連する最近の研究として、吉村政穂「出資者課税――『法人税』という課税方式（一）――（四・完）」法学協会雑誌一二〇巻一号一頁、三号五〇八頁、五号八七七頁、七号一三三九頁（二〇〇三年）がある）などの租税法的観点からなされるべきものである。

(1227) 前注870―873およびそれに対応する本文を参照。

(1228) 前注887およびそれに対応する本文を参照。

(1229) ＢＧＨ民事第二部一九五九年一二月一四日判決（BGHZ 31, 258）。この判決については、江頭・法人格否認三五七頁を参照。

(1230) Winkler, a.a.O. Fn.915, BB 1969, 1206.

(1231) 資産所有会社と事業会社の分離（Betriebsaufspaltung）自体を扱う実務書においては、そのようなスキームを採用する動機の一つとして製造物責任からの製造設備の隔離等があることが指摘されているが（Gerhard Brandmüller, Die Betriebsaufspaltung nach Handels- und Steuerrecht, 7.Aufl., s.45 (1997)）、この要素が当該スキームにおける法人格否認等において意義を持つとされているわけではない。

(1232)　江頭・法人格否認三三七―三三八頁および三四八頁注28は、アメリカにおいて事業用資産の賃貸借が株主からの貸付けの衡平法的劣後化と同様に取り扱われないことに対し半ば疑問を呈しているが、問題状況の的確な把握を可能にするという点では、アメリカの状況の方がドイツよりも望ましかったといえよう。

第四章　解釈論による株主への責任賦課の試み

序

本章では、従来過少資本による株主の責任に期待されてきた機能のうち、実定法や一般私法理論によって解決が与えられておらず、また株主に会社債務についての責任を課すという形での解決策を検討することが適切であると思われるものについて、解釈論による対応の可能性を検討する。すでに序章第一節第二款一で述べたように、ここでは株主の有限責任が広く認められているという現行制度を出発点としたうえで、原則としての株主有限責任が例外的に否定されるべきであるのはいかなる場合かという観点から議論を進めたい。

具体的には、以下の順序で検討を行う。

まず、アメリカ法・ドイツ法の比較法的検討からの示唆をまとめ（第一節）、従来の議論が期待してきた機能を株主の責任という手法で実現することが必要・適切であるのかという点について検討を行う（第二節）。そのうえで、株主の責任の中核的要件をどのように構成するかという基本的問題点についての立場を示し（第三節）、株主の責任の要件・効果に関する各論的問題点を検討する（第四節）。最後に、日本法上どのような法律構成によって株主の責任を基礎づけるべきかを考える（第五節）。

第一節　比較法的検討からの示唆

第一款　自己資本の水準の無意味さと実定法規定等による解決を検討すべき問題

一　自己資本の水準の無意味さ

比較法的検討の結果として最初に指摘すべきことは、アメリカ・ドイツのいずれにおいても、会社の自己資本の水準への着目により、どのような具体的問題の解決が企図されているのかということがわかりにくくなってしまっていたということである。アメリカにおいては資本額が少ないというだけで株主が会社債務について保証するかのような表示をしていた場合までもが過少資本による責任の事案であるとされており、ドイツにおいても過少資本が問題であることを前提とした理論構成にのみ注目が集まる結果となっていたのである。また、自己資本のクッション機能という議論は、両国において日本におけるそれの淵源と思われるものが散見されたが、第一章での検討以上の内容を持つものではなかった。

以上からは、従来過少資本による責任として問題とされてきた状況に対する解決策を検討する際に自己資本の水準自体に着目することは有益ではないという本稿の仮説は、比較法的検討を経たうえでも支持されるということができよう。

二　実定法規定や一般私法理論による解決を検討すべき問題

そして、過少資本による責任の議論において扱われてきた問題状況の中には、既存の実定法規定や一般私法理論によって扱われているものがある。これらの既存の解決策では不十分である場合に法人格否認の法理等によりその限界を克服することは考えられるが、まずは当該実定法規定や一般私法理論による解決を検討すべきであり、法人格否認の法理を用いる場合であっても既存の法理との関連性を十分に意識したうえで適用すべきであろう。

このような問題状況としては、まず日本の議論においても指摘されていた、株主による会社の搾取や倒産直前時の会社財産移転、契約締結過程における株主による不実表示などが挙げられよう。これらについては、会社法上の配当規制や子会社の搾取に関する規制、倒産法上の否認権や民法上の詐害譲渡規制、外観信頼法理などによる解決を検討すべきであろう。

また、日本における議論では見られなかったが、米・独双方の判例において[1233]、会社・債権者間の契約に基づく債権者の給付の利益を株主が直接享受しているという状況が問題となっていた。これは、株主が会社を利用することにより契約上の債務負担を逃れようとすること自体を問題とするものであり、契約債権者は基本的に自衛すべきであるとの考え方を前提とした場合には、このような状況において株主に責任を負わせることは容易に肯定しがたいようにも思われる。しかし、会社の債務負担により株主が利益を享受している場合には、会社が株主に対する債権を有していると思われるため、会社債権者はこの株主に対する債権を代位行使する（もしくは債権執行する）ことが考えられる[1234]。とすれば、この場合に法人格否認の法理等により株主の責任が肯定されていても、それは、会社の株主に対する債権の存在が立証困難である場合やその額が不当に低廉に抑制されている場合などに、債権の代位行使による救済の限界を克服するためのものであると評価することができ[1235]、過少資本を理由に自衛可能な契約債権者に対する有限責任を否定したものと見る必要はないと思われる(1236)。

以上の問題状況の詳細な検討については、別稿を期したい。


(1233) 米・独の学説の議論は、このような状況を明確に問題としていたわけではない。

(1234) このほか、実定法により賃貸人から転借人への直接請求が認められていることもある。

(1235) 不当利得法上の転用物訴権と類似する問題と考えることも可能である。

(1236) また、債権者は自衛することが原則であるとしても、良好な契約関係が継続すると期待した債権者が株主の自発的支払を当てにして株主の個人保証等を確保しておかなかった場合に、信頼関係をいたずらに破壊するような自衛措置を採らないこともやむをえないとして債権者に救済を与えるということも考えられないわけではない（株主による支払いを当てにしていなかった債権者にたなぼた的利益（windfall）を与えるべきではないことは、いうまでもない）。

第二款　不法行為コストの外部化

では、第一章第三節で検討した実定法規定や一般私法理論による解決が与えられていないと思われる機能のうち、クッション機能を除く三つのものは、米・独においてどのように扱われていただろうか。

まず、アメリカや初期のドイツの議論を見ると、過少資本による責任は主に会社の不法行為の被害者による株主への請求について論じられてきたものであったということが指摘できる。そして、過少資本による責任を提唱し始めた見解により問題とされていたのは、株主等からの賃貸借や担保付貸付による事業用資産の提供、密接に関連する事業の複数の会社への分割、責任負担が予想される主体への利益蓄積の阻害などによる judgment proofing が行われている事案が中心であった。他方、判例においては、会社の資産が第三者からの事業用資産の賃借等により低く抑えられている場合であっても、株主が当該会社に対して事業用資産をほとんど拠出しておらず、事業の分割もない場合に株主等の責任が認められることは稀であったという。[1237]

また、最近のアメリカの議論においては、株主のインセンティブに影響を与える有限責任制度による不法行為コストの外部化が、より直接的に問題とされるようになってきている。具体的には、不法行為コストの外部化を防止する手段としては株主に責任を課すほかにも強制責任保険や不法行為債権の優先債権化などがあることが指摘され、また会社の不法行為について株主の有限責任を全面的に否定することが提案されている。さらに、CERCLAに基づく子会社による環境汚染についての親会社の責任に関する判例においても、会社の資本構成よりも親会社の汚染への関与が問題とされていた。このように、過少資本による責任という構成は、もはや重要な意味を持たなくなっているのである。他方、ドイツにおいては、最近の立法により子会社の環境汚染についての親会社の責任が問題とされるようになっているが、そこでは過少資本という構成が維持されており、そのためか問題点の整理が不十分となっているように見受けられた。

以上からは、会社の不法行為についての株主の責任をどの範囲で認めるべきかという問題について、過少資本ではなく、不法行為コストの外部化と株主のインセンティブへの影響を主眼に置いた検討を行う必要があり、各種のjudgment proofing の手法もそれとの関連において捉えるべきであるという示唆が得られよう。また、判例上は、judgment proofing が、不法行為責任の回避を目的とする有限責任制度の利用も適法であるということを前提とした場合であっても、なお責任を課すべき場合の基準として一定程度機能しているということも重要である。

(1237) なお、江頭・法人格否認二六五—二六六頁は、アメリカの判例には「過度の支配力」のみを判断要素として支配株主の責任を肯定したものが不法行為に関する事案に多く、特に親会社の責任については、「親会社による子会社の被用者への直接の指揮・監督はおろか、個々の不法行為が生じた分野に対する親会社の支配ですらなく、一般的な会社の財務・経営・業務遂行への過度の支配でたりるとされて」いるとして、いくつかの判決を例示している（同・二七五頁注33、二七六頁注36）。

しかし、これらの判決の事案を見ると、judgment proofing が行われていたと評価できるものが多い。たとえば、すでに言及した Finish Temperance 判決（前掲（注428））のほか、Ross v. Pennsylvania Railroad Company, et al., 106 N. J. L. 536, 148 A. 741 (1930) では一体的に運営されている鉄道事業の分割が行われており、Barnes v. Liebig, et al., 146 Fla. 219, 1 So. 2d. 247 (1941) でも原告の主張からは事故を起こした車両が親会社から子会社に貸与されていたという事情がうかがえる。また、Trent v. Atlantic City Electric Co., et al., 334 F. 2d. 847 (3rd Cir. 1964) では、親会社が発電所の土地設備を所有してその運営を子会社に委ねていたものであり、また事故の被害者は親会社と請負契約を締結した業者の従業員であったため親会社自身に安全配慮義務があった事案であるとも評価できるように思われる。さらに、やや特殊な事案として、孫会社が運行していた路面電車の車両は子会社が所有しており、その子会社がフィリピン法人であり管轄権が認められなかったために、孫会社が起こした事故について親会社の責任が肯定された Costan v. Manila Electric Co., et al., 24 F. 2d. 383 (2nd Cir. 1928) がある。Judgment proofing が認められない事案としては McCarthy v. Ference, et al., 358 Pa. 485, 58 A. 2d. 49 (1948) と Auglaize Box Board Co. v. Hinton, et al., 100 Ohio St. 505, 126 N. E. 881 (1919) が挙げられているが、前者は、事故原因である子会社の所有地である斜面からの落石は親会社が行った工事に起因するものであり、親会社は事故の危険性を十分認識しつつ防護措置を採らなかったという点で親会社自身の不法行為があるとも評価しうる事案であった。また後者は、おそらく原告からの損害賠償請求を回避するために新設会社への事業の詐害的移転が行われた事案である。

アメリカの判例を網羅的に検討していないため断定はできないが、以上からは、judgment proofing も事故発生への株主・親会社自身による寄与もない場合に、会社・子会社に対する一般的支配のみを根拠に不法行為債権者の株主・親会社に対する請求を認めた判決は、そこまで多くはないのではないかと思われる。

第三款　資産代替

また、アメリカの近時の学説には契約締結後のリスクプロファイルの変更を考慮して株主に財産状態の開示義務を課す根拠とするものがあり、ドイツにおいても株主が債権者のコストにおいて投機的事業を行うことを問題とする見解が存在している。また、倒産申立義務が実定法上規定されているドイツの最近の見解には、過少資本による責任に関して会社が倒産に瀕した段階での株主の行動を問題とするものが多い。ここでは経営悪化時の財務状況の開示義務という契約法的問題が論じられていることもあるが(1238)、事業の継続や再建の試みなどの結果として財務状況がさらに悪化するという問題は資産代替的なメカニズムによるものである。これらは、資産代替を行う株主のインセンティブのゆがみの是正という本稿の観点が比較法的にも支持されうるものであることを示すといえよう。

もっとも、過少資本による責任に関するものとされる判例の中には、リスクの高い事業の実施が問題とされていることはあるものの、契約締結後のリスクプロファイルの変更があった事案は見当たらなかった。この点についての説明としてまず考えられるのは、このような問題意識がこれまで明確に持たれてこなかったため、それに基づいた訴訟も提起されていないというものである。過少資本による責任という考え方が今日でも存続していることからは、この説明も一考に値すると思われるが、Jensen & Meckling による資産代替の問題の指摘からすでに三〇年以上経過しているため、若干の疑問を禁じえない。次に考えられるのは、このような資産代替は理論上のものにすぎず現実にはあまり行われないという可能性であるが[1239]、事業内容の完全な変更はコストの観点から稀であるといえるとしても、新規事業への進出により全体としてのリスクプロファイルが変化することはありうるし倒産直前に残った流動資金をリスクの高い事業につぎ込むことが考えられないわけではない。もう一つの説明は、長期債権者は物的・人的担保等により自衛しており、短期債権者にとっては資産価値よりもキャッシュフローの方が重要であるためリスク変更の影響は大きくないので、実害がないというものである。これは、回収できなかった債権者による訴訟がないことを説明できないが[1240]、一応の説得力は有していると思われる[1241]。そのため、資産代替を理由として株主に責任を課そうとする場合には、債権者の自衛可能性の有無を慎重に検討する必要があろう。

(1238)　日本においては取締役の対第三者責任における直接損害の事例として論じられてきた問題であり（江頭憲治郎・株式会社法四五五頁（有斐閣、二〇〇六年））、アメリカにおいてもこのような状況を問題視する見解が存在しないわけではない（David Millon, *Piercing the Corporate Veil, Financial Responsibility, and the Limits of Limited Liability*, 32-33, 50-51 (2006, available at http://ssrn.com/abstract=932959) など）。この問題類型については、繰返しになるが、以下の議論の対象から除外する。

(1239)　資産代替を抑止する要因としては、前注258—260とそれに対応する本文を参照。

(1240)　株主の個人資産がすべて株主の個人保証を取得していた長期の大口債権者への弁済に回されていたとしても、理論上はその他の債権者が株主に対する判決を取得して倒産手続を申し立てることにより弁済を受けることは可能である。

(1241)　このほか、極端な資産代替が行われることはあっても、それは株主の個人財産を事業に投入しても経営難から脱却できない最終段階においてであるため、株主の個人責任を追及しても意味がないことが多いという可能性もある。

第四款　外部債権者と同順位での、もしくはこれに優先する株主の投資回収

では、株主が会社に対して資産を貸付けや賃貸借等の形式で供給することにより、会社倒産時にも外部債権者と同順位で、もしくはこれに優先して投資を回収するという問題は、米・独においてどのように扱われていたであろうか。

まずアメリカにおいては、判例上、株主による事業用資産の賃貸や会社資産の担保取得が行われていた場合に、契約債権者からの株主に対する請求を認めた事案や、株主の債権・担保権が劣後化もしくは否定された事案が存在していた。しかし、これらの事案においては、株主債権の偽装や会社搾取、株主による拠出状況についての債権者の認識欠如、破産直前の偏頗弁済などの問題が存在しており、外部債権者と同順位での、もしくはこれに優先する投資回収自体について否定的な評価がなされたわけではないと思われる。このような株主の投資回収を明示的に問題としているのは、ある連邦控訴裁判所判決（In re V. Loewer's 判決）の補足意見のみであり、その説示も必ずしも十分であるとは思われなかった。他方、ドイツにおいても社員貸付に対して破産配当がなされることを問題とする見解が散見されたが、これらもその不当性の根拠を説明できてはいなかったのである。

本稿では、アメリカの衡平法的劣後化、ドイツの自己資本補充法のいずれについても全体的な検討をしていないため、暫定的な結論にとどまらざるをえないが、以上の比較法的検討からは、外部債権者と同順位での、もしくはこれに優先する株主の投資回収それ自体について、何らかの規制を及ぼすべきであるとの示唆は導きえなかったというべきであろう。(1242) 倒産した会社の経営権を握っていた株主が経営権を有していなかった債権者と同順位以上で投資を回収しうるのは不当であるという感覚は理解できなくもない。しかし、株主による経営が拙劣であったとして

倒産についての損害賠償責任を会社または債権者に対して負うような場合であれば、簡便な救済方法として株主の会社に対する債権等を劣後化もしくは否定することを正当化する余地がないわけではないが、そのような損害賠償責任は認められないという場合にまで株主の投資回収を抑制することは容易には正当化しがたいと思われるのである。(1243)

(1242)　株主の外部債権者と同順位以上での投資回収自体を問題視する見解の中には、ドイツのReinhardtのように支配と責任の一致を原則とするものがあった。これは、有限責任制度を例外と位置づけるものである。これに対し、本稿のように有限責任制度を原則と捉え、その弊害がある場合に限って株主に責任を課すという立場からは（序章第一節第二款一を参照）、対会社債権等の劣後化・否定という形での株主の負担の拡張にも、有限責任制度により何らかの弊害が生じていることが必要となる。

(1243)　会社倒産の一因は株主の経営にあるが、善管注意義務違反もしくは悪意重過失があるとはいえないため株主の損害賠償責任が認められるには至らないという事案において、一種の中間的解決として、損害賠償責任は問わないがすでに会社に拠出した財産の回収については劣後させるという処理をすることは、考えられないわけではない（もちろん、理論的にさらに詰める必要はあろう）。しかし、この処理を認めた場合でも、会社倒産と株主による経営との間に因果関係が一切認められないという場合には、本文で指摘した問題が残るといえよう。

第五款　小　括

以上をまとめると、わが国の議論に大きな影響を与えてきた米・独の過少資本による責任の議論において論じられてきた問題状況のうち、既存の実定法規定や一般私法理論によって解決が与えられておらず、何らかの規制を課すべきであると思われるものは、不法行為コストの外部化と資産代替であるといえる。

以下では、この二つの問題状況について、第一章の検討から得られた株主のインセンティブのゆがみという観点を軸に、株主に会社債務についての責任を課すことにより対処する場合の具体的な解釈論の検討を試みることにする。

第二節　株主への責任賦課という対処の適切性

まず、資産代替と不法行為コストの外部化についての株主のインセンティブのゆがみという問題への対処として、そもそも有限責任を否定して株主に会社債務について責任を課すという手法は適切なものであるのかということが問題となる。株主が失敗のリスクのある事業や不法行為賠償責任を負う可能性のある事業を行うようになるということは、有限責任の積極的意義の一つと考えられてきたものでもある。そのため、これらを理由に有限責任を否定する場合には、弊害を除去する代替手段の有無について検討を行っておくことが必要であると思われる。具体的には、契約債権者による自衛の可能性（第一款）と、株主への責任賦課以外の不法行為被害者保護・事故防止手段（第二款）が問題となる。

第一款　契約債権者による自衛と資産代替

過少資本による責任について、契約債権者と不法行為債権者を区別し、前者については自衛が可能であるため保護は不要であるという議論がなされることは珍しくない。しかし、契約債権者であるというだけで当然に自衛が可能であるわけではない。労働者などの交渉力・知識が劣位にある者を保護する必要性があるということはよく指摘されるが(1244)、それ以前に、どのようなリスクに対しどのような自衛が可能であるのかを詳しく分析しておくことが必要であると思われる。

一　自衛の対象

まず、契約債権者が認識し、自衛措置を講じるべき対象は何であるのかということが問題となる。従来の議論においてはこの点が必ずしも明確にされてはいないが、過少資本が問題であるという理解の結果として、漠然と会社の自己資本の水準もしくは財務構成に対する認識を問題としていた可能性があると思われる。[1245] しかし、問題の本質は自己資本の水準の低さではなく株主の事業選択等に関するインセンティブのゆがみにあるという本稿の理解からは、債権者が認識・自衛すべき対象も株主のインセンティブのゆがみであると解すべきことになる（会社が多額の不法行為賠償責任を負うに至った場合も一般契約債権者は弁済率低下という不利益を被るが、ここでは特に資産代替を行うインセンティブからの自衛の可能性を検討する）。

では、債権者が会社の財務状況を認識した場合、これにより資産代替のリスクを認識し、それを引き受けたことになるといえるであろうか。過少資本による責任を資産代替が行われやすい財務的状況に会社があることを開示させるための手段として捉えるEasterbrook & Fischelの見解は、これを肯定する立場からのものであると思われるが、[1246] 財務情報さえ開示されれば資産代替のリスクがすべて開示されたといえるのかという点については疑問がある。確かに、第一章で見たように、自己資本の水準が低い場合に資産代替のインセンティブは強まる。しかし、資産代替の可能性を検討するためには、会社がどのような事業の選択肢を有しているかということが決定的に重要であるといえる。債権者の自衛が容易になるのは、財務状況の開示に加えて、これから行われる事業のリスクプロファイルまでもが開示された場合だと思われる。[1247] したがって、会社の財務状況の認識のみで当然に資産代替のリスクを債権者が引き受けたことになるとはいいがたい。財務状況の開示を受けた債権者はその後なされうるすべての資産代替の可能性を考慮して自衛措置を採るべきであるという主張も考えうるが、これについては資産代替に対する具体的な自衛手段の効果と限界を分析する必要がある。

二　債権者の自衛手段

(1)　償還額・利率の引上げ

債権者の代表的な自衛手段は、第一章でも検討した、償還額（割引率）や利率のリスクに応じた引上げという手法である[1248]。これは、事業の失敗により債権を回収できなくなる場合に備えて、事業が成功した場合の回収額を大きくするものである。

この手法によって効率的に資産代替を抑止するためには、資産代替の対象となる事業のリスクプロファイルについての情報が必要となる。事業用資金を融資する銀行には、これらの情報が提供されることが多いであろう。しかし、資産代替という問題の本質は、契約締結後に債務者が債権者を裏切り、表示していた事業とはリスクプロファイルが異なる事業を営むという株主の機会主義的な行動にある。事後的な変更の対象となりうる選択肢が有限であり、そのリスクプロファイルが事前に明らかになっているならば、利率引上げによりこの機会主義的行動に対応することも不可能ではないが、現実世界においてこのような条件が満たされることは期待しにくい。他方で、最もリスクが高い事業への変更が現実に行われる可能性が高くはないとすると、これを前提とした利率を課すことが効率的であるとも思われない。また、資産代替のリスクを考慮して利率を高く設定しても、株主側が高利率に見合う高収益を得るためにさらにリスクを引き上げる可能性も存在する[1249]。

したがって、利率の引上げという手法により資産代替に対処することには限界があるといえよう[1250]。

(2)　**エクイティ的権利の取得**

次に、同じく事業成功の場合のリターンを大きくする手法として、債務者である会社に対するエクイティ的権利を取得することが考えられる。融資を通常の貸付けではなく転換社債として行うという手法がよく知られているが、[1251]債務者会社が公開会社である場合には、市場において株式・新株予約権を取得することによっても同様の効果が期待できる。

後者の手法には交渉力の弱い債権者でも利用できるという利点があるが、市場における流通量や取得資金の点で資産代替による損失をカバーできる量の株式・新株予約権を取得できるとは限らないという問題がある。また、債権者が銀行である場合には、銀行法や独占禁止法により株式保有制限が課せられているという問題もある。したがって、この手法によっても資産代替に十分対応できるとは限らないといえよう。

(3)　**満期の設定**

また、債権の満期を短く設定することにより資産代替の影響を緩和できるという指摘もある。[1252]これによれば、原料の納入業者等は、債権の回収期間を短くすることによって自衛できるということになろう。もっとも、設備投資資金などについては、会社の弁済資金確保のコストを考えると、短期の借入れを繰り返すことが効率的とはいえないと思われる。また、債権の満期を短くしても、その期間中に行われた資産代替の影響がゼロになるわけではない。

(4)　**事業内容等の直接的制限**

以上の三つの手法は、資産代替が行われた場合の影響を減少させることを目的としたものである。これに対して、契約条件の設定を通じて資産代替自体を制限するという手法も考えられる。[1253]具体的には、会社が行いうる事業や保有しうる資産を限定する条項や、逆に一定の事業への従事や特定の資産の保持を要求する条項の導入が考えられる。また、追加借入れを制限することにより資産代替に必要な資金を確保できないようにするという間接的な制限も考えられる。[1254]

しかし、これらの手法には、まず条項の定め方によっては有望な投資機会の逸失や資産の効率的利用の阻害などの機会費用が伴うという問題がある。また、事業のリスクを増大させる行為を事前に特定することは困難でもある。[1255]

(5) 経営状況悪化時の再交渉

そこで、事前に資産代替に該当する行為を禁止するのではなく、資産代替が行われる可能性が高い経営状況になった場合に再交渉の機会を確保することにより、事業継続・変更によるリスクプロファイルの事後的変更から自衛するということも考えられる。たとえば、会社の利益や純資産等の財務指標が一定値を下回った場合には期限の利益を喪失するというコベナンツ（現状維持条項（"state-of-the-firm" covenants））を設定することにより、株主が事業の継続・変更を望む場合にはそのリスクに応じた利率の変更等を要求することが可能となる。[1256]

もっとも、事業のリスクプロファイルを変更するインセンティブは変更対象となる事業の内容に依存するため、前出の事業内容の直接制限と同様に、事前にすべての資産代替について再交渉の機会を確保できるような財務指標の水準を決定することも非常に困難となる。[1257] この水準が高すぎれば再交渉の回数が増えて非効率が生じ、他方水準が低すぎれば資産代替を適切に防止できないことになろう。また、財務状況の更なる悪化を予見している株主は、現状維持条項に違反する財務状況になる前に資産代替を行うインセンティブを持つことになる。したがって、このような条項の導入によっても資産代替に完全に対処できるわけではない。[1258]

(6) 物的担保

また、会社資産への物的担保権の設定にも、当該資産の代替を防止するという効果がある。[1259] 事業のリスクプロファイルを変更するためには資金が必要であると思われる。この資金の調達方法としては、外部からの借入れ[1260]の他に、既存の資産の売却が考えられる。特に、換金が容易な企業特殊性が低い資産ほど、資産代替の資金獲得に利用される可能性があるといえよう。このような資産に担保権を設定しておけば、[1261] 債権者がその売却代金を取得することができるため（民法三〇四条：物上代位、同三七八条：代価弁済等）、事業リスク変更の資金獲得を制限することができるのである。[1262]

もっとも、この手法では当該担保目的物以外の資産の代替を防止できるわけではないことに注意する必要がある。

(7) 人的保証

このほかに、支配株主に会社債務について個人保証をさせるということが考えられる。[1263] この手法は、当該会社債務についての有限責任の影響を除去するものであり、最も直接的に有限責任による資産代替のインセンティブを縮小・除去できるものである。[1264]

三　債権者を保護する必要性

(1) 交渉力があるが自衛しなかった債権者

以上のように、債権者の採りうる自衛手段の中には、その機能に限界があるものも存在するが、支配株主の個人保証の要求というわが国の銀行等が従来多用してきた手段は、資産代替という機会主義的行動の防止に最も有効なものであるといえよう。また、現状維持条項は、完全にではないが、多くの事業リスクの変更に際して債権者に再交渉の機会を与えるものである。したがって、交渉力のある債権者が資産代替に対して自衛することは不可能ではないというべきであろう。

しかし、債権者の中には、交渉力があるにもかかわらず、各種の費用を考慮してこれらの措置を採らない者も存在しうる。株主に個人責任を課すことによりこれらの債権者を保護する必要性はあるだろうか。

これらの債権者に対しては、あくまで自己責任で自衛措置を採らないと判断したものとして、資産代替が行われた場合にも株主への請求を認めないとすることも考えられる。しかし、この点については、法制度として株主による資産代替への保護を与える場合と与えない場合のいずれが効率的かという観点からの検討が必要であると思われる。

たとえば、わが国では中小企業に対する融資に際しては経営者の個人保証を要求するという銀行実務が行われてきたが、この実務に対しては近年批判も強い。これらの批判の中にはその妥当性について疑問のあるものもあるが[1265]、次のように一定の合理性を備えていると思われる指摘もなされている。すなわち、個人保証には、会社が倒産した理由が何であれ株主に会社債務について責任が課されるという特徴がある[1266]。倒産した会社の経営者は個人保証により「経営者として再起を図るチャンスを失ったり、社会生活を営む基盤すら失うような悲劇的な結末を迎える[1267]」との批判は、この個人保証の特徴の結果、会社の倒産が経営者の責めに帰しえない一般的な景気変動等によるものである場合にも個人保証の履行を迫られることを問題とするものであると思われる[1268]。景気変動のようなリスクは、分散投資によっても削減できないシステマティックリスクであり、中小企業の経営者も事業活動により利益を得ようとするものである以上、このリスクをある程度は負担すべきであろう。しかし、個人保証により経営者に会社への出資額以上のシステマティックリスクの負担をさせて個人破産に追い込むことは、事業意欲のある者の再挑戦を阻害し、社会的利益に反するという説明[1269]にも一定の説得力はあると思われる。

もちろん、このような再挑戦の促進は、まずは個人破産制度の改革や公的金融制度の整備によって対処されるべきであると思われるが[1270]、前記の批判説が支配的地位を獲得して個人保証を一律に要求するという実務が変動していく可能性があるとすれば[1271]、個人保証に代わる資産代替の防止策として、問題のある資産代替が倒産の原因であった場合に限り[1272]株主に責任を課すという解釈論を検討しておく必要があろう。融資契約に「不当な資産代替の結果として会社が倒産した場合には経営者個人が返済義務を負う」という類の条項を入れることも可能であり、そうしない限り債権者の自己責任を問うということも考えられなくはないが、契約締結後のリスクプロファイル変更という株主の機会主義的行動によって利得する債権者は存在しないと思われるため、この場合に解釈論に基づく株主の責任を認めて契約起草コストを削減することも、法制度としては十分考慮に値しよう。他方で、解釈論による責任は訴訟によって事後的に追及していくことになるが、この場合、資産代替が行われたのか否かという点についての裁判所の判断に過誤が生じる可能性がないわけではない[1273]。この裁判所のエラーによるコストを削減するためには、株主の責任を認めるための要件をできる限り明確に規定する必要があろう[1274]。

また、現状維持条項には[1275]、基準が緩やかにすぎればあまり意味がない一方で、頻繁に違反を生じるような厳格なものだと再交渉のコストが大きくなるという問題があり、また事業内容等の直接制限にも機会費用が伴う。もちろん、株主の責任の訴訟による事後的追及という手段にも不確実性という無視できないコストが存在するが、これらのコストを考慮したうえで現状維持条項や事業内容等の直接制限と事後的責任追及とを選択し、また組み合わせることも認められるべきであると思われる。

したがって、個人保証や現状維持条項などを契約条件に盛り込む交渉力を有していたにもかかわらずこれらを要求していない場合や、これらが不十分である場合にも、当然に資産代替のリスクを債権者が引き受けたとみなすべきではなく[1276]、債権者による自衛の可能性を考慮した場合でも資産代替の問題に対して株主の責任を考える必要性はあると考える[1277]。

(2) 自衛した債権者と windfall

ただし、資産代替の可能性やリスクの高い事業の実施に対し十分な自衛措置を講じている債権者に対し[1278]、たなぼた的利益（windfall）を与えることがないように注意する必要がある[1279]。

まず、リスクの高い事業であっても、成功した場合には債権者に対する弁済がなされるのであるから、（特に債務者の経営が悪化している場合に）債権者が特に自衛措置を講じることなく実施に同意する（賭けに乗る）ことも考えられる[1280]。この場合に株主への請求を認める必要はないといえよう。また、エクイティ的権利を十分取得していた場合には、リスクの高い事業の実施による利得の機会も有していたのだから、仮に失敗に終わったとしても支配株主への請求を認める必要はないと思われる（ただし、「十分」取得していたといえるかの判断は困難である）。さらに、株主の個人保証を取得している場合については、その者が主導した資産代替に対する保護を認める必要はない[1281]。

もっとも、債権者が株主による資産代替に対して十分な自衛措置を講じていたと評価できるか疑問である場合も存在する。たとえば、すでに指摘したように、当初の利率に資産代替の可能性が織り込まれていない可能性もあると思われるので[1282]、債権者の同意なく会社のリスクプロファイルが変更された場合に株主への請求を認めても windfall は発生しないのではないかと考えられる。また、物的担保を取得しているだけで当該担保目的物以外の資産の代替に対して自衛していたといえるのかも疑問である。短期債権者も、資産代替の可能性を考えて満期を短く設定したとは限らない。さらに、事業内容等の直接制限や現状維持条項が導入されていたとしても、それにより防止できなかった資産代替について株主への責任追及を認めることにより果たしてwindfallが発生するのかは疑問である。(1283)

以上から、資産代替に対する自衛の有無と株主への請求を認めた場合のwindfallの発生の判断は困難な問題ではあるが、(1284)債権者がリスクプロファイルの変更に同意した場合、債権者が十分なエクイティ的権利を有していた場合、債権者が株主の個人保証を有していた場合以外については、債権者に資産代替を行った株主の責任追及という救済を認めるというのも、一つの選択肢ではないかと思われる。(1285)

(3)　交渉力の弱い債権者

また、契約締結後のリスクプロファイルの変更という問題に対して株主の責任という救済を認めることには交渉力がある債権者にとっても意義が認められたこととの比較からは、従来から保護の必要性が指摘されている交渉力が弱いため自衛措置を採れない債権者、具体的には労働者(1286)や取引関係上劣位にある小規模な納入業者などについては、なおさら事後的なリスクプロファイルの変更に対する株主の責任による救済を認めるべきであるといえよう。(1287)

なお、契約締結後のリスクプロファイルの一方的な変更ではなく、当初からリスクの高い事業の実施があらかじめ告知されている場合についても、特段の自衛措置が講じられていないからといって交渉力の弱い債権者がそのような高いリスクを引き受けたと単純に評価することには疑問もあるが、この問題点については別稿を期したい。

(1244)　青木英夫「過少資本と社員の責任——アメリカ法およびドイツ法を中心として——」『現代会社法・証券取引法の

展開　堀口亘先生退官記念』三頁、五―七頁（経済法令研究会、一九九三年）、清水忠之「子会社の過少資本に対する親会社の責任について」明治学院論叢五三五号（法学研究五四号）五三頁、九三―九四頁（一九九四年）など。

(1245)　清水・前掲（注1244）九四頁は、会社の資本金は登記所において確知しうるが過少資本の基準は資本金ではなく自己資本であるためこれでは不十分であり、また年度決算書や営業報告書による財務情報も仕入れ規模等までを明らかにするものではなく、また決算期後の財務状況の変化を反映していないため不十分であるとしている。これは、あくまで自己資本の水準や財務情報の認識が重要であることを前提に、制定法上の情報開示では不十分であることを問題とするものといえよう。

(1246)　Easterbrook & Fischel がこのような議論を展開したのは、講学上すでに一定の地位を獲得していた過少資本による責任の議論に引きつけることによって、資産代替という経済学的視点の導入を受け入れられやすくするためであった可能性もある。彼らの見解については第二章第四節第二款一を参照。

(1247)　ここまで開示がなされた場合でも、債権者の交渉力が弱い場合には取引中止・担保要求等の自衛措置が取れるとは限らない。

(1248)　第一章第三節第二款二(1)を参照。

(1249)　Stephen M. Bainbridge, *Abolishing Veil Piercing*, 26 J. CORP. L. 479, 503 note 113 (2001). Bainbridge は、株主の個人保証を債権者の主要な自衛手段と位置づけているようである（ibid. at 501）。

(1250)　Jonathan M. Landers, *Another Word on Parents, Subsidiaries and Affiliates in Bankruptcy*, 43 U. CHI. L. REV. 527, 530 (1976) は、資産代替のリスクに限定することなく一般的な叙述として、調査能力を有する債権者でも異なるレベルのリスクに応じて利率を変更することは多くないとしている。この Landers の指摘が正しければ、資産代替に対してはなおさら利率の引上げによる対処は期待しにくいといえよう。

(1251)　倉澤資成「証券：企業金融理論とエイジェンシー・アプローチ」伊藤元重＝西村和雄編『応用ミクロ経済学』八九頁、一一三―一一四頁（東京大学出版会、一九八九年）、砂川伸幸『財務政策と企業価値』二三頁以下（有斐閣、二〇〇〇年）など。

(1252) Amir Barnea, Robert A. Haugen and Lemma W. Senbet, *A Rationale for Debt Maturity Structure and Call Provisions in the Agency Theory Framework*, 35 JOURNAL OF FINANCE 1223, 1229 (1980).

(1253) See generally, Clifford W. Smith, Jr. & Jerold B. Warner, *On Financial Contracting — An Analysis of Bond Covenants*, 7 JOURNAL OF FINANCIAL ECONOMICS 117, 125-131, 153 (1979).

(1254) 森田修『アメリカ倒産担保法――「初期融資者の優越」の法理』二四〇頁（商事法務、二〇〇五年）参照。

(1255) Yakov Amihud, Kenneth Garbade, and Marcel Kahan, *A New Governance Structure for Corporate Bonds*, 51 STAN. L. REV. 447, 464 (1999), Marshall E. Tracht, *Insider Guaranties in Bankruptcy: A Framework for Analysis*, 54 U. MIAMI L. REV. 497, 511 (2000). 前者の論文に基づく邦語の文献として、森まどか「財務上の特約と社債管理会社の約定権限――社債権者と株主の利害調整の視点から」名古屋大学法政論集一八〇号七九頁（一九九九年）がある。落合誠一「契約による社債権者と株主の利害調整」『現代企業法の展開　竹内昭夫先生還暦記念』一九九頁、二二三―二二五頁（有斐閣、一九九〇年）も参照。

(1256) Amihud et al., supra note 1255 at 463-465. 熊谷尚之「コベナンツ・ファイナンス」銀行法務21六四三号四頁、九頁（二〇〇五年）も参照。

なお、利率調整のための再交渉の機会を確保するために期限の利益喪失事由を設定するという手法は、現状維持条項のような財務指標を基準とするものに限らず、会社のリスクプロファイルを変更させる可能性がある合併や会社の実質的全資産の売却などの行為自体を基準として用いることもできる（森まどか「会社再編と無担保社債の財務制限条項――イベント・リスク条項を参考として――」神戸学院法学三一巻二号一四三頁、一七六―一七七頁（二〇〇一年）参照）。

(1257) 小出篤「中小企業金融における人的保証の機能」『企業法の理論　下巻　江頭憲治郎先生還暦記念』四八七頁、五二九頁（商事法務、二〇〇七年）。小出は、この他に中小企業においてはコベナンツを発動させるための財務指標に関する情報開示体制が整っていないという問題点も指摘している。

(1258) 債権者に一種の拒否権を与えるこの条項には、債権者側が機会主義的行動を採る可能性があるという問題点もあるが、これに対しては評判の機能による抑制がある程度は働くと思われる。Amihud et al, supra note 1255 at 467.

(1259) Smith & Warner, supra note 1253 at 127–128, Tracht supra note 1255 at 510, 525. なお、資産の範囲を特定せずに一定額の資産（純資産）の確保を要求することでは、資産の換価・代替に対する抑制とはならないと思われる。

(1260) Mark Roe, Bankruptcy and Corporate Reorganization, 136-138 (2nd ed. Foundation Press, 2007) は、自己が貸付けをした後に他の債権者からの借入れを加えて資産代替をするおそれに対して、優先債権とすることで自衛できることを指摘する。この優先性を他の債権者に対してどのように主張するかという技術的問題は説明されていないが、新規借入れの担保に供されそうな会社資産に先に担保権を設定しておくことが考えられよう。

(1261) このような資産であれば、倒産手続において、企業の再建に不可欠なものであるとして担保権の実行が制限される可能性（民事再生法一四八条、会社更生法一〇四条）もそれほど高くはないと思われる。

(1262) 小出・前掲（注1257）五二八頁。なお、小出は、物的担保によっては期中の新たな借入以外の株主の機会主義的行動には対処できないとしているが、期中の新たな借入れを資金源として行われるその他の機会主義的行動の抑止機能があることを否定する趣旨ではないと思われる。

(1263) 支配株主や経営者などの内部者による個人保証の主要な効果は、弁済の確保ではなく倒産が迫った企業における内部者のインセンティブのゆがみの是正にあるとする文献として、Tracht, supra note 1255 at 516-534 がある。また、内部者による個人保証の機能を総合的に検討した最近の文献として、小出・前掲（注1257）がある。なお、経営者以外の第三者（経営者の友人・親族等）による個人保証の機能とその条件については、森田果「みんなで渡れば怖くない――第三者保証をめぐる私的秩序と法制度の相互作用――」ソフトロー研究九号一一五頁（二〇〇七年）を参照。

(1264) 個人保証により個人資産をすべて提供しなければならないほど財務状況が悪化している時点では、これを解消するためにあえてリスクの高い行為が採られる可能性もある。もっとも、この場合は会社がすでに債務超過・支払不能に陥っていると思われるので、倒産手続開始を申し立てることによって資産代替を防止することができる。

(1265) たとえば、「新しい中小企業金融の法務に関する研究会報告書」四頁（二〇〇三年、available at http://www.fsa.go.jp/news/newsj/15/ginkou/f-20030716-1.html, last visited 2007.9.21）は、個人保証をした「経営者が保証債務の履行請求をおそれることが、事業再生の早期着手に踏み切れないという傾向を助長」しかねないことを問題視している。しかし、確かにそのような可能性もあるかもしれないが、逆に保証債務を負わないように早い時点で事業再生を決断することも考えられる。経営者が早期再生に着手しない原因としては、経営者であることの私的利益の確保や自身の経営に対する過度の楽観性などの個人保証以外の事由も考えられるため、銀行が個人保証を要求しなくなっても早期再生の着手がなされるようになるとは限らないと思われる。

(1266) See, Millon, supra note 1238 at 39.

(1267) 「新しい中小企業金融の法務に関する研究会報告書」・前掲（注1265）五頁。

(1268) 小出・前掲（注1257）五一七頁は、経営者保証のシグナリング機能・モニタリング機能によるコスト削減効果を重視する一方で、経営者保証をつけることによるコスト増大効果はそれほど大きくないとしている。この見解と本文で紹介した批判との違いは、本文で述べたような事由による倒産の場合の保証人の資金調達等のコストをどれだけ重視するかという点によるものであろう。

(1269) このほか、銀行も利息という利益の獲得のために投資を行うものである以上、システマティックリスクをすべて経営者に押しつけるのは不当であるという主張も考えられるが、経営者の個人財産から融資全額を回収できない可能性が相当程度存在するため、銀行がシステマティックリスクを負担していないわけではないと思われる（小出・前掲（注1257）五三八頁も参照）。

(1270) 小出・前掲（注1257）五三九頁。個人保証により経営者が過度にリスク回避的になることを批判し、個人破産における免責手続の費用とその stigma 機能の改善を提案するものとして、David Hahn, *Velvet Bankruptcy*, 7 THEORETICAL INQ. L. 523 (2006) がある。

(1271) 本稿は、中小企業金融において経営者の個人保証を要求するという実務は廃止すべきであるとの主張に全面的に賛成するものではないことを付言しておく。

(1272) なお、企業倒産の原因としては、システマティックリスクや資産代替等の経営者の機会主義的行動のほかに、経営者の経営能力不足や製品の販売不振等の個々の企業に伴う非システマティックリスクがある。このリスクはポートフォリオの分散による対応が可能なものであり、分散能力に優れた銀行が負担する方が効率的であるという主張にもそれなりの説得力があると思われるが、他方で、これは、システマティックリスクとは異なり、経営者の管理の及ぶリスクであるともいいうる。そして、経営者の個人保証は、経営者にこのリスクを適切に管理するインセンティブを与えてきたと考えられる（経営者の側では、これにより利率の低下というメリットを享受できる）。しかし、このリスクは、資産代替という経営者の事後的な機会主義的行動と比べて、コベナンツ等による対処も容易であるように思われる。このため、本文では、個人保証に代わる対策としての株主の責任の要件から、このリスクの実現による倒産の場合を除外した。

(1273) 小出・前掲（注1257）五三二頁。

(1274) この要件の限定の仕方については本章第三節第二款一、二を参照。なお、裁判所の判断能力を疑問視する立場からは、債権者自身が、契約条項としては通常の個人保証としつつ、その発動を資産代替が行われた場合に自主的に限定し、システマティックリスクによる倒産の場合には保証債務の履行を厳格に追及しないという対応を取ることに期待することも考えられないわけではない。債権者（特に銀行）がこのような対応を取る動機としては貸出市場における評判の機能等が考えられるが、銀行の貸出市場がどこまで競争的であるのかを検討する必要があろう。

以上の本文の個人保証に関する叙述については、小出篤氏および法の経済分析ワークショップ参加者との議論から多くの示唆を受けた。

(1275) このコストには、交渉に要する事務的・時間的コストのほか、債権者側の機会主義的行動のコストも含まれる。

(1276) 落合・前掲（注1255）二三五頁は、「モニタリング・コストが余りに大きくなって非効率であるから、ある一定の投資政策条項が置かれなかったという場合、それは、社債権者が入れようと思えば容易にできたのに挿入しなかった場合とは、明らかに異なり、契約条項のないことを社債権者の責任に帰するのは、妥当とは考えられない」としている。社債権者がリスクを引き受けたとされる「社債権者が入れようと思えば容易にできたのに挿入しなかった場合」の意義が若干不明瞭であるが（モニタリングコストや機会費用、不確実性などがないにもかかわらず不注意等により自衛しなかった場合を想定しているのであろう）、基本的に本稿と同じ考え方によるものだと思われる。

(1277)　松井智予「会社法による債権者保護の構造――企業組織再編取引を題材として――（四）」法学協会雑誌一二二巻一号一頁、一八頁（二〇〇五年）は、合併における債権者保護手続による契約関係の終了オプションについて、相手方の組織再編による契約関係の帰趨について約定する手間を省いた債権者を、再編に関して必要十分な情報を得ていなかったため規定を用意できなかった債権者と区別し、前者については債権者保護手続による保護が過剰となりうることを指摘している。相手方の組織再編という状況を契約上表現することがそれほど困難ではなく、また約定されうる規定の効果は債権者保護手続の効果とほぼ同じものになると思われることから、この指摘には説得力がある。

他方、本稿が問題とする資産代替については、まず問題となる状況を契約関係の移転を伴う組織再編のように定型的に表現することが困難であり、また現状維持条項等については株主の個人責任による救済と契約による対処の効果がまったく同一ではないため、資産代替が行われる場合について約定する手間を省いたことのみで保護の必要性を否定することはできないと思われる。

(1278)　なお、資産代替の可能性を非常に低く評価した結果として何らの自衛措置を講じていない債権者については、その判断について自己責任を問うということも考えられるが、資産代替の可能性がまったく契約条件に織り込まれていないのであれば株主への責任追及を認めても windfall が発生することはないと思われるため、特に除外する必要はないと考える。なお、現実の債権者がどの程度資産代替のリスクを認識しているのかという点について、実証的な研究が必要であろう。

(1279)　藤田友敬「Law & Economics 会社法　第五回　株主の有限責任と債権者保護（二）」法学教室二六三号一二二頁、

一三三頁（二〇〇二年）参照。

なお、債権者が自衛していた場合には株主への請求を認めないとすると、債権者が費用をかけて自衛することを怠るという批判もあるかもしれない。この立場からは、自衛可能性があったのに自衛しなかった場合にも請求を否定すべきことになろう。しかし、これに対しては、自衛可能性の存在・不存在の立証は自衛の実施・不実施の立証以上に困難であるということのほかに、制度全体として「債権者自衛せよ」の原則をどこまで貫くべきかという観点からの検討が必要であるという反論が可能である。たとえば、株主による資産代替に対する最も効率的な自衛手段は株主に個人保証をさせることであるといえるが、個人保証には前述したような問題が存在する。そのため、資産代替という問題への対処のみのために社会的コストを伴う個人保証による自衛を要求することが妥当とは限らないと思われるのである。したがって、制度としては資産代替について株主の個人責任を認め、非効率性を伴いうるが確実な個人保証と資産代替の問題のみを捉えられるが不確実性を伴いうる訴訟による事後的な責任追及のいずれを選択するかは利用者の判断に委ねるべきではないだろうか。

(1280)　具体例としては、アメリカの New York Trust Co. et al. v. Carpenter et al., 250 F. 668 (6th Cir. 1918)、Abraham v. Lake Forest, Inc., 377 So. 2d. 465 (La. App. 1979)、O'Hazza et al. v. Executive Credit Corporation, 246 Va. 111, 431 S. E. 2d. 318 (1993) 等が挙げられよう（いずれについても、詳しくは前注596を参照）。この場合には、債権者の意に反する事後的なリスクプロファイルの変更はないため、そもそも資産代替ではない。この場合の債権者によるリスクの引受けは、前項で論じた資産代替のリスクの引受けとは異なる性質のものである。

(1281)　ただし、他の者が資産代替を主導した場合にその者に対する請求を認めるべきかということは問題となりうる。

(1282)　この点については、銀行等が利率やその他の条件を決定する際の考慮要素に関する実証的な研究を行う必要がある。この点については、他日を期したい。

(1283)　これらの条項が適切に作用し、債権者が再交渉の機会を有したうえでリスクの変更が行われた場合には、債権者が新しい事業のリスクを引き受けたといいうる。他方、これらの条項が作用しなかった場合には、その資産代替に対しては自衛していなかったと見るべきではないだろうか。

(1284) このため、訴訟においては立証責任の分配が問題となると思われる。資産代替に関する決定の資料を有するのは株主側であるが、どのようなリスクに対しどのような自衛手段を採るかという点についての資料を有するのは債権者側であり、債権者側に十分な自衛ができていなかったことの立証責任を負わせるべきであるように思われるが、結論は留保したい。

(1285) このような規範が明確に確立された場合には、それを前提として会社・株主と債権者との間で利率等の交渉がなされることになるため、windfall 発生の懸念は減少するのではないだろうか。これに対し、資産代替に対する司法的救済が与えられないもしくは与えられるか否かが不明確であるという状態（おそらく現状はこれに該当しよう）から司法的救済を与えるという状態に移行した場合には、利率面等で自衛をしていた債権者に windfall を与えてしまう可能性を完全に否定することは困難である。立法によるのであれば、このような場合に経過規定を置くことにより対処することも考えられなくはないが、解釈論による対応の限界であろうか。

(1286) なお、労働法や労働組合制度の保護を受ける労働者は、単純に交渉力が弱いと言い切れないのではないかという疑問も存在する。また、労働者は会社がどのような事業を行っているかということを外部債権者よりも認識しやすい地位にあるともいえる（ただし、事業のリスクプロファイルを測定する能力が劣っている可能性は高いため、これによりリスクを引き受けたということは難しいであろう）。

(1287) なお、これらの債権者は銀行等の他の債権者による担保・保証要求により間接的に資産代替のリスクから保護されうる場合もあると思われるが、銀行等は基本的に自らの利益の確保を目的として行動すると考えられるため（たとえば、担保を確保している場合に他の資産の代替を防止するインセンティブはない）、他の債権者の自衛に過度に期待することはできない。

第二款　不法行為コストの外部化と株主の個人責任以外の手段

また、不法行為コストの外部化についても、株主の個人責任以外の対応策が存在する。ここでは、加害者（会社）の責任保険への加入強制、事業に対する直接規制、不法行為債権の優先債権化、被害者の損害保険等への加入という手段を検討しておこう。(1288)

一　責任保険への加入強制

不法行為コストの外部化に関する株主の個人責任に代わる対策としては、責任保険への加入強制が挙げられることが多い。(1289) 株主に個人責任を課したとしても株主自身も賠償資力を有していない可能性があるため、責任保険の強制の方が保険金額の範囲で確実な賠償(1290)を提供する点で被害者の救済という機能においては優れている面がある。また、リスク負担能力という点でも、保険を通じた損失の分散により効率性が上昇するといえる。では、不法行為コストの外部化によるインセンティブのゆがみの是正については、責任保険の強制に委ね、株主の個人責任を認める必要はないといえるであろうか。

このような考え方には、いくつか疑問がある。まず、責任保険は、保険者による加害者＝被保険者の行動のモニタリングと保険料率の調整という仕組みによって加害者のインセンティブを矯正する。しかし、強制保険においてこのメカニズムがどこまで適切に作用するかという点に疑問がないわけではない。(1291)

次に、責任保険への加入強制のエンフォースメントも問題となる。基本的には、一定の活動を政府の許認可にかからしめ、責任保険への加入を許認可の条件とすることにより履行を確保することとなると思われるが、このような事前規制には事務コストが発生し、また競争的な経済活動を阻害するという問題もある。[1292] そのため、責任保険の加入強制が実施されうる活動は、特に必要性が高いものに限定されることになろう。この場合、責任保険が強制されない活動による不法行為コストの外部化に対する措置を講じておく必要があると思われる。

また、加入義務の履行の有無についての判断を可能にするために、強制責任保険の保険金額は限定されていることが通常であると思われる。[1293] この場合に、最低責任保険金額を超える損害については有限責任制度による不法行為コストの外部化とそれについてのインセンティブのゆがみが立法者によって認められていると解すべきであろうか。[1294] まず解釈論としては、各強制責任保険制度の立法者意思が問題となるが、[1295] それが被害者に最低限の救済を与えることを主眼としている場合には、[1296] それ以上の損害についての有限責任制度を利用した外部化を当然に認めるものではないと見るべきだと思われる。[1297] また、制度設計論としても、一定額の責任保険の強制のみによってそれ以外の損害の外部化を認めるという判断は慎重になされるべきであると思われる。

結局、強制責任保険制度の存在は、有限責任制度による不法行為コストの外部化と株主のインセンティブへの影響については中立的なものであり、[1298] 強制責任保険制度と解釈論による株主の個人責任は補完的に並存しうるものであると思われる。

なお、会社が任意に責任保険に加入している場合にも株主の個人責任を否定すべきであるといわれることがある。責任保険金によって完全に賠償を受けられた場合に株主の責任が追及されることはないと思われるため、これが問題となるのは責任保険金によっては十分な賠償を受けられなかった場合であろう。前記のように責任保険加入によって株主のインセンティブが完全に是正されるとは限らず、さらに責任保険加入に関するインセンティブも有限責任によってゆがめられること[1299] を考えると、何らかの責任保険に加入していることのみで、保険金によりカバーされなかった損害についての株主の個人責任を当然に否定すべきではないと思われる。

二　事業に対する直接規制

不法行為コストが大きい一方で当事者の効用も含めた社会的ベネフィットが小さい活動については、その活動を禁止するか、当局の厳格な管理の下においてのみ行わせるという直接規制が望ましいといえる。しかし、直接規制によっても不法行為コストの発生を完全に防止できるわけではなく[1300]、その場合の損害賠償責任について考えておく必要がある[1301]。

したがって、直接規制の存在・可能性によって株主の個人責任の必要性が否定されるわけではないといえよう。

三　不法行為債権の優先債権化

また、不法行為債権を実体法上もしくは倒産手続上その他の一般債権や担保付債権よりも優先させることで不法行為コストの外部化とインセンティブのゆがみを防止すべきであるという主張もよく見られる[1302]。

これは、不法行為債権の劣位に置かれた銀行などの大口債権者によるモニタリングにより企業のインセンティブが是正されることを期待するものである[1303]。確かに銀行等の大口債権者は、デイトレーダーなどを含む公開会社の一般株主や零細な消費者と比較すれば、リスクの評価能力などの点で優れていると思われる。しかし、大口債権者は多数の債務者に与信しているのが通常であると考えられるため、個々の債務者の事業運営の細部に対するモニタリング能力については疑問もある[1304]。特に、不法行為発生の可能性が与信後に会社によって変化させられる場合は資産代替の問題であると評価することもでき、すでに見たようにこの問題に対する直接のモニタリングは困難である。

このため、大口債権者のモニタリングをかいくぐって親会社・支配株主が不法行為コストの外部化を図ることは十分に考えられる。

したがって、大口債権者によるモニタリングには意義があると思われるが、[1305]限界もあり、これをかいくぐって行われた不法行為コストの外部化への対処をしておくことにより、自らの事業内容を熟知しているはずである支配株主[1306]のインセンティブを是正する必要性はなお存在すると思われる。[1307]また、銀行業界の政治力を考えると銀行に負担を強いる立法はなされにくいと思われるため、現実的な対処として株主の個人責任を解釈論により認める必要性は高いといえよう。

四　被害者の損害保険等の購入による自衛

以上のほか、被害者自身も損害保険・医療保険・生命保険に加入することにより不法行為のリスクに対して自衛することができる。[1308]もっとも、仮にこれらの保険に加入していたとしても、加害者が無資力である場合を想定して保険契約の内容（保険金額、保険事故、免責条項など）を決定する被害者はあまり多くはないと思われる。少なくとも事業者ではない被害者に対して、十分な付保を怠ったことについての自己責任を問うことは容易には受け入れがたいといえよう。

また、損害に対し保険金が支払われた場合には、保険会社の方が被害者よりもリスク負担能力が高いため効率性は改善しているといえるが、被害者側の保険会社は加害者である個々の会社の事業上の不法行為についてのインセンティブのゆがみをコントロールすることができるわけではないため、保険会社による代位請求に際して株主の個人責任を認めることによりインセンティブのゆがみを是正する必要はあるといえよう。[1309]

五　小　括

本款で検討してきた各制度は、いずれも自衛できない不法行為被害者の代わりに保険会社・国家・大口債権者といった主体に株主による不法行為コストの外部化をモニタリングさせるものと評価することができる。これらが果たす役割は決して軽視すべきものではないが、それぞれのモニタリング能力には当然限界も存在することに注意が必要である。責任保険への加入強制や事業に対する直接規制、不法行為債権の優先債権化などの導入はいずれも考慮に値するが、モニタリングが及ばずに現実に外部化が行われた場合、それについて株主に個人責任を課すという直接的な是正・防止手段を否定すべき理由は見出せない。前記の諸制度と株主の個人責任とは、排他的・択一的なものではなく、協働して不法行為コスト外部化の防止に資するものと捉えておくべきであろう。

(1288) このほか、過少資本による不法行為コストの外部化への対策として経営者や上級幹部職員に責任を課すべきとするものとして、Reinier H. Kraakman, *Corporate Liability Strategy and the Costs of Legal Controls*, 93 YALE L. J. 857, 868-876 (1984) がある。後注1414—1416とそれに対応する本文も参照。

(1289) たとえば、江頭・法人格否認三四八頁注30は、不法行為の損害は株主の個人責任で解決するよりも、保険の問題と考える方向に立法論的には進むべきであるとしている。

(1290) もっとも、保険者が破綻する可能性がある場合には、完全に確実であるとはいえない。そのため強制責任保険の提供を民間に委ねる場合には、一定の健全性のある保険会社に限定することが必要となる場合もあると思われる。

(1291) Steven Shavell, *The Judgment Proof Problem*, 6 INTERNATIONAL REVIEW OF LAW AND ECONOMICS 45, 53 (1986). Frank H. Easterbrook & Daniel R. Fischel, *Limited Liability*, *in* EASTERBROOK & FISCHEL, THE ECONOMIC STRUCTURE OF CORPORATE LAW, 40, 61 (Harvard University Press, 1991) は、当該事業の経験のない新規参入者は

高額な保険料を要求されるため新規参入が阻害されるということを問題としているが、これは強制保険制度においても保険者がモニタリングと保険料による調整を行っていることを前提とするものである。この指摘は、逆に、新規参入の阻害が望ましくないと立法者が考えた場合には経験がない事業者にも安価な責任保険が提供されることとなり、モニタリングが十分に行われない場合があることを示唆する。

（1292）See, Note, *Should Shareholders Be Personally Liable for the Torts of Their Corporations?* 76 YALE L. J. 1190, 1203–1204 (1967).

（1293）なお、仮に何らかの強制責任保険制度を導入するとした場合、損害防止措置の実施に関する保険者のモニタリング能力が完全でないことを前提とすると、予想される損害全額についての付保を要求すると加害者の防止措置実施のインセンティブを低下させることになるため非効率的であるという指摘がある（Steven Shavell, *On the Social Function and the Regulation of Liability Insurance*, GENEVA PAPERS ON RISK AND INSURANCE THEORY, (2000, available at http://ssrn.com/abstract=224945)。この議論を前提とすると、強制される責任保険金額が限定されていることはおかしなことではない（もっとも、保険者が損害を発生させうる行為の量をモニタリングできる場合には、なお全額の付保を要求することにも意味がある）。

（1294）Walkovszky v. Carlton et al., 18 N. Y. 2d. 414, 223 N. E. 2d. 6, 276 N. Y. S. 2d. 585（1966）における法廷意見と反対意見の対立軸の一つは、この点にある（詳しくは、前注577とそれに対応する本文を参照）。

（1295）現行日本法上の例としては、自動車損害賠償保障法五条や船舶油濁損害賠償保障法一三条、三九条の四などがある。

（1296）STEVEN SHAVELL, FOUNDATIONS OF ECONOMIC ANALYSIS OF LAW, 279（The Belknap Press of Harvard University Press, 2004）は、自動車の運転についての強制保険に対する主要な正当化は被害者への補償の確保に求められることが多いが、被害者は自分で損害保険に加入することができるのであるから、正当化根拠は、付保の強制がリスクを減少させるインセンティブを与え、また加害者にとってのリスクの分散となることに求めるべきだとする。しかし、被害者に付保を要求することが現実的であるとは限らない（本款四を参照）。理論的にはShavellが指摘するような強制責任保険制度も観念しうるが、最小限度額を有する現実の強制責任保険制度の理解としてそれが適切であるとは思われない。立法者も、被害者の救済という伝統的な法律学の観点（内田貴『民法Ⅱ債権各論（第二版）』三〇四頁以下（東京大学出版会、二〇〇七年）参照）を排除しているとは考えにくい。

(1297) もちろん、強制責任保険制度が導入されている種類の不法行為については、当然に有限責任を否定して株主に個人責任を課すことを要求するものと見るべきでもない。

(1298) 「中立的」というのは、強制責任保険制度が株主のインセンティブにまったく影響を及ぼさないという趣旨ではなく、保険者のモニタリング能力次第で株主のインセンティブを是正することもさらに悪化させること（前注1293参照）もあるため一概には決しがたいという趣旨である。

(1299) 保険加入についてのインセンティブのゆがみがなかったというためには、保険会社の健全性や保険料率・免責範囲などの保険契約の内容を検討する必要があると思われる（会社が任意的責任保険に加入していたが、その内容に問題があったと思われる事案として、アメリカのRadeszewski v. Telecom Corporation et al., 981 F. 2d. 305 (8th Cir. 1992) が挙げられる（詳しくは、前注701を参照））。

(1300) 一般的に危険な活動への対処として不法行為法による事後的な責任追及と行政による直接規制のいずれが優れているかの判断指標としては、①危険な活動の内容（それによる利益、危険防止費用、事故発生確率等）についての知識の差、②責任当事者の賠償能力、③提訴がなされない可能性、④当事者および公衆が負担する手続的費用（administrative cost）などが挙げられている（Steven Shavell, *Liability for Harm Versus Regulation of Safety*, 13 J. Legal Stud. 357, 358-364 (1984). この他にも、⑤被害回復の容易性なども影響しよう）。行政による直接規制が非効率的となるのは①④の点に問題が大きい場合であろう。

(1301) See, Shavell, supra note 1291, at 54-55.

(1302) 日本における議論として、松下祐記「倒産債権のプライオリティに関する実体法と手続法の齟齬――不法行為債権を念頭に」『最新倒産法・会社法をめぐる実務上の諸問題　今中利昭先生古稀記念』一〇〇頁、一一〇頁以下（民事法研究会、二〇〇五年）、米国における議論として、David W. Leebron, *Limited Liability, Tort Victims, and Creditors*, 91 COLUM. L. REV. 1565, 1643-1649 (1991), Note, *Switching Priorities: Elevating the Status of Tort Claims in Bankruptcy in Pursuit of Optimal Deterrence*, 116 HARV. L. REV. 2541 (2003) などを参照。

(1303) 松下・前掲（注1302）一一三頁参照。なお、現状でも、不法行為債権者と同順位となる無担保社債権者が負債の増加を防ぐためにコベナンツにより付保を要求することがあり (Smith & Warner, supra note 1253 at 146)、このような契約債権者の自衛による間接的な不法行為債権者の保護に期待する論者も存在する (James J. White, *Corporate Judgment Proofing: A Response to Lynn LoPucki's The Death of Liability*, 107 YALE L. J. 1363, 1395-1399 (1998). これに対する反論として、Lynn M. LoPucki, *Virtual Judgment Proofing: A Rejoinder*, 107 YALE L. J. 1413, 1422-1426 (1998) も参照)。

(1304) もちろん、債権者自身がモニタリングを行う必要はなく、会社に責任保険加入を要求すればよいのであるが、会社の付保の適切性を判断する必要性は残る。また、この場合、すでに指摘した責任保険会社のモニタリング能力の問題も生じる。

(1305) 債権者にモニタリングのインセンティブを課す手段としては、不法行為債権の優先債権化以外に、債権者に直接責任を負わせることが考えられる（いわゆるレンダーライアビリティ）。不法行為債権の優先債権化を検討する場合には、こちらも視野に含めたうえで議論すべきだと思われる。

(1306) なお、不法行為コストの外部化に関与している支配株主ではなく、全株主に個人責任を負わせるとした場合、これらの個々の株主のモニタリング能力が（株価を通じた圧力を考えたとしても）大口債権者のモニタリング能力よりも高いとは言い切れないこともあろう。これについては、本章第四節第二款二を参照。

(1307) See also, Andrew Price, *Tort Creditor Superpriority and other Proposed Solutions to Corporate Limited Liability and the Problem of Externalities*, 2 GEO. MASON L. REV. 439, 470-474 (1995).

(1308) See, Shavell, supra note 1291 at 55.

(1309) やや異なるが、Paul Halpern, Michael Trebilcock & Stuart Turnbull, *An Economic Analysis of Limited Liability in Corporation Law*, 30 U. TORONTO L. J. 117, 146 (1980) は、被害者側より加害会社側が保険に加入した方が、保険料が正確に計算されうるとする。

第三款　小　括

本節の検討により、有限責任制度による資産代替や不法行為コストの外部化についての株主のインセンティブのゆがみに対して、株主に会社債務についての個人責任を課すという解決策をも用意しておく必要があるということが示されたと思われる。この責任の具体的な要件・効果について、次節以下で検討しよう。

第三節　自己資本の水準か株主のインセンティブか

具体的解釈論の検討の手始めとして、株主の責任の中核的要件をどのように構成すべきかという点が問題となる。まず、本稿の立場の適切性を確認するために、自己資本の水準を要件の中核に置く場合にありうる考え方について検討し（第一款）、そのうえで自己資本の水準ではなく株主のインセンティブのゆがみを要件とする場合について検討する（第二款）。

第一款　自己資本の水準

一　インセンティブがゆがむ状態としての過少資本

まず、問題の本質が株主のインセンティブのゆがみにあるということを前提としたうえで、そのようなゆがみが生じる財務状態であったことを責任の要件とすることが考えられる。しかし、第一章で指摘したように、これは迂遠であり、また困難な計算を強いるものでもあるので、妥当とは思われない[1310]。

これとは異なる考え方として、インセンティブのゆがみに基づく行動があるとして株主の個人責任を認めうるのは「過少資本」の場合に限られるとするという見解も考えられる[1311]。しかし、これは株主のインセンティブのゆがみを要件の中核に置くものであり、「過少資本」という概念は株主の責任を問う時期を限定するのに用いられているにすぎないと見るべきであろう[1312]。

二　予想される損害額の積立て

また、不法行為賠償責任については、無条件に株主に個人責任を課すと有益な事業への投資を阻害するおそれがあるとして有限責任を維持したうえで、有限責任の条件として合理的に予測される責任の最高額の積立てを要求すべきであると主張されることがある[1313]。

しかし、この見解には、「合理的に予測される」という基準の意義が不明瞭であるという問題が存在する。仮に、この基準によって積立金額の算定から除外されるのはその時点での技術水準によっては予測しえなかった損害に限られるとすると、過失責任制度を原則とした場合、会社自体の不法行為責任が成立する場合がほとんど含まれることになり、限定の意味を果たさなくなるおそれがある。もちろん、これは一つの立場でありうるが、不法行為債権に対する有限責任を事実上廃止するのに等しいため、過少資本・資産による責任という曖昧な構成によって実現するのではなく、正面から不法行為債権に対する無限責任制度の導入とそのあり方を検討すべきであろう[1314]。また、発生が予見されるがその確率が非常に低い多額の損害を合理的に予測されるもの[1315]ではないとして積立金額の算定から除外する趣旨であるとしても[1316]、このような損害が発生しうる事業への過剰参入というインセンティブのゆがみに対処しないことの正当化が必要となると思われるのである。

三　経済学による「適切な自己資本」への依拠

経済学により決定される適切な自己資本額が欠けている場合に有限責任を否定するという見解も、しばしば主張される[1317]。具体的な対象としては、古くはドイツ的な経営経済学（Betriebswirtschaftswissenschaft）上の基準が想定されていたと思われるが[1318]、最近ではファイナンス理論における最適資本構成論への依拠が考えられているようである。[1319]

しかし、すでに述べたように、[1320] 最適資本構成論では株主の立場からの企業価値の最大化が論じられているのであり、[1321] この点を考慮せずに、自己資本の基準が提供されているというだけで債権者保護の議論に転用しようとすることは、厳に慎むべきであろう。[1322]

四　銀行等が要求する自己資本水準への依拠

(1)　第三者からの借入可能性と株主の対会社債権

また、ドイツにおいては、銀行等の第三者が会社に対して通常の条件で貸付けを行うか否かを過少資本の判断基準とする考え方も示されていた。[1323] この基準はそもそも株主の対会社債権の性質決定に用いられてきたものであるが、銀行と内部者の情報格差からは銀行が貸し付けない場合に内部者が貸し付けることがまったく不合理なわけではないということを考えると、株主の対会社債権の規律にこの基準を用いることには疑問がある。債権者としての地位を併有する株主が会社倒産時に外部債権者と同順位以上で投資を回収すること自体が問題であるということを前提とするのであれば、その規制を極端な場合に限定するために第三者からの借入れ可能性を基準とすることは考えられるが、すでに述べたように、この前提は受け入れがたいものである。また、経営難に陥った会社の再建に際して株主が必要な資金を出資ではなく貸付けにより供給する場合のインセンティブのゆがみを問題とするのであれば、当該貸付けの借入れ可能性ではなく、会社再建の是非自体を検討すべきであろう。[1324]

(2)　財務制限条項における純資産維持条項

さらに、株主債権の取扱いとは別に、銀行等の知識・交渉力に優れた債権者が一定水準の自己資本の存在を要求するのであれば、知識・交渉力の点で劣るその他の債権者に対しても同様の保護を確保すべきであるとして、この自己資本の具備がない場合に責任を課すという考え方もありえよう。しかし、銀行の融資契約などに会社の自己資本額についての条件が盛り込まれているというだけで、その他の債権者に対する過少資本による責任が正当化されるとは思われない。その他の債権者に保護を与えるには、まず銀行等が何のために一定水準の自己資本の存在を要求しているのかを検討し、その根拠との関係でそのような自己資本の不存在を理由にその他の債権者を保護することが正当化されるかを考える必要がある。まず、社債の財務制限条項における純資産維持条項[1325]がどのような目的で規定されているのかを検討しよう。

実務家からは、「企業の清算を前提とすると、無担保債権者全員が、自らの債権を全額回収しうる条件は、企業の所有する全資産の処分価額が全債務額を上回ること」であり、純資産維持条項はこの条件を守らせるためのものであるので「理念的には理解しやすい」との説明がなされている[1326]。この説明をベースにすれば、純資産の維持ではなく、資産を時価評価したうえで債務超過とならないことを要求すれば足りるようにも思われる[1327]。

より説得的な説明は、純資産維持条項は「信用力の低下に対する早期警戒条項」であり[1328]、「財務状況悪化を察知し保全を促すセンサー機能」を有するというものであろう[1329][1330]。ここでは、経営状態が深刻に悪化する前に債権を回収するための条項であると考えられているようにも見えるが、前節第一款二(5)で見たように、そのような状態での事業継続・変更について利率等を再交渉する機会を確保するためのものともなりうる。いずれにしても、ここでは純資産の維持自体ではなく早期回収・再交渉を行うことが目的となっているのであるから、これらと切り離して純資産の不存在のみを理由にその他の債権者に対して株主の責任を肯定することは論理的ではないといえよう。

(3) 融資時の自己資本の投入の要求

次に、Oliver Hartによって、銀行が貸付けに当たり経営者による自己資本の投入を要求する可能性も示唆されている。(1331) そこでは、契約の不完備性を前提に、事業計画を有するが資金を十分所有していない経営者が外部の債権者から資金を借り入れる際の契約内容が、いくつかの仮定の下で分析されている。

まず、利率はゼロであり、各期の事業からの収益と事業の清算価値に不確実性はなく、収益の総額は事業に必要な資金額より大きく、清算価値は時とともに減少するとする。また、事業がもはや収益を生まなくなる時点以前の段階では常に継続価値の方が清算価値よりも大きいため、できる限り事業途中での清算がなされないことが社会的に効率的である。そして、清算価値は立証可能（verifiable）であるが、事業からの収益は立証不能（non-verifiable）であり、そのため経営者はこの収益を私的利益のために費消することができるとする。

最後の仮定からは、事業がもはや収益を生まなくなった時点では経営者は最後の収益を費消したうえでデフォルトすることにより債務を免れることができる。しかし、それ以前の段階においては経営者が事業を継続することに利益を有するため、債権者は事業継続中に約束された債務の支払がなされない場合には事業の支配権を取得して清算するという契約を結ぶことにより、経営者に事業継続中の収益を支払わせることができる。

ここでさらに交渉力はすべて経営者にあると仮定すると、(1332) 債務残額がその時点の清算価値よりも高い場合には経営者はデフォルトを楯にした再交渉によって清算価値までの債務減額を受けることができる。このことは、逆に債権者が損失を受けないためには債務残額を常に清算価値よりも低く抑える必要、つまりある期間の資産減価相当額の弁済を受ける必要があり、この条件が確保できないことが予測される場合には、債権者は融資を拒否するということを意味する。この点、開業時から期間ごとの事業からの収益が資産減価額よりも大きい場合には収益からの支払により債務残高を清算価値以下に抑えることができる。しかし、開業時からある時点ｔまでは[1333]資産減価額の方が収益よりも大きい場合には[1334]、収益から十分な弁済を受けることができなくなる。収益以外の資金源としては、当初の借入金と経営者の自己資金が考えられる。したがって、債権者からの融資により事業が行われるためには、次の式が成り立つ必要がある。

借入額＋自己資金＝（時点ｔまでの資産減価額－時点ｔまでの収益額）＋事業資金

つまり、仮に事業資金全額を借入れにより賄った場合でも[1335]、損益がプラスに転じるまでの間の弁済を行うために、経営者が自己資金を有していることが融資の条件となるのである。

では、以上の議論による要求される自己資金額を「適切な自己資本」であるとして、これを欠く場合に株主に個人責任を課すことは論理的であろうか。これについては、まず前記の自己資金の要求は、融資した資金により購入された資産にいわば担保権を設定したうえで、資産の減価により債務額が清算価値を上回っている間に資産減価にあわせて弁済に供するためのものであるということに注意する必要がある。ここでは、経営状態の悪化や経営者の事業選択に関するインセンティブのゆがみなどによるデフォルトが想定されているわけではない。一部の債権者がこのような限定的観点から自己資金を要求していることを他の債権者に保護を与える理由として転用することには疑問がある。

また、納入業者などは納入した商品の購入資金を与信した債権者であると捉えることも可能であるが、前記の議論は様々な仮定を前提として初めて成り立つものであることを考えると、取引上の関係から経営者の自己資金が不十分であるにもかかわらず与信を強いられたとして保護を認めることにも疑問がある。特に問題となるのは、事業からの収益を経営者が私的に費消することができ、経営者が自発的に弁済に回さない場合には債権者は執行できないという仮定である。現実においては債権者が事業からの収益を認識・執行することがまったく不可能なわけではなく、仮に交渉力が弱いとしても清算価値以外から弁済を受けうると思われるため、前記の議論の前提がそのまま当てはまるわけではないのである。

もちろんHart の前記の議論が債権者による自己資本具備の要求についての唯一の説明であるわけではないが、少なくとも債権者がどのような観点から自己資本の具備を要求しているのかを慎重に検討する必要があるというべきであろう。(1336)

(4) 小括

結局、一部の債権者が契約条件として自己資本の具備を要求しているように見える場合でも、それは様々な問題への対処として要求されているものであり、自己資本の具備という点にのみ着目して他の債権者の保護に転用することは不当であると思われる。

五　小括

以上から、自己資本の水準を中核的要件として株主の責任を論じることは、不適切もしくは不十分であるといえよう。

(1310)　第一章第三節第二款三(1)、同第三款三(1)を参照。

(1311) たとえば、ドイツのRothやEckholdは、社員の行為義務が生じる基準時としての過少資本を第三者からの借入可能性がない時点と定義している（第三章第四節第三款、同第四款二を参照）。
銀行が資産代替の可能性を危惧して過少資本の会社への貸付けを拒否したり、保証・担保を要求することは考えられる。しかし、新規借入れができなくても、それが現在の経営状況の悪化によるものであり、将来の資産代替の可能性を問題とするものでなければ問題はないとも思われる。他方で、与信があったからといって、他の債権者に対するリスクが考慮されているとは限らない（第三者が貸付けをした場合でも資産代替的問題が起こることを指摘するものとして、Roe, supra note 1260 at 293 note 2）。結局、第三者からの借入れ可能性という基準は資産代替の問題を完全に反映したものではなく、責任が生じる時期を限定するのであれば、より直接的な基準の方がよいと思われる。

(1312) この時期的限定については、本章第四節第一款を参照。

(1313) Richard A. Posner, *The Rights of Creditors of Affiliated Corporations*, 43 U. Chi. L. Rev. 499, 520 (1976).

(1314) 本稿が結論としてはこのような立場を採用しないことについて、本節第二款三を参照。

(1315) このような損害については、行政による直接規制が行われていることが多いと思われるが（たとえば原子力発電所に対する安全規制）、それでも事故が発生してしまった場合の責任のあり方を検討しておく必要はある。

(1316) David H. Barber, *Piercing the Corporate Veil*, 17 Willamette L. Rev 371, 395 (1981) は発生確率を基準としている。

(1317) たとえば、過少資本を会社法上の問題として取り扱うことに消極的な森本も、「適正資本の判断基準が経営学上明らかにされれば」会社法上の問題として扱う余地があるとしている（森本滋「いわゆる『法人格否認の法理』の再検討（四）」法学論叢八九巻六号八二頁、一〇九頁注6（一九七一年））。

(1318) Ottmar Kuhn, Strohmanngründung bei Kapitalgesellschaften, s.226 (1964), Karl Winkler, Die Haftung der Gesellschafter einer unterkapitalisierten GmbH, BB 1969, 1202, 1206 など。このほか、Reinhardt の見解も参照。

(1319) たとえば、Ernst-August Baldamus, Reform der Kapitalrechtlinie, s.82 (2002) は、最低資本金制度に関連し

て、Franco Modigliani and Merton H. Miller, *The Cost of Capital, Corporate Finance and the Theory of Investment*, 48 American Economic Review 261（1958）や Stewart C. Myers, *The Capital Structure Puzzle*, 39 Journal of Finance 575（1984）、Richard Brealey and Stewart Myers, Principles of Corporate Finance, 6th. Ed.（2000）などのファイナンス理論に関する文献を引用して、会社の適切な資本調達について一般的な基準を定めることはできず、多くの要素を考慮して個々の事案について判断することしかできないとする。この記述は、個々の事案についてであれば適切な資本調達の水準を確定できるということを前提としているものと思われる。

他方で、最低資本金制度について、Modigliani＝Miller の無関連性命題を指摘して適切な自己資本のレベルを客観的に決定することはできないとする論者もいるが（Wolfgang Schön, *The Future of Legal Capital*, 5 European Business Organization Law Review 429, 437 note 39 and accompanying text（2004））、これは本文に述べた最適資本構成論の目的を顧みていないことに加えて、ＭＭ理論が租税や倒産コストが存在せず、情報の偏在がないといった一定の条件を置いたうえでのものであることを見落としている点でも不当である。

(1320)　第一章第三節第二款三(2)を参照。

(1321)　このことを認識している学説はドイツにも存在する（Thomas Eckhold, Materielle Unterkapitalisierung, s.20（2002）, Hachenburg/Ulmer, GmbHG, 8 Aufl., Anhang nach §30 Rdn.15（1992）, Markus E. Krüger, Mindestkapital und Gläubigerschutz, s.263f.（2005）, Günther Wüst, Gläubigerschutz bei der GmbH, s.7ff.（1966））。

(1322)　過少資本の判断基準としては、本文に述べた経済学理論への依拠のほかに、同種同規模の企業の平均値等との比較というものが従来主張されてきた（たとえば、松下淳一「結合企業の倒産法的規律（三）」法学協会雑誌一一〇巻三号二九五頁、三二二頁（一九九三年）など）。これは「適切な自己資本」が問題であることを前提として何らかの基準を導入すること自体を目的とするものであり、本稿の観点からは妥当とはいえない。もっとも、自己資本の水準ではなく事業の選択を問題としたうえで、ある事業の成功確率や発生しうる損害の額などを判断する際には、同種同規模の企業との比較という発想は有用であろう。

(1323) Erlinghagen や Ulmer などの見解である。アメリカの衡平法的劣後化においても同様の基準が用いられていることにつき、松下淳一「結合企業の倒産法的規律（一）」法学協会雑誌一〇七巻一一号一七六一頁、一七九四—一七九五頁（一九九〇年）を参照。

(1324) Martin Gelter, *The Subordination of Shareholder Loans in Bankruptcy*, 26 INTERNATIONAL REVIEW OF LAW AND ECONOMICS 478 (2006).

(1325) 一九九六年の適債基準撤廃以前は、「純資産額を発行直前期の純資産額の七五％以上に維持しなければならない」という条項の挿入が要求されていた（本田圭介「社債発行と財務制限条項」公社債月報四五五号二頁、一〇頁（一九九四年））。また、平成一三年に公表された日本ローン債権市場協会推奨の「リボルビング・クレジット・ファシリティ契約書」（Available at http://www.jsla.org/ud0200.php (last visited 2007.9.21)）二一条五項も、一定額の純資産の維持（数値は空欄）を要求している。

(1326) 本田・前掲（注1325）五頁、一〇頁。榊原亙弥「財務上の特約について」公社債月報四八〇号二八—二九頁（一九九六年）もほぼ同旨であろう。

(1327) 資産評価について取得原価主義を前提に、資産価値の下落分を「純資産」によりカバーすることが意図されていたのかもしれない（前注221も参照）。純資産維持条項は、「無担保社債は、発行会社が清算となった場合に資金の確固たる裏づけがない。純資産（総資産と総債務の差額）が最終的な償還原資となるとの考え」に基づくものであるとする説明（寺田義明＝前田節子「国内無担保社債における財務上の特約設定状況」公社債月報四九七号一七頁、二〇頁（一九九八年））についても、ほぼ同じ指摘が可能である。

(1328) 榊原・前掲（注1326）三二頁。

(1329) たとえば、佐々木一成「財務制限条項の自由化等の影響と投資家——試される投資家、自己責任原則とは何か——」商事法務一五〇四号二〇頁（一九九八年）。

(1330) 純資産維持条項をこのように捉えた場合、これはその額の純資産がなければ融資を行わないという意味での融資条件ではない。そのため、そもそも第三者からの通常の条件での借入れが不可能な場合という基準とは異なるものである。

(1331) Oliver Hart, Firms, Contracts, and Financial Structure, Chapter 5: Theories of Financial Contracting and Debt, 109-110 (Oxford University Press, 1995).

(1332) 一般的な起業家と銀行を想定すると、この仮定はあまり現実的ではないといえよう。債権者側に交渉力があるとすると、その時点での清算価値ではなく継続価値までの弁済を受けられる。

(1333) 収益の総額が必要資金額より大きいという仮定からは、ある時点以降は収益の方が資産減価額を上回ることが必要になる。

(1334) 投資が実を結ぶには一定の期間が必要であることが一般であると思われるので、現実にはこの場合の方が多いであろう。

(1335) 本文の式からは、当初の借入額を増やせば必要な自己資金額は減少するように見える。しかし、これは利率がゼロであるという仮定を置いているからであり、利率がプラスである場合には借入れの増加により返済負担も増加するため、借入れの増加により必要な自己資金額を減らすことはできない（これは一般的感覚にも適っているといえよう）。

(1336) 本文での説明のほかに、銀行が融資対象となる事業へのコミットメントとして株主に一定量の出資を要求することも考えられる。この要求は、当該事業の経営に関する株主のインセンティブを規律する効果を持つといえるが、当該事業から他の事業への資産代替のインセンティブの抑制にはならないと思われる。

第二款　株主のゆがんだインセンティブに基づく行動

一　ゆがんだインセンティブに基づく行動と基準としての法的安定性

そこで、責任の要件は、自己資本の水準ではなく株主のインセンティブのゆがみに着目したものとして構成すべきだと思われる。しかし、インセンティブのゆがみは事前の問題である一方で、株主の責任の有無は何らかの行動が行われた後で事後的に判断されることになる。そのため、株主に責任を課すための中核的要件は、ゆがんだインセンティブに基づいて行われた行動の存在、すなわち資産代替もしくは不法行為コストの外部化の存在ということになろう。

しかし、ある行動がゆがんだインセンティブに基づいて行われたものであるのか否かということ自体は、動機についての行為者の自白がない場合には客観的事情から推知することになるが、これは裁判所にとって事後的に検証可能なものではない（non-verifiable）とも思われる。そのため、現実的には、ゆがんだインセンティブに基づく資産代替や不法行為コストの外部化が行われていることを推測せしめる何らかの代替的基準をもって、株主の責任の要件とすることで妥協せざるをえまい。この代替的基準として、株主にインセンティブのゆがみが生じやすい状況としての過少資本に着目することが考えられないわけではないが、いかなる水準をもって過少と評価するかという問題からは逃れられず[1337]、また、これまでの過少資本による責任に関する議論の混乱からは、資産代替や不法行為コストの外部化が行われなかった場合にも過少資本であるとして株主の責任が肯定されてしまう可能性が資産代替・不法行為コストの外部化自体を要件とした場合より低下するとは限らないように思われるのである[1338]。

以下では、資産代替と不法行為コストの外部化に分けて、いかなる代替的基準を採用すべきかを検討する。

二　資産代替

(1)　社会的非効率性か債権者からの利益移転か

まず、資産代替については、そもそも株主に責任を課す目的として、社会的非効率性と債権者からの利益移転のどちらを問題とするのかという問題がある。

失敗に終わる可能性があるが社会的には意義のある事業を行いやすくするという点に有限責任制度の意義の一つがあるとすると、株主が社会的に非効率な事業を選択した場合のみを問題とすればよいという考え方もありえよう。[1339] しかし、債権者の自衛可能性ということを考えると、資産代替の問題の本質は、単なるギャンブル的な事業の実施ではなく、債権者との契約締結後に事業のリスクプロファイルをそのようなギャンブル的なものに変更するというところにあるといえる。そして、有限責任制度は、社会的に有意義な事業の実施に際してのことではあっても、事後的なリスクプロファイルの変更という詐欺的な行為[1340]により株主が債権者から利益を移転すること（たとえば、第一章第三節第二款一(1)の設例Ⅰ）までをも奨励しているとは考えがたい。また、このような資産代替が行われた場合に債権者が救済を受けられないとすると、債権者が融資を渋るようになり、結局社会的に有意義な事業が実施できなくなる可能性もあるのである。

したがって、株主の責任により対処すべき問題は、社会的に非効率な事業の実施ではなく、債権者からの利益移転であると考える。[1341] 債権者からの利益移転が行われた場合には事後的に債権者からの損害賠償が認められることが明らかであれば、ギャンブル性があるが社会的に有意義な事業の実施を計画する株主は、この責任を前提に当初から債権者と交渉することになり、結果として債権者が自衛したうえで[1342]社会的に有意義な事業は実施されることになるため、社会的効率性の観点からも問題はないといえよう。

(2) リスクプロファイルの事後的変更

では、債権者からの利益移転を生じさせる資産代替の有無を、どのように判断すべきであろうか。ここでの債権者からの利益移転は、会社と債権者の間の借入契約の条件が確定され、融資が実行された後で、当該借入契約の条件の前提となっていたリスクプロファイルを変更することにより行われる。積極的にリスクプロファイルを変化させる手法としては、資産の売却・購入や事業規模の拡大・縮小、事業部門の廃止・創設、さらには合併や営業譲渡・譲受け、会社分割などの組織再編行為など様々なものが考えられる。[1343] 具体的には、投資対象についての方針変更[1344]や未経験の事業への進出[1345]などが問題となろう。対象となる変化は、単一の行為によるものでも複数の一連の行為によるものでもありうる。

また、一種の不作為であるため特定の行為としては捉えにくいが、経営状態の悪化により事業を直ちに停止して会社を清算した方が事業を継続するよりも債権者のペイオフの期待値は高くなるにもかかわらず事業を停止しないという状況も、問題となりうる。

(3) 債権者の自衛の機会

また、債権者の自衛可能性を考慮すると、債権者が資産代替によって被害を受けるのは、会社のリスクプロファイルの変更に際して再交渉を行って契約条件を改定する機会が与えられていないからであるといいうる。[1346] そのため、株主に責任を課すのは、債権者にとって不利なリスクプロファイルの変更に際して債権者に再交渉の機会が与えられていない場合に限るべきであろう。[1347] [1348] 他方、経営状態悪化時の事業継続という問題に対しては、債権者が現状維持条項[1349]や倒産手続開始の申立て[1350]により対処することも不可能ではないという点に留意する必要があろう。

なお、このように解すると、どんな些細なリスクプロファイルの変更であっても念のため債権者に通知し交渉の機会を与えるという行動をとるインセンティブが株主＝会社側に生じ、過剰な事務費用や過大な補償を要求するという債権者側の機会主義的行動によるコストが発生するおそれがある。これを防ぐためには、「債権者にとって不利な」リスクプロファイルの変更を十分に限定し、その該当性の判断を明確になしうるようにしておく必要がある。

(4) 小　括

以上から、責任要件の中核は、契約後に債権者に再交渉の機会を与えることなしに行われた債権者に不利な積極的なリスクプロファイルの変更とすべきであると考えるが[1351]、「債権者に不利な」変更であるか否かの判断をどのようにして行うかという問題が残っている。この点については、事業収益のボラティリティの上昇により債権者が債権を完全に回収できなくなる可能性・程度が増加した場合、具体的には当該変更が失敗に終わった場合には会社が債務超過・支払不能となる可能性の高い変更などが問題となると考えられるが、より詳しい具体化は事案の集積を待つほかない[1352]。現段階でも取締役の第三者に対する責任[1353]や破産管財人等による取締役の責任追及に関する判決の分析から有益な指標が得られる可能性もあるが、この点については別稿を期したい。

なお、債権者に不利な変更であったかということを判断するためには、変更前と変更後のリスクプロファイルの内容[1354]を事前の観点から評価することが必要となるが、このような評価はまさに経営判断の一環であり、いわゆる経営判断原則の適否が問題となるとも思われる[1355]。しかし、株主代表訴訟による経営者の責任追及の場合と同様に投資判断について十分な認識・調査のうえで決定したかということを問題とした場合には、株主が十分な分析のうえで[1356]あえてリスクを増加させた場合には免責されてしまうおそれがある[1357]。株主が意図的に資産代替を行う場合には、リスクプロファイルについて十分な分析をしていることも少なくないと思われるため[1358]、これでは株主による資産代替必要であろう。

の問題に適切に対処することはできない[1359]。仮に経営判断原則をこの場合にも適用するのであれば、何らかの修正が必要であろう。

三　不法行為コストの外部化

(1)　原則としての有限責任とインセンティブのゆがみへの対処

次に不法行為コストの外部化については、どのような基準によって株主の個人責任の有無を判断すべきであろうか。不法行為を生じさせる事業により潜在的被害者自身が直接の利益を受ける可能性は低いこと、潜在的被害者の利害は政治過程において代表されにくいことを考えると、不法行為コストの外部化を防止するため、Hansmann & Kraakman のように会社による不法行為の損害賠償債務については株主に無限責任を課すべきであるとも思える。しかし、不法行為を生じさせる活動によって社会的便益が生み出されることもあり、それが正確に測定されて活動主体の商品の価格に反映されるとは限らないことを考えると、有限責任制度による一定の不法行為コストの外部化は認めることにより当該活動を支援するという政策判断にもまったく合理性がないとは言い切れない[1360]。本稿では、それが現実的であるという考えから、有限責任制度が原則であるということを前提として、その弊害が生じる場合に限って株主に会社債務についての責任を課すという立場から検討を進めてきた[1361]。これは、過少資本という曖昧な観点に基づいて有限責任を否定してきた従来の議論の批判的分析を可能にするために採用したものであり、直ちに規範的主張につなげる趣旨によるものではなかった。そのため、この立場からも会社によるすべての不法行為について株主に責任を課すことが排除されるわけではないが、ここでは、議論を喚起する目的で、会社の不法行為について株主が責任を負うべき場合とそうでない場合の区別を試みたい[1362]。

この点に関して、わが国においては従来から閉鎖会社の支配株主や完全親会社には不法行為債務についての有限責任を認めるべきではないとの主張が存在しており、[1363] またアメリカにおいても Hansmann & Kraakman の提案を契機とする会社の不法行為についての株主の責任のあり方に関する議論の中で、近時は支配株主や経営者に限定して無限責任を課すべきとする主張が有力になってきている。[1364] しかし、仮に責任主体を前記の議論のように限定するとしても、[1365] その限定された責任主体がどの範囲で会社の不法行為債務について責任を負うべきかということは問題となるはずである。

第一章第三節第三款で検討したように、有限責任制度には、不法行為コストの外部化の結果として、事業参入や事故防止措置実施に関する株主のインセンティブをゆがませるという弊害がある。有限責任をできるだけ維持しようとする前述の立場からは、この弊害を除去するに足りる限度で、すなわち、現実に行われた選択が株主無限責任制度下で行われたであろう選択と異なっていた場合に、株主の有限責任を否定すべきであろう。[1366] ただし、当該選択の促進が有限責任制度の目的であるといいうる場合には、有限責任を維持すべきであると考える。

また、このような仮定的判断を事後的に行うことは被害者にとっても裁判所にとっても非常に困難であると思われるため、立証・判断の容易な代替的基準を検討する必要がある。そこで、以下では防止措置等の注意水準と事業の実施・参入について、インセンティブのゆがみをどのような形で捉えるべきかを検討する。

(2) 注意水準の低下と株主の関与

まず、ある事業を実施することを前提としたうえでの事故防止措置の実施等の事業上の注意水準に関するインセンティブのゆがみから検討しよう。

不法行為債務についても有限責任を認めることの意義は、事故のリスクはあるが社会的に有益な事業活動が実施されることにあると考えられる。しかし、当該事業活動の実施に際して事故防止のために採られるべき措置の水準が低下することによっては、社会的に便益が発生するとは考えがたい。[1367] したがって、株主によって事故防止措置の実施等の事業上の注意水準が社会的に最適な水準から乖離させられた場合には、[1368] 有限責任を否定して株主に責任を課すべきであろう。[1369] 他方、株主が会社に社会的に最適な水準の事故防止措置等を実施させていた場合には、株主の有限責任を否定すべきではない。[1370]

問題は、どのような場合に、株主によって注意水準が社会的に最適な水準から乖離させられたと評価するかという点である。まず、株主が事故の発生を促進させるような積極的な行動をとった場合に、注意水準の低下があったと評価することは、それほど困難ではないと思われる。具体的には、株主が経営者等に対して特定の危険な行為や事故発生の可能性が高い経営方針の採用を指示する場合などが考えられよう。[1371] また、株主が事故の発生を抑制する方策を採らなかった場合にも有限責任を否定する必要があると思われるが、[1372] この場合には不作為に対して責任を課すことになるため、どの範囲で作為義務を課すべきかという問題が生じる。[1373] これは、株主が会社の業務にどの程度関与しているかという当該事案の事情に依存する問題であるが、一般的には、株主は会社の日々の活動の細部までを監督する必要はなく、経営陣が適切な損害防止措置を実施していないことや損害につながりうる事故の発生を認識した場合に、それを放置せずに是正することが要求されるといえよう。また、損害発生の潜在的可能性がある活動については、意図的な無視を防止するため、適切に情報を取得することも要求すべきであろう。[1374] 以上を総合して、株主が当該不法行為の発生に何らかの形で関与していた場合と称することにする。

これに対して、株主が会社運営全般を支配しているとしても当該事故の発生に株主自身が関与したわけではない場合、たとえば、会社・株主が安全運転を指示していたにもかかわらずタクシーの運転手がたまたま運転中に脇見をしたために事故が発生したという場合には、[1375] 株主に事業上の注意水準についてのインセンティブのゆがみがあったとはいいがたいと思われる。

(3) 事業への参入と judgment proofing

事故の発生への株主の関与がない場合でも、そもそも従業員の過失により事故が発生しうるような事業への参入という選択について株主にインセンティブのゆがみがあったと捉える余地はある。しかし、個人責任限定目的での法人格の利用を適法とするアメリカの判例が存在していたように、[1376] 損害賠償責任を負担する可能性のある事業を実施しやすくすること自体が有限責任制度の目的であるとも考えられる。不法行為債務についても有限責任を原則としては認めるという本稿の前提を意義のあるものにするためには、[1377] 注意水準に関するインセンティブのゆがみとは異なり、ある事業の実施・参入に関するインセンティブのゆがみを直ちに株主の責任に結びつけるわけにはいかない。[1378]

しかし、同じくアメリカの判例は、株主等による事業用資産の賃貸借や担保化、事業の複数の会社への分割、利益の恒常的搾取による judgment proofing が行われている場合には、広く有限責任を否定してきた。[1379] この状況は、インセンティブのゆがみという観点からは、次のように説明できる。すなわち、株主が事業に必要な財産を会社に拠出した場合には、当該財産の不法行為債権者による掴取を防ぐべく、不法行為を発生させる可能性の高い事業の実施に事実上の歯止めがかかることが期待できるが、judgment proofing により事業用財産等への執行を回避できる場合には、この歯止めに期待することはできない。また、これらのスキームは不法行為責任を予期したうえでそれを防止するのではなく資産を守ろうとするという株主の動機の客観的現れであると評価できるため、それが行われている場合には、損害防止措置の実施等の注意水準についてもインセンティブのゆがみがある可能性が高いと考えられる。したがって、アメリカの判例を参考に、損害が発生する可能性が高い事業や発生確率がそれほど高くはないが甚大な被害を生じさせるおそれのある事業[1380]の実施を可能にするために[1381]、株主等によって事業用資産の賃貸借や担保化[1382]、事業の複数の会社への分割、利益の恒常的搾取による judgment proofing[1383] が行われている場合には例外的に有限責任を否定することには[1384]、十分な合理性があろう。この基準は、外形的な判断が可能であるという点においても優れている。ただし、ある部門の損害賠償責任負担のリスクが他の部門に及ばないようにすることは有限責任制度の正当な目的であるともいいうることを考えると、事業の複数の会社への分割というスキームについては程度問題とならざるをえない[1385]。

(4) 小　括

以上から、株主の不法行為発生への関与と発生が予想される不法行為責任からの株主による judgment proofing を中核的な要件とすべきであり、いずれか一方が存在していれば株主に会社の不法行為債務について責任を負わせるべきであると考える[1386]。参考のため、ここでは近時本稿と同様に不法行為コストの外部化の防止という観点から会社の不法行為債務についての株主の責任に関して検討を行った向井貴子の見解との相違を示しておこう。

向井は、「会社の事業活動への支配（実質的な支配）については、①リスクが高いことが明らかな事業活動に多くの情報を有し、そのリスクの高さを認識し、それにもかかわらず（そうであるからこそ）、②過剰なリスク・テイキングを経営者に促し、また、リスク・マネジメントへの投資を十分に促さなかった株主で、③そのリスクのある事業活動から得られた会社の利益を、自分の免責資産へ移動する能力が高く、実際にその能力を行使し、④出資割合よりも大きい利益をそのリスクの高い事業活動から得ていた株主に対して責任を課す」としている[1387]。まず、この見解は、リスクの高い事業の実施のみでは株主の責任を肯定していない点において、本稿と同様であると思われる。また、②で述べられていることは、本稿が株主の不法行為発生への関与として問題とした状況であり、③もjudgment proofing の一手法を問題とするものであるといえよう。しかし、前記の本稿の立場とは、株主の不法行為への関与と judgment proofing のいずれか一方のみでは株主の責任を肯定しない点、および judgment proofing の方式を利益蓄積阻害に限定している点で異なっており、疑問がある。[1388] また、④についても、支配株主が出資割合よりも大きな利益を得る可能性があることは、Hansmann & Kraakman のような全株主の比例分割責任への批判とはなりうるが、[1389] 支配株主に責任を課すために現実に出資割合よりも大きな利益を得ていることを要求する必要性はないと思われる。[1390]

なお、以上のアプローチとは異なり、不法行為をその原因や被侵害法益により分類したうえで、一定の類型についてのみ有限責任を否定するという考え方もありうると思われる。このアプローチは、各事業活動によるコストとベネフィットや被害者・加害者の付保の可能性、[1391] 抑止の必要性（原状回復の困難性）などの様々な要素を考慮したうえで判断できる点で優れているといえるが、逆にその結果として明確な指針がなく、容易に判断できないという難点もある。このような対処は、立法判断になじむともいえよう。本稿では、これ以上の検討をすることはできないが、少なくとも判例等がこのような観点からの有限責任の否定を行おうとする場合、過少資本による責任という構成によって簡単に結論を基礎づけることなく、諸要素の衡量を慎重に行うべきであるということは指摘できよう。

(1337) ファイナンス理論や銀行実務の基準に依拠できないことについては、前款を参照。

(1338) 過少資本による責任は資産代替と不法行為コストの外部化に関する株主のインセンティブのゆがみを是正する手段

であるとの認識が確立されれば、この問題は解消されるであろう。しかし、少なくとも現段階では、余計な混乱を防ぐためにも、できる限り自己資本の水準から離れた要件を構築すべきではないかと考える。

(1339) 第一章の数値例に関していえば、事業のペイオフの期待値が必要な投資金額もしくは現在の資産額よりも少ない事業のことである。「社会的効率性」の判断基準としては、企業価値のみではなく、当該事業によるマクロ経済的な効果を含めることも考えられるが、ここでは立ち入らない（このマクロ経済的な効果は、不法行為責任についての有限責任制度の是非を考える際には重要である。後注1360を参照）。

(1340) これは、契約締結後の資産代替が民法九六条、刑法二四六条の「詐欺」に当たるという趣旨ではない。もちろん、株主が契約締結に際して積極的に虚偽の表示をしたような場合には詐欺取消し・詐欺罪が成立する余地はあるが、そのような評価が難しい事案もあると思われるからである。ただし、これらの「詐欺」には該当しない場合でも民法七〇九条の不法行為が成立する可能性はある。株主の責任に関する法律構成については本章第五節を参照。

(1341) 社会的には非効率であるが債権者からの利益移転がない事業の変更も考えられるが、この場合には債権者を保護するために株主に責任を課す必要がないことはいうまでもない。

(1342) 前節で検討したように、事前の段階での債権者の自衛は、行われる事業のリスクプロファイルが明らかであり、その変更のおそれがない場合にはそれほど困難ではない。ただし、この場合にも取引上の地位の弱さにより適切な自衛措置を講じられない債権者の保護の必要性は残る。

(1343) これらの行為の一部については、会社法上、債権者保護手続が制定されている（会社法七八九条、七九九条、八一〇条等）。これは、組織再編に伴う資産代替に対して債権者に一定の保護を与えるものであると見うるが、その保護が必要かつ十分なものであるのかということは慎重に検討する必要がある（松井智予「会社法による債権者保護の構造――組織再編取引を題材として――（一）」法学協会雑誌一二一巻三号三四六頁、三八三―三八四頁（二〇〇四年）参照）。

(1344) たとえば銀行の場合、従来は健全な借手にのみ融資していたのがジャンク債への投資を開始した場合や、貸付けを分散せずに特定の不況業種にのみ貸し付けるようになった場合が問題となろう。なお、一つ一つの貸付けのリスクは同じではないため、厳密には新たな貸付けのたびにリスクプロファイルが変動することになるが、よほど額の大きな貸付けを除いて、これらの変動を逐一問題とする必要はないと思われる。

(1345) 事業内容の多角化には会社レベルでのポートフォリオの分散を高めるという効果もあるが、未経験の事業は失敗に終わる可能性も高く、債権者の観点からは問題がある場合が多いと思われる。このような変更は、潤沢なキャッシュフローを抱えた大企業の経営者によりなされる場合もあるが（フリーキャッシュフローの問題）、特に問題となるのは、現在の事業からのキャッシュフローが減少し経営が行き詰った会社が起死回生を賭けて行う場合だと思われる。

事業内容の根本的な変更があった事例として、ビル一棟の賃貸のみを事業としていた会社の取締役が、ビルの建替費用に充てた借入金の返済が賃貸事業のみでは困難であったため、多額の借入れにより株式投資に乗り出したという日本サンライズ事件が挙げられる（東京地判平成五年九月二一日判例時報一四八〇号一五四頁）。この判決自体は、債権者ではなく株主代表訴訟による取締役の責任追及が問題となったものであり、判示内容もその観点からのものになっているため、直接本稿の検討に資するものではない（詳しくは、中山龍太郎「判批」ジュリスト一〇九二号一二二頁（一九九六年）を参照）。しかし、業績不振の会社の経営者が事業内容をハイリスク・ハイリターンなものに変更するという可能性が皆無ではないことを示しているといえよう。

(1346) 本章第二節第一款二を参照。

(1347) 再交渉の機会が与えられているか否かということは、債権者の交渉力にも配慮して実質的に判断する必要がある。たとえば、リスクプロファイルの変更を従業員に説明したとしても、従業員の転職可能性が低く、変更に反対することが期待できないような場合には、再交渉の機会があったとはいいがたいであろう。

(1348) なお、債権者からの利益移転は、リスクプロファイルが変更された時点、つまり変更後の事業の成否が判明する前の時点において、期待収益の増減という形により生じるものである。そこで、リスクプロファイル変更の時点で債権者に株主の責任を追及することを認め、その時点で直ちに責任を追及しない場合にはリスクの変更に同意したものとみなすことも考えられるが、リスクプロファイルの変更を債権者が即時に認識できるとは限らないため、このように解するべきではない。現実に債権者が株主の責任を追及するのは事業失敗が判明し会社が倒産した後の時点であると思われるし、またその時点で株主の責任を追及することでたりよう。

(1349) 前注1256とそれに対応する本文を参照。

(1350) 会社債権者は、会社に破産手続開始の原因となる事実（＝支払不能・債務超過）の生ずるおそれがある場合に民事再生手続・会社更生手続の開始を申し立てることができる（民事再生法二一条二項、会社更生法一七条二項一号）。もっとも、債権者がこの倒産手続開始申立権を十分に活用しえているのかという点については、慎重な検討が必要であろう。

(1351) 経営状態悪化時の事業継続による責任については、本文で指摘した債権者側の自衛可能性があるため、成否・要件等に関する結論を留保したい。この点については、各国における取締役の倒産遅延に関する責任制度の検討と合わせて、別稿を期したい。

(1352) たとえば、業法上の規制違反による低コストでの操業への変更は、法令違反が発覚した場合の評判低下による損失・廃業等の可能性を考えると、債権者に不利な資産代替として株主の責任を問う余地があるといえよう。

(1353) 特に、放漫経営という類型に分類されてきた判決の内容を、契約締結後の資産代替と債権者の自衛可能性という観点から見直すことが必要であると思われる。

(1354) なお、評価の仕方としては、ある会社がある時点において有していた選択肢をすべて比較するということも考えられるが、その時点で見込まれていた各々のリスク・リターンはどのようなものであったかということを事後的に確定し、比較するということは、ほぼ不可能ではないかと思われる（第一章の数値例とは異なり、現実の事業はリターンと成功確率が数値化されているわけでもない）。

(1355) Tracht, supra note 1255 at 509, 524 は、経営者が債権者に対して誠実義務を負うとされる場合には同原則が適用されることを前提としている。

(1356) 周知のとおり、経営判断原則の意義については、経営者の利益相反の有無と判断の手続面のみを審査するのか、経営者の判断内容の当否についてもある程度審査を行うのかという点について、アメリカと日本とで相違があるとされる（江頭・前掲（注1238）四二四頁注3）。ここからは、資産代替による株主の責任についても、株主の判断内容を重視し、裁判所から見てもリスクプロファイルが極端に債権者の不利に変更された場合にのみ株主の責任を認めるとすることも考えられないわけではない。

(1357) See, Patricia A. McCoy, *A Political Economy of the Business Judgment Rule in Banking:Implications for Corporate Law*, 47 CASE W. RES. L. REV. 1, 8, 12 (1996). この論文を紹介する邦語の文献として、伊藤壽英「資産代替問題における取締役の注意義務と経営判断原則――銀行取締役の過失責任をめぐるP. McCoyの所説について――」法学新報一〇八巻九・一〇号三五頁（二〇〇二年）がある。

(1358) もちろん、有限責任の結果として成功した場合の利益にのみ注目して安易に倒産するリスクの高い事業を選択するという場合も問題であることには代わりはない。

(1359) 資産代替を理由とする債権者の株主への請求は経営者として行動した株主に対する請求であるといいうるが（本章第四節第二款一、結章第一節第二款二を参照）、これは、経営に関与していない株主による経営者に対する請求とは異なる観点によるものである。株主が経営者の善管注意義務違反の責任を追及する場合、そこでは主に判断過程が問題とされる一方で、単独で会社を倒産させるには至らないような行為についても責任が認められる。これに対し、債権者が経営者に資産代替についての責任を追及する場合、判断過程よりも判断の内容が問題となり、債権者に影響を及ぼすような規模の大きい行為のみが問題となるのである。仮に会社倒産時に破産管財人等が債権者の代表として請求を行うとした場合（後注1429参照）、以上の二つの責任追及の区別を意識しておく必要はないだろうか。

(1360) Bainbridge, supra note 1249 at 499, 504. たとえば、交通事故発生の危険性を伴う自動車を利用した運送業には、人・物資の移動の促進による社会の発展というマクロ経済的効果が考えられる。このような社会的に必要性の高い事業活動に対しては、不法行為責任については株主無限責任制度を原則としたうえで、被害者ではなく政府が補助金を与えるべきである、もしくは例外的に有限責任を認めるべきであるとの主張もありえよう。本稿は、これらの主張が十分に魅力的なものであることを認めつつ、本文のような現行制度の基本的な価値判断が維持される場合に、その限界を画すことを試みるものである。以上について、前注28を参照。

(1361) 序章第一節第二款一を参照。

(1362) Millon, supra note 1238は、有限責任制度を、国家が事業投資の増加はそれに伴う社会的費用に見合うだけの利益があるであろうという暗黙の前提に立って事業活動に対して提供する一種の補助金であると捉え (at 3, 8)、それが維持されるであろうことを前提としたうえで (at 2)、不法行為債権者に対する有限責任が認められるべき場合と否定されるべき場合を区分しようとしており (at 42-45, 57-63)、本稿と基本的に同じ検討枠組みを採るものといえる (ただし、Millon の結論に全面的に賛成するわけではない。後注1377を参照)。Bainbridge, supra note 1249 at 506, 515も参照。

(1363) 前注17で引用した文献の他、田中誠二「企業の社会的役割と企業についての有限責任の根拠」民商法雑誌九六巻五号一頁、一九頁 (一九八七年) を参照。

(1364) 最近のアメリカにおける不法行為債権者の保護の議論を紹介するものとして、向井貴子「株主有限責任のモラル・ハザード問題と非任意債権者の保護」九大法学九一号二六七頁 (二〇〇五年) を参照。

(1365) この点について、詳しくは本章第四節第二款二を参照。

(1366) なお、不法行為による損失の負担のあり方については、本文で述べた加害者側のインセンティブという観点のほかに、関係者のリスク回避性の大小・リスク分散能力の優劣という観点からのアプローチも考えられるところであり、現に少なからぬ文献が株主や被害者のリスク回避性・リスク分散能力について検討を行っている (たとえば、Leebron, supra note 1302 at 1627-1630, Robert B. Thompson, *Unpacking Limited Liability: Direct and Vicarious Liability of Corporate Participants for Torts of the Enterprise*, 47 VAND. L. REV. 1, 32-33 (1994), Nina A. Mendelson, *A Control-Based Approach to Shareholder Liability for Corporate Torts*, 102 COLUM. L. REV. 1203, 1223-1227,

1229-1230 (2002), Timothy P. Glynn, *Beyond "Unlimiting" Shareholder Liability: Vicarious Tort Liability for Corporate Officers*, 57 VAND. L. REV. 329, 400, 403-413 (2004) など)。不法行為コストの外部化の問題自体を検討するのであれば、この観点からの考察を行うべきであると思われるにもかかわらず（人的資産を含むポートフォリオの構成、責任保険・損害保険への加入可能性、資力などが考慮要素となろう）、本稿でこの観点を正面から取り扱っていない理由としては、次の二点が挙げられる。

まず、本稿においては、過少資本による責任に関する議論の中で指摘されてきた問題意識への対処を主眼としたため、過少資本による責任の議論の中で直接言及されることのなかった関係者のリスク回避性・リスク分散能力という観点からの検討が不十分となったきらいがあることは否めない（それでもなお、株主のインセンティブのゆがみとその是正という観点が持ちうる意義を明らかにしておくことには十分意味があると考えている）。また、本稿が前提とした不法行為債務についても有限責任制度を原則として維持するという政策判断は、リスク回避性が強いと思われる被害者に損失の少なくとも一部を負担させる結果となってもやむをえないという判断に立脚していると思われるため、リスク回避性・リスク分散能力の比較という観点からの検討をそもそも取り入れにくいものである。そのため、不法行為コストの外部化についての本章の提案が一定の価値判断を前提としたバイアスのかかったものとなっていることもまた、否定できない。繰返しになるが、これは筆者の最終的な価値判断を示すものではなく、現実的にはこのような価値判断がなされる可能性が高いであろう（もしくは、現になされている）との認識に基づいて、その場合でも採りうる不法行為コスト外部化の防止策を探ろうとしたものである。

(1367) もちろん、ある防止措置を採らないことにより当該措置に係る費用が節約されるという効果は存在するが、「採られるべき措置」の水準を当該措置の限界費用が当該措置による限界効用（期待損害額の減少）と等しくなる水準として設定すれば、当該水準より低い水準の防止措置しか採られない場合には、定義上、社会的に非効率な状態にあるといいうる。また、防止措置の不実施に、費用の節約以外の派生的な社会的便益があるとも思われない。

(1368) なお、株主の資力にも限界があり、破産免責制度が存在するため、株主が無限責任を負うことを前提とした場合に採られる注意水準と社会的に最適な注意水準は乖離すると思われる。インセンティブのゆがみを厳密に捉えるのであれば、後者ではなく前者の水準からの乖離を基準とすべきであろうが、その判断は非常に困難になると思われることから、本文のように社会的に最適な水準を基準とする。

(1369) なお、本文に述べた場合には、株主に過失があると評価して株主自身の不法行為責任の成立を認める余地がある(Leebron, supra note 1302 at 1633は、閉鎖会社について有限責任制度を維持しつつ、株主が必要な注意を意図的に怠った場合には株主自身が不法行為責任を負うとする。Bainbridge, supra note 1249 at 516も参照)。そのため、この類型については民法七〇九条により株主の責任を肯定するのが本筋であるとも考えられるが、民法七〇九条の何らかの要件(たとえば因果関係の存在)の主張・立証が困難であるとすれば、それを法人格否認の法理により克服することも考えられよう(本章第五節参照)。また、この場合の法人格否認が不法行為法を補充する性格のものであると認識できれば、法人格否認の法理の準拠法の決定に際して意味を持ちうると思われる(結章第二節第二款四参照)。

(1370) George W. Dent, Jr., *Limited Liability in Environmental Law*, 26 WAKE FOREST L. REV. 151 (1991)は、CERCLAによる責任が厳格すぎることを批判し(at 168-171)、過剰な注意や有益な活動の減少等を防止するために、注意水準の引上げによる限界費用が限界効用と一致する水準の注意を払った場合には株主に責任を負わせるべきではないとする(at 178-179)。また、株主が「過剰なリスク・テイキングを経営者に促し、またリスク・マネジメントへの投資を十分に促さなかった」ことを株主の責任の要件の一つとし、合理的な注意義務を尽くした支配株主および取締役に責任を問うことはしないとする向井・前掲(注1364)三八九頁、三九七頁も、「合理的な注意義務」とは何を意味するのかがやや不明確であるが、基本的に同様の考え方によるものではないかと思われる。

(1371) 前者の例としては、未処理の汚染物質の河川・山林等への廃棄や制限速度を大幅に超過した車両の運行、後者の例としては、従業員の研修の簡略化や過酷な勤務形態・ノルマ制の実施などが考えられる。

(1372) アメリカのCERCLAに関する議論においては、株主の汚染施設への関与が重視されていたが、同法による責任は無過失責任であるため、関与の内容は問題とされておらず、そのため、汚染施設への関与を根拠に責任を課すとすると、かえって支配権行使を萎縮させ事故発生への無関心を招くのではないかという懸念も示されていた。この問題点は、本文のように、株主の行為の内容的当否を問題とし、作為に限らず不作為も責任の対象とすることにより解決できると思われる。この点については、前注731および756とそれらに対応する本文を参照。

(1373) 作為義務を課すためには、そもそも当該株主が会社の事業活動に影響を及ぼしうる地位にあることが必要であると思われる。この点については、本章第四節第二款二を参照。

(1374) 以上について、汚染物質の管理に限定された記述であるが、Dent, supra note 1370 at 178を参照。

(1375) この場合、会社は使用者責任（民法七一五条）を負うことになるが、本文の(3)に述べる理由により、特段の事情のない限り、株主を「使用者」と解するべきではないと考える。

(1376) 代表的な判例は、Elenkrieg v. Siebrecht, 238 N. Y. 254, 144 N. E. 519（1924）である。この判決については、前注464を参照。

(1377) 本稿と同様に株主が会社の不法行為債務について責任を負うべき場合を限定しようとするMillonは、合理的に予測することができない事故による損害賠償責任については有限責任を維持し、損害発生を合理的に予測しうる事業を十分な賠償資力の確保もしくは責任保険への加入を行わずに実施した場合には有限責任を否定するとしている（Millon, supra note 1238 at 43-44, 57-58）。しかし、この合理的予測可能性基準によって有限責任が維持されるのはまったく新奇な事故や非常に稀かつ不明瞭であるため十分に認識されていない事故による損害の場合であるとされているため（ibid. at 60）、Millon自身が認めるように、そもそも会社自体の不法行為責任が成立しない可能性が高く（ibid. at 60）、事実上、有限責任が否定される場合を限定する基準としては機能していないといいうる。なお、十分な責任保険への加入を基準とすることについては、後注1386を参照。

(1378) 不法行為を発生させる可能性のある活動について注意水準と活動量が問題となる場合、無過失責任（厳格責任）制度下では注意水準と活動量の双方をコントロールすることができるが、過失責任制度下では注意水準はコントロールできるものの活動量は過剰になる可能性があるとされている（Steven Shavell, Economic Analysis of Accident

Law, 23-24 (Harvard University Press, 1987))。本文の(2)で一種の過失基準を採用したことは、活動量＝事業の実施・参入を規制しないという観点からも説明できよう。

(1379) 第二章を参照。もっとも、Minton et al. v. Cavaney, 56 Cal. 2d. 576, 364 P. 2d. 473 (1961) のように、株主による judgment proofing が行われていないにもかかわらず株主の責任が肯定された事案も存在する（詳しくは、前注536―537とそれに対応する本文および後注1382を参照）。前注1237も参照。

(1380) なお、現在の知識水準等を前提とすると損害の発生がおよそ予見しえないような場合には、そもそも過失が認められず、このような場合には特別法による無過失責任も定められていないと思われるため、会社の不法行為責任自体が成立しないことになろう（前注1377も参照）。損害発生の危険性が認識されるに至った後に遡及効を持つ立法によって無過失責任が定められる可能性も否定できないが、そのような立法の妥当性・合憲性には疑問が呈されるのではないかと思われる。

(1381) Judgment proofing 的なスキームが存在していたとしても、そのスキームが不法行為責任を回避する目的で採択されたとは限らない（Bainbridge, supra note 1249 at 532）。租税上の動機などから採択した事業構造がたまたま発生した不法行為について judgment proofing の効果を持ったという場合には、事業上の注意水準や事業実施の判断についてインセンティブのゆがみが存在するとはいえず、株主に責任を課すべきではないともいいうるが、不法行為責任回避目的の不存在については厳密に判断すべきであり、株主に立証責任があると解すべきであろう。

(1382) 会社が事業用資産を株主以外の第三者から賃借している場合にも、株主のインセンティブを是正する要素は存在しないが、不法行為債権に対しても有限責任を認めるという前提からは、この場合に直ちに株主の責任を肯定するのはやや躊躇される。もっとも、この場合でも、株主が損害防止措置の不実施を指示するなど事故の発生に関与していれば、有限責任を否定することができよう（なお、Minton 判決においては会社が事業用資産を第三者から賃借していたが、被告は経営の細部に関与していなかったと思われる者であったため、この基準によっても責任を肯定しうるかは疑問がある）。また、このようなスキームによる危険な事業の実施を防止するためには、不法行為債権の優先債権化により第三者に事業用資産の提供を思いとどまらせることも検討すべきであろう。

（1383）　本文で列挙したスキームは、アメリカの判例において現実に見られるものである。以上のほかにも、長期間経過後に損害が発生することがわかっている事業を一定期間実施し、損害発生前に会社を解散するというスキームも、judgment proofing であると評価する余地はあろう。

（1384）　なお、この場合に株主の責任額を限定すべきか否かという問題については、本章第四節第三款二を参照。

（1385）　アメリカの判例を参考にすると、タクシー一、二台ごとに別会社を設立していたMull v. Colt Co., Inc., et al., 31 F. R. D. 154 (S. D. N. Y. 1962)（前掲（注572））やWalkovszky v. Carlton et al., 18 N. Y. 2d. 414, 223 N. E. 2d. 6, 276 N. Y. S. 2d. 585 (1966)（前掲（注577））のように、通常は分割しないような同種の活動を分離した場合に責任を認めることになろう（なお、「通常」か否かの判断基準を何に求めるかという点も問題である。業界全体がjudgment proofingを行っているという場合も考えられるため、業界の平均を基準とするのでは不都合な場合もあることに注意すべきである）。これに対し、一体性がそこまで強くない活動を分離した場合には、その活動による収益を恒常的に搾取している場合や事業用資産の賃貸借・担保化を伴う場合にのみ、judgment proofing があると判断すべきことになろうか。

（1386）　有限責任制度による株主のインセンティブのゆがみとしては、事業上の注意水準と事業実施・参入に関するもののほかに、責任保険に加入するインセンティブが減少するということも指摘されていた（前注283および前注1299とそれに対応する本文を参照）。このインセンティブのゆがみを是正するために、株主が無限責任を負うとした場合に会社に要求したであろう付保の水準よりも現実に会社が行った付保の水準が低い場合には有限責任を否定するということも検討に値するが、無限責任を前提とした場合であっても、付保の程度は現実の保険料や当該株主の効用関数に依存するため、その判断は非常に困難になると思われる。また、保険料が合理的な水準であることを前提に合理的に予測しうる損害についての十分な付保を要求する見解も、少なからず存在するところであるが（たとえば、Leebron, supra note 1302 at 1633-1636, Dent, supra note 1370 at 180, 181, Franklin A. Gevurtz, *Piercing Piercing: An Attempt to*

Lift the Veil of Confusion Surrounding the Doctrine of Piercing the Corporate Veil, 76 OR. L. REV. 853, 907 (1997), Millon, supra note 1238 at 61など)、これらの見解に従うとすると、結局、会社が責任保険金によって不法行為債務を履行しきれなかった場合には株主に責任を課すことになり(前注1377、1380を参照)、不法行為債務についての有限責任を原則としては認めるとしたことと矛盾しかねない。このような考慮から、付保の不十分さのみを理由として株主に責任を課すべきではないと考える。

(1387) 向井・前掲(注1364)三八九頁。

(1388) これらの限定がいかなる点から導かれているのかは明らかにされていない。本文の基準は、「支配株主に対して無限責任を課す場合の支配の基準」として述べられているため(向井・前掲(注1364)三八九頁)、利益蓄積を阻害しうるような支配的地位にある株主に責任主体を限定する趣旨であるようにも思われるが、そうであるとすれば、会社の事業方針に影響を与えうるか否かを他の観点から判断すれば足りるのではないだろうか。向井の論調は、不法行為債務についても有限責任を肯定することについて本稿よりも批判的であるが、有限責任が否定される状況は本稿よりも限定的であると思われる。

(1389) 後注1406とそれに対応する本文を参照。

(1390) 特に、子会社の株式をすべて保有する完全親会社の場合に出資割合以上の利益を得ていないことになるとしたら、不当であろう。

(1391) 付保の容易さ(保険商品の存在)は、当該不法行為の発生確率や被害額の大きさなどにより様々であると思われる。なお、付保の容易さが株主の責任を肯定する要因となるか否定する要因となるかは自明ではない。付保が容易であれば株主のリスク分散能力が高まるので無限責任を認めやすいともいいうるが、責任保険・損害保険が存在しない類の事故ほど株主に個人責任を課す必要性が高いともいいうるのである。

第三款　小　括

以上のように、株主の責任の要件は、資本構成ではなく株主のインセンティブのゆがみを基礎に構成すべきであるが、ある行為がインセンティブのゆがみに基づくものであるか否かを直接判断することは困難であるため、資産代替については債権者に自衛の機会を与えることなく行われた積極的なリスクプロファイルの大きな変更、不法行為コストの外部化については株主の不法行為発生への関与と発生が予想される不法行為責任からの株主による judgment proofing を代替的基準とすることになる。

第四節　各論的問題点

各論的な問題点としては、責任の時期的限定（第一款）、責任を負う株主の範囲（第二款）、責任額の範囲（第三款）、賠償請求権の帰属主体（第四款）などがある。これらを分類して議論する見解はドイツに多く見られるが、(1302) アメリカにおいても論じられることはある。しかし、各論点についての対立が、過少資本による責任の機能との関係で説明されていることは少ない。そこで、本節では、これらの論点について、株主のインセンティブのゆがみの是正という本稿が重視する機能との関連性を意識して検討することとしたい。

第一款　問題となる時期

一　ドイツにおける議論

ドイツにおいては、過少資本による責任の要件の一つとして、過少資本の発生時期が問題とされている。ドイツの用語を使えば、設立当初から過少資本であった原始的過少資本（anfanglicher Unterkapitalisierung）と設立後の事業経過（損失発生もしくは事業拡大）により過少資本となった事後的過少資本（nachtraglicher Unterkapitalisierung）を区別し、過少資本による責任が認められることを前提に、いずれの場合においても認めうるかが論じられているのである。

しかし、その際に、何のために株主に責任を課すのかということが意識されることは少ない。株主による資産代替と不法行為コストの外部化を防止するために責任を課すという本稿の観点からは、まず過少資本の発生時期ではなく、これらの株主の行為の時期を問題とするべきであるといえよう。以下では、資産代替と不法行為コストの外部化に分けて、株主の責任の要件として何らかの時期を問題とすべきかを検討する。

二　資産代替

株主が自己資本の少ない会社を設立し、多額の借入れを行ったうえで、借入契約時の表示とは異なる事業内容を選択した場合には資産代替が問題となる。そのため、設立時の事業の選択行為を捉えて責任を課すことは正当化できるといえよう。もっとも、現実的には借入時に事業内容が開示されることが多く、設立時での資産代替の可能性はそれほど高くはないとも考えられる(1393)。

事業の選択は会社設立時にのみ行われるわけではなく、その後も事業の拡大・再編として行われうる(1394)。リスクプロファイルの事後的変更に対する自衛が困難であることを考えると、問題となるのは、むしろ事業継続中、とりわけ経営悪化時であるといえる(1395)。そのため、設立時の事業選択には問題がなかったとしても、会社設立後の事情を捉えて株主に責任を課す必要は存在する。そして、自己資本の水準を問題とするのではないため、この場合に株主に責任を課しても、ドイツの一部の学説が懸念するように追加出資義務を肯定したことにはならないといえよう。

では、逆に責任の発生を経営悪化時、特に債務超過後の行為に限定する必要はあるだろうか(1396)。確かに、会社が債務超過状態にある場合には直ちに清算した場合の株主の取り分はゼロであるから、債務総額を超えない限り社会的効率性の観点からは望ましい事業は実施されず、他方で成功した場合の利益が大きいが社会的にはマイナスの事業を実施する可能性が高い。しかし、それ以前の段階であっても、有限責任制度がある以上、債権者の負担においてハイリスクな事業を選択するインセンティブは存在するのである。[1397]

倒産手続の開始事由である債務超過（とそのおそれ）は、原則と例外を逆転させるための基準と捉えるべきではないかと思われる。前記のように債務超過の場合には株主が経営状態の悪化を拱手傍観し、また無謀な再建策に走る可能性が高く、また何らかの強制力なしには株主が債権者との交渉に応じない可能性も高いと思われる。そのため、債務超過以降は倒産手続の開始により決定権を債権者に移転させることを原則とするのが効率的である。他方、債務超過以前の段階でも株主がリスクの高い事業を選択する可能性があるが、事業が失敗した場合には株主もその持分価額の範囲で損失を負担することになるため、過度にリスク選好的とはならないと思われる。[1398]そのため、原則として株主に決定権を与えておき、例外的に極端な資産代替を行った場合には個別の責任拡張により対応すればよいのである。[1399]

以上より、資産代替による責任を、その行為が行われた時期により限定する必要はないと考える。

三　不法行為コストの外部化

次に、不法行為コストの外部化については、不法行為責任が生じる可能性の高い事業を行おうとする株主によるjudgment proofingや事故発生への関与が問題となる。これらの行為は、設立時から行われた場合であれ、事業中に行われた場合であれ、株主の責任を惹起することに変わりはないというべきである。

もっとも、損害発生に備えた事前のjudgment proofingと、予期せぬ損害の発生後に行われた会社財産の移転とは、区別しておく必要があろう。後者の財産移転行為に対しては詐害譲渡規制や倒産法上の否認権などによる対処も可能であり、また事前のインセンティブへの影響もないと思われるため、この場合には特別の株主の個人責任を認める必要性はないと考える。

(1392) ドイツの学説の状況のまとめとして、CHRISTIAN MÖLLER, DIE MATERIELL UNTERKAPITALISIERTE GMBH, s.61ff. (2005) を参照。

(1393) もちろん、例外的に開示をせずに、もしくは虚偽の開示により借り入れた資金によりリスクの高い事業を行った場合への対処を考えておく必要はある。不開示の場合には、債権者の自衛可能性との点で問題もあるが、具体的状況からリスクの高くない事業への利用が期待されていたといえる場合には債権者を保護する余地があろう。また、虚偽の開示の場合には民法上の詐欺による取消し（九六条）と不法行為責任の追及（七〇九条）が可能となるが、立証の容易さ等の点から資産代替を理由とする株主への責任追及の途も認めておいてよいと思われる。

(1394) ドイツの学説には、事後的過少資本を常に問題とするのは不当であるため、事業拡大や会社救済・再建などの会社新設に類似するといえる場合、もしくは事業対象の大きな拡張、売上げの増大、リスクのある海外事業の引受けなどの重要な転機といえる場合のみを問題とすべきであるとする見解もある（Walter Stimpel, "Durchgriffshaftung" bei der GmbH: Tatbestände, Verlustausgleich, Ausfallhaftung, FS FÜR REINHARD GOERDELER, s.601, 609 (1987), Günther Wüst, Wege des Gläubigerschutzes bei materieller Unterkapitalisierung einer GmbH (Teil II), DStR, 1991, 1424, 1427)。

(1395) 原始的過少資本が問題であることを前提としたうえで事後的過少資本の場合にも責任を肯定しうるかを検討するものが多いドイツの学説の中で、事後的過少資本を中心的問題だとするRothの見解（詳しくは、第三章第五節第四款を参照）は特異であるようにも思われるが、Rothの問題意識が倒産直前時の株主の行為義務違反の防止にあることからは、このことも理解にかたくはない。

(1396) 取締役の第三者に対する責任についてであるが、たとえば黒沼悦郎「取締役の債権者に対する責任」法曹時報五二巻一〇号一頁、二五―二六頁（二〇〇〇年）は、債務超過の時点をもって取締役の誠実義務が株主に対するものから債権者に対するものに変更されるという理解をもとに、債務超過以前の行為について債権者の間接損害についての取締役の責任を追及することはできないとする。

(1397) 藤田・前掲（注1279）一三二―一三三頁、松井・前掲（注1277）八二頁。

(1398) もちろん、その程度は株主ごとに異なる。

(1399) なお、近時、経営者の誠実義務が株主に対するものから債権者に対するものに転化するのは何時かという議論がなされることがあるが、移転時期の判断基準の精緻化という作業に腐心するよりも、本文のような原則・例外という思考方法による方が生産的ではないかと思われる。取締役が株主と債権者に対して同時に誠実義務を負うとすることについては義務の衝突により経営者が選択に窮するという懸念も示されているが（黒沼・前掲（注1396）二五頁）、株主も債権者に対し再交渉の機会を与えることなく資産代替を行わないという義務を負っていると考えればよいのではないだろうか。

第二款　責任主体の限定

次に、会社債務について責任を負う株主の範囲を限定すべきかということが問題となる。インセンティブのゆがみに基づく行動の現れといえる事情を要件の中心とする本稿の立場からは、そのような行動に関与した株主に責任を課すのが自然であると思われる(1400)。資産代替と不法行為コストの外部化に分けて検討しよう。

一　資産代替

まず資産代替が行われたことを理由として株主に責任を課す場合、そのような事業の選択に関与した株主に限定するのが自然であるように思われる[1401]。この点については、あまり議論もなされていない。

二　不法行為コストの外部化

他方、不法行為コストの外部化防止という観点については、すべての株主に会社の不法行為について出資比率に応じた分割責任を課すという有力な見解が存在し[1402]、この見解をめぐってアメリカで華々しい論争が展開されている[1403]。そこでは、株主・被害者の相対的なリスク負担能力等も問題とされているが、本稿の観点からは、支配株主以外の少数株主[1404]に責任を課すことにより事業選択等に関するインセンティブのゆがみの除去が実現されるかということが主に問題となる。

まず、株式が上場・店頭登録されていない閉鎖会社の少数株主は支配株主と交渉することが可能であるが、両者の関係が悪化した場合には少数株主が事業内容の決定に関与することは期待できない[1405]。このように少数株主が関与できない場合に出資比率に応じて責任を負わせると、支配株主の負担額が減少するため、支配株主が会社の経営により出資比率相当額以上の利益を得ているとすると、支配株主の事業選択等に関するインセンティブのゆがみはかえって悪化するおそれがある[1406]。

他方、上場会社の少数株主は、理論上は不法行為責任を負う可能性のある会社の株式を市場で売却することによって経営者に圧力をかけることが可能である。しかし、事業内容の抜本的改善が行われるためには経営者が買収のリスクに晒されることが必要であるが、具体的な不法行為の発生可能性等に関する情報が被害発生前に察知・価格に反映され、それを受けて事業政策の変更による利益を得ようとする買収者が登場するという可能性が、果たして現実にどれだけあるのかという問題があると思われる。また、すでに株主の無限責任が問題となりうるような不法行為を発生させうる活動が行われている場合には、そのような潜在的賠償責任を負担している企業を買収しようとする者は多くはないと思われる。(1407) さらに、執行が事実上困難な主体も存在しうることを考えると、(1408) これらの主体が株主となったうえで、先物・オプション・スワップ等の手法を利用した裁定取引により不法行為を発生させる可能性のある事業からの利益のみを他の投資家に分配することも考えられるため、分割無限責任制度の導入によっても株価が下落しないことも考えられる。(1409) これらの要因により、買収による規律というメカニズムが適切に作用しない可能性があることに注意すべきであろう。

全株主の比例分割責任制度には以上のような問題があるため、近時のアメリカの議論においては無限責任を負担する主体をより限定する見解が有力となっており、(1410) この方向性は妥当なものであると思われる。(1411) もっとも、これらの見解の中でも相違はある。Mendelson は、会社所有者としての地位に基づいて会社を支配する能力を有している株主に責任を課すべきであるとし、(1412) 当該不法行為とは関係のない事項に関する現実の支配行使や一定割合の株式保有による支配可能性しかない場合であっても「会社を支配する能力」を認定できるとしている。(1413) これに対して、Glynn は、Mendelson の基準によると機関投資家などにも責任が課されることになり、これらが株式投資を控える結果として上場企業のガバナンスの質が低下するおそれがあると批判し、(1414) 株主ではなく、日々の経営を担当し会社の活動を直接コントロールしている最上級執行役員に責任を課すべきであるとする。(1415) この Glynn の批判には説得力があるが、他方で、経営者と支配株主が異なる場合に経営者にのみ責任を課すと両者の選好が乖離して交渉コストが増加するという問題も無視できない。(1416)

前節第二款三で論じた本稿の観点からこの論争を見ると、責任主体を支配株主にするか経営者にするかという点のみが争われているが、責任主体に負わせるべき責任の範囲を限定するという点が論じられていないということが指摘できる。まず、Mendelson は、株主による事故発生への関与も judgment proofing も存在しない、従業員の個人的な過失による不法行為についても支配株主に責任を課すようである。[1417] 株主がこの不法行為の発生を抑止することはできないため、確かに機関投資家への萎縮効果は大きいと思われるが、本稿の観点からは、そもそも株主に責任を課すべき場合ではないといえよう。[1418] また、株主が事故の発生を促進させる積極的な行動をとった場合や、株主が judgment proofing を主導した場合に責任を課すこととしても、機関投資家に萎縮効果を与えることはないと思われる。もっとも、株主が事故の発生を抑制する方策を採らなかったという不作為について責任を課す場合には、確かに機関投資家への萎縮効果に配慮する必要がある。そのため、Mendelson が一定割合の株式保有による支配可能性のみをもって責任を課すとしていることは、やや行きすぎであると思われる。この点については、持株比率のみではなく、当該株主と経営陣との関係を総合的に判断して当該株主が経営陣に適切な損害防止措置の実施を要求できるような関係にある場合に、株主に責任を課すべきであろう。[1419]

以上の点に留意したうえで、経営者のみならず支配株主にも責任を負わせるべきであると考える。[1420]

(1400) なお、株主の行為や目的に着目するということは、法人格否認の法理に関する道具理論（アメリカ）や主観的濫用論（ドイツ）への回帰を意味するわけではない。これらは、会社に対する支配全体や株主の何らかの悪性の強さを問題とする曖昧な理論であった。これに対し、本稿は、資産代替・不法行為コストの外部化という問題点を明らかにしたうえで、それに関連する株主の行為やその動機を問題とするものであり、異なっている。

(1401) ドイツには、自己資本の水準ではなく株主の行為義務違反が問題であるという理解に立ちつつも、自己資本や会社解散についての判断は業務執行者ではなく社員の権限であるということを前提に、全社員が責任を負うべきとする見解も存在する（Günter H. Roth, Unterkapitalisierung und persönliche Haftung, ZGR 1993, 170, 201f. 業務執行者は社員総会に過少資本状況にあることを報告すれば免責されるとする）。しかし、この見解の前提となっている社員の権限は業務執行者のみで決められることによる社員の不利益を除去するためのものにすぎず、債権者との関係で全社員に義務を負わせる理由にはならないと思われる。

(1402) Henry Hansmann & Reinier Kraakman, *Toward Unlimited Shareholder Liability for Corporate Torts*, 100 YALE L. J. 1879 (1991).

(1403) 詳しくは、向井・前掲（注1364）三三七頁以下を参照。

(1404) ここでは、不法行為の発生や judgment proofing に関与していない株主という意義で「少数株主」との表現を用いている。

(1405) この場合には、決定に関与する余地のない者に責任を負わせるのが妥当であるかという問題が生じる。これについては、少数株主は事業への関与の余地がなくても持分の価値の限度で会社が賠償責任を負う場合には経済的負担をしているのだから、追加的責任を課しても違いは大きくなく、それを織り込んで投資すればよいという理解も可能である。しかし、ジョイントベンチャーなどの場合であればともかく、伝統的な閉鎖的中小企業の株主にそこまでの合理性を期待しうるかということには疑問もある。

前記のような理解の背景には、閉鎖会社の少数持分への投資はあまり合理的なものではなく、経営に携わらずにエクイティ投資を行いたい者は公開会社や投資信託に投資すればよいという考えがあるのかもしれない。そのため、閉鎖会社の少数持分への投資に対し抑制的効果を持ちうる制度も是とするのであろう。全株主の比例分割責任制度の導入を検討する際には、わが国の経済社会にとってこのような効果を持つ制度が望ましいかということも問題となることを意識しておくべきであろう。

(1406) Mendelson, supra note 1366 at 1251-1258, 1283.

(1407) すでに行われた不法行為について無限責任を問われるのは買収者に株式を売却した旧株主であるとしても、会社財産の限度で買収者も経済的負担を強いられることになるからである。この点は、星明男氏の示唆に影響を受けた。

(1408) 多数の株主に対する訴訟追行・執行のコストの問題がよく指摘される（たとえば、Mendelson, supra note 1366 at 1284, 1286 など）。このほか、連邦制を前提とした手続法上の問題点について、Janet Cooper Alexander, *Unlimited Shareholder Liability through a Procedural Lens*, 106 HARV. L. REV. 387 (1992) を参照。この論文に対する反論として、Henry Hansmann & Reinier Kraakman, *A Procedural Focus on Unlimited Shareholder Liability*, 106 HARV. L. REV. 446 (1992) がある。

(1409) Joseph A. Grundfest, *The Limited Future of Unlimited Liability: A Capital Markets Perspective*, 102 YALE L. J. 387, 399-404 (1992). この論文に対する反論として、Henry Hansmann & Reinier Kraakman, *Do the Capital Markets Compel Limited Liability? A Response to Professor Grundfest*, 102 YALE L. J. 427 (1992) がある。

(1410) Glynn, supra note 1366 at 377.

(1411) この点は、本章第三節第二款二のように株主が責任を負うべき不法行為債務を限定しなかった場合にも妥当するといえよう。

(1412) Mendelson, supra note 1366 at 1271.

(1413) Ibid. at 1272-1273.

(1414) Glynn, supra note 1366 at 394-396.

(1415) Ibid. at 396. 本文で述べた点以外の Mendelson の見解に比べた利点については、ibid. at 399-402 を参照。この最上級執行役員とは、通常、社長やCEO、さらには当該事故が起きた部門の担当役員であるが、役員の地位についていなくても事実上役員類似の支配を及ぼしている者も含まれるとされる（ibid. at 397）。

(1416) 向井・前掲（注1364）三五〇頁。

(1417) Mendelson が事故の可能性を予測できない場合にも支配株主の責任を肯定する理由は、支配的地位にある株主の方が被害者よりもリスク負担能力において優れているという点にある（Mendelson, supra note 1366 at 1282）。これを批判するものとして、Millon, supra note 1238 at 49 がある。詳しくは、本章第三節第二款三を参照。

(1418) なお、向井・前掲（注1364）三五〇頁は、「Glynn の見解を前提にすると、注意義務をつくしてそれでもなお発生した損害を、……経営者に負わせるわけではない」としているが、Glynn, supra note 1366 at 405-406, 424, 426 の記述は、経営者が予測できない損害についても責任を課すものであるように読める。

(1419) たとえば、ある投資ファンドが三〇％以上の株式を買い占めていたとしても、現経営陣と敵対的関係にある場合には、適切な損害防止措置の実施を要求しても容れられる可能性は低いため、不作為により不法行為の発生に関与したとして責任を課すことは酷であろう。他方、法律上の親子会社関係（会社法二条三号・四号、会社法施行規則三条）が認められる場合には親会社に責任を課すべきであるが、これ以外にも、主要な取引先であるなど経営陣との関係が基本的に良好であり、経営陣に一定の影響力を及ぼしうる場合には、責任を課しても不当ではない場合もあると思われる。

(1420) なお、このような立場は、Glynn が事実上の経営者に対しても責任を課すとしていることからすると、Glynn の見解とほぼ同様のものであるともいいうる。日本法上の取締役の対第三者責任の規定（会社法四二九条）との関連等について、本章第五節および結章第一節第二款二を参照。

第三款　責任額および責任財産の範囲の限定

また、責任額・責任財産の範囲の限定についても、資産代替と不法行為コストの外部化に分けて検討しよう。

一　資産代替

資産代替について問題となるのは、株主の責任額の限定の是非である。

この点、「適切な自己資本」を問題とするドイツの規範目的論の中には、責任額を適切な自己資本額と現実の自己資本額との差額に限定すべきであると主張する見解がある。本稿は、問題の本質は自己資本の水準ではなく株主のインセンティブのゆがみであると考えるものであるが、この見解の結論自体には見るべきところもある。一定の内容の選択肢を前提とした場合にはインセンティブのゆがみが生じない自己資本額を算定することは可能であるため、現実にゆがんだインセンティブに基づく決定がなされた場合にも、事後的な責任によりインセンティブのゆがみが生じない自己資本額を出資していたのと同じ状況を作ることによってインセンティブを是正しうるのである。(1421)ただし、このような差額責任については、数値例を離れた現実の事案においてインセンティブのゆがみが生じない自己資本の額を算定することが困難であるという大きな問題がある。また、現実には債権者が訴訟を提起しそびれるなどの種々の偶然によって株主が責任を問われないですむ可能性があるが、このような偶然を狙った株主のインセンティブのゆがみをも是正するためには、責任額を引き上げることも有意義であるといえる。このような考慮から、株主の責任額は（自衛していた債権者に対するものを除いた）会社債務全額であると解しておくことにする。(1422)

二　不法行為コストの外部化

不法行為コストの外部化についても適切な資産額(1423)と現実の資産額との差額への責任額の限定が問題となりうるが、前項と同様に損害全額についての責任と解しておくことが現実的であると思われる。

なお、アメリカの Walkovszky 判決からは、不法行為コスト外部化の典型的手段である事業用資産の賃貸借や事業の細分化による judgment proofing がなされている場合に、会社債務が拡張される責任財産の範囲を事業用資産・企業体全体に限定すべきか、(1424)株主の財産にまで及ぼすべきかという問題が示唆される。(1425)Judgment proofing がなくても株主が不法行為発生に関与していた場合に金額を限定することなく株主の個人責任を肯定することとの平仄からは、事業用資産・企業体以外の株主の資産への請求も認めるべきであるとも考えられる。しかし、本稿では、損害防止措置等の注意水準に関するインセンティブのゆがみへの対応とは異なり、有限責任制度による事業の実施・参入に関するインセンティブのゆがみを許容しつつ、judgment proofing による実施は認めないという立場を採用した[1426]。ここからは、judgment proofing を防止するために、執行から隔離された事業用資産や企業体全体への請求を認めることで足りると思われる。ただし、judgment proofing の一環として、会社の収益が恒常的に搾取されており、その額を正確に立証しえないような場合には、株主の関与が立証できなくても株主の個人責任を認めることを考えるべきであろう。

(1421)　第一章第三節第二款三(1)の設例Ⅱ′をもとに検討して見よう。

以下の二つの事業を、負債額七〇〇〇、自己資本額三〇〇〇という株式会社Xと、負債額六二五〇、自己資本額三七五〇という株式会社Yが選択するとする。

事業A：事業成功の場合には一二〇〇〇、事業失敗の場合には七〇〇〇、成功確率は八〇%。

事業B：事業成功の場合には三〇〇〇〇、事業失敗の場合には三七五〇、成功確率は二〇%。

Y社の株主がリスク中立的であるとすると、事業Aによるペイオフの期待値は（12,000－6,250）×0.8＋（7,000－6,250）×0.2＝4,750、事業Bによるペイオフの期待値も（30,000－6,250）×0.2＋0×0.8＝4,750となるので、債権者に損害を与える事業Bを選択するインセンティブを持たない。そのため、インセンティブのゆがみを生じさせない「適切な自己資本」額は三七五〇であるといえる。

そこで、株式会社Xが事業Bを選択し、失敗に終わった場合には「適切な自己資本」額（三七五〇）と現実の自己資本額（三〇〇〇）との差額である七五〇の責任を株主が負うものと仮定しよう。

この場合、X社の株主の事業Aによるペイオフの期待値は（12,000－7,000）×0.8＋0×0.2＝4,000であるのに対し、事業Bによるペイオフの期待値も（30,000－7,000）×0.2＋（－750）×0.8＝4,000となる。この結果、株主がリスク中立的であれば、あえて事業Bを選択するインセンティブは消滅するのである。

(1422) なお、株主に会社債務全額についての個人責任を課したとしても、株主の個人資産がそれを下回っている可能性がある。この危惧がどれだけ現実的であるかは定かではないが（取締役の対第三者責任がしばしば追及されることからは、経営者がそれなりの個人資産を有している場合が少なくないものと思われる）、いずれにせよこのことによって結論を変えるべきではないと思われる（個人責任を課したうえで、「浪費又は賭博その他の射幸行為をしたことによって著しく財産を減少させ、又は過大な債務を負担したこと」という破産法二五二条一項四号の類推適用等により破産免責を否定する余地もあるのではないだろうか）。

また、時折個人資産を会社につぎ込んで再建を試みていた場合に責任を課すのは酷であるとの主張がなされることもあるが、それによりリスクの高い再建策や倒産の遅延が図られた場合には関係ないというべきであろう（取締役の対第三者責任に関する事案であるが、東京高判昭和五八年三月二九日判例時報一〇七九号九二頁を参照）。

(1423) 数値例については、第一章第三節第三款三(1)を参照。

(1424) 法人格否認の法理による有限責任の否定を予測可能性がないとして批判するBainbridgeは、judgment proofingは有限責任の否定を正当化しないとして、Walkovszky判決のような事案においては分割された企業体全体に責任を課すべきだとする（Bainbridge, supra note 1249 at 526-534）。Bainbridgeが、株主が所有資産を会社に賃貸するという形式でのjudgment proofingが行われている場合にどのような責任を認めるのかは明らかではないが、仮に責任を認めるとしたら、事業に用いられている資産に限定するのではないかと思われる。なお、Bainbridgeはこの責任を“enterprise liability”と称しているが、この用語が常に前記のような限定付で用いられているとは限らないことに注意が必要である（たとえば、Christopher D. Stone, *The Place of Enterprise Liability in the Control of Corporate Conduct*, 90 YALE L. J. 1, 74 (1980) は、Hansmann & Kraakman のような持分比率に応じた株主の比例分割責任を主張している）。

(1425) また、judgment proofing の手段として会社の収益が恒常的に株主等に移転されることがよくあるが、責任を移転された利益の返還にとどめるか、それを超える責任を認めるかということも問題となりうる。

(1426) 詳しくは、本章第三節第二款三(3)を参照。

第四款　責任の相手方

各論的問題点の最後に、責任の相手方、すなわち個別の債権者に対して株主が直接責任を負うのか、それとも株主は会社に対して責任を負い、債権者は会社からの弁済で満足すべきなのかという問題を検討しておこう。この問題は、ドイツにおいては、責任の根拠が債権者による Durchgriff なのか株主の会社に対する義務違反なのかという理論構成と結びつけられて議論されている[1427]。しかし、理論構成により責任の態様を変えるのではなく、実質的な考慮が必要であると思われる。

一　不法行為コストの外部化

まず不法行為コストの外部化についての責任に関しては、当該不法行為により発生した特定の債権が問題となっているため、個別の不法行為債権者に対する直接責任と捉えるべきだと思われる[1428]。

二　資産代替

これに対し、資産代替についての責任は、会社の資産価値の減少という全債権者にとっての問題であるため、株主に対する回収競争を防ぐという倒産法的観点も考慮すると対会社責任とすることが適切であるように思われるが、他方で、自衛をしていた債権者に windfall を与えないようにするためには、個々の債権者に対し直接責任を負担することとする方が望ましいとも考えられる。いずれの要請も手続的技術による対処が不可能ではないと思われるが、(1429) 次節で検討する日本法上の法律構成との接続性からは、個々の債権者に対する直接責任の方がなじみやすいのではないかと思われる。

(1427)　主観的濫用論者や規範目的論者は基本的に債権者に対する直接責任（Außenhaftung）を主張するが、分離原則による解決論者は会社に対する責任（Innenhaftung）を主張する。

(1428)　ただし、不法行為が発生し会社資産が賠償責任履行により減少するというリスクは、その他の債権者から見れば資産代替と同じものであるということもできる。これらの債権者による請求については、次項を参照。

(1429)　前者の倒産法的観点については、個々の債権者に対する責任と捉えたうえで、会社倒産時に同時に株主についても裁判所の関与を要求するという手法が考えられる。他方で、後者の債権者の windfall 防止という観点については、会社の倒産を責任追及の条件とし、破産管財人等に請求権を行使させたうえで、破産財団の配当の処理によって対処することが考えられる。

第五節　日本法上の法律構成

本章では、どのような状況についてどのような救済を認めるべきかということの考察が法律構成に先立ってなされるべきであるとの考えに基づき、[1430] ここまで株主の責任を現行法上いかに基礎づけるかという問題を論じてこなかった。本節では、解釈論の締めくくりとして、前節までの検討を踏まえて株主の責任の法律構成を検討することにしよう。

具体的には、まず本章第三節で提示した基準を要件とする株主の責任を民法七〇九条の不法行為責任により基礎づけることが可能かを検討する（第一款）。次いで会社取締役の対第三者責任（会社法四二九条）の適用可能性を検討し（第二款）、最後に判例法上の法人格否認の法理による解決を検討する（第三款）。

第一款　株主・親会社自身による不法行為

株主による資産代替や不法行為コストの外部化は、それ自体が債権者や被害者に対する不法行為であると評価できる可能性が存在する。たとえば、資産代替については、株主が、債権者との契約時に、借り入れた資金をよりリスクの高い事業に利用する意図を秘して、リスクの低い事業に利用するという虚偽の説明をして資金を借り入れたという場合には、一種の詐欺であるとして民法七〇九条の不法行為による責任と構成することも不可能ではない。[1431] しかし、このような積極的な欺罔行為が存在しない場合に、不法行為の成立が認められるかは定かではない。また、不法行為コストの外部化についても、特に株主が不法行為発生に関与した場合を株主自身による不法行為と構成することは十分可能であるように思われる。(1432) しかし、株主による judgment proofing がそれ自体として不法行為に該当すると判断されるかという点については、疑問がないわけではない。

これらの疑問点についても民法七〇九条の解釈論により対応することは不可能ではないと思われるが、(1433) ここでは問題点の指摘にとどめておこう。

(1430) これは、ドイツ法の検討から得られた教訓である。

(1431) 前注1340とそれに対応する本文を参照。

(1432) 前注1369を参照。なお、向井・前掲（注1364）三八〇頁は、株主の経営者に対する指示と被害者の具体的な損害との間の因果関係の主張・立証にはかなりの困難が伴うであろうとしている。

(1433) また、そのような解決を図ることには準拠法決定上のメリットがあることについて、結章第二節第二款四を参照。

第二款　取締役の第三者に対する責任

中小企業の支配株主は取締役であることがほとんどであろうから、これらの者については、会社法四二九条一項の役員等の第三者に対する損害賠償責任の規定を適用することができる。むしろ、本稿が問題とする資産代替や不法行為コストの外部化は、いずれも事業についての判断・インセンティブであるため、会社の所有者としての株主の責任と構成するよりも会社の経営者としての責任と構成した方が適切であるとも考えられるのである。(1434) 資産代替はいわゆる間接損害、不法行為コストの外部化はいわゆる直接損害の問題として処理することになろう。[1435]

もっとも、株主が法人である場合には、親会社をいわゆる事実上の取締役と評価することも考えられるが、現状ではこのような解釈が一般的に認められているとはいいがたい。[1436] したがって、現状においては、取締役の対第三者責任ではなく法人格否認の法理に依拠した法律構成の方が、中小企業の支配株主のみならず親会社のみを射程に捉えうる点で優れているということができよう。

また、事業の細分化による不法行為債権に対する judgment proofing が行われている場合に、姉妹会社を事実上の取締役と評価することは、さらに困難であると思われる。この場合には、支配株主・親会社に責任を課したうえで、その所有資産としての姉妹会社株式に執行し、姉妹会社を清算することで弁済を受けるという方法が考えられるが、これによると姉妹会社の債権者に劣後することとなってしまう。これに対し、法人格否認の法理に依拠した場合には、姉妹会社の債権者(姉妹会社自身の不法行為被害者を含む)と同順位で弁済を受ける余地があるのである。[1437]

(1434) それにもかかわらず、株主としての責任として検討を行ってきたことの理由については、序章第二節第一款一参照。

(1435) もちろん、会社法四二九条の解釈としてこれらの問題が含まれうるかということを、旧商法二六六条ノ三についての学説・判例などにより検討する必要があるが、本稿では省略する。不法行為の問題を同条で処理することに懸念を示すものとして、江頭・法人格否認二七八頁注45を参照。

(1436) ただし、持分会社について法人業務執行社員が認められたことにより解釈の余地が広がったとする見解も存在する(神作裕之「ドイツにおける『会社の存立を破壊する侵害』の法理」『企業法の理論　上巻　江頭憲治郎先生還暦記念』八一頁、一四三頁注136(商事法務、二〇〇七年))。

(1437) ただし、このような帰結を法人格否認の効果として認めるべきではないという解釈もありうる。

第三款　法人格否認の法理

以上のように、株主自身の不法行為という構成や取締役の対第三者責任という構成には、いずれも現段階においては難点が見られた。これらの難点を当該法律構成自身の解釈論の進展によって克服していくというのが、法解釈論の本来のあるべき姿かもしれない。しかし、わが国においては、法人格の濫用がある場合には法人格が否認されるという最高裁判所の判例法理が確立している。[1438]この抽象的な法理を事案の問題点を明らかにすることなく適用することは慎しむべきであると考えるが、[1439]問題点を把握したうえで適切な解決を導くために法人格否認の法理を法律構成として利用することに問題はないと思われる。

前記の最高裁判例にいう法人格の濫用とは、「法人格が株主の意のままに道具として支配されている（支配の要件）ことに加え、支配者に『違法または不当の目的』（目的の要件）がある場合をいう」とされており、これは主観的濫用論に基づくものであると理解されている。[1440]過少資本による責任を主観的濫用論によって基礎づけることに対しては、主観的濫用論の学説史上の位置づけに基づく批判[1441]や、問題の本質は自己資本の水準であるという理解に基づく批判がなされている。[1442]しかし、沿革を離れた日本法上の法律構成として最高裁判例を捉え、本稿のように自己資本の水準ではなく株主のインセンティブのゆがみという主観的な要素を問題とする立場からは、この主観的濫用論的な判例に基づいて株主の責任を肯定することに特に問題はないといえよう。

そして、本章で問題としてきた資産代替や不法行為コストの外部化は、いずれも不当な目的での法人格（有限責任制度）の濫用と評価することが可能であろう。そして、事業の選択や損害防止措置の実施という特定の行動について、それが有限責任制度の濫用を目的としたもの（つまり、インセンティブのゆがみに基づくもの）であったということを直接立証することは、株主の自白がない限り困難であるが、これを客観的事情から推認することは不可能ではなく、そのための指標として本章第三節で検討した代替的基準を活用すればよいと考えられる。

(1438) 最判昭和四四年二月二七日民集二三巻二号五一一頁、最判昭和四八年一〇月二六日民集二七巻九号一二四〇頁。前者の判決においては法人格が「法律の適用を回避するために濫用」される場合という限定が文言上付されているが、後者の判決においてはこの限定は問題とされておらず、一般に「法人格の濫用」が要件であると解されている。

(1439) 江頭・法人格否認一二九—一三〇頁を参照。

(1440) 江頭・前掲（注1238）四〇頁。

(1441) 江頭・法人格否認六九頁、七一頁注6を参照。

(1442) ドイツの組織瑕疵責任論（第三章第一節）や規範目的論（同第三節）を参照。

第六節　小　括

以上で、資産代替と不法行為コストの外部化という株主のインセンティブのゆがみの問題についての、解釈論による株主への責任賦課という対応の検討を終える。簡単に結論をまとめておこう。

まず、資産代替については、会社債権者との契約締結後に会社債権者に再交渉の機会を与えることなく事業のリスクプロファイルが積極的に会社債権者の不利に変更された場合に、当該変更の意思決定を行った株主は、このような変更に対し自衛措置を講じていなかった会社債権者に対して直接に、当該債権者が会社から回収できなかった債権全額について責任を負うと解する。このような変更が行われる時期は問わないが、倒産がさしせまった時点における倒産手続申立ての懈怠行為に関する株主の責任については、債権者の自衛可能性も少なくなく、また取締役の責任として論じられている可能性が高いため、結論を留保した。

また、不法行為コストの外部化については、株主が不法行為の発生に作為・不作為により関与していた場合、および不法行為責任を回避するために事業用資産の賃貸・担保化や事業の複数の会社への分割、利益の恒常的搾取などの judgment proofing を行っていた場合に、これらの株主は不法行為債権者に対して直接に責任を負うと解する。ただし、責任額については、不法行為発生への関与があった場合には会社が賠償しきれなかった債務全額とするが、judgment proofing が行われていた場合には、株主側に限定範囲についての立証責任を負わせることを前提に、基本的に執行から隔離された事業用資産や企業体全体への請求に限定すべきであるとした。

なお、以上の株主の責任を実現するための法律構成としては、民法七〇九条の不法行為責任や会社法四二九条の取締役の第三者に対する責任により解決しうる部分もあるが、これらに関する解釈論の現状からすると、問題点を明確に認識したうえで法人格否認の法理に依拠するというのが現実的な選択肢であろう。

結　章

第一節　本稿の概要と示唆

第一款　本稿の概要

本稿では、従来確たる理由づけがなされぬまま論じられてきた過少資本による株主の責任について、それによりどのような問題状況を解決することが期待されてきたのかという点に着目して、日・米・独のこれまでの議論の分析を行った。それにより、過少資本による責任についての議論においては、有限責任制度の下では株主がギャンブル的事業や不法行為の発生可能性がある事業を行うインセンティブを持つという検討に値する問題意識も示されていたが、同時に会社財産の移転、株主が作出した外観に対する信頼、会社が負担した債務の対価である給付の株主による享受など、他の法理による解決が可能と思われる問題も含まれていたということ、また自己資本の水準を問題とする際に比喩的に用いられることのあったクッションという説明も説得力のあるものではなかったということなどが明らかとなった。自己資本の水準自体が問題とされていたわけではなかったにもかかわらず、「過少資本」という構成を採ることによって、多様な事案ごとの問題点が見えにくくなり、その結果として議論が混乱してきたのである。

そこで、本稿では、過少資本による責任という構成を離れ、有限責任制度の弊害に関する経済的分析を手がかりに、債権者との契約締結後にギャンブル的な事業に投資するという資産代替と不法行為コストの外部化という株主の事業選択等に関する二つのインセンティブのゆがみへの対処という観点から、株主の責任を解釈論により肯定できるかを検討した。そして、暫定的ではあるが、前者については事業の拡大・変更時や経営悪化時に債権者に自衛の機会を与えることなくリスクプロファイルを積極的に債権者の不利に変更する決定を行っていた場合、後者については株主が不法行為の発生に関与している場合や株主が所有する事業用資産の賃貸等による不法行為責任からのjudgment proofing を行っている場合に責任を課すことが適切ではないかとの結論に至った。

第二款　本稿の検討からの示唆

以上の本稿の検討結果は、次のようなインプリケーションを持っている。

一　資本構成から事業内容へ

まず、従来は「過少資本による責任」として会社の資本構成に着目した構成が採られていたが、本稿の検討からは、債権者にとっての問題は会社の資本構成自体よりも事業内容にあったということができると思われる。

資本構成が問題であるという前提が漠然と受け入れられてきた背景には、わが国では伝統的にいわゆる資本制度が株主有限責任制度により株主への請求を排除される会社債権者の保護手段として機能すると考えられてきたことの影響もあったのではないだろうか。本稿の結論は、会社債権者の保護が問題となるすべての局面に関して会社の資本もしくは資本制度に過度に注目することは無用な混乱を招くおそれがあり、具体的な問題状況に応じた理論が必要であるということを示唆するものである。また、このことは、理論的に重要であるのみならず、最低資本金制度の廃止により事後的責任追及による債権者保護がクローズアップされている今日においては現実的な意味を持っている。たとえば、資本金一円で設立された株式会社が株主の個人保証による銀行からの借入金を用いて開始した事業が数年も経たないうちに頓挫した場合、銀行以外の会社債権者から株主に対する責任追及がなされることが予想される。このような訴訟においては、資本金・自己資本や資産の額のみならず、事業のリスクプロファイルが契約締結後に大きく変更されなかったか、不法行為による被害発生の可能性が軽視されすぎてはいなかったか等、事業の内容面に関する主張・立証や判示がなされることが期待されるのである(1443)。

二　株主としての責任から経営者としての責任へ

また、本稿は、事業内容の決定についてのインセンティブのゆがみや当該決定への関与を捉えて株主に責任を課すことを検討している。これは、十分な出資をしなかった出資者としての地位に基づく責任と理解したうえで関与の機会を持たない少数株主を免責するという考えによるものではなく、事業の経営者としての判断に基づく責任と理解して、その判断に関与した支配株主に積極的に責任を課すという考えによるものというべきであろう。

このように、会社の「所有者」に責任を課すのではなく、事業内容の決定について債権者に対する責任を負うのは基本的には経営者であり、経営に深く関与した者にも同様の責任を課すという責任システムを観念することによって、銀行等の大口債権者がレンダーライアビリティを問われる場合をも含めた整合的な理解が可能になるとも思われる(1444)(1445)。また、このことは、解釈論として法人格否認の法理の適用範囲や事実上の取締役の責任理論の可能性などを再検討する必要性をも示唆するものである。

(1443) また、向井貴子「株主有限責任のモラル・ハザード問題と非任意債権者の保護」九大法学九一号二六七頁、三七二頁（二〇〇五年）は、裁判所が最低資本金を廃止した立法府の意図を尊重して過少資本による株主の責任を肯定することに消極的になることに対する懸念を表明しているが、問題が資本構成ではなく事業内容にあることを認識すれば、このような問題は生じないと思われる（向井自身も、非任意債権者にとっての問題は会社の事業選択にあることを認識している（同・三八六頁））。

(1444) これは、株主のみならず銀行・労働者・経営者なども広く「事業」に対する「投資家」であると捉え、基本的に事業上の債務について投資した財産以上の責任を問われることはないという考え方を前提としたうえで（Frank H. Easterbrook & Daniel R. Fischel, *Limited Liability and the Corporation*, 52 U. CHI. L. REV. 89, 90（1985）は、社債権者も有限責任の利益の享受主体であるとしている）、その「事業」の「運営者」に責任を課すというものである。このような観点に立つ論者は少なくないが（たとえば Harvey Gelb, *Piercing the Corporate Veil: The Undercapitalization Factor*, 59 CHI.-KENT. L. REV. 1, 20-21（1982）は、経営への影響力のある債権者や資金提供をしていないが支配的地位にある者にも法人格否認を適用できるとしている）、他方で、支配者が会社に何らかの利益を有していることが必要であるとして、経営者と評価できるものについて一定の限定を課す必要性を示唆する見解も存在する（Cathy S. Krendl & James R. Krendl, *Piercing the Corporate Veil: Focusing the Inquiry*, 55 DEN. L. J. 1, 24（1978）、向井・前掲（注1443）三九一—三九二頁など）。この他、Robert B. Thompson, *Unpacking Limited Liability: Direct and Vicarious Liability of Corporate Participants for Torts of the Enterprise*, 47 VAND. L. REV. 1, 34-35（1994）, Stephen M. Bainbridge, *Abolishing Veil Piercing*, 26 J. CORP. L. 479, 498-499（2001）も参照。

(1445) もちろん、残余請求権者であり議決権による支配を有する株主と、基本的に固定額の請求権者であり取引関係を通じた利益・支配しか持たない大口債権者とで、責任を課す基準を異にすることも考えられる。

第二節　本稿の不備と関連領域の残された問題

第一款　本稿の不備

もっとも、本稿では「過少資本による責任」という考え方をいわば解体することに注力したため、本稿が重視した資産代替・不法行為コストの外部化という問題点についても、具体的な解釈論に関しては以下のような不備がある。

一　資産代替

まず、株主が契約締結後に事業のリスクプロファイルをギャンブル的なものに変更するという問題については、数値例を離れた現実の事案において、どのような場合に株主の責任を肯定すべきかという要件論の中心的問題に対する具体的解答を十分に提供することができなかった。失敗する可能性のある事業を行いやすくするということは有限責任の意義の一つであるとも解されており、どのような限界を設定するかということは困難な問題である。また、資産代替は、特に倒産に瀕した会社においてハイリスクな再建の試みや無為な事業の継続という形で行われる可能性が高いが、この状況についてはすでに取締役の義務・責任に関して優れた研究があるところ、(1446) これらの先行研究の結論との調整を行うこともできなかった。以上の点については、わが国および外国の取締役・業務執行者等の債権者に対する責任の判例・学説の現状や経営判断原則の意義と適用の是非を踏まえたうえで、さらに検討を深める必要があると思われる。

また、本稿では、資産代替に対する債権者の自衛措置について、専ら理論的観点からのみ検討を行い、資産代替のリスクに必要十分に対処することは困難ではないかとの見地から資産代替についての株主の責任を導いている。議論の説得力を高めるためには、銀行・社債権者・取引債権者等が現実にどのように自衛しているか、またその前提として資産代替のリスクがどのように認識されているかということの検証が必要であろう。

二　不法行為コストの外部化

他方、不法行為コストの外部化という問題については、インセンティブのゆがみへの対処であるということを意識して、株主の不法行為の発生への関与や株主による不法行為責任からの judgment proofing という一応の実用性のある副次的基準を呈示できたと思われる。

もっとも、このような基準を導くに当たっては、有限責任制度による不法行為コストの外部化を一定程度は認めるという前提に依拠していた。この前提は反論の余地が大いにありうるものであり、特に本稿では正面から扱うことのできなかった関係者のリスク負担能力の優劣という観点からの再検証を行う必要があると思われる。また、本稿では会社の不法行為責任を全般的に問題とするにとどまり、特殊の領域（環境汚染、製造物責任、交通事故等）ごとの検討を行うことはできなかった。加害者・被害者の付保の可能性や損害の性質、事業活動の社会的効用などの諸要素は領域ごとに異なると思われるため、これらの個別領域についての検討も今後進めていきたい[147]。

三　解釈論としての不備

また、本稿の議論は、株主に会社債務についての責任を負わせる場合に考慮すべき要素の列挙にとどまっており、これらの要素を現行実定法・判例法上どのように取り込めるかという点の検討は、株主の責任に関する従来の議論が法人格否認の法理という一般条項の適用や立法論として展開されてきたことを考慮しても、解釈論として不十分である可能性がある。このような法律構成的側面については、他日を期したい。

四　比較法研究としての不備

最後に、本稿の比較法的分析は、米・独における過少資本による責任の議論を対象としているにとどまり、過少資本という問題類型の解体により析出された資産代替と不法行為コストの外部化という具体的な問題に関連する他の領域についての比較法研究は行えなかった。まずアメリカについては、過少資本による責任の文脈で取り上げられている判例しか検討していないため、判例法の全貌がつかめているとはいえないという問題点がある。また、ドイツについては、取締役の倒産申立義務や取締役の不法行為責任、コンツェルン責任などに関する議論が重要であろう。さらに、米独以外にも、イギリスの不当取引（wrongful trading）規制などが参考になると思われる。

(1446)　代表的なものとして、吉原和志「会社の責任財産の維持と債権者の利益保護——より実効的な規制への展望——（三・完）」法学協会雑誌一〇二巻八号一四三一頁、一四七八頁以下（一九八五年）を参照。

(1447)　なお、事故・損害の種類に応じた個別の無限責任制度は、解釈論ではなく立法により導入した方が範囲の明確性などの点で望ましいと思われる。しかし、立法がなされるか否かは様々な政治的要因にも依存するものであり、解釈論による導入の余地が一切ないとすべきかは定かではない。これは、立法と司法の役割分担のあり方にも関連する困難な問題であり、ここでは問題点の指摘にとどめておく。

第二款　関連領域の残された問題

以上のほかにも、本稿の検討結果が関連する領域は存在する。また、本稿の分析の過程で具体化しつつ検討対象から除外した問題意識の中にも、別途検討に値するものがある（たとえば、株主による会社の搾取、倒産直前期の契約締結、会社債権者による給付の株主による利得など）。これらの問題の本格的検討も、すべて筆者の今後の課題である。本稿を終えるに当たって、そのうちのいくつかについてのみ、本稿から得られる観点を示しておこう。

一　資本維持制度と株主債権の取扱い

まず序章で検討対象から除外した資本維持制度と、本稿では限定的にしか分析しなかった株主の対会社債権の取扱いについて、本稿と同様に、これらの制度に期待されてきた機能の分析という観点から検討を行うことが考えられる。

まず資本維持制度については、抽象的な「資本制度」の一部ではなく配当等の会社財産移転を制限する基準という具体的制度として捉え直し、その財産移転規制としての実効性を検討する必要があるということが従来から指摘されているが、(1448)その際には会社財産移転規制によりどのような問題状況を解決するかということが十分に論じられてはいなかったように思われる。(1449)

また、株主債権の取扱いについては、しばしば株主が会社の倒産時に外部債権者と同順位以上で配当を受けられることが問題視されてきたが、本稿の検討した限りでは、会社搾取、不実表示もしくは債権者の誤信、倒産前の偏頗弁済等の問題が存在しない場合に、この状況の不当性を説明することはできなかった。この問題意識のさらなる解明のためには、株主債権の取扱いに関する法制を全般的に検討する必要がある。また、その際には、これらの法制が有する倒産直前の偏頗弁済に対する規制としての機能や会社搾取行為に対する簡易な救済としての機能についても検討すべきであろう。

二　最低資本金制度

また、第一章第二節で見たように、最低資本金制度にも様々な機能が期待されてきた。この中には資産代替や不法行為コストの外部化の防止という機能も含まれているが、設立時のみの一律の規制である点で株主の責任の事後的追及という手法よりも適切であるとはいいがたいと思われる。そこで、最低資本金制度を一定の自己資本の水準の要求による債権者の保護ではなく会社設立の抑制自体を目的とする制度として捉えたうえで、どのような会社の設立を何のために抑止すべきであるのかという点について踏み込んだ検討をする必要があると思われる。筆者は、会社一般の設立を抑制することの合理性は法制度の整備が進んでいる今日においては低く、平成一七年改正による会社一般についての最低資本金制度の廃止は妥当であったと考えているが、金融業や危険な活動を伴う事業など特定の業種については、事業に対する規制の一環として設立を制限することが合理的である可能性もあると思われる。この問題は、各事業の特殊性を分析したうえで検討すべきであろう。

三　金融業に対する自己資本比率規制

また、「適切な自己資本」の要求と一見類似している制度として、銀行等に対する監督法上の自己資本比率規制がある。この規制は、損失の発生により銀行が債務超過に陥らないための損失吸収バッファーを維持するためのものであると説明されている。[1450]他方、本稿では、このようなクッション機能の確保という理由によって過少資本による責任を基礎づけることを否定した（第一章第三節第一款を参照）。このような本稿の立場からは、この自己資本比率規制をどのように説明すべきであろうか。

まず確認しておくべきなのは、ある水準の自己資本が存在する場合にはそれに満たない損失が発生したとしても会社は債務超過に陥らずにすむという記述的な命題と、損失発生による債務超過転落を防止するために適切な水準の自己資本を具備しなければならないという規範的な命題は、異なるものであるということである。本稿が否定したのは、一般の事業会社が有限責任を享受する条件として後者のような規範的要求をすることであった。しかし、銀行には決済システムへの影響等を防止するためにその倒産自体を防ぐ必要が大きいという特殊性があるため、[1451]有限責任の条件としてではなく銀行業を営むことの条件として、前記の規範的命題を肯定する余地があるのである。

また、銀行の自己資本比率規制の特徴は、銀行の所有資産をそのリスクに応じて分類し、ウエイトづけをしたうえで、それに対応する自己資本の存在を要求するというリスク・アセット方式にある。自己資本比率規制は、非効率となった銀行の資産選択行動自体の規制を緩和して資産選択を銀行の経営判断に委ねる代わりに導入されたものであると説明されるが、[1452]会社の資本構成よりも事業内容の方が重要であるという本稿の示唆からは、リスクのウエイトづけを通じて間接的に銀行の資産選択行動をコントロールしようとしているものと見ることもできると思われる。また、銀行の債権＝預金者からすれば、預金後に自己資本比率規制に反することになるような大幅な資産代替が行われることを防止するという機能を有しているという説明も可能である。

このほか、自己資本比率は、監督法上の早期是正措置（銀行法二六条）の発動基準としても用いられているが、これは経営状態の悪化の指標として用いられているものであり、倒産予測モデルとしてより適切なものがあればそちらに変更することも可能な類のものであるといえよう。(1453)

以上のように、銀行の自己資本比率規制が何を目的としており、どのように機能しているのかということについて再検討する余地が残されているように思われる。その際には、二〇〇七年から実施されるいわゆるバーゼルⅡの全体像や保険業についてのソルベンシーマージン規制、証券業についての自己資本比率規制の内容、その規制趣旨等も分析する必要があろう。

四　責任の準拠法

さらに、本稿では純粋に国内的な事案を念頭に日本法における解釈論のみを検討したが、近年の経済活動の国際化に伴い、株主の責任についての準拠法をどのように解するかということが大きな問題となる。この点、法人格否認の法理を個別的利益の保護と制度的利益の保護に分類し、過少資本による責任は後者であるとして、設立準拠法を適用すべきであるとする見解がある。(1454) しかし、本稿の観点からは、「過少資本による責任」も単一の問題を扱うものではないため、これらをまとめて準拠法を論じることは妥当ではないといえよう。そして、資産代替・不法行為コストの外部化という問題についても、これらは有限責任制度の弊害に関するものであるが、（設立準拠法が適用される）資本制度とは異なる観点によるものであり、当然に設立準拠法が適用されることにはならないのではないかと思われる。特に問題となると思われるのが過少資本の外国法人による不法行為についての責任であるが、株主に会社の不法行為債務について責任を負わせるのは不法行為コストの外部化によるインセンティブのゆがみの是正という不法行為法的な考慮によるものであり、また株主が不法行為の発生に関与したことを捉えて責任を課す場合には株主自身の不法行為と構成する余地もあることからは、不法行為の準拠法（原則として結果の発生地法：法の適用に関する通則法一七条本文）を適用する余地もあるように思われる。[1455] 国際私法理論を踏まえたうえで、[1456] この問題についても見直す必要があろう。[1457]

(1448) 吉原和志「会社の責任財産の維持と債権者の利益保護—より実効的な規制への展望——（一）（二）」法学協会雑誌一〇二巻三号四二三頁、五号八八一頁（一九八五年）など。

(1449) たとえば、吉原・前掲（注1448）は配当規制基準の妥当性を倒産予測モデルという観点から論じているが、従来資本維持制度による配当規制に期待されてきた機能が倒産がさしせまった場合の配当の制限に限られるのかということを検討する必要があると思われる。

(1450) 佐藤隆文編著『バーゼルⅡと銀行監督　新しい自己資本比率規制』二—六頁（東洋経済新報社、二〇〇七年）、Marcus Lutter, Gesetzliches Garantiekapital als Problem europäischer und deutscher Rechtspolitik, AG 1998, 375, 376 など。

(1451) 佐藤・前掲（注1450）一六—一七頁、Eilis Ferran, *Creditor's Intersts and "Core" Company Law*, 20 The Company Lawyer 314, 316-317 (1999).

(1452) 池尾和人『開発主義の暴走と保身　金融システムと平成経済』一五〇—一五一頁（ＮＴＴ出版、二〇〇六年）。

(1453) 柳川範之『契約と組織の経済学』一五七頁以下（東洋経済新報社、二〇〇〇年）では、自己資本比率の減少を経営者の努力水準の低下を表すシグナルとして捉え、経営者のインセンティブを是正するための当局の介入の基準として用いている。ここではＢＩＳ規制のようなリスクアセット方式が念頭に置かれているわけではないため、このような位置づけになるものと思われる。

(1454) 江頭憲治郎「法人格否認の法理の準拠法」『企業結合法の現代的課題と展開　田村諄之輔先生古稀記念』一頁、八一〇頁（商事法務、二〇〇二年）。

(1455) 最上級役員の責任をコモンロー上の respondeat superior と構成した場合に不法行為の準拠法を適用しうることについて、Timothy P. Glynn, *Beyond "Unlimiting" Shareholder Liability: Vicarious Tort Liability for Corporate Officers*, 57 VAND. L. REV. 329, 431-432 (2004) を参照。また、ドイツの判例法上、会社債権者一般からの株主に対する請求を基礎づける法律構成が、おそらく準拠法の配慮の下に、会社法に基づくものから不法行為法に基づくものへと転化しつつあることについて、神作裕之「ドイツにおける『会社の存立を破壊する侵害』の法理」『企業法の理論上巻　江頭憲治郎先生還暦記念』八一頁、一一一頁（商事法務、二〇〇七年）を参照。

(1456) 前注1454に引用した見解に対しては、実質法上の類型論を準拠法の選択の問題にそのまま適用できるのかという点について、国際私法学者から疑問も呈されている（石黒一憲「国際企業法上の諸問題――商法学と抵触法学との対話――」『商事法への提言　落合誠一先生還暦記念』五八一頁、六一三頁（商事法務、二〇〇四年）、神前禎「判批（東京地判平成一〇年三月三〇日）」ジュリスト一二三三号一三八頁、一四〇頁（二〇〇二年）等）。これらの批判は、制度的利益保護型の法人格否認について法人の設立準拠法を適用するという点に向けられている感があり、そうであるとすれば、本稿の疑問と結論において差異は少ないと思われる。

(1457) 資産代替についても契約の前提事実の不当な事後的変更を個々の債権者に対する侵害として不法行為と構成する余地はあるが（この場合には結果発生地法をどのように捉えるかという問題が生じる。債権者の所在地法ということになるのであろうか）、契約関係の問題であるとすると契約準拠法によるとすることも考えられよう。後者の場合、準拠法選択の自由（法の適用に関する通則法七条）により責任回避が図られる懸念もあるが、この点については債権者側の自衛も可能であろう。

第三款　最後に

以上のように、本稿が積み残した課題は少なくないが、有限責任事業形態による起業促進という立法政策が推し進められている今日において、事後的規制手段としての株主の責任をめぐる議論の進展に少しでも寄与することができれば、幸いである。

索　引

た

な

は

ま

や

ら

—欧 文—

〈著者紹介〉

後藤　元（ごとう　げん）

【著者略歴】

1980 年 10 月　東京都に生まれる
2003 年 3 月　東京大学法学部卒業
2003 年 4 月　東京大学大学院法学政治学研究科助手
2006 年 4 月　学習院大学法学部専任講師
現在に至る

株主有限責任制度の弊害と過少資本による株主の責任

2007 年 10 月 25 日　初版第 1 刷発行

著　者　後　藤　　元
発行者　松　澤　三　男

発行所　株式会社　商　事　法　務

〒103-0025　東京都中央区日本橋茅場町3-9-10
TEL 03-5614-5643・FAX 03-3664-8844〔営業部〕
TEL 03-5614-5649〔書籍出版部〕
http://www.shojihomu.co.jp/

落丁・乱丁本はお取り替えいたします。　印刷／広研印刷㈱

Printed in Japan
Shojihomu Co., Ltd.
ISBN978-4-7857-1476-5
＊定価はケースに表示してあります。